전략적 사고와 분석의 기초

게임이론 ^{제2판}

전략적 사고와 분석의 기초

게임이론 ^{제2판}

김광호 지음

Σ시그마프레스

게임이론 : 전략적 사고와 분석의 기초, 제2판

발행일 | 2021년 2월 15일 1쇄 발행
2022년 12월 20일 2쇄 발행

지은이 | 김광호
발행인 | 강학경
발행처 | ㈜ **시그마프레스**
디자인 | 고유진
편 집 | 김은실

등록번호 | 제10-2642호
주소 | 서울특별시 영등포구 양평로 22길 21 선유도코오롱디지털타워 A401~402호
전자우편 | sigma@spress.co.kr
홈페이지 | http://www.sigmapress.co.kr
전화 | (02)323-4845, (02)2062-5184~8
팩스 | (02)323-4197

ISBN | 979-11-6226-310-5

* 책값은 뒤표지에 있습니다.

제2판 머리말

초판이 나온 지 3년 만에 개정판을 내게 되었다. 전체적으로 초판의 틀을 그대로 유지하였지만 새로운 응용 사례와 읽기자료, 생각해보기, 연습문제를 추가하였다. 논리적 긴밀도를 높이기 위해 내용을 재배치한 곳도 있다. 겉으로 잘 드러나지는 않겠지만 표현이 어색하거나 의미가 모호한 곳도 다듬었다. 하지만 초판과 비교하여 가장 큰 변화는 교수자와 학습자의 요청에 따라 연습문제의 해설을 수록하였다는 점이다. 이런 변화가 이 책으로 가르치고 배우는 분들에게 도움이 되기를 바란다.

개정 작업을 하면서 상위 주제나 흥미로운 내용을 골라 새로운 장에서 소개하는 방안을 생각해보았지만, 한 학기 분량의 간결하고 부담 없는 교과서를 쓴다는 원칙을 지키기 위해 이번 개정에서는 초판의 틀을 유지하기로 하였다. 학습자에게 부담이 가지 않는 선에서 적절하게 내용을 추가하는 작업에 대해서는 계속 고민해야 할 것 같다.

초판을 쓸 때와 달리 이번에는 주위의 도움을 받는 행운을 누렸다. 초판을 꼼꼼히 읽고 여러 도움말을 준 동국대 경제학과 민세진 교수에게 깊이 감사드린다. 이 책으로 가르치는 몇몇 분들은 책에 대한 과분한 호평을 해주었다. 무엇보다 이 책으로 공부하면서 자잘한 오타와 크고 작은 오류를 찾아준 한양대학교 학생들에게 고마운 마음을 전한다. 언제나처럼 꼼꼼한 교정과 편집 작업으로 훌륭한 책을 만들어준 (주)시그마프레스 편집부 여러분의 노고에 깊이 감사드린다. 앞으로도 책을 다듬고 개선하는 작업을 게을리하지 않을 것을 독자들에게 약속드린다.

2021년 1월
김광호

초판 머리말

게임이론은 전략적 상황에 처한 행동주체의 의사결정을 연구하는 경제학의 한 분야이다. 원래는 응용수학에서 시작되었으나 지금은 경제학의 핵심 분야로 확고하게 자리 잡았다. 20세기 중반을 기점으로 급속하게 발전한 게임이론은 경제학뿐 아니라 사회학, 정치학, 생물학 등 다양한 분야에 광범위하게 응용되어 각 학문의 지평을 넓혔다. 게임이론의 영향력은 노벨경제학상 수상자 중 게임이론과 관련된 공로로 수상한 사람이 열 명을 훌쩍 넘는 것으로부터 잘 알 수 있다. 필자가 학부를 다니던 시절에는 게임이론이 독자적인 과목으로 개설된 경우를 찾기 어려웠는데, 지금은 우리나라뿐 아니라 전 세계적으로 경제학과 교육과정에 게임이론이 핵심 과목으로 개설되어 있다. 이는 경제학에서 게임이론이 차지하는 위상을 잘 보여준다.

이 책은 대학교 학부 수준의 게임이론을 소개하는 것을 주목적으로 한다. 학부 미시경제학이나 경제학원론 수준의 경제학 지식을 갖춘 독자가 이 책의 주된 대상이다. 하지만 게임이론이 기본적으로 논리적 사고에 바탕을 두고 있기 때문에 논리적 사고력과 분석력만 갖추고 있다면 별다른 경제학 지식이 없어도 내용을 이해하는 데 어려움이 없을 것이다. 다만 게임이론에서 자주 활용되는 몇몇 경제학 모형은 배경지식이 필요하므로 관련된 내용을 간략히 제시하였다.

학부 교과서에 실리는 내용은 시간의 검증을 통해 확립된 것이므로 이 책이 다른 책에 비해 크게 독창적이기는 어려울 것이다. 하지만 이 책을 쓰면서 다음과 같은 점에 주안점을 두었다. 첫째, 학부 수준에서 지나치게 어렵거나 덜 중요한 부분은 덜어 내고 한 학기 강의에 적합하도록 구성하였다. 많은 내용을 수록하기보다는 중요한 내용만 추려 자세히 설명하는 '선택과 집중' 전략을 택했다. 둘째, 기초 개념을 설명할 때 수식의 사용을 최대한 배제하고 자세히 말로 풀어서 설명하여 그 직관적 의미를 전달하려고 했다. 셋째, 현실 체감도가 높은 사례와 읽기 자료를 통해 독자들의 흥미를 북돋우도록 노력했다.

책을 쓰면서 필자가 학생일 때 공부하던 책이나 가르치면서 이용한 교재나 참고 도서로부터 알게 모르게 영향을 받았다. 연습문제 중 일부는 이 책들에 나오는 문제를 변형한 것도 있다. 참고 도서 목록은 책 말미에 정리해 두었다.

강의노트나 정리해보자고 시작한 일이 어쩌다가 이렇게 커져 버렸다. 짧고 얕은 지식으로 책을 내는 것에 마음의 부담이 있지만 다양한 상품이 제공될수록 소비자의 후생이 올라간다는 경제학의 진리로부터 마음의 평안을 얻기로 했다. 꼼꼼히 살펴보기는 했지만 혼자만의 작업이라 잘못된 부분이 숨어 있을 것이다. 잘못된 부분은 발견하는 대로 출판사 홈페이지를 통해 바로잡을 것을 약속드린다. 책의 오류나 의문점, 제안 사항 등에 대해서 기탄없이 알려주시기를 부탁드린다.

이 책이 나오도록 애써주신 (주)시그마프레스 영업부 조한욱 차장님과 편집부 여러분, 특히 꼼꼼히 교정을 보고 문장을 다듬어주신 문수진 과장님께 감사드린다. 끝으로 언제나 힘이 되어 주는 가족들에게 고마운 마음을 전한다.

2018년 1월
김광호

▶▶ 이 책의 구성과 활용법 ◀◀

이 책은 도입부에 해당하는 제1장과 4개의 부로 구성된 제2~12장, 이렇게 총 12개 장으로 이루어져 있다. 각 부와 장의 서두에서 해당 부와 장에서 다루는 내용 및 앞선 내용과의 관계를 간략히 소개하여 전체적인 그림을 볼 수 있도록 하였다. 책을 이용하는 데 있어 다음 내용을 참고하면 도움이 될 것이다.

- 본문 내용의 이해를 돕고 흥미를 불러일으키기 위해 글상자로 읽기 자료를 제시하였다.
- 생각해보기는 본문의 분석 내용을 더 깊게 살펴보거나 다른 각도에서 접근하도록 해준다.
- 심화학습은 본문 내용을 바탕으로 보다 심화된 수준의 내용을 제시한다. 건너뛰어도 전체적인 내용을 이용하는 데 지장이 없으므로 취사선택할 수 있다.
- 각 장의 끝에 나오는 주요 학습내용 확인은 그 장에서 배운 주요 내용을 질문 형태로 제시한다. 질문에 제대로 답할 수 없다면 해당 부분을 다시 공부할 필요가 있다.
- 본문 내용에 대한 이해와 적용 능력을 점검하기 위해 각 장의 끝에 연습문제를 제시하였다.

통상 대학교의 한 학기가 16주로 구성되어 있고 시험기간 2주를 제외하면 실질적으로 14주가 있는 셈이다. 필자의 경험에 따르면 중간고사에서 제5장까지 다루고 나머지를 기말고사에서 다루면 책 전체를 한 학기에 마치는 데 큰 무리가 없을 것으로 생각된다. 책의 분량이 부족할 경우 내용을 추가하거나 연습문제의 일부를 수업 중에 다룰 수 있을 것이고, 책의 내용이 너무 많거나 혹은 쉬운 내용을 위주로 구성을 하고 싶다면 일부를 생략할 수 있을 것이다.

참고로 다소 어려워서 생략해도 무방한 단원은 제목 옆에 별표(*)로 표시해 두었다. 목록은 다음과 같다.

- 제5장 3.(3)　순수전략이 연속변수인 게임
- 제8장 2.(2)　내쉬균형이 여러 개 있는 게임의 유한반복
- 제8장 3.(2)　완화된 방아쇠 전략
- 제10장 3.　혼합전략균형의 재고찰
- 제12장 3.(2)　신호가 연속변수인 구직시장 모형
- 제12장 4.　신호발송게임과 직관적 기준
- 제12장 5.　빈말게임

차례

제1장

게임이론 들어가기

이 장은 게임이론에 대한 본격적인 학습을 위한 예비 과정으로 게임이론에 대한 배경 지식과 게임의 표현 방법에 대해 소개한다. 먼저 게임이론이 어떤 학문이며 왜 필요한지 살펴보고 게임상황을 정식으로 모형화하는 방법을 익힌다. 또한 게임이론의 이해를 위해 필요한 몇 가지 기본 개념에 대해 공부한다. 끝으로 책 전체의 구성에 대해 설명한다.

1. 게임이론이란

(1) 게임이론이란 무엇이며 왜 필요한가?

우리는 살면서 수많은 선택의 상황에 직면한다. 예를 들어 대학생이라면 소소하게는 오늘 점심으로 무엇을 먹을지부터 시작해서 이번 학기 수업은 무엇을 들을지, 어떤 진로를 택할지 등 다양한 선택의 상황에 맞닥뜨린다. 개인만 선택의 상황에 놓이는 것은 아니다. 동호회에서부터 지방자치단체, 국가에 이르기까지 크고 작은 여러 단체들도 수많은 선택의 상황에 놓인다. 경제학은 이와 같은 선택에 관해 연구하는 학문이다. 인간의 여러 활동 중 주로 경제활동에 초점을 맞추기는 하지만, 경제학의 관심사는 경제활동을 넘어 인간의 다양한 활동과 선택에 걸쳐 있다.

　경제학은 인간의 **합리성**(rationality)을 기본 전제로 한다. 여기서 합리성이란 도구적 측

시험과 전략적 상황

학생들에게 친숙한 상황인 시험의 예를 들면 전략적 상황과 비전략적 상황을 쉽게 구분할 수 있다. 만약 어떤 시험의 성적이 절대평가로 정해진다고 하자. 가령 100점 만점에 90점 이상을 받으면 등수와 관계없이 A를 받는다고 하자. 이 상황은 비전략적 상황이다. 다른 학생의 점수에 관계없이 내 점수에 의해서만 성적이 결정되기 때문이다. 그러나 상대평가는 이와 다르다. 가령 시험점수 상위 30%의 학생만 A를 받는다고 하자. 이 경우 내 시험성적이 아무리 좋아도 다른 학생들이 더 잘해서 내가 상위 30% 안에 들지 못하면 나는 A를 받을 수 없다. 즉 내 성적이 내 점수뿐 아니라 다른 학생들의 점수에도 영향을 받는다.

물론 분석의 폭을 넓혀서 출제자까지 고려한다면 절대평가 역시 전략적 상황이라고 볼 수 있다. 출제자의 출제 유형이나 의도에 의해 내 성적이 영향을 받기 때문이다. 우리가 흔히 듣는 "출제자의 의도를 파악하는 것이 중요하다"는 말은 이러한 전략적 요소를 잘 보여준다.

면에서의 합리성을 가리킨다. 즉 어떤 목표를 달성하기 위해 최선의 선택을 하고 있으면 그것을 합리적이라고 부른다. 현실적으로는 어떤 목표의 적절성이나 옳고 그름 자체가 그것을 추구하는 수단 못지않게 혹은 그 이상으로 중요하지만, 경제학에서 말하는 합리성은 목표 자체의 옳고 그름보다는 목표를 추구하는 수단의 적절성과 주로 관련이 있다.

최선의 선택과 관련하여 경제학에서 매우 유용한 도구가 바로 **최적화**(optimization)이다. 행위주체의 목표를 목적함수(objective function)로 구성하여 그 목적함수의 값을 극대화 또는 극소화하는 선택변수의 값을 찾는 것이 최적화의 전형적인 형태이다. 이때 행위주체가 선택할 수 있는 변수는 현실적인 여러 여건에 의해 제약을 받는 것이 보통이다. 따라서 최적화는 **제약하의 최적화**(constrained optimization)라는 형태를 띠는 경우가 많다. 미시경제학에서 매우 중요하게 다루는 소비자의 효용극대화 문제가 바로 전형적인 제약하의 최적화 문제이다. 소비자가 자신이 가진 돈으로 살 수 있는 상품 조합 중에서 자신의 효용을 극대화하는 조합을 찾기 때문이다. 최적화 기법은 많은 경제학적 선택 상황에서 막강한 위력을 발휘하는 유용한 도구이다.

그런데 최적화 기법은 기본적으로 일방적(unilateral)인 문제 해결 방법이다. 쉽게 말해 다른 사람의 반응은 신경 쓸 필요 없이 자기만 잘하면 되는 상황이다. 소비자의 효용극대화의 경우, 주어진 예산 범위 내에서 가장 만족도가 높은 물건을 사면 그만이지 가게 주인이나 가족 등 다른 사람을 신경 쓸 필요가 없다. 기업의 이윤극대화 역시 마찬가지다. 완전경쟁시장처럼 가격이 시장에서 주어진 경우, 기업은 다른 기업을 신경 쓸 필요 없이 얼마나 생산할지만 결정하면 된다. 개별기업이 전체 시장에서 차지하는 비중이 너무 작아 개별 생산량이 시장가격에 영향을 미치지 않기 때문이다. 이처럼 완전경쟁은 경쟁기업이 너무 많아 역설적으로 타인을 신경 쓸 필요가 없는 상황인데, 경쟁기업이 없는 독점의 경우는 정반대의 이유로 다른 기업을 신경 쓸 필요가 없다. 독점기업은 정의상 신경을 써야 할 다른 기업 자체가 아예 존재하지 않기 때문이다.

그런데 현실에 눈을 돌려보면 이러한 일방적인 선택 상황은 현실에서 흔히 존재하지 않는다. 많은 경우 나의 효용이나 후생은 나 혼자만의 선택에 의해 결정되는 것이 아니라 다른 사람의 선택에 의해 결합적으로 결정된다. 가위바위보를 생각해보면 이를 쉽게 알 수 있다. 내가 이기는지 지는지는 나의 선택뿐 아니라 다른 사람의 선택에 의해 결합적으로 정해진다. 축구에서의 페널티킥 상황도 마찬가지다. 키커가 특정 방향으로 공을 찰 때의 성공 확률은 골키퍼가 어느 쪽으로 뛰어서 공을 막는지에 의해 크게 영향을 받는다. 비슷한 상품을 만들어 파는 소수의 경쟁 기업이나 선거를 앞두고 선거공약이나 선거운동 전략을 결정하는 정당이 직면하는 문제도 마찬가지다. 심지어는 독점도 완전히 일방적인 의사결정 상황이라고 보기 어렵다. 시장 진입을 노리고 있는 잠재적인 경쟁자를 고려해야 하기 때문이다.

이와 같이 나의 후생이 나뿐만 아니라 다른 사람의 행동에 의해 영향을 받는 상황을 **전략적 상황**(strategic situation) 혹은 **게임상황**(game situation)이라고 한다. 이러한 전략적 상황에서의 의사결정에 있어 전통적인 최적화 기법은 큰 힘을 발휘하지 못한다. 최적화 문제에서 나의 효용은 내 선택에 의해서만 결정되며, 내가 선택을 달리한다고 해서 내가 처한 환경이나 제약이 바뀌지는 않는다. 그러나 전략적 상황은 이와 다르다. 우선 나의 효용이 내 행동뿐 아니라 다른 사람들의 행동에 의해 결합적으로 결정된다. 또한 내가 어떤 선택을 하면 다른 사람이 그에 반응하여 행동을 달리 할 가능성이 있다. 따라서 최적화 문제에서처럼 제약이나 다른 사람의 행동을 주어진 것으로 간주하고 의사결정을 할 수가 없다. 이러한 전략적 상황을 분석하기 위해서는 새로운 분석 도구가 필요하다. **게임이론**(game theory)은 이와 같은 전략적 상황에서의 행동주체의 의사결정을 연구하는 학문이다.

(2) 게임이론의 발전

게임이론은 원래 응용수학의 한 분야로 시작되었으나, 경제학에 도입된 후 경제학의 여러 분야에 다양하게 응용되면서 이제는 경제학의 주요 분야로 확고하게 자리 잡았다. 게임이론은 폰 노이만(von Neumann)과 모겐스턴(Morgenstern)이 1944년에 출간한 『게임

세 명의 총잡이와 전략적 사고

전략적 상황의 특수성을 잘 보여주는 사례로 '세 명의 총잡이' 게임이 있다. 세 명의 총잡이 갑, 을, 병이 결투를 벌인다. 명중률은 갑이 30%, 을이 70%, 병이 100%이다. 총쏘기는 명중률이 낮은 순서대로 갑, 을, 병의 순으로 이루어지며, 최종적으로 한 사람이 살아남을 때까지 결투가 계속된다. 자신의 차례가 되면 한 발만 쏠 수 있으며, 기권의 의미로 허공에 대고 쏘는 것도 허용된다. 총잡이들은 당연히 자신의 생존확률을 극대화하려고 한다. 이때 처음 총을 쏘는 갑은 어떤 선택을 해야 할까?

갑에게는 을을 향해 쏘는 것, 병을 향해 쏘는 것, 허공에 대고 쏘는 것의 세 가지 선택이 있다. 각각의 경우에 갑의 생존확률을 계산해보자.

먼저 갑이 을을 향해 쏘는 경우부터 생각해보자. 갑은 0.3의 확률로 을을 맞추며, 이 경우 명중률 100%인 병에게 공격권이 넘어가므로 갑의 생존확률이 0이다. 한편 0.7의 확률로는 을이 맞지 않아 공격권이 을에게로 넘어간다. 이때 갑의 생존확률은 갑이 애초에 허공에 대고 총을 쏘는 경우와 같다. 이 값은 뒤에서 구할 것이기 때문에 여기서는 그냥 p라고 두자. 그러면 갑이 을을 향해 쏘는 경우의 생존확률은 $0.7p$이다.

다음으로 갑이 병을 향해 쏘는 경우를 생각해보자. 갑은 0.3의 확률로 병을 맞추며, 이 경우 게임은 명중률이 70%인 을과 30%인 갑이 순서대로 번갈아가며 상대를 쏘는 상황이 된다. 이때 갑이 이기는 경우는 (i) 을이 갑을 못 맞추고 갑이 을을 맞추는 경우, (ii) 을이 갑을 못 맞추고 갑도 을을 못 맞춘 후 다시 을이 갑을 못 맞추고 갑이 을을 맞추는 경우, …와 같이 무수히 많으며 이 확률은 0.3

$$\times 0.3 + 0.3 \times 0.7 \times 0.3 \times 0.3 + \cdots = \frac{0.3 \times 0.3}{1 - 0.3 \times 0.7} \approx$$

0.11139이다. 한편 0.7의 확률로는 병이 맞지 않아 공격권이 을에게로 넘어간다. 이 경우의 생존확률을 p라고 했으

므로 갑이 병을 향해 쏘는 경우의 생존확률은 대략 $0.3 \times$ $0.1139 + 0.7p$가 된다.

끝으로 갑이 허공에 대고 쏘는 경우를 생각해보자. 이 경우는 갑이 을이나 병을 향해 쏘았으나 못 맞춘 경우와 동일하며, 이때의 생존확률을 p라고 했다. 먼저 0.7의 확률로 을이 병을 맞추는 경우, 게임은 명중률이 30%인 갑과 70%인 을 간의 대결이 되며, 이때 갑의 생존확률은

$$0.3 + 0.7 \times 0.3 \times 0.3 + \cdots = \frac{0.3}{1 - 0.7 \times 0.3} \approx 0.3797$$

이다. 한편 0.3의 확률로 을이 병을 못 맞춘 경우, 병은 자신의 차례에서 을을 확실하게 맞출 것이므로 그 후 게임은 갑과 병이 순서대로 서로에게 총을 쏘는 상황이 된다. 갑이 이기려면 처음에 무조건 병을 맞춰야 하므로 생존확률은 0.3이다. 따라서 p는 대략 $0.7 \times 0.3797 + 0.3 \times 0.3$ = 0.3558이다.

이 p값을 이용해 계산하면, 갑이 을을 향해 쏘는 경우의 생존확률은 대략 $0.7 \times 0.3558 = 0.2491$, 병을 향해 쏘는 경우의 생존확률은 대략 $0.3 \times 0.1139 + 0.7 \times 0.3558$ = 0.2832, 허공에 대고 쏘는 경우의 생존확률은 앞에서 구한 것처럼 약 0.3558이므로, 을이나 병을 조준하기보다는 허공에 대고 총을 쏘는 것이 갑에게 더 유리함을 알 수 있다.

자신이 총을 쏠 수 있는 소중한 기회를 포기하는 것이 가장 좋다니 의외의 결과이다. 하지만 곰곰이 생각해보면 갑은 명중률이 높은 다른 두 사람이 서로 싸우도록 하는 것이 오히려 유리할 수 있다. 갑의 명중률이 가장 낮으므로 을과 병은 공격 기회에서 갑을 우선순위에 두지 않을 것이기 때문이다. 이 게임은 전략적 상황에서 결정을 내릴 때 상대의 반응을 고려해 어떤 식으로 결정을 내려야 하는지 잘 보여준다.

폰 노이만(John von Neumann, 1903~1957)

폰 노이만은 헝가리에서 태어나 미국에서 활동한 학자이다. 특정한 학문을 명시하지 않고 그냥 '학자'라고 한 것은 그를 한 분야의 전문가로 규정짓기에는 그의 천재성과 업적이 너무 크고 방대하기 때문이다. 폰 노이만은 수학, 물리학, 컴퓨터 개발 등 다방면에 일일이 열거하기 어려울 정도로 많은 업적을 남겼다. 그는 핵무기 개발을 위해 추진된 맨해튼 프로젝트에도 참여했으며, 그가 에드박(EDVAC)이라는 컴퓨터를 만들 때 고안한 중앙처리장치(CPU)의 내장형 프로그램은 현대 컴퓨터 설계의 기본이 되고 있다.

　폰 노이만은 천재적인 직관과 계산능력, 어학실력으로 많은 일화를 남겼다. 그의 천재성과 관련한 일화를 보면 이런 식이다. 대륙간 탄도미사일 개발 초창기에 개발자들이 자신들의 연구 결과가 맞는지 검증하는 데 어려움을 느낀 나머지 폰 노이만을 찾아갔다. 그들은 수개월간 축적된 방대한 자료와 설계도를 넘겨주면서 검토에 몇 주가 필요한지 물었다. 그러자 폰 노이만은 그들에게 가지 말고 잠시만 기다리라고 한 후, 자료를 검토한 지 두어 시간 만에 그들에게 완벽한 설명을 제시했다고 한다. 다음과 같은 일화도 있다. 그가 만든 에드삭(EDSAC)이라는 컴퓨터가 완성되어 그 성능을 시험하기 위해 다음과 같은 문제를 컴퓨터에 입력했다. "2의 거듭제곱수로서 끝에서 4번째 자리 수가 7인 가장 작은 수는 얼마인가?" (답은 2^{27}인 2097152이다.) 이 문제에 대해 폰 노이만은 자신이 만든 컴퓨터보다 먼저 정답을 제출했다고 한다. 이밖에도 인터넷을 검색해보면 폰 노이만의 천재성을 보여주는 일화들을 쉽게 찾을 수 있다. 폰 노이만이 게임이론에 좀 더 흥미를 가졌다면 게임이론의 발전이 수십 년은 앞당겨졌을지도 모를 일이다.

의 이론과 경제적 행동(Theory of Games and Economic Behavior)』을 그 출발점으로 꼽을 수 있다. 이 책은 게임을 정식으로 모형화하는 방법과 특정한 게임에 대한 해법을 제시하고 있다.[1] 하지만 이 책의 분석은 게임 참여자 간의 이해관계가 상반되는 특수한 경우에 국한되었기 때문에 그 적용에는 한계가 있었다.

1　이 책은 또한 경제학에서 불확실성하의 선택과 관련하여 많이 사용하는 기대효용이론(expected utility theory)을 확립한 것으로도 큰 의의를 가진다.

게임이론이 본격적으로 발전한 것은 내쉬가 1950년에 발표한 짤막한 박사학위논문에서 전략적 상황에서의 균형개념을 제시하고 그 존재를 증명한 이후이다. 오늘날 내쉬균형(Nash equilibrium)이라고 불리는 이 균형은 일반적인 전략적 상황에 폭넓게 적용할 수 있어 다양한 분야에 적용되며 게임이론의 발전을 주도했다. 게임이론에서 '균형'이라고 하면 특별한 말이 없는 한 이 내쉬균형을 가리킨다. 앞으로 보게 되겠지만 이 책은 대부분의 지면을 여러 다양한 전략적 상황에서 내쉬균형을 찾는 일에 할애하고 있다.

게임이론은 20세기에 이루어진 경제학의 발전 중 가장 중요한 성과의 하나이다. 게임이론은 산업조직론이나 공공경제학 등 다양한 분야에 도입되어 해당 분야의 질적인 도약을 가져왔으며, 1970년대 이후에는 정보경제학(information economics)이라는 새로운 분야의 탄생을 가져왔다. 또한 경제학을 넘어 정치학, 외교학, 사회학, 생물학 등 다양한 학문에 접목되어 각 학문의 지평을 넓혔다. 실생활에서 전략적 상황에 잘 대처하기 위한 실용적인 목적에서든 혹은 세상을 더 잘 이해하기 위한 학구적 목적에서든 게임이론의 유용성은 매우 크다. 오늘날 게임이론에 대한 기본적 이해는 경제학, 더 나아가 사회과학 연구를 위한 필수적인 도구로 자리매김하게 되었다고 해도 과언이 아니다.

2. 게임의 표현

전략적 상황을 분석하기 위해서는 우선 그 상황을 정식으로 모형화(modeling)할 필요가 있다. 일반적인 경제모형과 마찬가지로 게임이론에서도 주어진 전략적 상황에서 핵심적인 요소만을 추출하여 모형을 구성한다. 다음에서는 어떤 전략적 상황에서든 필수적으로 존재하는 게임의 기본요소를 소개하고 전략적 상황을 표현하는 방법을 설명한다.

(1) 게임의 3요소

전략적 상황이라면 그 구조나 복잡함의 정도와 관계없이 반드시 등장하는 세 가지 요소가 있다. 전략적 상황에 처한 사람들, 각 사람들이 취할 수 있는 행동, 각 사람들이 취한 행동에 따라 각자가 얻는 후생이나 효용 수준이 바로 그것이다. 어떤 전략적 상황을 떠올려보더라도 이 세 가지 요소는 반드시 등장한다. 가령 페널티킥의 경우를 생각해보면, (1) 키커와 골키퍼라는 등장인물이 있고, (2) 키커는 어느 방향으로 공을 찰지, 골키퍼는 어느 방향으로 뛰어 막을지 결정하며, (3) 골이 들어갔는지 여부에 따라 키커와 골키퍼의 후생이 결정된다. 이 세 가지 요소를 게임이론에서는 각각 경기자, 전략, 보수라고 부른다.

내쉬(John Forbes Nash, Jr. 1928~2015)

2015년 5월 23일, 내쉬가 아내와 함께 불의의 교통사고로 사망했다는 소식은 많은 사람들을 충격과 슬픔에 빠지게 했다. 내쉬는 탁월한 업적을 남긴 수학자에게 수여하는 아벨 수학상(Abel Prize for Mathematics)을 수상하고 노르웨이에서 미국으로 돌아와 공항에서 택시로 귀가하는 길에 비극적인 사고로 생을 마감했다. 내쉬는 미국의 수학자로 미분기하학, 편미분방정식과 같은 수학의 여러 분야에 매우 중요한 업적을 남겼는데, 경제학에서는 게임이론의 근간을 이루는 균형개념(equilibrium concept)을 제시한 것으로 잘 알려져 있다. 내쉬의 극적인 삶은 러셀 크로가 주연을 맡아 우리에게도 잘 알려진 영화 〈뷰티풀 마인드〉에 잘 그려져 있다.

천재적인 재능으로 학계에서 두각을 나타내던 내쉬는 30세경부터 정신분열증을 앓기 시작해 결국 직업을 잃고 정상적인 생활을 하지 못하게 된다. 그러나 그를 떠나지 않고 수십 년간 정성스럽게 간호한 아내 얼리샤의 도움으로 점차 호전의 기미를 보인다. 한편 내쉬가 정신질환을 앓는 동안 게임이론은 그가 제안한 균형개념을 바탕으로 폭발적인 발전을 이루게 된다. 그런데 경제학에서 게임이론이 중추적인 역할을 차지하고 게임이론의 발전에 크게 기여하는 학자들이 계속 나옴에도 불구하고, 스웨덴 왕립과학원은 게임이론과 관련하여 노벨상을 수여하지 못하는 딜레마에 빠졌다. 그러한 발전을 가능하게 한 장본인인 내쉬가 정신질환을 앓고 있는 상황에서 그를 빼고 다른 사람들에게 먼저 상을 수여할 수는 없었기 때문이다. 내쉬는 결국 상태가 호전되자 1994년에 하사니, 젤텐과 함께 게임이론에 대한 기여로 노벨경제학상을 받게 된다. 그 이후로도 많은 경제학자들이 게임이론의 발전에 대한 직간접적인 기여로 노벨상을 수상했다.

아직 영화 〈뷰티풀 마인드〉를 보지 못한 독자들은 시간을 내서 한번 보기를 권한다. 내용적 측면에서 몇 가지 부정확한 점이 있기는 하지만 내쉬의 삶과 게임이론에 대한 흥미를 불러일으키는 데 도움이 될 것이다.[2]

---

2 주인공이 술집에서 친구들과 술을 마시다가 균형개념에 착안하는 장면이나 내쉬균형을 묘사하는 그림에 부정확한 내용이 있다. 제작진이 경제학자에게 내용에 대해 자문하지 않은 것이 아쉽다. 이에 대해서는 제4장에서 다시 얘기할 것이다.

  경기자(player)는 전략적 상황에 처한 행동주체이다. 경기자는 상황에 따라 개인이 될 수도 있고 기업이나 국가와 같은 단체가 될 수도 있다. 개인이 아닌 단체가 하나의 경기자일 경우, 이 단체는 동일한 목적을 가지고 움직이는 단일 주체로 취급되므로 사실상 개인과 다를 바 없다. 게임이론에서 다루는 상황은 전략적 상황이므로 경기자의 수는 적어도 2가 되어야 한다. (경기자의 수가 1이라면 이는 전략적 상황이 아니라 최적화 상황이다.) 경기자에게 개별적으로 각각 이름을 붙이기도 하지만 간단히 숫자를 붙이는 경우가 많다. 즉 1, 2, 3, …과 같은 숫자를 이용해 경기자를 지칭하는 것이다. 경기자를 나타내는 기호로 i를 많이 사용하는데, 경기자의 수가 n이고 경기자를 모두 모은 집합을 I라고 하면 $i \in I = \{1, 2, \cdots, n\}$이다.

  전략(strategy)은 각 경기자가 취할 수 있는 행동을 의미한다. 경기자 i의 개별 전략을 보통 s_i로 표시한다. 또한 경기자 i가 취할 수 있는 전략을 모두 모은 집합을 경기자 i의 **전략집합**(strategy set)이라고 부르며 흔히 S_i로 표시한다. 따라서 $s_i \in S_i$이다. 각 경기자의 전략집합은 서로 같을 수도 있고 다를 수도 있다. 가위바위보와 같은 경우에는 모든 경기자의 전략집합이 {가위, 바위, 보}로 동일하다. 앞서 게임이론에서는 나의 전략뿐 아니라 다른 사람의 전략도 중요하다고 했다. 전략적 상황에서는 나의 효용이 나의 전략뿐 아니라 다른 사람들의 전략에 의해서도 영향을 받기 때문이다. 따라서 각각의 경기자가 어떤 선택을 하는지를 총체적으로 나타낼 필요가 있다. 각 경기자의 전략을 모두 나타낸 것, 즉 $(s_1, s_2, \cdots, s_n)$을 **전략명세** 혹은 **전략프로파일**(strategy profile)이라고 부른다. 예를 들어 두 사람 1과 2가 가위바위보를 하는데 1이 가위를 내고 2가 바위를 냈다면 이때의 전략명세는 (가위, 바위)이다.

  보수(報酬, payoff)는 게임의 결과에 따른 각 경기자의 후생이나 효용을 의미한다. 보통 경제학에서는 효용이나 후생이란 표현을 많이 쓰는데 게임이론에서는 '보수'라는 표현을 사용하는 것이 일반적이다. 이름은 다르지만 본질적으로 효용과 같은 의미라고 생각하면 된다. 한 경기자의 보수는 그 경기자의 전략이 아니라 전체 경기자의 전략명세에 의해 결정된다. 이는 게임의 결과가 모든 경기자의 선택에 의해 결합적으로 결정되기 때문이다. 경기자 i의 보수함수를 $u_i(\cdot)$라 할 때, 괄호 안에 들어가는 것은 개별 전략이 아니라 전략명세인 $(s_1, s_2, \cdots, s_n)$이 된다. 가령 두 명이 가위바위보를 할 경우, 괄호 안에는 경기자 1과 2의 전략이 순서대로 들어간다. 이때 각자 세 가지 선택이 가능하므로 가능한 전략명세의 수는 $3 \times 3 = 9$이고, 각 경우에 대해 사전적으로 정해진 게임의 룰에 따라 보수가 정해진다. 가령 각자의 보수가 이길 경우에는 1, 비길 경우에는 1/2, 질 경우에는

0이라면, 1의 보수 u_1은 u_1(가위, 보) = 1, u_1(바위, 보) = 0, u_2(보, 보) = 1/2 등과 같이 정해질 것이다.

모든 전략적 상황을 위 세 가지 요소만으로 표현할 수 있는 것은 아니다. 뒤에서 보겠지만 전략적 상황의 구조가 복잡할 경우에는 그 상황을 제대로 나타내기 위해서 이 세 가지 요소 이외에 추가적으로 다른 요소도 필요하다. 그러나 어떤 상황이든 위 세 가지 요소가 반드시 등장한다는 사실에는 변함이 없다.

(2) 전략형 게임

전략형 게임(strategic form game)은 위 세 가지 요소만을 이용해 전략적 상황을 표현하는 방법이다.[3] 즉 어떤 전략적 상황이 주어졌을 때, 경기자-전략-보수를 명시하여 그 상황을 표현하는 방법이다. 반드시 그런 것은 아니지만 전략형 게임은 주로 경기자들이 동시에 전략을 선택하는 **동시게임**(simultaneous game)이나 **정태적 게임**(static game) 상황을 나타낼 때 많이 사용한다.

게임이론에서는 전략적 상황을 간명하게 나타내기 위해 2인 게임을 이용하는 경우가 많은데, 경기자의 수가 2인 경우에는 간단한 시각적 도구를 이용해 주어진 상황을 전략형 게임으로 표현할 수 있다. 예시를 위해 다음과 같은 **동전 짝 맞추기**(matching pennies) 게임을 생각해보자. 두 경기자 1과 2가 각각 동전의 앞면과 뒷면 중 하나를 선택해서 낸다. 두 면이 일치할 경우에는 1이 이기고, 반대로 일치하지 않을 경우에는 2가 이긴다. 앞면을 H, 뒷면을 T라고 표시하면 이 상황은 다음과 같은 간단한 표로 나타낼 수 있다.

		2	
		H	T
1	H	1, −1	−1, 1
	T	−1, 1	1, −1

여기서 표의 왼쪽에 표기된 1과 상단에 표기된 2는 각각 경기자 1과 2를 나타내며, 1

---

3 어떤 게임이든 전략적 상황을 나타내므로 전략형 게임이라는 이름은 사실 그다지 적확(的確)한 이름은 아니다. 전략형 게임을 **정규형 게임**(normal form game)이라고 부르기도 한다.

오른쪽 옆의 H, T는 1의 전략을 나타내고 2 아래의 H, T는 2의 전략을 나타낸다. 2 × 2 행렬의 각 칸에 들어간 숫자는 각 전략명세에 따른 경기자의 보수를 나타낸다. 가령 1행 1열은 1과 2가 모두 H를 선택한 경우이며, 처음에 나오는 숫자 1은 경기자 1의 보수, 다음에 나오는 숫자 −1은 경기자 2의 보수이다. 이와 같은 표를 **보수행렬**(payoff matrix)이라고 부른다. 경기자가 2인이고 각 경기자의 전략의 수가 적을 때 보수행렬은 매우 유용한 도구이다. 이 책 전체에 걸쳐 우리는 보수행렬을 자주 사용할 것이다.

그런데 보수행렬을 이용하는 것이 항상 가능한 것은 아니다. 우선 경기자가 3인 이상인 경우에는 하나의 보수행렬만으로 상황을 나타내는 것이 불가능하다. 또 경기자가 두 명이라도 전략이 매우 많거나 무한한 경우에는 보수행렬을 사용하는 것이 번거롭거나 불가능하게 된다. 예를 들어 유사한 물건을 만들어 파는 기업들이 가격경쟁을 하는 상황에서 전략의 수는 매우 많거나 무한하다. 여기서 각 기업의 전략은 가격이 되는데 기업이 선택할 수 있는 가격은 매우 많기 때문이다. 이와 같이 보수행렬의 사용이 용이하지 않은 경우에는 그냥 게임의 3요소를 적절히 명시하는 방법으로 게임을 나타낸다. 보다 자세한 내용은 제1부에서 구체적으로 살펴볼 것이다.

(3) 전개형 게임

전개형 게임(extensive form game)은 경기자들이 순차적으로 움직이는 상황인 **순차게임**(sequential game)이나 **동태적 게임**(dynamic game) 상황을 나타낼 때 주로 쓰인다. 전개형 게임은 **게임트리**(game tree)라는 시각적 도구를 이용해 전략적 상황을 나타낸다.

전개형 게임을 구체적으로 살펴보기 위해 다음과 같은 **진입게임**(entry game) 상황을 생각해보자. 한 시장을 기존기업(경기자 2)이 독점하고 있는 상황에서 잠재적 진입기업(경기자 1)이 진입 여부를 고민하고 있다. 1이 진입하지 않으면(N) 2는 이전과 같이 독점이윤을 누릴 수 있다. 1이 진입할 경우(E), 2는 이를 받아들여 시장을 나누거나(A) 공격적인 가격정책으로 1에게 피해를 입힐 수 있다(F). 〈그림 1-1〉은 이 상황을 게임트리를 이용해 나타낸 것이다.

그림에서 1과 2는 각 경기자를 지칭하며 각각의 선은 해당 경기자의 전략을 보여준다. 세로로 기입된 보수는 위에서부터 각각 경기자 1과 2의 보수를 나타낸다.[4] 각 경기자가 결정을 내리는 점을 **결정마디**(decision node)라고 부른다. 이 그림은 게임의 3요소를 잘

---

4   보수를 1의 보수, 2의 보수 순으로 수평으로 기입하기도 한다. 어느 방식을 쓰든 무방하다.

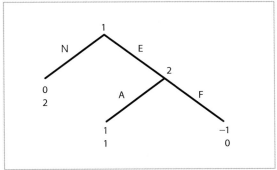

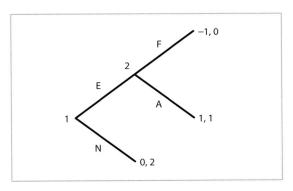

▌그림 1-1 진입게임 : 수직적 표현

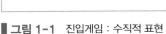

▌그림 1-2 진입게임 : 수평적 표현

나타낼 뿐 아니라 경기자들이 움직이는 순서도 직관적으로 보여준다. 즉 그림에서 등장하는 순서에 따라 위에서부터 1, 2의 순으로 결정을 내린다.

게임트리는 〈그림 1-1〉처럼 위에서 아래로 내려가는 방식 말고도 왼쪽에서 오른쪽으로 움직이는 방식으로도 그릴 수 있다. 〈그림 1-2〉는 동일한 상황을 옆으로 나타낸 것이다. 보수가 옆으로 기입된 것 이외에는 기본적으로 〈그림 1-1〉과 동일하다. 어느 방법을 써도 무방하지만 우리는 수직적 표현 방법을 주로 쓸 것이다.

상황에 따라서는 나중에 움직이는 경기자가 먼저 움직이는 경기자의 선택을 모르는 상황에서 결정을 내려야 할 때도 있다. 가령 앞에서 본 동전 짝 맞추기 게임에서 경기자 1이 먼저 선택을 하고 그다음에 경기자 2가 선택을 한다고 하자. 이때 2가 1의 선택을 아는 상황과 모르는 상황은 성격이 완전히 다르다. (모르는 상황은 둘이 동시에 선택을 하는 원래의 상황과 본질적으로 다를 바가 없다.) 〈그림 1-3〉은 2가 1의 선택을 아는 상황

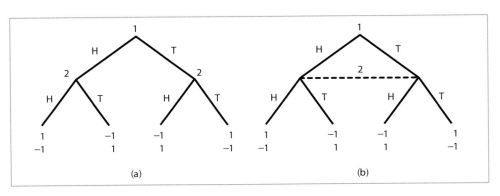

▌그림 1-3 정보집합

과 모르는 상황을 각각 게임트리를 이용해 나타낸 것이다. (a)는 2가 1의 선택을 아는 상황이고, (b)는 2가 1의 선택을 모르는 상황이다.

(a)에서 2는 1의 선택에 따라 2개의 결정마디를 가진다. (b)에서도 2의 결정마디는 2개지만, 2가 1의 선택을 모르는 상황이므로 2는 실질적으로는 두 결정마디를 구분할 수 없다. 이렇게 정보 부족으로 결정마디 간의 구분이 불가능한 경우 해당 결정마디들은 점선으로 연결되며, 이렇게 하나의 점선으로 묶인 결정마디들의 집합을 **정보집합**(information set)이라고 부른다. 하나의 정보집합에 속한 결정마디들은 해당 경기자에게는 구분이 불가능하므로 실질적으로 하나의 결정마디와 다를 바 없다. 정보집합은 (b)에서처럼 점선으로 이어서 나타내기도 하고 해당 결정마디들을 타원으로 묶어서 나타내기도 한다. 어느 방식을 사용해도 무방하지만 이 책에서는 점선을 이용해 정보집합을 나타내기로 한다.

사실 엄밀하게 얘기하면 점선으로 묶이지 않은 개별 결정마디도 정보집합이다. 가령 〈그림 1-3〉의 (a)에서 1이 H나 T를 선택한 후 도달하는 각각의 2의 결정마디 역시 정보집합이다. 독립된 하나의 결정마디는 해당 경기자에게 당연히 하나로 인식되기 때문이다. 이렇게 하나의 결정마디로 이루어진 정보집합을 **단독정보집합**(singleton information set)이라고 부른다. 하지만 실제로 의미가 있어 우리가 주로 관심을 가지는 정보집합은 2개 이상의 결정마디를 가지는 비단독정보집합(non-singleton information set)이다. 앞으로는 정보집합이라고 하면 특별한 말이 없는 한 비단독정보집합을 의미하는 것으로 한다.

(4) 전략형 게임 vs. 전개형 게임

앞에서 전략형 게임은 주로 동시게임을, 전개형 게임은 순차게임을 나타내는 데 사용한다고 했다. 많은 경우 이러한 대략적인 지침을 따르는 것이 적절하고 편리하지만, 이것은 일반적인 지침일 뿐 반드시 그래야만 하는 것은 아니다. 가령 동시게임인 동전 짝 맞추기 게임은 보수행렬을 이용해서 나타내도 되지만 〈그림 1-3〉의 (b)와 같이 나타낼 수도 있다. 물론 이때 1, 2 중 누가 먼저 움직이는지는 임의로 선택하여 표시해야 한다. 동시게임을 인위적으로 순차게임으로 바꾸는 것이 이상하게 느껴질 수도 있지만, 여기서는 양 표현 간에 본질적인 차이가 없다는 것만 인식하고 넘어가기로 한다. 실용적인 측면에서만 보면 전략형 게임을 전개형 게임으로 변환하는 것이 크게 유용한 경우는 그다지 많지 않다.

이와 반대로 게임트리를 이용해 표현한 전개형 게임을 보수행렬을 이용한 전략형 게임으로 변환할 수도 있다. 가령 〈그림 1-1〉로 나타낸 진입 상황을 전략형 게임으로 나타내면 다음과 같다.

		| 2	
		A	F
1	N	0, 2	0, 2
	E	1, 1	−1, 0

　그런데 전개형 게임을 전략형 게임으로 전환할 때에는 주의할 점이 있다. 기본적으로 전개형 게임은 전략형 게임보다 더 복잡한 구조와 많은 정보를 가지고 있다. 좀 더 구체적으로 얘기하면, 전개형 게임은 경기자들이 움직이는 순서와 각 경기자가 선택을 할 때 가지고 있는 정보를 보여준다. 전개형 게임을 전략형 게임으로 바꾸면 이러한 정보를 잃어버리게 된다. 전략형 게임을 이용하면 1과 2가 동시에 움직이는지 순차적으로 움직이는지, 만약 순차적으로 움직인다면 누가 먼저 움직이는지, 그리고 나중에 움직이는 경기자가 먼저 움직이는 경기자의 선택을 알고 있는지 아닌지 등을 나타내기 어렵기 때문이다. 가령 위 보수행렬만 봐서는 1이 2보다 먼저 움직이며 1이 N을 선택하면 게임이 그대로 끝나는 것과 같은 구체적인 상황을 알아낼 수 없다.

　하지만 이러한 문제점에도 불구하고 경우에 따라서는 전개형 게임을 전략형 게임으로 바꾸어 분석하는 것이 유용할 때가 있다. 이에 대해서는 제2부에서 자세히 살펴볼 것이다.

3. 몇 가지 기본 개념

(1) 공통지식

게임이론에서 중요한 개념으로 **공통지식**(common knowledge)이라는 것이 있다. 이름만 보면 공통지식은 누구나 공통적으로 알고 있는 지식을 가리키는 것처럼 보인다. 이것이 아주 틀린 말은 아니지만 게임이론에서 말하는 공통지식은 단순히 모든 사람이 알고 있는 지식 이상의 것을 의미한다.

　이해를 돕기 위해 절친한 친구 갑돌이와 갑순이가 처한 다음 각각의 상황에 대해 생각해보자.

- 상황 1 : 갑돌이가 갑순이를 좋아한다. (편의상 이 사실을 A라고 지칭하자.)
- 상황 2 : A를 갑순이가 알고 있다.
- 상황 3 : A를 갑순이가 알고 있으며, 갑순이가 A를 알고 있다는 사실을 갑돌이가 알고 있다.
- 상황 4 : A를 갑순이가 알고 있으며, 갑순이가 A를 알고 있다는 사실을 갑돌이가 알고 있으며, 갑순이가 A를 알고 있다는 사실을 갑돌이가 알고 있다는 사실을 갑순이가 알고 있다.

이 상황에서 핵심이 되는 사실은 갑돌이가 갑순이를 좋아한다는 것이다. 그런데 위 4개의 상황은 모두 조금씩 다르다. 가령 상황 1과 2를 비교해보자. 상황 1에서 갑순이는 갑돌이의 마음을 모르므로 평소와 같이 편하게 갑돌이를 대할 것이다. 그러나 상황 2는 다르다. 자신에 대한 갑돌이의 마음을 알게 되었으므로, 갑순이는 내심 기뻐하며 갑돌이에게 친절하게 대해주거나(갑돌이를 좋아하는 경우) 갑돌이와의 만남을 피할 것이다(갑돌이의 마음이 부담스러운 경우). 상황 2와 3은 어떻게 다를까? 상황 2에서 갑돌이는 갑순이가 자신의 마음을 알아챈 것을 모르므로 안심하고(?) 계속 갑순이를 좋아할 수 있다. 하지만 상황 3에서 갑돌이는 자신의 마음을 들킨 것을 알게 되었으므로 앞으로 갑순이가 어떻게 나올지 노심초사할 것이다. 상황 4 정도 되면 너무 복잡해서 그 의미를 파악하는 것도 쉽지가 않지만 이 상황이 상황 3과 다르다는 것은 분명하다. (어떻게 다른지 한번 생각해보기 바란다.)

위 모든 상황에서 '갑돌이가 갑순이를 좋아한다'는 사실은 게임이론에서 말하는 공통 지식이 아니다. 이제 공통지식을 정의해보자. 어떤 사실 A가 두 사람 1과 2 사이에 공통 지식이 되려면 다음 조건이 만족되어야 한다.

- 둘 다 A를 알고 있다.
- 둘 다 A를 알고 있다는 사실을 둘 다 알고 있다.
- 둘 다 A를 알고 있다는 사실을 둘 다 알고 있다는 사실을 둘 다 알고 있다.
- 둘 다 A를 알고 있다는 사실을 둘 다 알고 있다는 사실을 둘 다 알고 있다는 사실을 둘 다 알고 있다.
- … (무한 반복)

즉 어떤 사실 A가 공통지식이 되려면 모든 사람이 그 사실을 알아야 할 뿐 아니라 모

공통지식과 합동기습작전

공통지식의 개념과 관련하여 잘 알려진 다음 상황을 생각해보자. 아군이 두 부대로 나뉘어 적군을 포위하고 있다. 아군은 특정 시간을 정해 적군을 기습할 계획을 세우고 있다. 두 부대가 공조를 해서 동시에 기습을 감행한다면 적군을 쉽게 무찌를 수 있지만, 공조가 실패해서 한 부대만 기습을 한다면 오히려 큰 타격을 받게 되는 상황이다. 핵심은 두 부대가 기습 시간을 정확히 공유해야 한다는 것이다. 오늘날처럼 통신기술이 발달한 시대에는 두 부대 간의 공조가 매우 손쉽다. 서로 직접 의사소통을 할 수 있기 때문이다. 하지만 그러한 기술이 발달하지 않았던 과거에는 전령을 통해 의사소통을 하고 작전을 세울 수밖에 없었다. 여기서는 그러한 과거 시대를 가정하자.

두 부대의 지휘관을 각각 1과 2라고 부르자. 1이 특정 시간에 적군을 기습하는 계획을 전령을 통해 2에게 보낸다고 하자. 전령은 중간에 적군에 발각될 가능성이 있다. 만약 전령이 중간에 잡혀서 2가 계획을 모르는 상황에서 1의 부대만 혼자 기습을 했다가는 1의 부대는 큰 타격을 입게 된다. 따라서 1은 2가 작전 계획을 받은 것을 확인해야 기습을 개시할 것이고, 이를 위해서 2는 1로부터 전령을 받으면 다시 1에게 전령을 보내 그 사실을 확인해주어야 한다. 그러지 않으면 2가 작전을 인지했는지 여부를 1이 확신할 수 없기 때문이다.

이제 2가 보낸 전령이 무사히 1에게 도착했다고 하자. 이는 1이 보낸 기습 계획을 2가 알게 되었고, 2가 계획을 알게 되었다는 사실을 1이 확인했음을 의미한다. 그렇다면 이제 1과 2는 안심하고 정해진 시간에 기습작전을 감행해도 될까? 그렇지 않다. 2는 자신이 확인을 위해 보낸 전령이 무사히 1에게 잘 도착했는지 확신할 수 없으므로 안심하고 작전에 참가하기 어렵다. 만약 1이 전령을 받지 못했다면 2는 1이 자신의 상황(즉 1이 보낸 작전을 알고 있다는 사실)을 알게 되었는지 확신할 수 없다. 따라서 안심하고 작전에 참여할 수 없게 된다. 또한 이처럼 2의 참가가 보장되지 않은 상황에서 1 역시 위험을 무릅쓰고 작전을 수행할 수 없게 된다.

그렇다면 이 문제를 해결하기 위해 1이 다시 2에게 전령을 보내면 문제가 해결될까? 그렇지 않다. 설사 1이 보낸 전령이 2에게 무사히 도착한다 하더라도, 1은 2가 다시 전령을 보내어 그 사실을 확인해주지 않는 한 2의 상황을 정확히 알 수 없다.

조금만 생각해보면 쉽게 드러나듯이, 이 상황에서 서로 전령을 아무리 여러 번 주고받아도 문제는 해결될 수 없다. 전령을 보내 확인하는 활동이 중단되는 순간 정보 단절에 따른 불확실성으로 인해 상대의 참가 여부를 확신할 수 없기 때문이다. 따라서 "○○일 △△시에 기습을 감행한다"는 작전은 두 부대가 아무리 여러 번 전령을 주고받아도 공통지식이 될 수 없다. 이 사례는 현실에서 어떤 지식이 엄밀한 의미에서의 공통지식이 되기가 매우 어려움을 잘 보여준다.

두가 알고 있다는 사실을 모두가 알아야 하며 그 사실을 또 모두가 알아야 하는 등 그 연결고리가 무한히 이어져야 한다.

이렇게 보면 어떤 사실이 공통지식이 되는 것은 쉽지 않아 보인다. 가령 조별과제를 위한 모임이 취소되어 그 사실을 친구에게 알려주는 상황을 생각해보자. 만약 여러분이 전화 통화로 직접 그 사실을 친구에게 알려준다면 모임이 취소가 되었다는 사실은 둘 사이에서 공통지식에 가까울 것이다. 그러나 그 사실을 전화가 아닌 이메일로 알려주면 어떨까? 그러면 우선 여러분은 친구가 메일을 읽고 그 사실을 알게 되었는지 확신할 수 없다. 만약 그 친구가 메일을 읽고 알겠다고 답장을 해도 여전히 모임 취소는 공통지식이 아니다. 왜냐하면 그 답장을 여러분이 받았는지 그 친구가 확신할 수 없기 때문이다. 친구의 답장에 여러분이 답을 해도 역시 마찬가지 문제가 생긴다.

　게임이론에서는 전략적 상황, 즉 게임 그 자체는 공통지식이라고 가정한다. 게임상황이 공통지식이 아니라면 적어도 일부의 경기자는 게임의 구조를 모르고 있거나 혹은 상대가 게임의 구조를 알고 있는지 확신할 수 없는 상황이 되어버리는데, 그렇다면 게임상황에서 각 경기자의 합리적 선택에 대해 분석하는 것이 근본적으로 논리적 기반을 잃게 된다. 이러한 이유로 게임 자체는 공통지식이라는 가정이 필요하게 된다. 현실적으로 게임상황이 위에서 정의한 것과 같이 완벽한 공통지식은 아니라고 하더라도 '거의' 공통지식에 가깝다면, 게임이론을 이용한 분석은 상당한 유용성을 가진다고 할 수 있다.

　게임이론에서는 게임의 구조와 더불어 경기자들의 합리성도 공통지식이라고 가정한다. 즉 모두가 합리적이며, 모두가 합리적이라는 것을 모두가 알고 있고, 그 사실을 또 모두가 알고 있는 등 이러한 앎의 고리가 무한히 반복된다고 가정한다. 게임상황에서 사람들은 상대방의 행동에 대한 예측을 바탕으로 선택을 하는데, 사람들이 합리적이지 않거나 상대방이 합리적이라는 것을 확신할 수 없거나 혹은 상대방이 합리적이라는 것을 내가 알고 있다는 사실을 상대가 확신하지 못하거나 하면 합리성에 기반을 두고 분석을 수행하는 것이 어려워진다. 이러한 이유로 게임이론에서는 경기자들의 합리성을 공통지식으로 가정하고 논의를 전개한다.

(2) 정보의 완비성과 완전성

전략적 상황에서는 정보가 매우 중요하다. 타인과 전략적 상호작용을 하는 상황에서, 내가 어떤 정보를 가지고 있고 상대방이 어떤 정보를 가지고 있는지가 합리적 결정을 내리는 데 매우 중요하기 때문이다. 경제학에서나 일상생활에서 우리는 '완전정보'라는 말을 많이 사용한다. 그런데 게임이론에는 '완비정보'라는 말도 있으며, 완전정보와 완비정보는 구분하여 사용된다.

　우선 **완비정보**(complete information)에 대해 살펴보자. 게임이론에서 정보가 완비되었다는 것은 경기자들이 게임의 보수구조를 확실히 알고 있다는 것을 의미한다. 조금 쉽게 말하면 각 경기자가 자신이 상대하고 있는 사람이 어떤 사람인지 확실하게 알고 있다는 것이다. 가위바위보와 같은 상황은 완비정보 상황이라고 할 수 있다. 비정상이 아닌 한 상대는 게임에서 이기기를 바랄 것이기 때문이다. 반면 여러분이 길거리에서 무슨 일로 누군가와 시비가 붙은 상황은 **불완비정보**(incomplete information) 상황에 가깝다. 여러분이 상대방에게 강하게 나갈 때, 상대가 온순한 성격이어서 순순히 사과를 하고 물러설지 아니면 매우 공격적으로 나올지 알 수 없기 때문이다. 다른 말로 표현하면 다른 경기자의 유형(type)에 대해 불확실성이 없으면 완비정보 상황이고 불확실성이 있으면 불완비정보 상황이라고 할 수 있다.

언어적 의미만 생각하면 완비정보와 매우 유사하게 들리지만 **완전정보**(perfect information)는 이와는 다른 개념이다. 완전정보는 상대방의 선택을 정확하게 알고 있는 경우를 가리키며, 반대로 **불완전정보**(imperfect information)는 상대방이 어떤 선택을 했는지 알 수 없는 상황을 가리킨다. 가령 가위바위보는 기본적으로 동시게임이라 상대방의 선택을 알지 못하는 상황에서 무엇을 낼지 결정해야 한다. 이런 상황이 불완전정보 상황이다. 반면 앞에서 본 진입게임은 완전정보 상황이다. 기존기업이 잠재적 진입자의 결정을 관찰한 후 행동을 취하기 때문이다.

정보가 불완전하다고 해서 불완비한 것은 아니라는 점에 주의할 필요가 있다. 앞서 말한 것처럼 가위바위보는 상대방의 보수구조에 대한 불확실성이 없으므로 완비정보 상황이다. 하지만 상대방의 결정을 알지 못하고 결정을 내려야 하므로 불완전정보 상황이다. 즉 정보가 완비되었지만 불완전한 상황이다.

현실의 전략적 상황에서는 상대방의 보수구조에 대해 불확실성이 있는 상황이 자주 발생한다. 따라서 불완비정보 상황에 대한 분석은 실용적으로 매우 중요하다. 제3부에서 보게 되겠지만 불완비정보 상황에 대한 분석은 불완전정보 상황에 대한 분석을 바탕으로 이루어진다.

4. 이 책의 구성

게임상황을 중요한 두 가지 속성에 따라 도식화하면 크게 네 가지로 분류할 수 있다. 첫 번째 속성은 게임이 전략형 게임으로 표현되는 정태적 게임인지 전개형 게임으로 표현되는 동태적 게임인지 여부이고, 두 번째 속성은 정보가 완비되었는지 여부이다. 이러한 구분에 따라 제1부에서는 완비정보하의 정태적 게임을 다루고 제2부에서는 완비정보하의 동태적 게임을 다룬다. 이어서 제3부에서는 불완비정보하의 정태적 게임을 다루고 제4부에서는 불완비정보하의 동태적 게임을 다룬다. 다음 표는 이 책의 구성을 요약하여 나타낸 것이다.

	정태적 게임	동태적 게임
완비정보	제1부	제2부
불완비정보	제3부	제4부

주요 학습내용 확인

☑ 최적화 상황과 전략적 상황을 구별할 수 있는가?

☑ 게임의 3요소와 그 개념을 정확히 알고 있는가?

☑ 전략형 게임이나 전개형 게임으로부터 전략적 상황을 파악할 수 있는가?

☑ 공통지식과 완비정보의 개념을 정확히 이해하고 있는가?

제1부

완비정보하의 정태적 게임

제1장에서 소개한 내용을 토대로 이제는 전략적 상황에 대한 본격적인 분석을 시작한다. 제1부에서는 보수구조에 대한 불확실성이 없이 정보가 완비된 상황에서 전략형 게임으로 표시된 정태적 게임을 분석한다. 우선 제2장에서는 경기자의 합리성에 기초하여 우월전략이나 열등전략이 있는 게임에 대해 분석한다. 제3장에서는 게임이론 전체를 통틀어 가장 중요한 개념인 내쉬균형을 소개하고 이를 주요 게임상황에 적용해본다. 제4장에서는 다양한 내쉬균형의 응용을 살펴본다. 제5장에서는 분석의 범위를 경기자들이 확률적으로 행동을 선택하는 상황으로 확장해 내쉬균형을 찾는다.

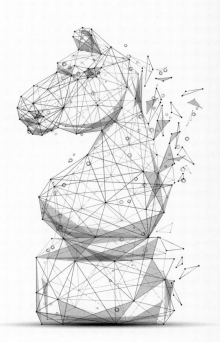

우월 · 열등전략이 있는 게임

제2장에서는 특별한 균형개념의 도입 없이 합리성이라는 경제학의 가장 기본적인 가정에 입각하여 전략적 상황의 균형을 찾는다. 한 경기자가 선택할 수 있는 여러 전략 중 다른 어떤 전략보다 명백하게 좋은 전략이 있다면 이 경기자는 당연히 그 전략을 택할 것이다. 반대로 명백하게 열등한 전략이 있다면 절대로 그 전략을 택하지 않을 것이다. 제2장의 내용은 이러한 직관적이고 당연한 논리에 기초하고 있다. 따라서 이에 따른 균형개념은 매우 강력한데, 동시에 적용의 폭이 넓지 않다는 한계가 있다.

1. 우월전략균형

(1) 강우월 · 강열등과 우월전략

미시경제학의 소비자 효용극대화 문제를 생각해보자. 이 문제의 해(solution)가 유일할 경우, 최적 소비묶음은 예산제약하의 다른 어떤 소비묶음보다 이 소비자에게 높은 효용을 준다. 따라서 최적 소비묶음은 다른 어떤 소비묶음보다 좋다고 할 수 있다. 그렇다면 전략적 상황에서 어느 경기자에게 전략 s가 자신의 다른 전략 s'보다 좋다는 것은 무엇을 의미할까? 당연히 s'을 택할 때보다 s를 택할 때 이 경기자의 보수가 높다는 것을 의미할 것이다. 그런데 전략적 상황에서 한 경기자의 보수는 그 자신의 선택뿐 아니라 다른 경기자의 선택에 의해서도 영향을 받는다는 점을 잊지 말기 바란다. 그렇다면 s가 s'보다 좋다는 것은 다른 경기자가 어떤 선택을 하든 나는 s를 택하는 것이 s'을 선택하는 것보다 더 좋다는 것을 뜻하게 된다. 이러한 개념을 2인 게임에 대해 정식으로 정의하면 다음과 같다.

> **정의**
>
> 경기자 2의 모든 전략 s_2에 대해 $u_1(s, s_2) > u_1(s', s_2)$가 성립하면 경기자 1에게 전략 s는 s'에 대해 **강우월**하다(s strictly dominates s')고 한다.

s가 s'보다 강우월할 경우, 이 경기자가 s'을 절대 선택하지 않으리라는 것은 자명하다. s보다 더 좋은 또 다른 전략이 있을 수 있으므로 반드시 s를 선택한다고 말할 수는 없지만, s'은 결코 선택의 대상이 될 수 없다. s'보다 항상 높은 보수를 주는 전략 s가 있기 때문이다. 한편 위와 같은 경우에 전략 s'은 s에 대해 **강열등**하다(s' is strictly dominated by s)고 정의한다. 위의 개념들은 주어진 두 개의 전략 s와 s'에 대해 정의되는 개념임에 주의하기 바란다.

만약 어떤 전략이 자신의 다른 모든 전략보다 강우월하다면 이 전략은 이 경기자에게 있어 명백하게 가장 좋은 전략이 된다. 이러한 전략을 정식으로 정의하면 다음과 같다.

> **정의**
>
> 경기자 1의 전략 $s*$가 자신의 다른 모든 전략에 대해 강우월하면 전략 $s*$를 1의 **우월전략**(dominant strategy)이라고 한다. 즉 모든 $s_2 \in S_2$와 $s_1 \neq s*$인 모든 $s_1 \in S_1$에 대해 $u_1(s*, s_2) > u_1(s', s_2)$가 성립하면 $s*$는 1에게 우월전략이다.

바로 뒤에서 배울 약우월전략과의 혼동을 피하기 위해 우월전략을 **강우월전략**(strictly dominant strategy)이라고 부르기도 한다. 하지만 문맥상 양자 간 혼동의 여지가 없을 때는 그냥 간단히 우월전략이라고 부르는 경우가 많다.[1]

어떤 경기자에게 우월전략이 있다는 것은 매우 강력한 함의를 가진다. 보통 전략적 상황에서 어떤 선택을 하는 것이 좋을지는 상대가 어떤 선택을 하는지에 따라 달라진다. 가

---

[1] 이와 달리 **강열등전략**(strictly dominated strategy)은 자신의 다른 모든 전략에 대해 강열등한 전략을 의미하지 않는다. 적어도 하나의 다른 전략에 대해 강열등하면 그 전략을 강열등전략, 혹은 그냥 열등전략이라고 부른다.

령 가위바위보 게임에서 나의 최적 선택은 상대가 무엇을 낼지에 따라 완전히 달라진다. 페널티킥의 경우도 마찬가지다. 그러나 우월전략이 있다면 얘기가 달라진다. 정의상 우월전략은 다른 사람의 선택에 관계없이 항상 자신의 다른 전략보다 더 높은 보수를 안겨주는 전략이다. 따라서 우월전략은 상대방의 전략에 관계없이 명백하게 가장 좋은 선택이 된다.

지금까지 배운 개념을 구체적인 사례에 적용해보자. 게임이론을 통틀어 가장 널리 알려진 게임으로 **죄수의 딜레마**(prisoners' dilemma)가 있다. 상황은 다음과 같다. 갑과 을 두 사람이 어떤 범죄를 공모하여 저지른 혐의로 체포된다. 이 둘이 범인이라는 것이 심증적으로는 확실하나 물증이 없는 상태이다. 경찰은 두 용의자를 서로 다른 방에 격리한 후 다음과 같이 으름장을 놓는다. "순순히 자백을 하는 것이 좋을 것이다. 만약 한 명은 자백하고 다른 한 명은 부인하면, 자백한 사람은 바로 석방하고 부인한 사람은 징역 10년형에 처할 것이다."[2] 둘 다 자백을 하면 둘은 법에 정해진 대로 5년형을 선고받게 된다. 반면 둘 다 끝까지 범행을 부인할 경우, 물증이 없으므로 현재의 혐의로는 처벌하지 못하지만 다른 혐의를 걸어(털어서 먼지 안 나는 사람은 없으므로) 가벼운 처벌을 받게 할 수 있다. 다음 보수행렬은 이 상황을 전략형 게임으로 나타낸 것이다.

		을	
		자백	부인
갑	자백	1, 1	4, 0
	부인	0, 4	3, 3

여기서 보수의 절대적인 크기는 큰 의미가 없으며 상대적인 크기만이 의미를 가진다.[3] 즉 상대는 부인하고 나는 자백을 하는 것이 나에게 최상의 시나리오이며, 둘 다 부인하는 것이 다음으로 좋은 상황이고, 둘 다 자백하는 것이 세 번째로 좋은 상황이다. 최악의

---

2 물론 유죄 여부나 형량은 재판에서 정해지지만 여기서는 논의의 편의를 위해 그냥 경찰의 말이 실제로 적용된다고 하자.

3 즉 기수적(cardinal) 효용이 아니라 서수적(ordinal) 효용이다.

시나리오는 나는 부인하고 상대는 자백하는 것이다.

이제 갑의 입장에서 어떤 선택을 해야 할지 생각해보자. 갑은 공범인 을이 어떤 선택을 할지 추측해야 한다. 우선 을이 자백하는 경우를 가정해보자. 이때 갑은 자백을 하면 1을, 부인을 하면 0을 받는다. 따라서 자백이 더 좋은 선택이 된다. 다음으로 을이 부인을 하는 경우를 생각해보자. 이 경우 갑의 보수는 자신이 자백을 하면 4, 부인을 하면 3이 되어 역시 자백이 더 좋은 선택이 된다. 종합하면, 을이 어떤 선택을 하든 갑은 부인보다 자백을 택할 때 보수가 더 높다. 따라서 갑에게 있어 자백은 부인에 대해 강우월하며, 반대로 부인은 자백에 대해 강열등하다. 전략이 2개밖에 없으므로 자백은 자동적으로 갑에게 우월전략이 된다. 그리고 이와 같은 사실은 을에게도 똑같이 성립함을 쉽게 알 수 있다.

(2) 우월전략균형

어떤 전략적 상황에서 모든 경기자가 우월전략을 가진다고 하자. 이 경우 게임의 결과(outcome)를 예측하는 것은 매우 쉽다. 당연히 모두가 자신의 우월전략을 선택하는 것이 게임의 결과가 될 것이다. 이와 같이 모든 경기자가 자신의 우월전략을 선택하는 전략명세를 **우월전략균형**(dominant strategy equilibrium)이라고 한다. 위 죄수의 딜레마 게임에서 우월전략균형은 두 용의자가 모두 자백을 하는 것이고, 이에 따라 둘은 법에 정해진 대로 5년형을 살게 된다.

우월전략과 관련하여 한 가지 중요하게 인식해야 할 점이 있다. 제1장에서 우리는 경기자들이 합리적이며 경기자의 합리성이 공통지식이라고 가정하였다. 그런데 우월전략이 있을 경우, 합리성이라는 가정은 여전히 계속 필요하지만 그것이 공통지식이 될 필요는 없다. 이는 우월전략이 상대방의 행동에 관계없이 명백하게 좋은 전략이기 때문이다. 우월전략이 있을 경우 상대방의 선택에 관계없이 우월전략을 취하는 것이 합리적이므로, 다른 사람도 합리적이어서 나처럼 '올바른' 선택을 하는지의 여부는 나의 선택에 영향을 주지 않는다. 우월전략균형은 오로지 자신의 합리성에만 기초한 균형개념이다. 따라서 상대방이 합리적이든 아니든 혹은 상대방이 내가 합리적이라고 믿든 그렇지 않든 적용할 수 있다. 경기자의 합리성이라는 최소한의 가정에 기초했다는 측면에서 우월전략균형의 논리와 예측은 매우 강력한 것이라고 할 수 있다.

죄수의 딜레마

죄수의 딜레마 상황에는 주목할 만한 점이 있다. 우월전략이 있는 경우 그것을 선택하는 것은 지극히 합리적인 선택이다. 그리고 이에 따라 갑과 을은 모두 각각 1의 보수를 얻는다. 그런데 이 결과를 갑과 을이 둘 다 끝까지 부인하는 경우와 비교해보자. 만약 10년형에 처해질 위험을 무릅쓰고 둘 다 끝까지 부인을 하면 둘은 가벼운 처벌만을 받게 되어 1보다 더 높은 보수인 3을 누리게 된다. 즉 둘 다 우월전략균형에서보다 보수가 높아지는 것이 가능하다. 하지만 둘 다 부인을 하는 것은 결코 균형이 될 수 없다. 왜냐하면 다른 사람이 부인을 한다고 가정을 할 때 부인을 하는 것보다 자백을 하는 것이 보수가 더 높기 때문이다. 따라서 갑과 을은 둘 다 3을 얻을 수 있음에도 불구하고 1밖에 얻지 못하는 역설적인 상황에 처하게 된다.

경제학에서는 인간의 합리성을 기본 전제로 삼는다. 또한 개별적인 합리성이 합쳐지면 전체적으로도 합리적인 선택이 될 것이라는 암묵적인 믿음이 존재했다. 하지만 위 결과는 그러한 믿음이 틀릴 수 있음을 극명하게 보여준다. 즉 개인적 합리성이 사회적 합리성을 보장해주지 못하는 것이다. 사람들이 어리석고 생각이 짧아서 위와 같은 비효율이 발생하는 것이 아니라, 오히려 반대로 사람들이 합리적으로 행동하기 때문에 모두가 나빠진다는 점에서 이는 전통적인 경제학의 믿음에 큰 충격을 가져왔다.

죄수의 딜레마 상황이 우리가 살펴본 작위적인 상황에서만 발생하는 것이라면 이러한 비효율이 크게 문제가 되지 않을 것이다. 하지만 실제로 현실에는 우리가 의식하지 못하지만 다양한 형태로 죄수의 딜레마 상황이 발생하고 있다. 기술적으로 말하면 죄수의 딜레마는 다음과 같은 상황을 가리킨다. 첫째, 모든 경기자에게 우월전략이 있다. 둘째, 이에 따른 우월전략균형에서보다 모두가 더 좋아지는 상황이 존재한다.

이러한 상황은 현실에서 자주 발견된다. 대표적인 예로 군비경쟁을 들 수 있다. 군비경쟁을 하는 적대적인 두 국가를 생각해보자. 적국이 군비를 증강하는 경우 우리도 그에 따라 군비를 증강해야 한다. 반면 적국이 군비 투자를 적게 하는 경우 우리가 군비를 증강하면 유리한 지위를 차지할 수 있다. 따라서 군비증강은 우월전략이 된다. 결과적으로 두 국가 모두 군비경쟁에 힘쓰게 되어 무력 균형이 유지된다. 그런데 이런 상황보다는 둘 다 군비를 축소하는 상황이 당연히 더 좋다. 전과 마찬가지로 힘의 균형은 유지되면서 절약된 예산으로 다른 유용한 일을 할 수 있기 때문이다. 하지만 군비 증강이 우월전략이므로 그러한 상황은 균형으로 달성되지 않는다. 죄수의 딜레마와 같은 비효율이 발생하게 되는 것이다.

이와 비슷한 사례는 매우 많다. 우리나라에서 자주 이슈가 되고 있는 사교육 문제도 죄수의 딜레마 성격을 가진다. 경쟁하는 다른 학생이 사교육을 받든 받지 않든 나는 사교육을 받는 것이 유리하기 때문이다.[4] 취업을 위한 '스펙 투자' 역시 죄수의 딜레마의 성격을 가지고 있다. 순위경쟁이나 상대평가를 통해 보수가 결정되는 상황에서 죄수의 딜레마는 흔히 발생한다. 조금만 주의 깊게 살펴보면 현실 생활에서 죄수의 딜레마 성격을 띠는 상황을 흔히 발견할 수 있다.

흥미로운 것은 죄수의 딜레마 상황이 동물의 세계에서도 발견된다는 것이다. 사슴의 일종인 엘크는 다른 수컷과 싸워 이긴 승자가 암컷을 차지한다. 다른 수컷과의 싸움에서 이기려면 뿔이 큰 것이 절대적으로 유리하고, 그 결과 수컷의 뿔이 점점 크게 진화되었다. 그런데 이렇게 큰 뿔은 종 전체로 볼 때는 해가 된다. 포식자의 공격을 받아 도망을 갈 때 큰 뿔이 나무에 걸려 잡힐 가능성이 높아지기 때문이다. 생각해보면 수컷 간의 경쟁은 일종의 순위경쟁

---

4 물론 사교육 문제는 이처럼 간단하게만 생각할 수는 없는 매우 복잡한 문제이다. 하지만 죄수의 딜레마적인 측면이 있는 것은 분명하다.

이므로(다른 수컷보다 강하기만 하면 되지 얼마나 강한지는 그다지 중요하지 않다), 만약 모든 수컷의 뿔이 지금의 절반 크기가 된다면 서열 관계는 유지되면서 포식자의 공격에 덜 취약해져 종 전체적으로 더 바람직할 것이다. 하지만 큰 뿔을 가지는 것이 일종의 우월전략이므로 뿔이 전체적으로 작아지는 일은 진화적으로 일어나지 않는 것이다.

방송국의 프로그램 선택과 우월전략

올림픽이나 월드컵 같은 국가적인 스포츠 행사가 있는 경우, 대부분의 지상파 방송국이 다른 프로그램을 접고 스포츠 행사를 중계하는 경우가 보통이다. 또한 같은 올림픽 중계라도 많은 사람들의 관심을 끄는 경기, 예를 들어 우리나라 대표 팀의 축구나 야구 경기 중계에 집중하는 것이 일반적이다. 이런 집중화에 대해, 모든 방송국이 동일한 경기를 중계함으로써 다른 프로그램을 보고 싶은 시청자의 권리가 무시된다는 문제 제기가 늘 뒤따른다.

시청자 전체의 후생을 고려하면 분명 다양한 프로그램이 중계되는 것이 좋다. 각자 자신이 좋아하는 프로그램을 선택함으로써 모든 시청자가 선호를 충족할 수 있기 때문이다. 하지만 시청률을 중시하는 방송국의 입장에서는 사정이 다르다.

이를 살펴보기 위해 두 방송국 A와 B의 중계 프로그램 선택 상황을 간단한 게임으로 나타내보자. 각 방송국은 스포츠 경기(S)와 교양 프로그램(C) 중 하나를 선택할 수 있다. 전체 시청자의 80%는 스포츠 경기를 선호하고 20%는 교양 프로그램을 선호한다고 하자. 두 방송국이 서로 다른 프로그램을 선택하면 해당 프로그램을 선호하는 시청자를 모두 확보할 수 있다. 반면 둘 다 같은 프로그램을 선택하면 해당 프로그램을 선호하는 시청자를 똑같이 나눠 가

진다. 방송국의 보수를 시청률이라고 할 때 이 상황을 보수행렬로 나타내면 다음과 같다.

		B	
		S	C
A	S	40, 40	80, 20
	C	20, 80	10, 10

보수행렬에서 볼 수 있듯이 각 방송국은 S를 택하는 것이 강우월전략이다. 따라서 이 상황에서 두 방송국은 모두 스포츠 중계를 택하게 된다. 이 보수행렬에는 나타나 있지 않지만 시청자의 효용에 초점을 맞추면 두 방송국이 서로 다른 프로그램을 방송하는 것이 사회적으로 바람직하다. 그러나 방송국이 아무런 제한 없이 프로그램을 선택할 수 있는 경우, 그러한 상황은 나타나기 어렵다. 다수의 시청자가 좋아하는 프로그램을 선택하는 것이 방송국에게 우월전략일 가능성이 높기 때문이다.

비슷한 상황이 극장의 영화 개봉 문제에서도 발생한다. 흥행성이 높은 영화가 개봉하면 그 영화가 전체 상영관의

대부분을 차지하는 것이 통상적으로 나타나는 현상이다. 그리고 이러한 '스크린 독점' 현상에 대해 여러 측면에서 비판이 뒤따른다. 그런데 게임이론적 측면에서 본다면 이러한 현상은 불가피한 면이 있다. 해당 영화의 흥행력이 매우 높을 경우, 극장 입장에서는 이 영화를 거는 것이 우월전략이기 때문이다. 특히 흥행작과의 경쟁을 피하기 위해 다른 볼 만한 영화들이 개봉 시기를 앞당기거나 늦출 경우, 마땅히 걸 만한 다른 영화가 없기 때문에 이런 현상은 더욱 심화된다.

(3) 약우월·약열등과 약우월전략

강우월·강열등과 비슷하지만 조금 약한 개념으로 약우월·약열등이라는 개념이 있다. 먼저 약우월의 개념에 대해 알아보자. 어느 경기자의 두 전략 s와 s'에 대해, s를 선택할 때의 보수가 최소한 s'을 선택할 때의 보수는 된다고 하자. 이때 s는 s'보다 약우월하다고 말한다.

> **정의**
>
> 경기자 2의 모든 전략 s_2에 대해서 $u_1(s, s_2) \geq u_1(s', s_2)$가 성립하고 경기자 2의 어떤 전략 s_2'에 대해서 $u_1(s, s_2') > u_1(s', s_2')$이 성립하면, 전략 s는 s'에 대해 **약우월**하다(s weakly dominates s')고 한다.

약우월은 기본적으로 강우월과 유사한 개념이지만, 경우에 따라서는 s에 따른 보수와 s'에 따른 보수가 같을 수 있음을 허용한다는 점에서 강우월보다 약한 개념이다. 한편 위의 경우 s'은 s에 대해 **약열등**하다(s' is weakly dominated by s)고 정의한다.

만약 어느 전략이 자신의 다른 모든 전략보다 약우월하다면 그 전략을 택함으로써 적어도 손해를 볼 일은 없다. 약우월전략은 우월전략과 비슷하게 다음과 같이 정의된다.[5]

---

5 어떤 전략 s^*가 강우월전략이면 정의상 이 전략은 자동적으로 약우월전략이 된다. 하지만 그 역은 성립하지 않는다. 즉 약우월전략이라고 해서 반드시 강우월전략인 것은 아니다.

> **정의**
>
> 경기자 1의 전략 $s*$가 자신의 다른 모든 전략에 대해 약우월하면 $s*$를 1의 **약우월전략** (weakly dominant strategy)이라고 한다. 즉 모든 $s_2 \in S_2$와 $s_1 \neq s*$인 모든 $s_1 \in S_1$에 대해 $u_1(s*, s_2) \geq u_1(s', s_2)$이 성립하고, 어떤 $s_2' \in S_2$에 대해 $u_1(s*, s_2') > (s', s_2')$이 성립하면, 전략 $s*$는 1에게 약우월전략이다.

개념에 대한 이해를 돕기 위해 다음 보수행렬에 위의 개념들을 적용해보자.

		2	
		L	R
1	T	1, 1	0, 2
	B	2, 1	0, 1

1의 보수를 보면, 2가 L을 택할 때는 B를 택하는 것이 좋고 2가 R을 택할 때는 T를 택하든 B를 택하든 보수가 같다. 따라서 1에게 B는 T에 대해 약우월하며 반대로 T는 B에 대해 약열등하다. 전략이 2개밖에 없으므로 B는 자연히 1의 약우월전략이 된다. 마찬가지로 2에게는 R이 약우월전략이 됨을 쉽게 확인할 수 있다.

앞서 강열등전략은 절대 선택의 대상이 될 수 없음을 보았다. 하지만 약열등전략에 대해서는 그렇게까지 강한 얘기를 하기가 어렵다. 위의 예에서 1은 약우월전략인 B를 택함으로써 T를 택하는 것에 비해 적어도 손해는 보지 않는다. 따라서 B가 안전한 선택이 되는 것은 분명하다. 하지만 1이 B가 아닌 T를 택했다고 해서 그것을 비합리적이라고 얘기할 수는 없다. 만약 어떤 이유로 2가 R을 택할 것이 확실하다고 1이 믿는다면 T는 1에게 합리적인 선택이 되기 때문이다. (보다 정확하게 얘기하면 2가 R을 택할 경우 1은 어느 것을 택하든 보수가 같으므로 T는 합리적인 선택 중 하나가 된다.) 따라서 1이 T를 택하는 것은 합리화가 가능하다. 이런 이유로 강우월전략균형과 달리 약우월전략균형이라는 개념은 잘 쓰지 않는다.

생각해보기 2.1 --------------------------------------•

경매 상황을 생각해보자. 다수의 입찰자가 각자 자신의 입찰가를 남들이 볼 수 없게 봉투에 넣어 제출한다. 가장 높은 가격을 제출한 사람이 승자가 되어 물건을 얻고 자신이 적어낸 가격을 지불하는 것이 경매규칙이다. 이제 경매에 부쳐진 물건에 대해 당신이 주관적으로 부여하는 가치평가액(valuation)이 v라고 하자. 즉 당신은 그 물건으로부터 v만큼의 효용을 얻는다. 가장 높은 가격을 적어내어 물건을 얻는 경우의 보수는 v에서 지불한 가격을 뺀 값이고, 물건을 얻지 못한 경우의 보수는 0이다. 이때 우월·열등전략이나 약우월·약열등전략이 있는지, 있다면 무엇인지 생각해보라.

2. 강열등전략의 반복적 제거

앞서 본 죄수의 딜레마 상황은 모든 경기자가 우월전략을 가지는 경우였다. 만약 일부 경기자만 우월전략이나 열등전략이 있다면 어떻게 될까? 다음 보수행렬을 살펴보자.

		2		
		L	C	R
1	T	3, 1	2, 2	4, 1
	M	2, 2	1, 1	3, 0
	B	1, 2	0, 0	1, 3

　이 게임에서 경기자 1은 2가 무엇을 선택하든 T를 택하는 것이 가장 좋다. 따라서 T가 우월전략이다. 하지만 2는 우월전략이 없다. 1의 선택에 따라 2의 최적선택이 달라지기 때문이다. 1이 T, M, B를 택할 경우 2의 최선의 선택은 각각 C, L, R이 되어 하나로 정해지지 않는다.

　이제 우월전략균형에서처럼 각자의 합리성만 가정한다면 어떤 예측을 할 수 있을까? 1은 반드시 우월전략인 T를 선택할 것이라고 말할 수 있음에 비해, 2는 우월전략이 없으므로 1과 같이 명확한 예측을 하기 어려운 것처럼 보인다. 하지만 1과 2의 합리성에 더해 이제 경기자들이 상대방이 합리적이라고 믿는다고 가정하자. 즉 각 경기자가 모두 합리적일 뿐 아니라 상대방도 합리적이라고 믿는 것이다. (우월전략균형의 경우에는 이 같은 가정이 필요하지 않았다는 점을 기억하기 바란다.) 이 경우 1의 합리성을 아는 2는 1이 우월전략 T를 선택할 것이라고 예측할 것이다. 따라서 2는 1이 T를 선택할 경우 자신에게 가장 높은 보수를 주는 C를 택할 것이다.

이상의 논리 전개는 기본적으로 우월전략균형의 논리와 본질적으로 같다. 다만 우월전략은 각 경기자의 합리성만을 가정하고 있는 데 비해 위의 예에서는 모두가 합리적일 뿐만 아니라 상대방의 합리성에 대한 믿음도 가정하고 있다는 차이가 있다.

이러한 논리를 더 확대해서 적용해보자. 어느 경기자가 우월전략은 없지만 다른 전략에 대해 강열등한 전략이 있다고 하자. 그러면 합리적인 경기자는 그 전략을 절대 사용하지 않을 것이다. 만약 서로의 합리성을 믿는다면 이 경우 상대는 이 경기자가 절대로 그 전략을 사용하지 않을 것이라는 가정하에 자신의 선택을 결정할 것이다. 이러한 논리를 더 밀어붙여 경기자의 합리성이 공통지식이라고 가정하면, 강열등전략들을 반복적으로 제거하여 게임의 결과에 대한 함의를 얻는 것이 가능하다. 다음 게임을 통해 이를 보다 자세히 살펴보자.

		2			
		e	f	g	h
1	a	3, 2	4, 1	2, 3	0, 4
	b	4, 4	2, 5	0, 2	1, 4
	c	1, 3	3, 1	3, 1	4, 2
	d	5, 1	3, 1	2, 3	2, 4

우선 이 게임에서 어느 경기자도 우월전략을 가지고 있지 않음을 쉽게 확인할 수 있다. 따라서 우월전략균형은 존재하지 않는다. 그러나 1의 전략 중 b는 d에 대해 강열등하므로 1이 절대로 b를 선택하지 않을 것임을 알 수 있다. (그렇다고 해서 1이 반드시 d를 사용할 것이라는 것은 아니라는 점에 주의하기 바란다. d가 b보다 나으므로 b를 사용할 일은 절대로 없다는 것이지, 반드시 d를 선택할 것이라는 얘기는 아니다.) 마찬가지로

2의 전략 중 g는 h에 대해 강열등하므로 2는 g를 절대로 선택하지 않을 것이다. 이제 합리성이 공통지식이라고 하면 1은 2가 절대로 g를 선택하지 않을 것을 알고, 2는 1이 절대로 b를 선택하지 않을 것을 안다. 또한 상대가 그러한 예측을 하리라는 것도 서로 안다. 따라서 두 사람에게 위 게임은 사실상 다음과 같이 b와 g가 삭제된 게임으로 축소된다.

		2			
		e	f	g	h
1	a	3, 2	4, 1	2, 3	0, 4
	b	4, 4	2, 5	0, 2	1, 4
	c	1, 3	3, 1	3, 1	4, 2
	d	5, 1	3, 1	2, 3	2, 4

이것이 끝이 아니다. 이 축소된 게임을 보면 1은 강열등전략이 없으나 2에게는 f가 h에 대해 강열등함을 알 수 있다. (원래 게임에서는 그러한 관계가 성립하지 않았다는 점에 주목하기 바란다.) 따라서 2는 f를 선택하지 않을 것이고 합리성이 공통지식이므로 1은 2가 f를 선택하지 않을 것이라는 것을 안다. 따라서 위 게임은 다음과 같이 더욱 축소된다.

		2			
		e	f	g	h
1	a	3, 2	4, 1	2, 3	0, 4
	b	4, 4	2, 5	0, 2	1, 4
	c	1, 3	3, 1	3, 1	4, 2
	d	5, 1	3, 1	2, 3	2, 4

이렇게 축소된 게임에서 1의 전략 a는 d에 대해 강열등하다. 따라서 1은 a를 절대 선택하지 않을 것이고 2는 그것을 알므로 위 게임은 또다시 다음과 같이 축소된다.

		2			
		e	f	g	h
1	a	3, 2	4, 1	2, 3	0, 4
	b	4, 4	2, 6	0, 2	1, 4
	c	1, 3	3, 1	3, 1	4, 2
	d	5, 1	3, 1	2, 3	2, 4

이제는 어느 경기자도 강열등전략을 갖지 않으므로 더 이상의 축소는 불가능하다. 하지만 원래 보수행렬이 4 × 4였던 데 비해 보수행렬이 2 × 2로 크게 줄어들어 게임의 결과가 될 수 있는 후보가 크게 감소했음을 알 수 있다.

이와 같이 합리성을 공통지식으로 가정하여 단계적으로 각 경기자의 강열등전략을 제거함으로써 게임을 단순화하는 방법을 **강열등전략의 반복적 제거**(iterated deletion of strictly dominated strategies, IDSDS)라고 부른다.[6] 엄밀하게 증명하지는 않겠지만 IDSDS를 적용할 때 제거의 순서는 결과에 영향을 미치지 않는다. 가령 앞에서 우리는 첫 단계에서 1과 2의 강열등전략을 한꺼번에 제거했지만, 그렇게 하지 않고 가령 1의 강열등전략만을 제거한 후 축소된 게임에서 각 경기자의 강열등전략을 찾아 제거해도 최종 결과는 동일하게 됨을 쉽게 확인할 수 있다.

경제학에서 인간의 합리성을 기본 전제로 함에 비추어볼 때 경기자들의 합리성이 공통지식이라고 가정하는 것은 논리적으로 일관성을 가진다. 물론 실제로 모든 사람들이 위와 같이 여러 단계에 걸쳐 강열등전략을 제거하는 방법으로 선택의 폭을 좁히지는 않을 것이다. 그러나 모든 사람들이 합리적일 뿐 아니라 상대방이 합리적이라는 것을 아는 등 합리성이 공통지식일 경우, 적어도 논리적으로는 이러한 단순화를 통해 전략적 상황의 결과에 대한 예측의 폭을 좁힐 수 있음은 주목할 만하다.

---

6 IESDS(iterated elimination of strictly dominated strategies)라고도 부른다.

합리화가능성

이 장에서 다룬 우월 · 열등전략에 기반을 둔 분석과 IDSDS는, 합리성이 공통지식일 경우 경기자들이 반드시 취하거나 절대 취하지 않을 행동에 대한 파악을 근거로 한 것이다. 특히 IDSDS는 사람들이 모두 합리적이고 그러한 사실이 공통지식이라면 경기자들이 절대 취하지 않을 행동을 식별하여 계속 지워나감으로써 게임의 결과에 대한 예측을 제시한다. 여기서 '경기자들이 절대 취하지 않을 행동'이란 원래 게임에서의 강열등전략 및 원래는 강열등전략이 아니었으나 강열등전략을 제거하고 난 후 축소된 게임에서 강열등하게 된 전략들을 가리킨다.

그런데 사실 합리성이 공통지식일 때, 이러한 강열등전략이 아니어도 제거할 수 있는 전략들이 존재한다. 다음의 게임을 통해 이를 간단히 알아보자.

		2	
		L	R
1	U	2, 2	1, 1
	M	4, 2	0, 3
	D	1, 0	4, 2

이 게임에서 1과 2는 모두 강열등전략이 없다.[7] 따라서 IDSDS를 적용하면 이 게임은 축소되지 않고 원래대로 유지된다. 하지만 합리성이 공통지식이라는 조건하에서 이 게임에는 지울 수 있는 전략들이 존재한다.

1의 전략을 생각해보자. 먼저 1이 U를 선택하는 것을 합리화할 수 있을까? 이 질문에 답하려면 1이 U를 선택하려면 2의 행동에 대해 어떤 믿음을 가져야 하는지를 따져야 한다. 먼저 1이 2가 L을 선택할 것이라고 믿는다고 하자. 이 경우 1에게 최적의 전략은 M이다. 만약 1이 2가 R을 선택할 것이라고 믿는다면 어떨까? 이때 1은 D를 선택하는 것이 최적이다. 어느 경우든 U를 선택하는 것은 1에게 최적이 될 수 없다. 따라서 U는 1에게 강열등전략은 아니지만 절대 선택될 수 없는, 즉 합리화가 불가능한 전략이다. (제3장

---

7 사실 전략의 개념을 확장하면 이 게임에서 1에게는 강열등전략이 있다. 이에 대해서는 제5장에서 다시 살펴볼 것이다.

에서 배울 '최적대응'이라는 개념을 미리 간단히 설명하면, 최적대응이란 주어진 상대의 전략에 대해 최적인 나의 전략을 뜻한다. 이 예에서 U는 1에게 절대로 최적대응이 되지 않으므로 결코 선택될 수 없는 전략이다.)

그렇다면 M은 어떨까? 앞에서 본 것처럼 1은 2가 L을 택할 것이라고 믿으면 M을 선택하는 것이 최적이다. 그런데 이것이 끝이 아니다. 2가 L을 택할 것이라는 믿음이 '말이 되는지' 확인할 필요가 있기 때문이다. 이제 그것을 확인해보자. 위 보수행렬을 보면 2는 1이 U를 선택할 것이라고 믿을 때만 L을 선택하는 것이 합리적이다. 그런데 우리는 앞에서 이미 1이 U를 선택하는 것은 합리화가 불가능함을 보았다. 따라서 2가 L을 택할 것이라는 믿음은 '말이 되지 않는' 믿음이다. 그러므로 1이 M을 택하는 것 역시 합리화가 불가능하다.

마지막으로 D는 어떨까? 2가 R을 선택할 것이라고 믿으면 1은 D를 선택하는 것이 최적이다. 그렇다면 2가 R을 선택할 것이라는 1의 믿음은 합리화가 가능할까? 2는 1이 M이나 D를 선택할 경우 R을 택하는 것이 최적이다. 그런데 1이 M을 선택하는 것은 위에서 본 것처럼 합리화가 될 수 없으므로 제외된다. 따라서 1이 D를 선택할 것이라고 2가 믿을 경우 2가 R을 선택하는 것은 최적이 된다. 여기서 끝이 아니다. 1이 D를 선택할 것이라는 2의 믿음은 합리화가 가능할까? 그렇다. 이미 본 것처럼 2가 R을 선택할 것이라고 1이 믿으면 D를 선택하는 것이 최적이기 때문이다. 이 같은 합리화 고리가 1의 D와 2의 R 사이에서 무한히 반복된다. 따라서 D는 합리화가 가능하다.

마찬가지로 하면 2에게는 L과 R 중 R만이 합리화가 가능함을 쉽게 확인할 수 있다. 2가 L을 선택하는 것이 최적이려면 1이 U를 선택한다고 믿어야 하는데, 1이 U를 선택하는 것은 앞서 본 것처럼 합리화가 불가능하다. 반면 2가 R을 택하는 것은 1이 M이나 D를 택할 것이라는 믿음하에 최적이 되는데, 그중 1이 D를 택하는 것은 앞에서 본 것처럼 합리화가 가능하다.

위와 같은 분석을 **합리화가능성**(rationizability)에 근거를 둔 분석이라고 한다. 설명의 편의를 위해 경기자가 A, B 둘만 있다고 하자. 이때 A의 전략 a_1이 합리화가능하려면 다음과 같은 조건이 만족되어야 한다.

　i)　 A에게 a_1이 최적이 되게 하는 B의 전략 b_1이 존재한다.
　ii)　B에게 b_1이 최적이 되게 하는 A의 전략 a_2가 존재한다.
　iii) A에게 a_2가 최적이 되게 하는 B의 전략 b_2가 존재한다.

iv) B에게 b_2가 최적이 되게 하는 A의 전략 a_3가 존재한다.

v) … (이하 무한히 진행) …

이러한 연결고리가 무한히 지속된다면 a_1은 합리화가 가능한 전략이다. 위 조건에서 a_1과 a_2는 같을 수도 있고 다를 수도 있는데, 만약 그 둘이 같다면 위 연결고리는 무한히 반복된다. 마찬가지로 b_1과 b_2가 같다면 위 연결고리는 무한히 반복된다. 반면 이러한 연결고리가 어디에선가 끊어진다면 a_1은 합리화가 불가능한 전략이 된다.

이상의 논의를 보면 합리화가능성을 따지는 것이 매우 번거로워 실제 적용이 어려워 보이는데, 사실 매우 간단한 방법이 있다. 각 경기자에 대해, 상대의 어떤 전략에 대해서도 절대로 최적대응이 아닌 전략, 즉 **절대비최적대응**(never-a-best-response)을 차례대로 지워나가는 것이다.

앞의 게임을 예로 들면, 먼저 1의 U는 2의 L에 대해서도 R에 대해서도 최적대응이 아니므로 지워진다. U가 지워진 상황에서 2의 L은 1의 M에 대해서도 D에 대해서도 최적대응이 아니므로 지워진다. U와 L이 지워진 상황에서 1에게 M은 R에 대한 최적대응이 될 수 없으므로 지워진다. 따라서 최종적으로는 (D, R)만 남게 된다. (지워지는 전략의 성격이 다를 뿐 IDSDS와 매우 유사한 방식임을 알 수 있다.) 다음 그림은 이를 나타낸 것이다. 그림에서 괄호 안의 숫자는 지워지는 순서를 나타낸다.

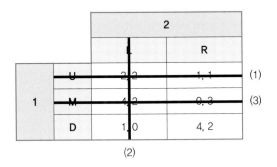

이상의 분석에 비추어보면 IDSDS는 합리화가능성에 기반을 둔 분석의 특수한 경우임을 알 수 있다. 강열등전략은 당연히 합리화가 불가능하다. 따라서 IDSDS에 의해 지워지는 전략들은 합리화가능성에 기반을 둔 방식에 의해서도 당연히 제거된다. 하지만 그 역은 성립하지 않는다. 합리화가 불가능하지만 강열등전략이 아닌 전략이 얼마든지 있을 수 있기 때문이다. (위 게임의 U가 바로 그러한 예이다.) 위 게임은 IDSDS를 통해서는 축소가 불가능하지만 합리화가능성을 이용해 분석할 경우 단 하나의 전략명세 (D, R)로 축소됨을 보았다. 이는 IDSDS보다 합리화가능성에 기반을 둔 방법이 더 적용 범위가 넓음을 보여준다.   ■ ■ ■

3. 분석의 한계

앞서 말한 바와 같이 우월전략균형은 각 경기자의 합리성이라는 최소한의 가정을 통해 도달하는 결과이며 따라서 매우 강력한 예측을 제공한다. 다른 사람의 선택에 관계없이 명백하게 좋은 전략을 가지고 있을 때 각자가 그 전략을 택할 것이라는 논리를 반박하기는 매우 어렵다. 그런데 이와 같은 강점에도 불구하고 우월전략균형은 실용적으로 큰 한계를 가진다. 바로 적용의 폭이 매우 제한적이라는 것이다.

　전략적 상황의 핵심은 상대가 어떻게 나오는지에 따라 나의 최적 선택이 달라진다는 것이다. 이를 **전략적 상호의존성**(strategic interdependence)이라고 부르며, 이는 전략적 상황에서 핵심이 되는 특징이다. 그런데 모든 경기자에게 우월전략이 있다면 그러한 상황은 본질적으로 전략적 상황이라고 보기 어렵다. 다른 사람의 선택이 나의 행동에 영향을 미치는 것은 맞지만(즉 상호의존성은 존재하지만) 나의 선택이 상대방의 선택과 무관하게 정해지기 때문이다.

　현실적으로 전략적 상황에서 경기자들이 우월전략을 가지는 경우는 흔하지 않다. 가위바위보나 페널티킥과 같은 간단한 상황뿐 아니라 기업 간의 경쟁이나 정당 간 경쟁 등 많은 전략적 상황에서, 한 경기자의 최적선택은 다른 경기자의 선택에 따라 달라지는 것이 일반적이다. 가령 페널티킥의 경우 골키퍼는 키커가 공을 차는 방향을 예측해 그 방향으로 뛰어 막으려고 할 것이고, 반대로 키커는 골키퍼가 뛰는 반대 방향으로 공을 차려 할 것이다. 따라서 모든 경기자가 우월전략을 가지는 상황은 매우 특이하고 드문 경우이며, 이러한 상황에만 적용할 수 있는 우월전략균형 개념의 유용성은 크게 제한된다.

　일부 경기자가 우월전략이나 강열등전략을 가지는 경우도 마찬가지다. 우선 앞에서와 마찬가지로 전략적 상황에서 경기자가 우월전략이나 강열등전략을 가지는 경우가 흔하지 않다는 점을 지적할 수 있다. 또한 이러한 조건이 만족되어 앞에서 본 IDSDS를 적용할 수 있는 경우에도, 보수행렬을 처음보다 다소 축소하는 것은 가능하지만 특정 결과를 예측하는 것이 어려운 경우가 일반적이다. IDSDS에 대한 앞의 논의에서, 원래 4 × 4였던 행렬이 IDSDS를 통해 2 × 2로 줄어들기는 했지만 그 이상의 추가적인 축소는 불가능함을 보았다.

이상의 논의는 전략적 상황의 분석을 위해서는 우월전략이나 열등전략이 있는 특수한 경우뿐 아니라 일반적인 경우에 대해서도 예측을 가능하게 하는 보다 일반적인 균형개념이 필요함을 시사한다. 다음 장에서 우리는 그러한 균형개념에 대해 살펴볼 것이다.

주요 학습내용 확인

☑ 우월·열등전략 및 약우월·약열등전략의 개념을 정확히 이해하는가?
☑ 모든 경기자가 우월전략이 있는 경우 우월전략균형을 찾을 수 있는가?
☑ 열등전략이 있는 경우 IDSDS를 통해 게임을 단순화할 수 있는가?

🗨️ 연습문제

1. 아래 보수행렬로 표현되는 전략형 게임이 있다.

		2		
		L	C	R
1	U	1, 0	2, 3	0, 2
	D	0, 5	1, 2	4, 1

(1) 각 경기자에 대해 강열등전략이 존재하는지 조사하라.
(2) 각 경기자에 대해 IDSDS에 의해 제거되지 않고 남는 전략을 찾아라.

2. 아래 보수행렬로 표현되는 전략형 게임이 있다.

		2		
		L	C	R
1	T	2, 0	1, 1	4, 2
	M	3, 4	2, 2	2, 3
	B	0, 3	−1, 2	3, 0

(1) 각 경기자에 대해 강열등전략이 존재하는지 조사하라.

(2) 각 경기자에 대해 IDSDS에 의해 제거되지 않고 남는 전략을 찾아라.

3. 상대평가로 성적을 주는 수업을 철이와 미애 둘만 듣고 있다. 둘 중 점수가 더 좋은 학생이 A, 그렇지 않은 학생이 B를 받는다. 점수가 같을 경우 1/2의 확률로 두 학생 중 한 명이 A를 받고 다른 한 명이 B를 받는다. A와 B를 받을 때의 효용은 각각 20과 10이다. 철이와 미애는 이 과목 공부에 높은 수준의 노력(H)이나 낮은 수준의 노력(L)을 투입할 수 있는데, 각 노력 수준 투입에 드는 비용은 각각 2와 1이다. 더 높은 노력을 투입한 사람의 점수가 더 좋으며, 노력 수준이 같을 경우 점수는 같다. 각 학생의 보수는 성적으로부터 얻는 효용에서 노력 수준 투입에 드는 비용을 뺀 값이다. 만약 점수가 같을 경우에는 성적으로부터 얻는 효용의 기댓값에서 노력 수준 투입에 드는 비용을 뺀 값이 보수이다.

(1) 이 게임의 보수행렬을 구하라.

(2) 각 경기자가 우월전략을 가지는지 조사하라. 만약 우월전략이 있다면 우월전략 균형을 구하라.

4. 상대평가로 성적을 주는 수업을 갑과 을, 둘만 듣고 있다. 둘 중 점수가 더 높은 학생이 A, 그렇지 않은 학생이 B를 받는다. 노력수준이 e일 때 갑의 점수는 $2e$이며 을의 점수는 e이다. 한편 노력 수준을 나타내는 갑의 전략집합은 {1, 2, 3}이고 을의 전략집합은 {1, 3, 5}이다. A를 받을 때의 효용은 10, B를 받을 때의 효용은 8.5이며, 각 학생의 효용은 성적으로부터 얻는 효용에서 투입된 노력수준을 뺀 값이다. 각 경기자에 대해 IDSDS를 통해 남는 전략을 구하라.

5. 선거에 출마한 두 후보 1과 2가 선거 전략을 짜고 있다. 각 후보는 상대후보에 대한 네거티브 공격의 정도를 낮은 수준(L), 중간 수준(M), 높은 수준(H)으로 정할 수 있다. 각 전략 조합에 따른 당선 확률은 다음과 같다.

- 두 후보가 같은 전략을 취하면 각 후보의 당선 확률은 0.5이다.
- 한 명은 L, 한 명은 M을 택하면 L을 택한 사람의 당선 확률은 0.2, M을 택한 사람의 당선 확률은 0.8이다.
- 한 명은 L, 한 명은 H를 택하면 L을 택한 사람의 당선 확률은 0.3, H를 택한 사람의 당선 확률은 0.7이다. (다른 후보에 비해 네거티브 공격을 너무 강하게 할 경우, 앞의 경우에 비해 승리 확률이 오히려 떨어지는 상황이다.)
- 한 명은 M, 한 명은 H를 택하면 M을 택한 사람의 당선 확률은 0.4, H를 택한 사람의 당선 확률은 0.6이다.

각 후보자는 동시에 선거 전략을 결정하며, 당선 확률 극대화를 목표로 한다.

(1) 이 게임에 우월전략이나 열등전략이 있는지 조사하라.

(2) IDSDS를 적용해 게임의 결과를 예측하라.

6. 다음과 같은 게임을 생각해보자. n명의 경기자가 0부터 100까지의 실수 중 하나를 적어낸다. 여기서 $n > 2$이다. 이렇게 적어낸 n개의 수의 평균을 구해, 그 값의 절반에 가장 가까운 값을 적어낸 사람이 승자가 되어 상금을 차지한다. 만약 승자가 둘 이상일 경우에는 승자들이 상금을 동일하게 나눠 가진다. 예를 들어 $n = 3$이고 세 사람이 각각 10, 20, 70을 적어냈다면, 평균이 100/3이고 그 절반은 50/3이므로 셋 중 이와 가장 가까운 값인 20을 적어낸 사람이 승자가 된다.

(1) 이 게임에 강열등전략이나 약열등전략이 존재하는가?

(2) 약열등전략을 반복적으로 제거하여 이 게임의 결과를 구하라.

제 3 장

내쉬균형

이 장에서는 게임이론에서 가장 중요한 개념인 내쉬균형에 대해 공부한다. 먼저 내쉬균형을 정의한 후 그 의미를 파악하고, 보수행렬로 표시된 전략형 게임에서 내쉬균형을 찾는 방법을 학습한다. 이를 바탕으로 게임이론에서 잘 알려진 게임들을 소개하고 각 게임의 내쉬균형을 찾아본다.

1. 내쉬균형의 정의와 의미

제2장에서 우리는 우월전략균형이나 강열등전략의 반복적 제거가 그 설득력은 높지만 매우 특수한 경우에만 적용할 수 있다는 한계가 있음을 보았다. 보다 일반적인 전략적 상황에 대한 예측을 위해서는 우월전략이나 열등전략이 있는 특별한 경우뿐 아니라 일반적인 상황에도 적용할 수 있는 균형개념(equilibrium concept)이 필요하다.

전략적 상황에서 어떠한 상황을 균형이라고 부를 수 있을까? 이 질문에 답하기 위해 먼저 경제학에서 말하는 일반적인 균형(equilibrium)의 개념에 대해 생각해보자. 경제학에서는 외부적인 충격이 없는 한 어떤 상태가 계속 유지될 때 그러한 상태를 균형이라고 부른다. 이는 사실 물리학과 같은 자연과학에서 가져온 개념이다. 이제 이러한 균형개념을 전략적 상황에 적용해보자. 전략적 상황에서는 2인 이상의 경기자가 각자 전략을 택하고 그에 따라 보수를 얻는다. 그렇다면 전략적 상황에서는 어떤 경우에 균형이 이루어질까? 편의상 경기자가 1과 2 두 명이라고 하자. 이제 각자가 전략을 선택한 후 사후적으로 보니 2의 전략에 비추어 1의 전략이 최선이 아니었다고 하자. 그렇다면 이 상황은 균형이 될 수 없다. 아무런 외부 충격이 없어도 1은 자신의 전략을 바꿀 유인이 있기 때문이다. 아무도 자신의 전략을 수정할 유인이 없으려면 1은 2의 전략에 대해 최선의 선택을 해야 한다. 이는 2에 대해서도 마찬가지다. 2 역시 자신의 전략을 수정할 유인이 없으려면 1의 전략에 대해 최선의 선택을 하고 있어야 한다. 내쉬균형은 그러한 상황을 나타낸다.

2인 게임에서 **내쉬균형**(Nash equilibrium)은 다음과 같이 정의된다.

정의

2인 게임에서 전략명세 $(s_1{}^*, s_2{}^*)$가 다음 조건을 만족하면 $(s_1{}^*, s_2{}^*)$는 내쉬균형이다.

- 모든 $s_1 \in S_1$에 대해 $u_1(s_1{}^*, s_2{}^*) \geq u_1(s_1, s_2{}^*)$가 성립
- 모든 $s_2 \in S_2$에 대해 $u_2(s_1{}^*, s_2{}^*) \geq u_2(s_1{}^*, s_2)$가 성립

내쉬균형에서 각 경기자가 사용하는 전략을 **균형전략**(equilibrium strategy)이라고 부른다. 이 정의에 등장하는 식에 대해 좀 더 자세히 생각해보자. 첫 번째 부등식은 무엇을 의미할까? 이 부등식의 좌변은 1과 2가 각각 $s_1{}^*$, $s_2{}^*$를 선택할 때 1이 얻는 보수이다. 한편 우변은 2가 여전히 $s_2{}^*$를 선택하는 상황에서 1이 다른 전략 s_1으로 옮겨갈 때 1이 얻는 보수이다. 좌변이 우변 이상이라는 것은, 2가 $s_2{}^*$를 선택하고 있는 상황에서 1은 $s_1{}^*$로부터 이탈할 유인이 없음을 뜻한다. 즉 자기 혼자 이탈하여 득을 볼 수 없는 상황이다. 마찬가지로 두 번째 부등식은 1이 $s_1{}^*$를 선택하고 있는 상황에서 2가 $s_2{}^*$로부터 이탈할 유인이 없음을 의미한다.

경기자 수가 n인 경우에도 내쉬균형은 동일하게 정의된다. 사람이 여러 명이므로 표기법이 약간 달라질 뿐이다. 전략명세 $(s_1, \cdots, s_n)$에서 s_i만을 뺀 것을 편의상 s_{-i}라고 표기하자. 즉 $s_{-i} = (s_1, \cdots, s_{i-1}, s_{i+1}, \cdots, s_n)$을 뜻한다. 이 경우 내쉬균형은 다음과 같이 정의된다.

정의

모든 경기자 i에 대해 다음 조건이 만족되면 전략명세 $(s_1{}^*, \cdots, s_n{}^*)$는 내쉬균형이다.

- 모든 $s_i \in S_i$에 대해 $u_i(s_i{}^*, s_{-i}{}^*) \geq u_i(s_i, s_{-i}{}^*)$

즉 i를 제외한 다른 모든 경기자들이 $s_{-i}*$를 유지할 때 i가 s_i*로부터 이탈할 유인이 없으며, 이것이 몇몇 경기자가 아닌 모든 경기자 i에 대해 성립하는 것이다.

　이제 위와 같은 내쉬균형의 정의를 직관적으로 생각해보자. 내쉬균형이란 다른 경기자들이 모두 현재의 선택을 고수하는 상황에서 어느 누구도 자기 혼자 다른 선택으로 바꾸어 득을 볼 수 없는 상황을 가리킨다. 다른 경기자는 가만히 있고 자신만 혼자 전략을 바꾸는 것을 **단독이탈**(unilateral deviation)이라고 부른다. '단독'이라는 말을 붙이지 않고 그냥 **이탈**(deviation)이라고만 해도 특별한 말이 없으면 보통 단독이탈을 의미한다. 내쉬균형은 누구도 단독이탈을 통해 이득을 볼 수 없는 상황을 나타낸다. 전략을 바꿈으로써 득을 볼 수 있으면 **유익한 이탈**(profitable deviation)이 존재한다고 하는데, 내쉬균형은 어느 경기자도 유익한 이탈을 갖지 않는 상황이라고 표현할 수도 있다. 모든 경기자가 다른 경기자의 선택에 대해 최선의 선택을 하고 있으므로 누구도 현재의 선택에서 이탈할 유인이 없는 것이다.

　내쉬균형의 개념을 다음과 같은 가상의 상황을 통해서 이해할 수도 있다. 전략적 상황에서 각 경기자가 전략을 선택하여 보수가 결정되고 난 직후, 요정과 같은 가상의 초자연적 존재가 나타나 시간을 정지시킨 후 여러분에게 다음과 같은 제안을 한다. "당신이 원한다면 내가 시간을 선택 이전으로 되돌려주겠다. 당신이 방금 확인한 다른 사람들의 선택은 바뀌지 않고 그대로 유지될 것이다. 당신은 과거로 돌아가서 전략을 바꾸겠는가?" 만약 현재의 상황이 내쉬균형이라면 누구도 이러한 제안에 응할 유인이 없다. 다른 사람들의 선택이 불변인 상황에서 자신만 선택을 바꾸면 기껏해야 현재와 같은 보수를 얻거나 아니면 오히려 낮은 보수를 얻을 것이기 때문이다.

　이와 같이 내쉬균형에서는 누구도 단독이탈의 유인이 없으므로 외부적 충격이 가해지지 않는 한 현 상태가 계속 유지되는 속성을 가진다. (여기서 외부적 충격이란 보수구조와 같은 게임의 구조가 바뀌는 것을 의미한다.) 즉 내쉬균형은 장기적으로 안정적(stable)인 성질을 가진다. 이처럼 내쉬균형은 전략적 상황에서 안정적인 속성을 띠는 전략명세를 보여준다고 할 수 있다.

　내쉬균형은 기술적으로 크게 두 가지 요소로 구성되어 있다. 하나는 **최적화**(optimization)이고 다른 하나는 **합리적 기대**(rational expectation)이다. 합리적인 경기자는 누구나 상대방의 전략에 대해 최선의 선택, 즉 자신의 보수를 극대화하는 선택을 할 것이다. 이는 최적화와 관련되어 있다. 그런데 전략적 상황에서 어떤 선택을 할 때에는 상대방이 어떤 전략을 취할지에 대한 믿음을 형성하고 그를 기반으로 선택을 해야 한다. 내쉬균형의 정의는 이러한 믿음이 정확하다는 것을 내포하고 있다. 즉 내쉬균형은 모든 경기자가 상대방의 전략을 정확하게 예측하여 합리적 기대를 형성하고 그에 대해 최적화를 하는 상황을 가리킨다. 내쉬균형의 정의 자체에 경기자들이 상대방의 전략에 대한 정확한 믿음을 가진다는 점이 포함되어 있음을 반드시 기억하기 바란다.

내쉬균형을 처음 접하는 학생들이 자주 가지는 의문 중 하나가 "상대방이 어떤 전략을 택할지 어떻게 알고 균형전략을 선택하는가?"이다. 뒤에서 보겠지만 이는 특히 내쉬균형이 여러 개 존재할 때 매우 자연스럽게 드는 의문이다. 이 질문이 매우 직관적이고 타당한 질문이기는 하지만 이에 대한 답은 다소 싱겁다. 내쉬균형의 개념 자체에 합리적 기대라는 요소가 내포되어 있기 때문이다. 즉 경기자들은 '어떻게든' 상대방의 선택을 정확히 예측하여 그에 대한 최적의 선택을 한다. 이에 대해서는 추후 좀 더 자세히 논의하기로 한다.

2. 보수행렬로 표현된 전략형 게임의 내쉬균형

이제 구체적인 사례를 통해 내쉬균형을 찾는 방법을 알아보자. 여기서는 앞에서 본 죄수의 딜레마 상황을 이용하기로 한다. 정의를 그대로 이용하는 방법과 최적대응의 개념을 이용하는 방법, 이렇게 두 가지 방법을 차례로 살펴본다.

(1) 정의를 이용하는 방법

다음은 제2장에서 소개된 죄수의 딜레마 게임을 다시 나타낸 것이다. 이제 내쉬균형의 정의를 이용하여 이 게임의 내쉬균형을 찾아보자.

		을	
		자백	부인
갑	자백	1, 1	4, 0
	부인	0, 4	3, 3

경기자가 2인이고 각 경기자의 전략이 2개이므로 가능한 전략명세는 총 4개이다. 이

균형과 균형보수

본문에서 다룬 죄수의 딜레마 게임의 보수행렬을 시험에 내고 내쉬균형을 찾아보라고 하면 (1, 1)이라고 답하는 학생들이 많다. 이 답은 부분점수를 받을 수 있을지는 모르겠지만 정확한 답은 아니다. 게임이론에서의 균형(equilibrium)은 정의상 언제나 전략명세를 가리킨다. 즉 균형을 구하라고 하면 각 경기자가 어떤 전략을 택하는지를 명시해야 한다. 위 게임의 균형은 (자백, 자백)이며, (1, 1)은 균형이 아니라 균형에서 각자가 받는 보수, 즉 **균형보수**(equilibrium payoffs)이다. 두 개념을 분명히 구분할 필요가 있다.

4개를 내쉬균형의 정의에 입각해서 하나씩 살펴보자. 우선 (부인, 부인)은 명백하게 내쉬균형이 아니다. 을이 부인을 하는 상황에서 갑이 부인에서 자백으로 바꾸면 보수가 3에서 4로 커지기 때문이다. 즉 이탈의 유인이 있다. 따라서 (부인, 부인)은 내쉬균형이 아니다. 한 명이라도 이탈의 유인이 있으면 내쉬균형이 아니기 때문에 을에 대해서는 굳이 따져볼 필요도 없다. 다음으로 (부인, 자백)은 어떨까? 을은 이탈의 유인이 없다. 상대방이 부인을 하는 상황에서 자백을 하는 것이 부인을 하는 것보다 높은 보수를 주기 때문이다. 그러나 갑은 이탈의 유인이 있다. 현재의 보수가 0인데 자백으로 바꾸면 보수가 1로 증가한다. 따라서 (부인, 자백)은 내쉬균형이 아니다. 마찬가지로 (자백, 부인)은 을이 자백으로 바꿀 유인이 있으므로 내쉬균형이 아니다. 끝으로 (자백, 자백)에 대해 생각해보자. 상대가 자백을 하는 상황에서 현재처럼 나도 자백을 하면 나의 보수는 1이다. 그러나 부인으로 바꾸면 보수가 0이 되어 현재보다 나빠진다. 따라서 (자백, 자백)은 이 게임의 내쉬균형이다.

이처럼 게임의 보수행렬이 주어질 때 각각의 전략명세에 대해 한 명의 경기자라도 이탈의 유인이 있는지 일일이 확인하는 방법으로 내쉬균형을 찾을 수 있다. 그런데 이상과 같이 내쉬균형의 정의를 이용하여 모든 전략의 짝을 점검하는 방법은 직관적이고 단순하기는 하지만, 일일이 따지기가 번거로울 뿐 아니라 행렬이 커서 전략명세가 다수인 경우에는 시간이 많이 걸려 불편하다는 단점이 있다. 다음 소절에서 소개하는 방법은 그러한 단점을 상당히 극복해준다.

(2) 최적대응을 이용하는 방법

내쉬균형은 모든 경기자가 상대방의 전략에 대해 최선의 선택을 하고 있는 상황이라고 했다. 이제 이를 최적대응이라는 개념을 이용해 좀 더 깊이 있게 생각해보자. 제2장에서 합리화가능성에 대해 논의할 때 이미 언급한 바와 같이, 상대방의 전략에 대해 나의 보수를 극대화하는 전략을 **최적대응**(best response)이라고 부른다. 2인 게임에서 최적대응은 다음과 같이 정의된다.

> **정의**
>
> 주어진 2의 전략 s_2에 대한 1의 **최적대응** $BR_1(s_2)$는 $u_1(s_1, s_2)$를 극대화하는 1의 전략 s_1을 가리킨다. 즉 $BR_1(s_2) \in S_1$은 다음을 만족하는 전략이다.
>
> - 모든 $s_1 \in S_1$에 대해 $u_1(BR_1(s_2), s_2) \geq u_1(s_1, s_2)$

경기자가 n명인 경우에도 마찬가지로 정의할 수 있다. 즉 주어진 s_{-i}에 대한 i의 최적대응 $BR_i(s_{-i})$는 경기자 i의 보수 $u_i(s_i, s_{-i})$를 극대화하는 전략 s_i를 가리킨다.

최적대응은 주어진 상대방의 특정 전략에 대해 정의된다는 점을 명심하기 바란다. 즉 BR_i는 특정한 s_{-i}에 대해 정의된다. 또 하나 주의할 점은 최적대응이 반드시 유일하지는 않다는 것이다. 주어진 상대방의 전략에 대해 나의 보수를 극대화하는 전략이 2개 이상 있을 수 있기 때문이다.

이제 이러한 최적대응의 개념을 염두에 두고 내쉬균형의 정의를 다시 한 번 살펴보자. 2인 게임에서 전략명세 $(s_1{}^*, s_2{}^*)$가 내쉬균형이라고 하면, 우리는 정의에 의해 $s_1{}^*$는 $s_2{}^*$에 대한 최선의 선택이고 동시에 $s_2{}^*$도 $s_1{}^*$에 대한 최선의 선택임을 알고 있다. 여기서 '최선의 선택'은 우리가 바로 앞에서 살펴본 최적대응과 정확히 동일한 의미를 지닌다. 따라서 내쉬균형을 다음과 같이 표현할 수도 있다.[1]

> **내쉬균형과 최적대응** : $(s_1{}^*, s_2{}^*)$가 내쉬균형이면 $s_1{}^* \in BR_1(s_2{}^*)$이고 $s_2{}^* \in BR_2(s_1{}^*)$이다.

여기서 등호 대신에 포함 기호 '$\in$'를 쓴 것은 최적대응이 여러 개 있을 수 있기 때문이며 다른 특별한 의미는 없다.

종합하면 내쉬균형은 모든 경기자의 전략이 상대방의 전략에 대해 최적대응인 상황을

---

[1] 책에 따라서는 애초에 내쉬균형을 이렇게 정의하기도 한다.

가리킨다. 이제 이러한 최적대응의 개념을 이용해 죄수의 딜레마 게임의 내쉬균형을 다시 찾아보자.

		을	
		자백	부인
갑	자백	1, 1	4, 0
	부인	0, 4	3, 3

우리가 찾는 전략명세는 각 전략이 상대방의 전략에 대해 서로 동시에 최적대응인 상황이다. 이러한 전략의 짝을 찾기 위해서는 우선 각 경기자별로 상대방의 개별 전략에 대한 최적대응을 찾아야 한다.

먼저 갑의 최적대응부터 생각해보자. 을이 자백을 택할 경우 갑의 최적대응은 자백이다. 을이 부인을 할 경우 갑의 최적대응은 역시 자백이다. 이제 이를 나타내기 위해 해당되는 갑의 보수에 밑줄을 그어 표시하면 다음과 같다.

		을	
		자백	부인
갑	자백	<u>1</u>, 1	<u>4</u>, 0
	부인	0, 4	3, 3

마찬가지로 따져보면 을의 최적대응은 갑이 자백을 할 경우에 자백, 부인을 할 경우에 자백임을 쉽게 알 수 있다. 위 행렬에 을의 최적대응을 나타내는 밑줄을 그으면 다음을 얻는다.

		을	
		자백	부인
갑	자백	<u>1</u>, <u>1</u>	<u>4</u>, 0
	부인	0, <u>4</u>	3, 3

협조게임과 비협조게임

내쉬균형을 처음 접할 때 간과하기 쉬운 사실 중 하나는 내쉬균형이 **비협조게임**(noncooperative game)을 전제로 하고 있다는 점이다. 우리가 다루는 게임은 경기자 간 의사소통이나 조정(coordination)이 불가능한 상황을 상정하고 있다. 이처럼 명시적인 협조가 배제된 상황을 나타내는 게임을 비협조게임이라고 한다.

수업을 하다 보면 죄수의 딜레마 게임에서 두 용의자가 모두 부인으로 바꾸면 둘 다 좋아지므로 (자백, 자백)은 균형이 아니지 않느냐는 질문을 종종 받는다. 그런데 이처럼 (자백, 자백)에서 (부인, 부인)으로 옮겨 가는 것은 조정된 행동을 필요로 한다. 이러한 조정이 불가능한 상황이라면 각자는 상대방의 행동에 영향을 미칠 수 없고 자신의 행동만 바꿀 수 있다. 따라서 의미 있는 질문은 "상대방은 그대로 있는 상태에서 내가 행동을 바꿔서 득을 보는 것이 가능한가?"이다. 내쉬균형은 혼자만 행동을 바꾸는 것, 즉 단독이탈로 득을 볼 수 없는 상황을 나타낸다.

이와 달리 경기자들에게 적용되는 구속적(binding)인 규칙을 만드는 상황과 관련된 게임이론을 **협조게임이론**(cooperative game theory)이라고 한다. 우리가 이 책에서 다루는 게임은 협조게임이 아니라 비협조게임임을 기억하기 바란다.

내쉬균형은 각 전략이 상대방의 전략에 대해 서로 동시에 최적대응인 상황이다. 이는 한 칸에 2개의 밑줄이 그어져 있어야 함을 뜻한다. 위 게임에서 그러한 조건을 만족하는 전략명세는 (자백, 자백) 하나 뿐이다. 즉 (자백, 자백)이 이 게임의 유일한 내쉬균형이다.

생각해보기 3.1

제2장에서 (자백, 자백)은 죄수의 딜레마 게임의 우월전략균형임을 보았다. 만약 어느 게임에 우월전략균형이 존재하면 그 전략명세는 내쉬균형이며 더 나아가 그 게임의 유일한 내쉬균형이다. 그 이유를 설명하라.

이와 같이 최적대응을 이용하는 방법은 내쉬균형을 체계적으로 찾는 방법으로 널리 활용된다. 특히 제4장에서 보게 되듯이 전략이 너무 많거나 연속변수여서 각각의 전략명세를 일일이 정의에 입각하여 따지는 방식으로 내쉬균형을 찾는 것이 용이하지 않거나 불가능한 경우에는, 최적대응을 이용한 방법이 실질적으로 내쉬균형을 찾는 유일한 방법이 된다. 각 경기자의 최적대응을 구해 내쉬균형을 찾는 이와 같은 방법을 앞으로 **최적대응법**(best response method)이라고 부르기로 한다.

(3) 내쉬균형과 IDSDS와의 관계

어떤 전략명세 (s_1, s_2)가 내쉬균형이라고 하자. 이 균형에서 쓰인 전략 s_1, s_2는 제2장에서 배운 IDSDS를 쓰면 절대로 제거되지 않고 끝까지 살아남을까, 그렇지 않으면 어느 단계에선가 제거될 수도 있을까? 이 질문에 답을 하기 위해서는 (s_1, s_2)가 내쉬균형이라는 말의 의미를 다시 한 번 상기할 필요가 있다. (s_1, s_2)가 내쉬균형이라는 말은 s_1이 s_2의 최적대응이고 동시에 s_2가 s_1의 최적대응이라는 얘기이다. 그런데 어떤 전략이 적어도 하나의 상대의 전략에 대해서 최적대응이라면 그 전략은 강열등이 될 수 없다. 어떤 전략이 강열등이려면 그 전략은 정의상 상대가 어떤 전략을 택하더라도 특정한 다른 전략보다 낮은 보수를 주어야 한다. 그런데 그 전략이 상대의 어떤 전략에 대해 최적대응이라면 이 전략은 당연히 강열등전략이 될 수 없다. 따라서 위 질문에 대한 답은 '제거되지 않고 끝까지 살아남는다'이다. 즉 내쉬균형에 사용되는 전략은 IDSDS에 의해 제거되지 않는다.

그렇다면 그 역은 성립할까? 즉 IDSDS에 의해 제거되지 않는 전략명세는 반드시 내쉬균형일까? 이 질문에 답하기 위해 제2장에서 IDSDS에 대해 논의하면서 살펴보았던 다음 게임을 다시 살펴보자.

		2			
		e	f	g	h
1	a	3, 2	4, 1	2, 3	0, 4
	b	4, 4	2, 5	0, 2	1, 4
	c	1, 3	3, 1	3, 1	4, 2
	d	5, 1	3, 1	2, 3	2, 4

해당 논의에서 본 것처럼 이 게임에 IDSDS를 적용하면 1의 전략 a, b와 2의 전략 f, g가 제거되어 (c, e), (c, h), (d, e), (d, h)의 네 가지 전략명세가 남는다. 하지만 이 전략명세 중 어느 것도 내쉬균형이 아님을 쉽게 확인할 수 있다. 따라서 IDSDS에 의해 제거되지 않는 전략명세가 항상 내쉬균형은 아님을 알 수 있다.

이상의 논의로부터, IDSDS에 의해 제거되지 않는 전략명세의 집합이 내쉬균형의 집합을 포함한다는 사실을 알 수 있다. 달리 표현하면 내쉬균형의 집합은 IDSDS에 의해 제거되지 않는 전략명세 집합의 부분집합이 된다.

3.　내쉬균형의 예

내쉬균형을 정의하고 이를 찾는 법을 배웠으므로 몇몇 게임에 대해 실제로 내쉬균형을 찾아보자. 앞서 본 방법 중 최적대응을 이용한 방법을 주로 사용하기로 한다. 이제 소개하는 게임들은 게임이론에서 자주 등장하는 '유명한' 게임들로, 현실에서 자주 등장하는 중요한 전략적 상황들과 관련되어 있다.

(1)　수사슴 사냥

다음과 같은 **수사슴 사냥**(stag hunt) 게임을 생각해보자. 두 명의 사냥꾼이 있다. 각 사냥꾼은 토끼와 사슴 중 어느 것을 사냥할지 결정해야 한다. 토끼는 혼자서도 잡을 수 있어 토끼를 택할 경우 확실한 보수를 얻는 데 비해, 사슴은 잡기가 어려워 반드시 둘이 협력을 해야 한다. 사슴이 토끼보다 훨씬 크므로 사냥꾼들은 각자 토끼를 사냥할 때보다 협력해서 사슴을 사냥하여 몫을 나눌 때 더 큰 보수를 얻는다. 그러나 다른 사냥꾼은 토끼사냥을 하는데 자기 혼자서만 사슴을 쫓을 경우에는 하루를 공치게 되어 낮은 보수를 얻게 된다.

　다음 보수행렬은 그러한 상황을 나타내고 있다.

		을	
		토끼	사슴
갑	토끼	1, 1	1, 0
	사슴	0, 1	2, 2

보수를 보면 각 경기자는 토끼를 택할 경우 상대방의 선택에 관계없이 항상 확실하게 1의 보수를 얻는다. 반면 사슴을 택할 경우에는 상대방도 사슴을 택하면 2를 얻지만 상대가 토끼를 쫓을 경우에는 0밖에 얻지 못하는 위험이 따른다.

　이제 이 게임에 최적대응법을 적용해보자. 먼저 갑의 최적대응부터 살펴보자. 을이 토끼를 택할 경우 갑의 최적대응은 토끼이다. 다음으로 을이 사슴을 택할 경우 갑의 최적대응은 사슴이다. 마찬가지로 을의 최적대응은 갑이 토끼를 택할 경우에는 토끼, 사슴을 택할 경우에는 사슴이다. 이 최적대응을 밑줄로 표시하여 나타내면, 다음 보수행렬에서 보듯이 이 게임에는 (토끼, 토끼), (사슴, 사슴)이라는 2개의 내쉬균형이 존재함을 알 수 있다. 두 균형을 비교해보면 (사슴, 사슴)이 (토끼, 토끼)보다 명백하게 우월하다. 두 경기자의 보수가 모두 (사슴, 사슴) 균형에서 더 높기 때문이다.

		을	
		토끼	**사슴**
갑	**토끼**	1, 1	1, 0
	사슴	0, 1	2, 2

수사슴 사냥 게임은 개인의 안전과 사회적 협력 간에 갈등이 존재하는 상황을 나타낸다. 이 게임에서 사슴 사냥은 협력에 해당하며 토끼 사냥은 개인의 안전에 해당한다. 상대가 협력을 할 경우 나도 협력을 하는 것이 최선이므로, 상대가 협력적 태도를 취할 것이라는 보장만 있다면 나도 그렇게 할 것이다. 따라서 둘 다 협력적 태도를 취하는 것은 내쉬균형이 된다. 그러나 상대가 비협력적 행동을 한다면 나는 협력적 행동을 통해 손해를 볼 위험에 처하게 된다. 따라서 둘 다 비협력적 태도를 취하는 것 역시 내쉬균형이 된다. 이처럼 이 게임에는 상반된 성격을 가지는 2개의 내쉬균형이 존재한다.

이와 같이 2개의 균형이 존재하고 둘 중 하나가 더 바람직할 경우, 바람직한 균형을 유도하기 위한 조정(coordination)이 매우 중요한 이슈가 된다. 또한 이런 상황에서는 사람들의 기대(expectation)가 매우 중요해진다. 만약 사람들이 상대가 협력을 할 것이라고 기대하면 '좋은' 균형이 달성되고, 반대로 상대가 비협력적 태도를 취할 것이라고 기대하면 '나쁜' 균형이 초래된다. 이처럼 사람들의 기대대로 결과가 나타나는 것을 **자기실현적 기대**(self-fulfilling expectation)라고 부른다.

수사슴 사냥 게임은 또한 게임에서 내쉬균형이 여러 개 존재할 수 있음을 보여준다. 내쉬균형이 여러 개 존재한다는 것은 전략적 상황에 대한 분석이나 예측의 측면에서 반가운 소식이 아니다. 여러 균형 중 어느 것이 현실적으로 가장 실현 가능성이 높은지 다시 따져보아야 하기 때문이다. 이처럼 여러 개의 내쉬균형이 존재할 때 추가적인 기준을 부과하여 균형을 선별하는 것은 게임이론에서 매우 중요한 주제이다. 이 주제는 앞으로 이 책에서 반복해서 나타날 것임을 미리 밝혀둔다.

(2) 치킨게임

치킨게임(chicken game)에서 '치킨'은 겁쟁이를 의미한다. 다음과 같은 상황을 생각해보자. 자신의 용맹을 과시하고 싶은 두 명의 혈기 넘치는 젊은이가 차를 타고 외길에서 서로 마주하고 있다. 게임이 시작되면 둘은 상대를 향해 계속 직진하거나 도중에 옆으로 차를 꺾을 수 있다. 각자에게 최선의 상황은 자신은 용감하게 직진을 하고 상대는 겁을 먹어서 옆으로 피하는 상황이다. 둘 다 회피한다면 조금 창피하기는 하지만 상대방도 겁을 먹었으므로 그렇게 나쁜 상황은 아니다. 나는 겁을 먹고 피했는데 상대는 직진을 하면 망신을 당하게 되어 안 좋은 상황이다. 최악의 상황은 둘 다 끝까지 직진을 고수하는 경우이다. 이 경우 큰 사고가 발생해 둘 다 죽거나 중상을 입게 된다. 다음 보수행렬은 이러한 상황을 나타낸다.

		을	
		회피	직진
갑	회피	0, 0	-1, 1
	직진	1, -1	-5, -5

이 게임에 최적대응법을 적용하면 다음과 같이 (직진, 회피), (회피, 직진)이라는 2개의 내쉬균형이 존재함을 쉽게 확인할 수 있다.

		을	
		회피	직진
갑	회피	0, 0	-1, 1
	직진	1, -1	-5, -5

치킨게임은 죄수의 딜레마와 함께 신문이나 뉴스 같은 매체에 가장 자주 등장하는 게임이다. 이 게임은 대립하는 사안에 대해 둘 다 양보하지 않고 끝까지 대결을 고집할 경우 최악의 파국을 맞는 상황을 나타낸다. 적대국 간의 무력 충돌 상황이나 경쟁기업 간

의 과도한 무한경쟁 상황은 치킨게임적 요소를 내포한다.

치킨게임에서 각 경기자는 균형에 대한 선호가 서로 정반대이다. 위 예에서 갑은 (직진, 회피)를 선호하지만 을은 반대로 (회피, 직진)을 선호한다. 어떻게 하면 두 균형 중 자신에게 유리한 균형이 달성되도록 할 수 있는가 하는 것은 치킨게임과 관련하여 매우 중요하고 흥미로운 주제이다. 이에 대해서는 제7장에서 다시 살펴볼 것이다.

(3) 성 대결 게임

성 대결(battle of the sexes) 게임은 다소 살벌한 이름과는 달리 연애 중인 남녀의 데이트 장소 선택에 관한 문제이다. 다음 날 데이트 장소로 야구장을 선호하는 남자와 극장을 선호하는 여자가 끝내 의견 차이를 좁히지 못하고 있다고 하자. 둘은 다음 날 정해진 시간에 각자 두 장소 중 하나를 택해 나타나기로 하고 헤어진다. (이 커플이 오래 갈 것 같지는 않다.) 비록 서로 장소에 대한 선호가 다르기는 하지만 둘은 데이트가 성사되지 않는 것보다는 같은 장소를 택해 즐거운 시간을 보내는 것을 더 좋아한다. 다음 보수행렬은 이러한 상황을 나타낸다.

		여	
		야구장	극장
남	야구장	2, 1	0, 0
	극장	0, 0	1, 2

보수구조에서 보듯이 서로 다른 장소를 택할 경우 각자가 얻게 되는 보수는 0이며, 데이트가 성사될 경우의 보수는 양(+)인데 자신이 선호하는 장소일 경우의 보수가 그렇지 않을 경우보다 더 높다.

최적대응법을 적용하면 이 게임에는 다음과 같이 (야구장, 야구장), (극장, 극장)이라는 2개의 내쉬균형이 존재함을 쉽게 알 수 있다.

영화 〈다크나이트〉와 게임이론

크리스토퍼 놀란 감독의 2008년 작 영화 〈다크 나이트〉에
는 게임이론적 관점에서 흥미로운 상황이 등장한다. 희대
의 악당 조커가 두 척의 배에 폭탄을 설치하고 각 배에 다
른 배의 폭탄을 터뜨릴 수 있는 기폭 장치를 준다. 배 한
척에는 민간인과 방위군이 타고 있고 다른 배에는 죄수와
경비대가 타고 있다. 조커가 두 배의 승객에게 알려주는
게임의 법칙은 다음과 같다. 정해진 시한 내에 다른 배를
폭파하면 그 배는 무사히 보내준다. 그러나 정해진 시한까
지 누구도 다른 배를 폭파시키지 않으면 조커가 직접 두
배를 모두 폭파시켜버린다.

　이 상황은 우리가 지금까지 다룬 게임 상황과는 다르
다. 동시게임에서 중요한 것은 두 경기자가 동시에 행동을
선택하는 것이 아니라 상대의 선택을 모르는 상황에서 선
택하는 것이라고 했다. 위 상황은 상대의 선택을 모른다는
측면에서는 동시게임과 같지만 한 가지 다른 점이 있다.
즉 상대가 먼저 특정 선택을 하면(즉 배를 폭파시키면) 나
는 아예 선택의 기회를 갖지 못한다는 점이다. 따라서 보
다 엄밀하게 얘기하면 이 게임은 우리가 다음 부에서 보
게 될 순차게임인데, 누가 먼저 움직이는지가 사전적으로
정해진 것이 아니라 각 경기자의 선택에 따라 결정되는
특수한 상황이라고 보는 것이 정확하겠다.

　여기서는 이런 점은 무시하고, 상황을 단순화하여 각
배가 상대 배를 폭파할지(E) 폭파하지 않을지(N) 동시에
결정하는 경우를 생각해보자. 배가 폭파되어 죽을 경우의
보수를 0, 무사히 살아날 경우의 보수를 1이라고 하면 이
게임의 보수행렬은 다음과 같다. [영화에서 주어진 상황에

서라면 (E, E)는 둘이 정확히 같은 시간에 폭탄을 터뜨릴
경우에만 가능하므로 발생 확률이 매우 낮지만 여기서는
그러한 점은 고려하지 않기로 한다.]

		2	
		E	N
1	E	0, 0	1, 0
	N	0, 1	0, 0

　이 게임에 최적대응법을 적용하면 이 게임에는 (E, E),
(E, N), (N, E)의 3개의 내쉬균형이 존재함을 알 수 있다.
이 상황을 죄수의 딜레마 상황에 빗대는 경우가 있는데,
위 보수행렬에서 보듯이 E는 강우월전략이 아니라 약우
월전략이므로 이 상황은 죄수의 딜레마 상황과는 다르다.
아무튼 이 게임의 내쉬균형에서는 적어도 한 척의 배는
폭파된다.

　그런데 만약 사람들이 자신이 살기 위해 다른 배를 폭
파시키는 데 대해 양심의 가책을 느낀다면 어떻게 될까?
이러한 가책에 따른 비용이 $c > 0$이라고 하면 위 보수행렬
은 다음과 같이 바뀐다. (이 비용은 상대가 누구인지에 따

라 달라질 수 있다. 가령 상대가 흉악범이라면 내가 느끼는 양심의 가책은 매우 작을 수도 있다. 여기서는 상대에 관계없이 c가 같다고 가정하자.)

만약 가책이 너무 크지 않아 $c<1$이라면 이 게임의 내쉬균형은 (E, N)과 (N, E)가 된다. 그런데 가책이 너무 커서 $c>1$이라면 N이 우월전략이 되고 따라서 (N, N)만이 내쉬균형이 된다. 즉 누구도 상대의 배를 폭파하지 않는 것이 유일한 내쉬균형이 된다.

영화를 보지 않은 독자에게는 스포일러가 되기 때문에 이 흥미진진한 장면의 결말에 대해서는 더 얘기하지 않겠지만, 영화를 본 사람들은 영화의 내용을 위 분석과 결합하여 생각해보면 흥미로울 것이다.

		2	
		E	N
1	E	$-c, -c$	$1-c, 0$
	N	$0, 1-c$	$0, 0$

		여	
		야구장	극장
남	야구장	2, 1	0, 0
	극장	0, 0	1, 2

　앞에서 본 게임들에서와 마찬가지로 이 게임에도 복수의 균형이 존재하는데, 이렇게 보면 내쉬균형이 여러 개인 상황은 특수한 상황이라기보다는 오히려 흔히 발생할 수 있는 상황이라는 것을 알 수 있다.

(4) 동전 짝 맞추기

동전 짝 맞추기 게임은 제1장에서 본 것처럼 다음과 같은 보수행렬로 표현된다.

		2	
		H	T
1	H	1, -1	-1, 1
	T	-1, 1	1, -1

이제 이 게임의 내쉬균형을 찾아보자. 우선 1의 최적대응은 2가 H를 택할 경우에는 H 이고 T를 택할 경우에는 T이다. 반면 2의 최적대응은 1이 H를 택할 경우에는 T이고 T 를 택할 경우에는 H이다. 이를 밑줄을 그어 나타내면 다음과 같다.

		2	
		H	T
1	H	1, −1	−1, 1
	T	−1, 1	1, −1

이렇게 해놓고 보면 밑줄이 2개 그어진 칸이 없다는 사실을 알 수 있다. 즉 우리가 지 금까지 살펴본 형태의 내쉬균형은 존재하지 않는다. 위의 상황은 비현실적인 가상의 상 황이 아니다. 동전 짝 맞추기 상황은 둘의 이해관계가 완전히 상반되는 경우, 즉 내가 이 득을 보면 상대방이 손해를 보고 반대로 상대방이 이득을 보면 내가 손해를 보는 경우이 다. 이러한 상황은 현실에 흔히 존재한다. 가위바위보, 도박, 운동경기와 같은 상황이 모 두 그러한 예이다. 조금만 생각해보면 이와 같은 상황에서는 서로 동시에 최적대응을 취 하는 것이 불가능함을 쉽게 알 수 있다. 둘 중 적어도 한 명은 선택을 바꿈으로써 전보다 좋아질 수 있기 때문이다. (가위바위보를 생각해보면 어느 전략명세에서든 적어도 한 사 람은 이탈을 통해 이득을 볼 수 있음을 쉽게 알 수 있다.)

그런데 이렇게 현실에서 흔히 볼 수 있는 상황에 대해 내쉬균형이 존재하지 않는다면 내쉬균형의 유용성과 중요성은 크게 반감될 수밖에 없다. 만약 위 상황에서 실제로 내쉬 균형이 존재하지 않는다면 내쉬균형이 게임이론에서 지금과 같은 중요한 위치를 차지하 지 못했을 것이다. 제5장에서 보겠지만 전략의 의미를 조금만 확장하면 위 상황에서도 내쉬균형이 존재한다. 여기서는 지금까지 사용한 방식의 최적대응법으로는 이 게임의 내 쉬균형을 찾을 수 없다는 점만 인식하고 넘어가기로 하자.

(5) 게임 간 비교

참고로 지금까지 살펴본 죄수의 딜레마, 수사슴 사냥, 치킨게임, 성 대결 게임의 균형을 비교하여 그로부터 몇 가지 함의를 찾아본다.

우선 죄수의 딜레마 게임에는 내쉬균형이 하나만 존재하며, 균형에서보다 모두가 더 좋아지는 비균형 상황이 존재한다는 특징을 가진다.

한편 수사슴 사냥, 치킨게임, 성 대결 게임은 모두 내쉬균형이 2개 존재한다는 공통점을 갖지만 그 성질은 조금씩 다르다. 우선 수사슴 사냥에서는 경기자들의 보수 측면에서 두 균형 중 하나가 다른 하나보다 명백하게 좋다. 따라서 균형에 대한 경기자들의 선호가 일치한다.

치킨게임과 성 대결 게임은 수사슴 사냥 게임과 달리 균형에 대한 경기자들의 선호가 일치하지 않는다. 치킨게임에서는 각자 자신이 직진을 하는 내쉬균형을 좋아하며, 성 대결 게임에서는 각자 자신이 선호하는 장소에서 데이트를 하는 균형을 좋아한다. 이러한 측면에서 이 두 게임은 모두 갈등의 요소를 갖고 있다. 하지만 이 두 게임에는 협력의 요소도 동시에 존재한다. 치킨게임에서는 둘 다 충돌이라는 파국을 원하지 않는다는 점에서 협력의 요소가 있고, 성 대결 게임에서는 둘 다 장소가 엇갈리는 것을 원하지 않는다는 점에서 협력의 요소가 있다. 이는 수사슴 사냥 게임에서 갈등의 요소는 없고 협력의 요소만 있다는 점과 대비된다.

그런데 치킨게임과 성 대결 게임은 다른 점도 있다. 치킨게임에서 파국을 피하는 균형으로 가는 것을 협력으로 본다면, 협력을 위해서는 서로가 다른 행동을 취해야 한다. 즉 한 사람은 직진을 택하고 다른 사람은 회피를 택해야 한다. 그러나 성 대결 게임에서는 서로 같은 행동을 취함으로써 협력이 달성된다. 즉 둘 다 같은 데이트 장소를 택해야 협력이 달성된다.

주요 학습내용 확인

- ☑ 내쉬균형의 정의와 의미를 정확히 이해하고 있는가?
- ☑ 최적대응의 개념을 정확히 이해하고 있는가?
- ☑ 정의를 이용한 방법과 최적대응법을 이용해 전략형 게임의 내쉬균형을 찾을 수 있는가?
- ☑ 본문에서 다룬 각 게임의 내쉬균형의 공통점과 차이점을 잘 이해하고 있는가?

🗨 연습문제

1. 다음 각 게임의 내쉬균형을 구하라.

(1)

		2	
		H	L
1	H	2, 2	3, 0
	L	2, 0	4, 1

(2)

		2		
		L	C	R
1	U	1, 0	2, 3	0, 2
	D	0, 5	1, 2	4, 1

(3)

		2		
		D	E	F
1	A	9, 7.5	7.5, 7	7.5, 5
	B	8, 7.5	8, 5.5	6.5, 5
	C	7, 7.5	7, 5.5	7, 3.5

2. 두 방송국 A와 B가 스포츠 중계(S)와 교양 프로그램(C) 중 하나를 선택하여 방송하려고 한다. 비율로 따졌을 때 전체 시청자의 x는 스포츠 중계를 선호하며 $1-x$는 교양 프로그램을 선호한다. 두 방송국이 같은 프로그램을 방송하면 해당 프로그램을 선호하는 시청자를 똑같이 나눠 가지며, 다른 프로그램을 방송하면 해당 프로그램을 좋아하는 시청자만 확보한다. 다음 보수행렬은 이 상황을 나타낸다.

		B	
		S	C
A	S	$\frac{x}{2}, \frac{x}{2}$	$x, 1-x$
	C	$1-x, x$	$\frac{1-x}{2}, \frac{1-x}{2}$

$0 \leq x \leq 1$인 모든 x값에 대해 이 게임의 내쉬균형을 구하라.

3. 갑과 을이 경매를 통해 물건을 획득하려고 한다. 갑은 0~5의 정수 중 짝수를 적어내야 하며, 을은 0~5의 정수 중 홀수를 적어내야 한다. 둘 중 높은 가격을 적어낸 사람이 자신이 적어낸 가격을 지불하고 물건을 얻는다. 경매에 부쳐진 물건에 대해 갑은 3의 가치를 부여하고 있고 을은 4의 가치를 부여하고 있다. 각 경기자의 보수는 경매의 승자인 경우에는 자신이 물건에 부여하는 가치에서 지불한 가격을 뺀 값이며, 승자가 아닌 경우에는 0이다. 이러한 내용은 모두 공통지식이다.

   (1) 이 게임의 보수행렬을 구하라.
   (2) 각 경기자에 대해 강열등전략이나 약열등전략이 있는지 조사하라.
   (3) 이 게임의 내쉬균형을 구하라.

4. 불법적으로 담합을 한 두 기업 A와 B가 당국에 담합 사실을 자진해서 신고할지(R) 말지(N)의 여부를 독자적으로 동시에 결정하는 상황을 생각해보자. 둘 다 신고를 하지 않을 경우, 당국에 적발되지 않으면 각자 10을 얻으나 적발되면 과징금으로 10을 물어 보수가 0이 된다. 당국에 적발될 확률은 $p > 0$이다. (따라서 이 경우 기대보수는 $10(1 - p)$이다.) 둘 중 한 기업만 신고하는 경우, 신고한 기업은 과징금을 물지 않아 10을 얻고, 신고하지 않은 기업은 과징금 10을 물어 0을 얻는다. 두 기업 모두 신고한 경우 과징금 6을 물어 각자 4를 얻는다.

   (1) 이 게임의 보수행렬을 구하라.
   (2) 이 게임의 내쉬균형을 구하라.

5. 두 경기자 1과 2가 나눠 가질 수 있는 돈이 100이 있다. 둘이 동시에 자신의 몫 s_1과 s_2를 적어낸다. 단 s_1, s_2는 모두 100 이하의 정수여야 한다. 경기자의 보수는 자신이 받는 돈의 금액과 같다. 다음 각 경우에 대해 내쉬균형을 구하라.

   (1) 각자가 적어낸 금액에 비례하여 100을 나눠 가진다. 즉 1은 $\dfrac{s_1}{(s_1 + s_2)}$, 2는 $\dfrac{s_2}{(s_1 + s_2)}$의 비율로 100을 나눠 가진다.

   (2) $s_1 + s_2 > 100$이면 둘 다 한 푼도 받지 못한다. $s_1 + s_2 \leq 100$이면 각자 자신이 적어낸 금액만큼 받는다.

   (3) $s_1 + s_2 > 100$이면 둘 다 한 푼도 받지 못한다. $s_1 + s_2 \leq 100$이면 일단 각자 자신

이 적어낸 금액만큼 받고, 나머지 금액인 $100 - (s_1 + s_2)$를 (1)에서처럼 자신이 적어낸 금액에 비례하여 나눠 가진다.

6. 두 경기자 1, 2가 V만큼의 가치가 있는 물건을 놓고 겨룬다. 각자는 공격적인 전략(Hawk, H)을 취할 수도 있고 평화적인 전략(Dove, D)을 취할 수도 있다. 한 명은 H를 택하고 한 명은 D를 택할 경우, H를 택한 사람이 확실하게 그 물건을 가져 편익 V를 누린다. 둘 다 동일한 전략을 취할 경우에는 각자가 1/2의 확률로 승자가 되어 물건을 갖는다. 단 둘 다 H를 택한 경우, 패자는 충돌에 따른 피해 C를 입는다. 물건을 갖지 못할 경우의 편익은 0이다. 보수는 편익에서 비용을 뺀 값이며, 각 경기자는 보수의 기댓값 극대화를 추구한다. [이 게임을 매-비둘기 게임(Hawk-Dove game)이라고 한다.]

   (1) 이 게임의 보수행렬을 구하라.

   (2) $V < C$일 때 이 게임의 내쉬균형을 구하라.

   (3) $V > C$일 때 이 게임의 내쉬균형을 구하라.

7. 한 부처 내의 두 부서 A, B가 예산 100을 나눠 가져야 한다. 두 부서가 합의에 실패하자 해당 부처 장관은 다음과 같은 방법으로 두 부서 간 예산을 배분하기로 하였다. 먼저 A, B가 각각 0 이상 100 이하의 값을 자기 부서의 몫으로 제출한다. A, B가 적어낸 값을 각각 a, b라 하면 각 부서가 받는 금액은 다음과 같이 결정된다.

   • a와 b의 합이 100 이하이면 A와 B는 각각 a, b를 받고, 남는 예산은 부처 예비비로 돌린다.

   • a와 b의 합이 100을 초과하면, A는 a/2, B는 b/2를 받고, 남는 예산은 부처 예비비로 돌린다.

   두 부서 A, B는 자기 부서의 예산을 극대화하려고 한다.

   (1) 이 상황의 내쉬균형을 구하고, 균형에서 각 부서의 몫을 구하라.

   (2) 이 균형이 두 부서의 관점에서 파레토 효율적인지 평가하라.

제 **4** 장

내쉬균형의 응용

앞서 배운 내쉬균형의 정의와 내쉬균형 찾는 법을 토대로 이 장에서는 보다 다양한 전략적 상황에서 내쉬균형을 찾아본다. 먼저 전략이 연속변수인 게임의 내쉬균형 찾는 법을 살펴보고, 다음으로 경기자가 두 명보다 많은 경우에 대해 생각해본다. 끝으로 여러 개의 내쉬균형이 존재하는 경우 균형 간 비교나 정련 문제에 대해 생각해본다.

1. 전략이 연속변수인 게임

지금까지 본 게임에서 전략은 기술적으로 표현하면 이산변수(discrete variable)의 성격을 띠었다. 즉 전략에 번호를 붙여 개수를 셀 수 있었다.[1] 그러나 현실에서는 전략이 연속변수(continuous variable)이거나 그에 가까운 형태를 띠는 경우가 종종 있다. 가령 경쟁사와 가격경쟁을 하는 상황에서 기업의 전략은 가격인데, 이때 가격은 이산변수라기보다는 연속변수에 가깝다. 선거를 앞두고 다른 정당과 정책대결을 펼치는 정당의 경우도 마찬가지다. 크게 보면 정책을 보수적, 중도적, 진보적으로 구분할 수 있겠지만, 각 범주 안에도 다양한 스펙트럼이 존재하므로 세부적인 정책 내용에 따라 정책의 성격이 연속적인 성격을 띤다고 볼 수 있다. 이 절에서는 이와 같이 전략이 연속변수인 게임의 내쉬균형을

---

1 보다 엄밀하게 얘기하면 지금까지 본 게임은 모두 전략이 유한하며(finite) 가산(countable)인 경우였다.

찾는 법에 대해 알아본다.

(1) 쿠르노 모형

프랑스의 학자 쿠르노에 의해 19세기 초에 제시된 **쿠르노 모형**(Cournot model)은 **쿠르노 경쟁**(Cournot competition)이라고도 불리며, 두 기업이 경쟁하는 시장인 복점(duopoly)에서의 기업 간 경쟁을 분석하기 위해 제시된 이론이다. 뒤에서 보겠지만 쿠르노가 제시한 해법은 정확히 내쉬균형과 일치한다. 게임이론이나 내쉬균형의 개념이 개발되기 훨씬 전에 이러한 분석이 이루어졌다는 점에서 흥미롭다. 여기서는 과점시장의 분석에 초점을 맞추기보다는 전략이 연속변수인 게임의 내쉬균형을 구하는 데 초점을 맞추어 논의를 진행한다.

다음과 같은 상황을 생각해보자.[2] 동질적인 재화를 만드는 두 기업 1과 2가 있다. 두 기업이 직면하는 시장역수요는 $P = a - Q$이다. 여기서 Q는 시장공급량이며 두 기업의 생산량을 각각 q_1, q_2라고 하면 $Q = q_1 + q_2$이다. 각 기업은 고정비용은 없으며 한계비용은 c로 일정하다. 즉 비용함수는 $C(q) = cq$이다. 여기서 $a > c$라고 가정한다. 두 기업은 동시에 독립적으로 생산량을 결정한다. 각 기업의 개별 생산량에 따라 총생산량이 정해지면 시장수요에 의해 시장가격이 정해지고, 그에 따라 각 기업의 매출 및 이윤이 정해진다. 게임의 구조 측면에서 쿠르노 모형의 핵심은 두 기업이 수량을 통해 경쟁하며 생산량 결정이 동시에 이루어진다는 것이다.

이제 두 기업이 이윤극대화를 꾀하는 상황에서 이 게임의 내쉬균형에 대해 생각해보자. 전략이 연속변수이므로 지금까지 우리가 이용한 보수행렬을 구성하는 것은 불가능하다. 하지만 두 기업의 최적대응이 동시에 발생하는 상황이 내쉬균형이라는 점에 착안하면 여전히 내쉬균형을 구할 수 있다.

최적대응은 주어진 상대의 전략에 대해 나의 보수를 극대화하는 전략을 가리킨다. 따라서 1의 최적대응을 구하기 위해서는 주어진 q_2에 대해 최적의 q_1을 구해야 한다. 주어진 q_2에 대해 1이 q_1을 생산할 경우의 이윤은 $Pq_1 - cq_1 = \{a - (q_1 + q_2)\}q_1 - cq_1 = \{a - c - (q_1 + q_2)\}q_1$이므로 1은 다음과 같은 최적화 문제를 푼다.

$$\max_{q_1}\{a - c - (q_1 + q_2)\}q_1$$

---

2 쿠르노 모형의 이해를 위해 필요한 배경지식에 대해서는 뒤에서 자세히 설명하기로 한다.

극대점을 구하기 위해 위 식을 q_1에 대해 미분해 그를 0으로 놓으면 다음을 얻는다.

$$\text{일계조건} : -q_1 + a - c - (q_1 + q_2) = 0$$

$$\Rightarrow q_1 = \frac{a - c - q_2}{2}$$

이윤이 q_1에 대한 이차함수이므로 이계조건은 자동적으로 충족된다. 따라서 다음과 같은 1의 최적대응을 얻는다.[3]

$$BR_1(q_2) = \frac{a - c - q_2}{2}$$

마찬가지 방식으로 2의 최적대응을 구하면 다음을 얻는다.

$$BR_2(q_1) = \frac{a - c - q_1}{2}$$

이 두 최적대응식을 연립해서 풀면 다음과 같은 내쉬균형을 얻는다.

$$q_1{}^* = q_2{}^* = \frac{a - c}{3}$$

즉 상대가 $\frac{a-c}{3}$를 생산할 때 자신도 $\frac{a-c}{3}$를 생산하는 것이 서로에게 동시에 최적이 된다.

이 게임의 내쉬균형을 그림을 이용해 생각해볼 수도 있다. 〈그림 4-1〉은 두 기업의 최적대응을 $q_1 - q_2$ 평면에 나타낸 것이다.

그림에서 BR_1은 1의 최적대응인 $q_1 = \frac{a - c - q_2}{2}$를 나타내며 BR_2는 2의 최적대응인 $q_2 = \frac{a - c - q_1}{2}$을 나타낸다. 내쉬균형이 최적대응의 교점이라는 점에 착안하면 두 최적대응의 교점이 내쉬균형임을 쉽게 알 수 있다.

이와 같이 쿠르노 모형의 내쉬균형은 보수를 전략의 함수로 나타낸 후 표준적인 최적화 방법을 이용해 최적대응을 구하고 이를 연립하여 풂으로써 구할 수 있다. 그런데 전략이 연속변수라고 해서 항상 이와 같은 방법을 사용할 수 있는 것은 아니다. 곧 그러한 예를 몇 가지 볼 것이다.

---

3 이 값이 음(-)이 될 수도 있으므로 엄밀하게 표현하면 $BR_1(q_2) = \max\left\{\frac{a - c - q_2}{2}, 0\right\}$이지만 생산량이 음이 될 수 없다는 것이 분명하므로 편의상 위와 같이 표시하기로 한다.

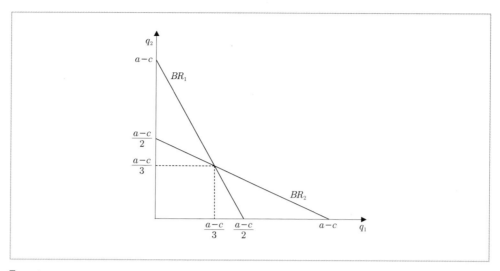

▌그림 4-1 쿠르노 모형

생각해보기 4.1 ---

1) 절대비최적대응을 반복적으로 제거하는 방법을 쿠르노 모형에 적용하면 어떤 결과를 얻는지 생각해보라. 이를 앞에서 구한 내쉬균형과 비교하라.
2) 쿠르노 모형에서 기업이 $n > 2$개 있다고 할 때 이 게임의 내쉬균형을 구하라.

이제 쿠르노 모형의 균형을 평가하기 위해 등이윤곡선(iso-profit curve)이라는 개념을 도입하자. 등이윤곡선은 말 그대로 한 기업에게 동일한 이윤을 가져다주는 두 기업의 생산량 조합 (q_1, q_2)를 모두 모은 곡선을 의미한다. 두 모형에서 기업 1의 등이윤곡선은 다음과 같은 식으로 표현된다.

$$\{a - c - (q_1 + q_2)\}q_1 = k$$

여기서 k값을 변화시킴에 따라 여러 개의 등이윤곡선을 얻을 수 있다.

이제 등이윤곡선의 모양에 대해 생각해보자. 결과부터 얘기하면 1의 등이윤곡선은 〈그림 4-2〉와 같이 그려진다. 그림에는 점선으로 표시된 임의의 두 q_2값 및 그와 관련된 등이윤곡선이 그려져 있다.

이 그림을 이해하기 위해서 먼저 인식해야 하는 사실은 BR_1을 따라 아래쪽으로 내려

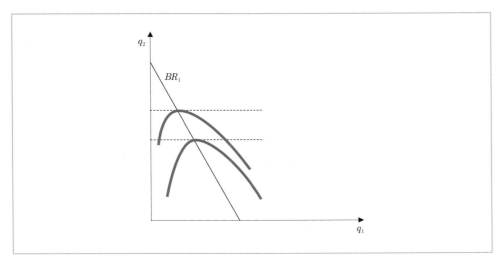

■ **그림 4-2** 등이윤곡선

갈수록 1의 이윤이 더 높아진다는 것이다. 아래쪽으로 내려갈수록 2의 생산량은 줄어들고 1의 생산량은 그에 따라 최적으로 늘어나므로 이는 직관적으로 당연하다. 극단적으로 BR_1이 가로축과 만나는 점은 2가 전혀 생산을 하지 않아 1이 독점기업처럼 행동하는 상황이므로 1의 이윤이 극대화되는 점이다.

다음으로 주목할 것은 기업 1의 등이윤곡선이 그림에서처럼 역U자 형태를 띠며, BR_1과 만나는 점에서 기울기가 0이 된다는 사실이다. 이는 최적대응의 정의를 생각하면 쉽게 이해할 수 있다. 1의 최적대응은 주어진 q_2에 대해 1의 이윤이 최대화되는 q_1값이다. 따라서 특정 q_2값을 나타내는 점선상에서 1의 이윤이 가장 높은 점은 바로 점선이 BR_1과 만나는 점이다. 그러므로 등이윤곡선과 점선은 BR_1상에서 서로 접해야 한다. 생산량이 최적 q_1보다 크거나 작으면 이윤은 그보다 줄어든다. 그런데 아래쪽으로 내려갈수록 1의 이윤이 커지므로 그래프는 반드시 역U자 형태로 꺾여야 한다.[4] 마찬가지 논리로 2의 등이윤곡선은 BR_2를 따라서 'ㄱ' 모양으로 그려지며, 왼쪽 위로 갈수록 2의 이윤이 커짐을 쉽게 짐작할 수 있다.

〈그림 4-3〉은 쿠르노 모형의 내쉬균형을 지나는 등이윤곡선을 나타낸다. 그림을 보면

---

4 점선을 소비자 이론의 예산선, 등이윤곡선을 무차별곡선이라고 생각하면 이상의 결과를 쉽게 이해할 수 있을 것이다. 이상의 내용은 모두 수학적으로 엄밀하게 보일 수 있다. 어떻게 보일 수 있는지 생각해보기 바란다.

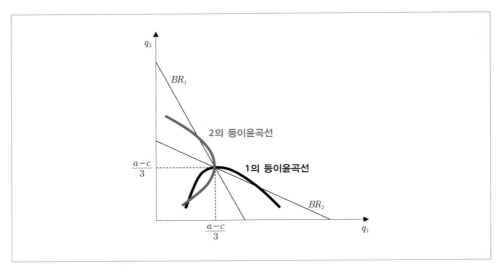

┃ 그림 4-3 쿠르노 균형

두 등이윤곡선이 서로 교차하여 렌즈 모양의 영역이 생기는데, 이 영역은 내쉬균형에 비해 1과 2의 이윤이 모두 더 높은 (q_1, q_2) 조합을 나타낸다. 즉 렌즈 모양의 영역으로 가면 둘 다 내쉬균형에서보다 더 높은 이윤을 얻을 수 있다. 따라서 서로가 합의하여 내쉬균형에서보다 생산량을 조금 줄이면 둘 다 더 높은 이윤을 얻는 것이 가능하다. 예를 들어 이 시장에 독점기업이 있다면 이윤극대화에 의해 이 기업의 생산량이 $\frac{a-c}{2}$가 됨을 쉽게 확인할 수 있는데, 1과 2가 이 생산량을 균등하게 나누어 $\frac{a-c}{4}$씩 생산하면 두 기업 모두 내쉬균형에서보다 높은 이윤을 누릴 수 있다.

이상의 논의는 내쉬균형의 결과가 파레토 효율적이지 않음을 보여준다. 우리는 앞서 죄수의 딜레마와 같이 내쉬균형이 파레토 효율적이지 않은 상황의 예를 이미 보았는데, 쿠르노 모형 역시 그러한 범주에 속한다는 것을 알 수 있다.

(2) 공유지의 비극

공유지의 비극은 미국의 생태학자 하딘(Hardin)이 1968년에 『사이언스(Science)』지에 공유자원의 과다 사용 경향을 제기하면서 널리 알려지게 된 문제이다. 경제학에서 **공유지**(commons) 혹은 **공유자원**(common resource)이란 여러 사람이 공동으로 사용할 수 있으며 그 사용을 막을 수 없는 자원을 가리킨다. 공해(公海)나 공유림이 대표적인 예이다. 이 경우 자원이 사회적으로 바람직한 수준보다 과다하게 사용되어 비효율적인 결과가

쿠르노 모형의 이해를 위한 기초지식

게임이론은 개념 및 이를 바탕으로 한 논리적 분석에 기초하고 있기 때문에 경제학적 배경지식이 없어도 게임이론을 이해하는 데 특별한 어려움이 없다. 하지만 게임상황의 사례로 자주 등장하는 몇몇 경제학 모형을 이해하기 위해서는 약간의 경제학 지식이 필요하다. 쿠르노 모형이 그런 사례의 하나이다. 이 책의 여러 곳에서 쿠르노 모형 및 그와 비슷한 모형이 등장하는데, 이 모형은 기본적으로 두 기업이 경쟁하는 복점(duopoly)에 대한 분석이지만, 우리는 그보다는 전략이 연속변수이고 미분을 이용한 일계조건으로부터 최적대응이 도출되는 사례라는 맥락에서 쿠르노 모형을 다룰 것이다. 다음 내용은 경제학 전공생이나 경제학 지식이 있는 독자들은 익히 잘 알고 있는 내용이지만, 배경지식이 없는 독자들의 이해를 돕기 위해 간단히 소개한다.

경제학에서 기업은 이윤을 극대화하는 경제주체로 가정한다. 여기서 이윤은 판매수입(revenue)에서 비용을 뺀 값이다. 판매수입은 판매를 통해 벌어들인 돈이므로 가격에 수량을 곱한 값이다. 가격을 P, 수량을 Q라고 하면 판매수입은 PQ가 된다. 한편 비용은 생산에 드는 자원을 나타낸다. 비용은 고정비용과 가변비용으로 나눌 수 있는데, 고정비용은 비용 중 생산량에 관계없이 일정한 부분이고 가변비용은 생산량에 따라 달라지는 부분이다. 가령 식당을 운영할 경우, 가게 임대료는 판매량에 관계없이 일정하므로 고정비용에 해당하고, 재료비는 판매량이 커질수록 늘어나므로 가변비용에 해당한다. 고정비용을 F, 가변비용을 VC라 하면 Q 생산에 따른 비용은 $C(Q) = F + VC(Q)$와 같다. 한편 생산량을 미세하게 늘릴 때 발생하는 비용 증가분을 한계비용(marginal cost, MC)이라고 하는데, 이는 수학적으로는 비용함수를 미분한 것이다. 즉 $MC(Q) = C'(Q)$이다. 고정비용은 생산량에 관계없이 일정하므로 한계비용은 가변비용의 변화에서 기인함을 알 수 있다. 만약 어떤 기업이 고정비용은 없고 한계비용이 c로 일정하다면

이 기업의 비용함수는 $C(Q) = cQ$의 형태를 띤다.

다시 앞의 판매수입으로 돌아가서, 판매수입을 구성하는 수량 Q는 일반적으로 가격에 영향을 받는다. 한 시장의 가격을 P, 수요량을 Q라고 하면 일반적으로 수요량은 가격과 역의 관계에 있다. 즉 가격이 올라가면 수요량이 감소한다. 각 가격대별 가격과 수량의 관계를 알려주는 함수를 수요함수라고 하며 이를 $Q = D(P)$와 같이 나타낸다. 즉 수요함수는 주어진 가격에 대응하는 수요량을 알려주는 함수이다. 그런데 경제학에서 수요-공급 모형을 그림으로 그릴 때 가로축에 수량을 놓고 세로축에 가격을 놓는 것이 일반적인 관행이다. 이 때문에 세로축 변수인 가격을 가로축 변수인 수량의 함수로 놓는 것이 편리할 때가 많다. 즉 주어진 수요함수 $Q = D(P)$로부터 $P = f(Q)$를 도출하여 사용한다. 이처럼 가격을 수량의 함수로 나타낸 함수를 역수요함수라고 부른다. (역수요함수도 결국 시장수요를 나타내는 것이므로 역수요함수를 그냥 편하게 수요함수라고 부르는 경우도 있다.) 식에서 알 수 있는 것처럼 $f = D^{-1}$의 관계가 있다. 즉 f는 D의 역함수이다.

한편 시장을 분석할 때 분석의 편의를 위해 선형수요를 상정하는 경우가 많다. 가령 시장역수요가 $P = a - bQ$와 같은 선형 형태를 띤다고 하자. 여기서 a, b는 모두 양수이다. 쿠르노 모형에서처럼 두 기업 1과 2가 있고 각각의 생산량이 q_1, q_2라고 하면, $Q = q_1 + q_2$이므로 시장역수요는 $P = a - b(q_1 + q_2)$가 된다.

이제 시장수요가 위에서처럼 선형이고 개별기업의 비용함수가 $C(q) = cq$라고 하자. 즉 고정비용은 없고 한계비용은 c로 일정하다. 이때 기업 1의 이윤 π_1은 다음과 같다.

$$\pi_1 = Pq_1 - C(q_1) = \{a - b(q_1 + q_2)\}q_1 - cq_1$$
$$= \{a - c - b(q_1 + q_2)\}q_1$$

기업 1의 이윤을 따지므로 판매수입과 비용에 모두 q_1이 등장한 점에 주의하기 바란다. 여기서 q_2는 경쟁기업 2가 정하는 것이며 1이 직접 변화시킬 수 있는 것이 아님

을 분명히 인식할 필요가 있다. 1에게 q_2는 외부에서 주어진 값이며 자신은 오로지 q_1을 변화시켜 이윤을 변화시킬 수 있다.

이제 주어진 q_2에 대해 자신의 이윤을 극대화시키는 q_1 값을 찾기 위해 위 식을 q_1에 대해 미분하여 0으로 놓으면 다음을 얻는다.

$$-bq_1 + \{a - c - b(q_1 + q_2)\} = 0 \rightarrow q_1 = \frac{a - c - bq_2}{2b}$$

1의 이윤함수가 q_1에 대해 위로 볼록한 포물선의 형태를 띠고 있기 때문에, 이계조건을 따질 필요 없이 위 q_1값이 이윤을 극대화하는 값임을 알 수 있다.

초래되는 것이 일반적인데, 이러한 현상을 가리켜 **공유지의 비극**(tragedy of the commons)이라고 부른다.

이 현상을 보다 체계적으로 살펴보기 위해 다음과 같은 상황을 생각해보자. 두 명의 목축업자 1과 2가 공유지에 소를 방목한다. 1, 2가 방목하는 소의 수를 각각 x_1, x_2로 표시하자. 편의상 이 둘을 연속변수로 간주한다. $X = x_1 + x_2$라 할 때 화폐로 표현된 소의 총가치는 $X(a - X)$이다. 여기서 $a > 0$이다. 두 목축업자는 이 값을 x_i의 비율대로 나눠 가진다. 즉 1은 총가치의 $\frac{x_1}{x_1 + x_2}$을 가지고 2는 총가치의 $\frac{x_2}{x_1 + x_2}$를 가진다. 한편 소 방목에 드는 한계비용은 c이다. 단 $c < a$이다. 두 목축업자가 동시에 소를 얼마나 방목할지 정하는 상황을 상정하여 이 게임의 내쉬균형을 구해보자.

우선 1의 최적대응을 구해보자. x_2가 주어졌을 때 1은 다음과 같은 극대화 문제를 푼다.

$$\max_{x_1} \frac{x_1}{x_1 + x_2}(x_1 + x_2)\{a - (x_1 + x_2)\} - cx_1 = x_1\{a - (x_1 + x_2)\} - cx_1$$

최적화 기법을 이용해 이 문제를 풀면 다음을 얻는다.

$$BR_1(x_2) = \frac{a - c - x_2}{2}$$

마찬가지로 하면 2의 최적대응은 다음과 같다.

$$BR_2(x_1) = \frac{a - c - x_1}{2}$$

두 최적대응을 연립하면 다음과 같은 내쉬균형을 얻는다.

$$x_1^N = x_2^N = \frac{a - c}{3}$$

이 결과는 앞서 본 쿠르노 모형에 대한 분석과 사실상 동일함 알 수 있다. 이 내쉬균형에서 두 x_i값의 합은 다음과 같다.

$$X^N = x_1^N + x_2^N = \frac{2}{3}(a-c)$$

이제 두 목축업자의 보수의 합을 사회후생으로 간주하고, X^N이 사회적으로 최적인지 살펴보기 위해 두 목축업자의 보수의 합을 극대화하는 X를 구해보자. 이는 다음 최적화 문제를 풂으로써 쉽게 구할 수 있다.

$$\max_{X} X(a-X) - cX$$

이를 풀면 다음을 얻는다.

$$X^* = \frac{a-c}{2}$$

즉 두 목축업자가 선택하는 값의 합이 X^*일 때 사회후생이 극대가 된다. 이 값을 내쉬균형의 값과 비교하면 $X^N > X^*$임을 알 수 있다. 즉 사회적으로 바람직한 수준보다 공유지가 과다하게 사용되는 공유지의 비극 현상이 나타난다.

생각해보기 4.2

위 예에서 목축업자의 수가 n일 때의 내쉬균형 및 사회적으로 바람직한 수준을 구하라. n이 커짐에 따라 공유지의 비극 문제는 완화되는가, 악화되는가?

---

(3) 베르트랑 모형

베르트랑 모형(Bertrand model) 혹은 **베르트랑 경쟁**(Bertrand competition)은 프랑스의 수학자 베르트랑이 19세기 후반에 쿠르노 모형에 대한 일종의 반박으로 제시한 이론이다. 쿠르노 모형이 수량경쟁임에 비해 베르트랑 모형은 가격경쟁이다. 베르트랑은 현실에서 기업 간 경쟁이 주로 가격경쟁의 형태로 이루어지는 데 주목하여, 이 경우 기업 간 경쟁의 결과는 쿠르노 모형이 예측하는 것과 크게 달라질 수 있음을 보였다.

다음과 같은 상황을 생각해보자. 동질적인 재화를 생산하는 두 기업 1과 2가 있다. 두 기업은 동시에 가격을 설정하며 그에 따라 판매량과 이윤이 정해진다. 두 기업 모두 한계비용은 c이다. 모든 소비자는 이 재화를 1개씩 소비한다.[5] 재화가 동질적이므로 소비자는 당연히 더 싼 가격을 제시하는 기업으로부터 물건을 구매할 것이다. 만약 두 기업이 제시하는 가격이 같으면 시장은 정확히 반분된다고 가정한다. 게임의 구조 측면에서 베르트랑 모형의 핵심은 경쟁이 가격을 통해 이루어지며 가격이 동시에 결정된다는 것이다.

이제 두 기업이 이윤극대화를 꾀하는 상황에서 이 게임의 내쉬균형을 구해보자. 이 문제는 쿠르노 모형에서와 같은 방식으로는 해결하기 어렵다. 쿠르노 모형에서 미분을 이용해 최적대응 도출이 가능했던 것은 경기자의 보수인 이윤이 선택변수인 생산량에 대해 연속이고 미분가능하기 때문이다. 그런데 베르트랑 모형의 상황은 그렇지 않다. 왜 그런지 살펴보기 위해, 2가 책정한 가격이 특정한 값 p_2로 주어진 상황에서 p_1의 변화에 따른 1의 매출 변화를 생각해보자. 먼저 p_1이 p_2보다 조금만 높아도 1은 물건을 전혀 팔 수 없다. 즉 매출이 0이다. 그러나 p_1을 낮춰 p_2와 같게 책정하면 1이 시장을 반분하게 되어 판매량이 시장수요의 절반과 같아진다. 여기서 가격을 더 낮춰 p_1이 p_2보다 조금이라도 낮아지면 1이 전체 시장수요를 다 차지하게 되어 전체 시장수요가 판매량이 된다. 즉 1의 매출이 가격 p_2에서 불연속적으로 변한다. 이는 이윤 역시 그 점에서 불연속적임을 뜻한다. 연속적이지 않은 함수는 미분가능하지 않으므로 미분을 이용해 최적대응을 구하는 방법은 사용할 수 없다.

미분을 이용하지 않고 직관적인 방법으로 최적대응을 구하는 것에도 어려움이 따른다. 2의 가격이 p_2일 때 1의 최적대응은 얼마일까? 직관적으로는 p_2보다 아주 조금만 낮은 가격일 것이다. $p_1 < p_2$이면 1이 시장수요를 전부 차지할 수 있는데, 1은 그러한 상황에서 최대한 높은 가격을 받는 것이 좋기 때문이다. 그런데 'p_2보다 낮은 수 중 가장 큰 수'는 수학적으로 존재하지 않는다. 즉 p_2에 대한 1의 최적대응이 수학적으로 잘 정의되지 않는다. 따라서 이러한 방법도 사용이 곤란하다.[6]

여기서는 이러한 방법들 대신, 가능한 가격조합 (p_1, p_2)를 몇 가지로 분류하여 각각의

---

5 물론 가격이 너무 높으면 예산제약으로 인해 구매가 불가능해질 것이다. 여기서는 소비자의 예산이 충분하여 우리가 관심을 가지는 가격 영역에서 이 물건의 구매가 가능한 상황이라고 생각하면 된다. 한편 소비자가 이 물건을 1개만 소비한다는 것은 소비자의 개별수요곡선이 수직임을 뜻한다. 뒤에서 보게 되듯이, 보다 일반적인 우하향하는 수요곡선을 도입해도 분석의 주요 결과는 달라지지 않는다.

6 가격에 최소단위가 있으므로 현실적으로는 그러한 가격을 찾을 수 있다. 여기서는 그러한 고려는 잠시 제쳐 두고 가격을 완전한 연속변수로 취급하여 논의를 전개한다.

조합이 내쉬균형이 될 수 있는지 따져보는 방법을 사용하기로 한다. 우선 염두에 두어야 할 것은 한계비용이 c이므로 내쉬균형에서 가격이 c보다 낮을 수는 없다는 것이다. 가격이 c보다 낮으면 물건을 팔더라도 오히려 손실을 보게 되므로 차라리 가격을 높이 받아 판매량을 0으로 만드는 것이 더 유리하다.

먼저 두 기업이 책정하는 가격이 다르다고 하자. 즉 $p_1 \neq p_2$인 경우이다. 가령 $p_1 > p_2 \geq c$라고 하자. 그러면 2가 시장수요 전체를 차지하게 된다. 그런데 이 상황이 내쉬균형이 될 수 없음은 자명하다. 2가 p_1을 넘지 않는 선에서 가격을 올림으로써 이윤을 높일 수 있기 때문이다. 1도 만약 $p_2 > c$라면 가격을 p_2 이하로 낮추어 득을 볼 수 있다. 이러한 이탈의 유인이 존재하므로 이 조합은 내쉬균형이 될 수 없다. 마찬가지로 $p_2 > p_1 \geq c$인 상황도 내쉬균형이 될 수 없음은 자명하다. 따라서 $p_1 \neq p_2$인 가격조합은 내쉬균형이 될 수 없다.

그렇다면 $p_1 = p_2$인 경우는 어떨까? $p_1 = p_2 > c$인 경우를 생각해보자. 이 상태에서 두 기업은 시장을 반분한다. 하지만 둘 중 누구든 지금보다 가격을 아주 조금만 낮추면 전체 시장수요를 다 가지게 된다. 가격은 미세하게 하락하지만 판매량이 2배가 되므로 이윤은 증가한다. 두 기업 모두 이탈의 유인이 있으므로 이러한 가격조합은 내쉬균형이 될 수 없다.

이제 끝으로 $p_1 = p_2 = c$인 경우에 대해 생각해보자. 이 상태에서 두 기업은 시장을 반분하며 가격이 한계비용과 같기 때문에 이윤은 0이다. 이제 p_2는 그대로인 상황에서 1이 p_1을 지금보다 조금 올리면 어떻게 될까? 이 경우 1은 판매량이 0으로 줄어들어 이윤이 0이 된다. 이는 원래 상황에서의 이윤과 같다. 반대로 p_1을 조금 낮추면 어떻게 될까? 이 경우 1이 시장수요 전체를 차지하게 되지만 가격이 한계비용보다 낮으므로 이윤이 음이 되어 전보다 나빠진다. 따라서 1은 이탈할 유인이 없다. 동일한 논리가 2에게도 적용되므로 2 역시 이탈의 유인이 없다. 따라서 $p_1 = p_2 = c$인 상황에서는 누구도 이탈의 유인이 없다. 즉 $p_1 = p_2 = c$가 이 게임의 유일한 내쉬균형이다.

이상의 논의는 시장수요가 완전비탄력적인 특수한 경우를 가정한 것이다. 보다 일반적으로 수요곡선이 우하향하는 경우에는 어떻게 될까? 논의를 위해 수요곡선이 우하향하고 그 외 다른 요소는 모두 동일하다고 가정하자.

직관적으로 얘기하면, 앞의 경우에서는 상대방이 책정한 가격보다 아주 조금만 낮은 가격을 책정하는 것이 가장 좋았다. 수요곡선이 우하향하는 경우에도 여전히 그럴까? 그에 대한 답은 '그럴 수도 있고 아닐 수도 있다'이다. 즉 상대방이 책정한 가격에 따라 달라진다. 여기서 기준이 되는 중요한 가격은 각 기업이 독점기업이라면 책정할 가격, 즉 독점가격이다. 이 가격을 $P*$라 하자. 만약 상대방의 가격이 $P*$ 이하라면 당연히 나는 이보다 약간만 낮은 가격을 책정하는 것이 가장 좋다. (물론 그러한 최적대응은 수학적으로 잘 정의되지 않는다.) 만약 상대방의 가격이 $P*$보다 높다면 어떨까? 이 경우에도 여전히 상대방의 가격인 $P*$보다 약간만 낮은 가격을 책정하는 것이 가장 좋을까? 그렇지 않다. 상대방보다 낮은 가격을 책정하기만 하면 내가 시장수요를 독차지하는데, 그 경우 나에게 가장 좋은 가격은 $P*$이기 때문이다. 즉 이 경우에는 상대가 $P*$보다 높은 가격을 책정하면 나의 최적대응은 $P*$로 명확하게 정해진다.

그렇다면 이러한 차이로 인해 게임의 균형이 바뀔까? 그렇지 않다. 한 기업은 $P*$보다 높은 가격을 책정하고 다른 기업은 $P*$의 가격을 책정하는 상황은 당연히 균형이 될 수 없다. 더 높은 가격을 책정한 기업이 가격을 $P*$보다 낮추면 이득을 볼 수 있기 때문이다. 가능한 모든 경우를 따져보면 이 경우에도 균형은 두 기업이 모두 한계비용 수준으로 가격을 책정하는 것밖에는 존재하지 않음을 알 수 있다. 즉 앞에서 완전비탄력적인 수요를 가정하고 도출한 내쉬균형이 수요곡선이 우하향하는 일반적인 경우에도 여전히 유일한 내쉬균형이다.

균형에서 두 기업 모두 가격을 한계비용 수준으로 설정한다는 것은 상당히 놀라운 결과이다. 미시경제학의 완전경쟁시장에 관한 논의를 보면 모든 기업은 장기적으로 0의 이윤을 얻게 된다. 이는 자원의 완전 이동성으로 인해 이윤이 양(+)일 경우에는 새로운 기업이 계속 진입해 가격을 낮추기 때문이다. 이처럼 시장에 진입하는 기업이 늘어남에 따라 가격이 떨어져 결국 이윤이 0이 되는 것은 직관적으로 납득하기 쉽다. 다수의 기업이 치열하게 경쟁함에 따라 이윤이 0으로 떨어지는 상황이기 때문이다. 베르트랑 모형이 놀라운 것은 기업이 많을 필요 없이 둘만 되어도 가격경쟁으로 인해 가격이 한계비용 수준으로 떨어져 이윤이 0이 된다는 사실이다.

물론 현실에서는 제품 간 차별성이 존재하거나 기업들이 담합을 하는 등의 이유로 이와 같이 극단적인 형태의 가격경쟁이 발생하는 경우는 흔하지 않다.[7] 하지만 기업 간 경

---

[7] 제품 간 차별성이 존재하는 경우는 이 장의 연습문제에 제시되어 있다. 또한 시설용량이 제한되어 한 기업이 시장수요를 모두 충족할 수 없는 경우는 제5장의 연습문제에 제시되어 있다.

쟁이 가격경쟁의 형태를 띨 경우 기업이 소수만 있어도 상당한 수준의 가격 하락이 발생할 수 있다는 베르트랑 모형의 함의는 중요한 의미를 가진다. 인터넷 쇼핑몰을 보면 동일한 제품을 여러 판매자가 취급하는 경우 판매자 수가 많지 않아도 가격이 낮은 수준으로 거의 같음을 볼 수 있는데, 이는 베르트랑 모형의 예측과 궤를 같이 하는 것이다.

생각해보기 4.3 ------------------------------•

앞의 베르트랑 모형에서 $c = 100$이고 가격을 정수 단위로만 설정할 수 있다고 하자. 이 게임의 내쉬균형을 구하라.

(4) 호텔링 모형과 다운즈 모형

1) 호텔링 모형

호텔링 모형(Hotelling model)은 원래는 기업의 입지(location)에 관한 모형이지만, 제품 차별화나 선거 등 다양한 주제에 폭넓게 활용되고 있다. 다음과 같은 상황을 생각해보자. 두 아이스크림 가게가 해변에서 동질적인 아이스크림을 동일한 가격에 팔고 있다. 편의상 해변을 구간 [0, 1], 즉 길이가 1인 직선으로 나타내고, 소비자가 이 구간에 균일하게 분포하고 있다고 하자. 즉 소비자의 분포가 균일분포(uniform distribution)를 따른다. 모든 소비자는 1개의 아이스크림을 구입한다. 두 가게에서 파는 아이스크림의 가격과 품질이 같으므로 소비자는 당연히 자신과 가까운 곳에 있는 가게에서 아이스크림을 살 것이다. 만약 두 가게로부터의 거리가 같으면 소비자는 1/2의 확률로 한 가게를 선택하며, 두 가게가 동일한 곳에 위치하면 각자 시장을 정확히 반분한다고 가정하자.

이제 이윤극대화를 추구하는 두 가게가 동시에 위치를 선정하는 상황을 생각해보자. 이 게임도 앞의 베르트랑 모형과 마찬가지로 보수가 불연속적이어서 미분이 불가능하며, 최적대응도 잘 정의되지 않는다. 두 가게의 위치를 각각 x_1, x_2로 표시할 때, 가령 $x_2 = 0.7$이라면 1은 0.7보다 조금 왼쪽에 위치해 0.7 왼쪽의 소비자를 최대한 많이 차지하려 할 것인데, '0.7보다 작지만 가장 큰 수'는 존재하지 않으므로 최적대응이 잘 정의되지 않는다.

이제 베르트랑 모형에서와 마찬가지로 두 가게의 위치 조합을 몇 가지 경우로 나누어 각 조합이 내쉬균형이 될 수 있는지 생각해보자. 우선 $x_1 \neq x_2$인 상황이 내쉬균형이 될 수 없음은 자명하다. 가령 $x_1 < x_2$라고 하면, 중점 $\dfrac{x_1 + x_2}{2}$를 기준으로 왼쪽은 1의 고객이 되고 오른쪽은 2의 고객이 된다. 그런데 상대가 그대로 있는 상황에서 내가 상대방 쪽으로 조금 다가가면 상대방 고객의 일부를 빼앗아 올 수 있다. 즉 둘 다 이탈의 유인이 있다.[8] 따라서 이런 조합은 내쉬균형이 될 수 없다.

그렇다면 $x_1 = x_2$인 경우는 어떨까? 가령 $x_1 = x_2 = 0.3$이라면 두 위치가 같으므로 시장이 반분되는데, 누구든 위치를 0.3보다 약간 오른쪽으로 옮기면 전체의 70%에 육박하는 소비자를 혼자 차지하게 된다. 따라서 이 경우에도 둘 다 이탈의 유인이 있다.

$x_1 \neq x_2$인 경우도 내쉬균형이 아니고 $x_1 = x_2$인 경우도 내쉬균형이 아니라면 어떤 조합이 내쉬균형이 될 수 있을까? 사실 $x_1 = x_2$인 경우 중 특수한 경우가 하나 있다. 바로 $x_1 = x_2 = 0.5$인 경우이다. 이 경우에 대해 생각해보자. 두 위치가 같으므로 현재 상태에서 시장은 반분된다. 이때 만약 1만 혼자 0.5의 왼쪽이나 오른쪽으로 옮기면 어떻게 될까? 이 경우 1은 시장 점유율이 50% 밑으로 떨어져 원래 상태보다 나빠진다. 따라서 1은 단독이탈의 유인이 없다. 마찬가지로 2도 단독이탈의 유인이 없다. 따라서 $x_1 = x_2 = 0.5$는 이 게임의 유일한 내쉬균형이 된다. 즉 두 가게가 동일하게 중간 지점에 위치하게 된다.

여기서는 균일분포를 가정했기 때문에 내쉬균형이 중점(midpoint)에서 발생했지만 중요한 것은 균형점을 기준으로 양쪽에 동일한 수의 소비자가 있어야 한다는 점이다. 즉 호텔링 모형에서는 중위값(median)이 균형점이 된다.

2) 다운즈 모형

미국의 경제학자 다운즈(Downs)는 호텔링 모형을 선거경쟁(electoral competition) 상황에 응용하여 흥미로운 결과를 도출하였다. 위의 아이스크림 가게 상황을 다음과 같이 바꿔보자. 두 정당 1과 2가 선거를 앞두고 동시에 선거공약으로 정책을 발표해야 한다. 정책은 0과 1 사이의 숫자로 표현된다. 가령 정책이 0에 가까울수록 진보적이고 1에 가까울수록 보수적이라고 생각할 수 있다. 유권자들은 저마다 가장 선호하는 정책이 있어, 두

---

8 이는 $x_1 \neq x_2$일 때 항상 상대방 쪽으로 조금 이동하는 것이 최적임을 뜻하는 것은 아니다. 경우에 따라서는 상대방 쪽으로 조금 이동하는 것이 아니라 아예 상대방을 넘어서 반대쪽으로 이동하는 것이 더 유리할 수도 있다. 가령 $x_1 = 0.3$, $x_2 = 0.4$인 경우, 1은 0.4쪽으로 조금 다가가는 것보다는 0.4를 넘어서 약간 오른쪽으로 가는 것이 더 유리하다. 위에서 우리가 보인 것은 가장 유리한 이탈이 아니라 이득을 볼 수 있는 하나의 이탈 사례이다. $x_1 \neq x_2$인 조합이 내쉬균형이 아님을 보이기 위해서는 이것으로 충분하다.

정당 중 그 정책에 더 가까운 정책을 공약으로 내거는 정당에 투표한다. 유권자가 가장 선호하는 정책은 0과 1 사이에 균일하게 분포한다. 두 정당 중 더 많은 표를 얻는 정당이 승자가 되어 공약대로 정책을 시행하며, 득표 수가 같을 경우에는 1/2의 확률로 각 정당이 승자가 된다. 선거에서의 승리를 추구하는 두 정당이 어떤 정책을 공약으로 내세울까?

　배경은 달라졌지만 위 상황은 기술적으로는 호텔링 모형의 아이스크림 가게 상황과 완전히 동일하다. 따라서 두 정당 모두 중위값인 0.5를 공약으로 내세우는 것이 이 게임의 유일한 내쉬균형이 된다는 것을 쉽게 알 수 있다.

　이처럼 호텔링 모형을 정치적 상황에 적용한 모형을 **다운즈 모형**(Downs model) 혹은 **호텔링-다운즈 모형**(Hotelling-Downs model)이라고 부르는데, 이 모형은 양당 체제하에서는 두 정당이 중위투표자(median voter)의 선호에 부응하게 된다는 흥미로운 결과를 제시한다. 다운즈 모형은 경제이론을 이용해 정치현상을 설명하는 분야인 정치경제학(political economy)의 분석에서 기본이 되는 매우 중요한 이론이다. 물론 현실은 위의 가정과는 여러 가지 측면에서 차이가 있기 때문에 실제로 두 정당이 완전히 동일한 정책을 내세우는 사례는 찾아보기 어렵다. 하지만 정당이 선거 결과를 중시할 경우(그렇지 않은 상황을 상상하기란 어렵다), 선거에서의 승리를 위해서는 중위투표자가 선호하는 정책에서 너무 멀리 떨어진 정책을 고수할 수 없다는 점은 분명하다.

생각해보기 4.4 -

다운즈 모형의 가정을 바꾸어 이제 정당들도 유권자와 마찬가지로 정책에 대한 선호를 가진다고 하자. 정당의 보수는 선거에서 이긴 정당이 시행하는 정책이 자신이 선호하는 정책에 얼마나 가까운지에 의해서만 결정되며 선거 승리 여부와는 무관하다고 하자. 즉 정당은 자신이 선호하는 정책에 가까운 정책이 시행될수록 보수가 높아지며, 자신이 승자인지의 여부는 보수에 영향을 미치지 않는다. 구체적으로, 정당의 보수가 $-|x - x^*|$와 같다고 하자. 여기서 x는 시행되는 정책, x^*는 해당 정당이 가장 선호하는 정책을 가리킨다. 또한 정당 A는 0을, 정당 B는 1을 가장 선호한다고 하자. 선거 시 내세운 정책은 선거 승리 후 바꿀 수 없고 그대로 시행해야 한다. 이렇게 바뀐 게임의 내쉬균형이 무엇인지 생각해보라.

2. 경기자가 다수인 게임

지금까지 다룬 거의 모든 게임에서 경기자는 두 명이었다. 경기자가 두 명이면 전략이 연속변수가 아닌 경우 보수행렬을 이용할 수 있어 분석이 여러모로 편리하다. 또 실제로는 경기자가 다수인 상황도 단순화를 통해 2인 게임으로 바꾸어 분석한 후 그 결과를 경기자가 다수인 경우로 확장하면 중요한 함의를 도출할 수 있는 경우가 많다. (앞에서 본 쿠르노 모형이나 공유지의 비극은 경기자의 수가 2이든 그보다 많든 결과에 본질적인 차이가 없음을 〈생각해보기〉 4.1과 4.2를 통해 살펴보았다.) 이처럼 2인 게임의 유용성이 매우 크기 때문에 게임이론에서는 2인 게임을 이용해 분석을 진행하는 경우가 많다.

그러나 상황의 특성상 경기자를 2인으로 줄이는 것이 적합하지 않거나 또는 경기자의 수 자체가 중요한 의미를 가지는 경우에는 2인 게임을 활용하는 방법이 적절하지 않다. 이 절에서는 경기자가 2명 보다 많은 게임에 대해 생각해본다. 먼저 경기자의 수가 3인 경우부터 살펴보고 다음으로 일반적인 다수 경기자 게임에 대해 살펴본다.

(1) 3인 게임

보수행렬은 경기자가 2인인 경우에만 그릴 수 있다. 보수행렬을 그리는 평면이 2차원이어서 2개의 축만 그릴 수 있기 때문이다. 경기자가 세 명이라면 하나의 보수행렬로 게임을 표현하는 것은 불가능하다. 굳이 그리자면 '보수 육면체'를 이용해 게임을 나타낼 수 있겠으나 실제로 활용하기에는 실용성이 떨어진다.

3인 게임을 하나의 보수행렬로 나타내는 것은 불가능하지만 여러 개의 보수행렬을 이용해 나타내는 것은 가능하다. 이를 구체적으로 살펴보기 위해 다음과 같은 '3인 수사슴 사냥 게임'을 생각해보자. 기본적인 보수구조는 원래의 게임과 같다. 즉 3명의 사냥꾼 갑, 을, 병이 있고 각자는 토끼를 쫓거나 사슴을 쫓을 수 있다. 토끼를 쫓으면 다른 사냥꾼의 선택과 무관하게 1의 보수를 얻는다. 사슴을 쫓을 경우에는 다른 두 명도 사슴을 쫓는다면 2의 보수를 얻을 수 있지만 한 명이라도 토끼를 쫓는 사람이 있다면 허탕을 치게 되어 보수가 0이 된다. 즉 한 명이라도 이탈자가 생기면 공동 작업은 수포로 돌아가게 된다.

다음은 이 상황을 2개의 보수행렬을 이용해 나타낸 것이다. 왼쪽 행렬은 병이 토끼를 쫓는 경우를, 오른쪽 행렬은 병이 사슴을 쫓는 경우를 나타낸다. 경기자가 3인이므로 각 칸마다 3개의 숫자가 있으며 차례대로 갑, 을, 병의 보수를 나타낸다.

	〈병이 토끼를 택함〉					〈병이 사슴을 택함〉	
	을					을	
		토끼	사슴			토끼	사슴
갑	토끼	1, 1, 1	1, 0, 1	갑	토끼	1, 1, 0	1, 0, 0
	사슴	0, 1, 1	0, 0, 1		사슴	0, 1, 0	2, 2, 2

　이제 최적대응법을 이용해 이 게임의 내쉬균형을 구해보자. 2인 게임과의 차이는 이제는 경기자가 세 명이므로 최적대응을 생각할 때 한 명이 아닌 다른 두 명의 주어진 전략의 짝에 대해 나의 최적대응을 구해야 한다는 것이다. 위의 두 행렬에서 병의 선택은 각각 정해져 있으므로, 갑과 을의 최적대응은 2인 게임에서와 마찬가지로 쉽게 구할 수 있다.

　그러면 병의 최적대응은 어떻게 구할까? 가령 갑과 을이 모두 토끼를 선택하는 경우 병의 최적대응은 무엇일까? 이것을 따지기 위해서는 갑과 을의 전략을 모두 토끼로 고정하고 병의 보수를 살펴보아야 한다. 따라서 두 행렬의 1행 1열에서의 병의 보수를 비교해야 한다. 갑과 을이 모두 토끼를 선택할 때 병의 보수는 토끼를 선택할 때는 1, 사슴을 선택할 때는 0이므로 토끼가 최적대응이 된다. 즉 병의 최적대응을 구하는 것도 개념적으로는 전과 다를 것이 전혀 없고, 단지 두 행렬을 넘나들며 비교를 해야 한다는 차이만 있다.

　다음은 이렇게 구한 각 경기자의 최적대응을 밑줄을 그어 표시한 것이다.

	〈병이 토끼를 택함〉					〈병이 사슴을 택함〉	
	을					을	
		토끼	사슴			토끼	사슴
갑	토끼	<u>1</u>, <u>1</u>, 1	<u>1</u>, 0, 1	갑	토끼	<u>1</u>, <u>1</u>, 0	1, 0, 0
	사슴	0, <u>1</u>, 1	0, 0, 1		사슴	0, <u>1</u>, 0	<u>2</u>, <u>2</u>, <u>2</u>

보수행렬에서 보듯이 (토끼, 토끼, 토끼)와 (사슴, 사슴, 사슴)의 2개의 내쉬균형이 존재함을 확인할 수 있는데, 이는 2인 게임에서의 결과와 본질적으로 차이가 없다. 즉 다른

사람의 이탈을 우려하여 모두가 비협력을 택하는 '나쁜' 균형과, 다른 사람의 협력을 믿고 모두가 협력하는 '좋은' 균형이 존재한다.

위 게임은 각 경기자의 전략이 2개뿐이므로 2개의 보수행렬만으로 나타낼 수 있었다. 만약 위 게임에서 각 경기자의 전략이 3개였다면 3개의 보수행렬을 그려야 했을 것이다. 만약 3인 게임에서 각 경기자의 전략의 수가 다르다면 전략의 수가 가장 적은 경기자의 선택을 기준으로 보수행렬을 그리는 것이 행렬의 수를 최소화하는 방법이 될 것이다. 하지만 그 작은 수 자체가 상당히 크다면 여러 개의 보수행렬을 그리는 것이 불가피하므로 내쉬균형을 찾는 것은 상당히 번거로운 작업이 될 것이다. 따라서 위와 같은 방법은 실용적으로 보면 전략의 수가 상대적으로 적을 때 유용성이 있다.

(2) 경기자가 많은 게임

참여자의 수가 매우 많은 전략적 상황도 존재한다. 가령 특정 직위를 선출하는 선거를 전략적 상황으로 보고 각 투표자를 경기자로 간주하면, 선거의 규모에 따라서 경기자의 수가 수천만 명이 되기도 한다. 이와 같이 경기자의 수가 많을 때는 각 경기자의 최적대응을 모두 구해 그 교점을 찾는 것이 사실상 불가능하다. 이 경우 직관적인 논리를 이용해 내쉬균형의 대략적인 형태를 추측하고 그를 확인하는 방식으로 분석하는 것이 편리할 때가 많다. 특히 바로 다음에서 보듯이 게임이 가진 성격을 잘 파악하면 내쉬균형의 형태를 추측하는 것이 용이한 경우가 있다. 이 소절에서는 몇 가지 사례를 통해 경기자의 수가 다수인 게임의 내쉬균형을 찾는 법을 살펴본다.

1) 예비적 논의

구체적인 사례를 살펴보기에 앞서 다음과 같은 몇 가지 사항을 짚고 넘어간다. 이 논의는 경기자가 많은 전략적 상황을 분석할 때 유용하게 활용될 수 있다.

- 경기자가 많아도 2인 게임에서와 똑같은 방법으로 내쉬균형을 구할 수 있는 경우가 있다. 쿠르노 모형에서 기업의 수가 2가 아니라 n인 경우가 그러한 예이다. 이 경우 주어진 다른 기업들의 생산량에 대해 각 기업의 최적대응을 구한 후 이를 연립하여 푸는 방식으로 내쉬균형을 구할 수 있다. 경기자의 수가 많아 과정이 다소 복잡해지는 것을 제외하고는 방법론적으로 2인 게임을 풀 때와 완전히 동일하다.
- 게임 구조의 특징으로 인해 경기자 수가 늘어나도 2인 게임의 내쉬균형의 속성이 그

대로 유지되는 경우가 있다. 가령 n명이 죄수의 딜레마 게임을 한다고 하자. 나는 부인을 하는데 다른 사람 중 적어도 한 명이 자백을 하면 나는 큰 처벌을 받게 되는 상황이다. 이 경우 모두에게 자백이 우월전략이므로 내쉬균형은 2인 게임에서와 마찬가지로 모든 용의자가 자백을 하는 것이다. 앞의 3인 게임에서 이미 본 것처럼 수사슴사냥 게임도 마찬가지다. 모두가 토끼 사냥을 하거나 모두가 사슴 사냥을 하는 2개의 내쉬균형이 존재함을 쉽게 알 수 있다. 경기자 중 일부는 사슴을 쫓고 일부는 토끼를 쫓는 상황은 내쉬균형이 될 수 없다. 이 경우 사슴을 쫓는 사냥꾼이 토끼로 바꾸면 보수가 0에서 1로 늘어나 이탈의 유인이 있기 때문이다. 이런 게임들은 일일이 최적대응을 구해보지 않아도 균형을 쉽게 파악할 수 있다.

- 게임이론에서는 사람들이 동일한 처지에 있는 상황을 다루는 때가 많다. 대칭게임은 이러한 상황을 나타내는 개념이다. 2인 게임에 대해 대칭게임을 정의하면 다음과 같다.

정의

다음 세 조건이 만족되는 게임을 **대칭게임**(symmetric game)이라고 한다.

i) $S_1 = S_2$
ii) $u_1(s, s) = u_2(s, s)$
iii) $u_1(a, b) = u_2(b, a)$

첫 번째 조건은 각 경기자가 취할 수 있는 전략을 모아놓은 집합, 즉 전략집합이 모든 경기자에 대해 동일함을 뜻한다. 두 번째 조건은 모든 경기자가 동일한 전략을 택하면 모두 같은 보수를 얻게 됨을 뜻한다. 세 번째 조건은 두 경기자의 전략이 뒤바뀌면 보수 역시 뒤바뀜을 뜻한다. 대칭게임의 보수행렬을 그리면 대각선을 기준으로 대칭이 됨을 쉽게 확인할 수 있다. 우리가 다룬 죄수의 딜레마 게임이나 수사슴사냥, 치킨게임, 쿠르노 모형은 모두 대칭게임에 해당된다.

대칭게임에서는 특히 각 경기자의 전략이 2개인 경우에 초점을 맞추는 경우가 많다. 즉 경기자의 선택이 이진적(二進的, binary)인 경우이다. 이 두 전략은 여러 가지로 해석할 수 있는데, 가령 협력적인 태도를 취할 것인가 비협력적인 태도를 취할 것인가, 두 제품 중 어느 것을 사용할 것인가, 두 후보자 중 누구에게 표를 던질 것인가 등이 그러한 예이다.

대칭적인 게임에서 중요한 것은 내쉬균형에서의 전략의 구성(composition)이다. 전략이 2개인 대칭게임을 상정하고 두 전략을 a, b라 하면, 우리의 관심은 내쉬균형에서 몇 명의 경기자가 a를 선택하고 몇 명의 경기자가 b를 선택하는가 하는 것이다. 모든 경기자가 동일하므로 a와 b를 선택한 사람들의 면면은 크게 중요하지 않다. 가령 이 게임의 경기자가 100명인데 내쉬균형에서 1명만 a를 택하고 나머지 99명은 b를 택한다고 하자. 엄밀하게 말하면 이때 a를 택한 사람이 누구인지에 따라 100개의 내쉬균형이 존재한다. 하지만 경기자의 신원(identity)에 주목하지 않고 전략의 구성에만 주목하면 한 가지 형태의 내쉬균형만 존재하는 셈이 된다.

• 경기자가 다수인 상황에서 특히 중요한 주제는 내쉬균형이 사회적으로 바람직한지 여부이다. 모든 경기자의 보수의 합을 사회후생의 척도로 간주할 때, 내쉬균형에 따른 사회후생이 사회적으로 최적인지 여부는 매우 중요하다. 이는 경기자가 많은 게임에서뿐만 아니라 2인 게임에서도 중요한 주제이지만, 경기자의 수가 많을수록 그 중요성은 더 커진다. 한 집단의 구성원들이 취하는 행동을 **집단행동**(collective action)이라고 하는데, 경기자가 다수인 게임의 내쉬균형은 집단행동의 후생적 함의와 관련해 유용한 결과를 제시한다.

이상의 내용 중 일부는 다소 추상적이고 간략해서 현 단계에서는 이해하는 데 어려움이 있을 수 있다. 하지만 다음에 등장하는 구체적인 사례를 살펴보고 다시 돌아와 읽으면 그 뜻을 잘 음미할 수 있을 것이다. 이제 위의 내용을 염두에 두고, 경기자가 다수인 전략적 상황 중 두 가지 중요한 형태를 살펴보기로 한다.

2) 부정적 외부성이 존재하는 경우

어떤 사람의 행동이 다른 사람에게 피해를 주지만 그에 대한 보상이 이루어지지 않을 때 **부정적 외부성**(negative externalities)이 존재한다고 한다. 어느 경기자의 선택이 그와 동일한 선택을 한 다른 경기자에게 부정적 외부성을 끼치는 경우의 내쉬균형에 대해 생각해보자.

■ 유료도로와 무료도로 간 선택

다음과 같은 상황을 생각해보자. 대도시의 근교에서 자동차를 이용해 도심으로 통근하는 사람이 100명 있다. 이들은 통행료가 10인 유료 고속도로(H)를 이용할 수도 있고 통행료가 없는 국도(L)를 이용할 수도 있다. 통행료를 m, 통근시간을 t라고 할 때, 통근자의 효용은 $-(m + t)$로 주어진다.[9] H와 L을 택하는 사람의 수가 각각 h와 l일 때, 개인별 통근시간은 H 이용자는 h이고 L 이용자는 $2l$이다. 동일한 조건이라면(즉 이용자 수가 같다면) 고속도로를 이용하는 것이 국도를 이용하는 것에 비해 시간을 반으로 절약함을 알 수 있다. 이제 100명이 동시에 H와 L 중 하나를 택한다고 할 때 이 게임의 내쉬균형을 구해보자.[10]

이 게임에서는 특정 도로를 택하는 사람의 수가 늘어나면 통근시간이 늘어나 그 도로를 이용하는 다른 사람들에게 피해를 입힌다. 즉 **혼잡**(congestion)의 형태로 부정적 외부성이 발생한다. 이 경우 내쉬균형에서는 100명의 사람이 H와 L로 적절하게 나뉘게 될 것임을 직관적으로 쉽게 짐작할 수 있다. 어느 한쪽으로 너무 많은 사람이 몰릴 경우, 다른 길을 택하면 통근시간이 대폭 줄어 효용이 증가할 것이기 때문이다. 이는 균형에서는 각 도로를 택할 때의 효용에 큰 차이가 나지 않아야 함을 의미한다.[11]

이제 정의를 이용해 이 게임의 내쉬균형을 구해보자. 균형에서 h명이 H를 택하고 나머지 $100 - h$명이 L을 택한다고 하자. 그러면 H 이용자의 효용은 $-(10 + h)$이고 L 이용자의 효용은 $-2(100 - h)$이다. 이용자 조합 $(h, 100 - h)$가 내쉬균형이 되려면 다음 두 조건이 만족되어야 한다.

i) H를 택하고 있는 어느 누구도 L로 바꿈으로써 이득을 보아서는 안 된다.
ii) L을 택하고 있는 어느 누구도 H로 바꿈으로써 득을 보아서는 안 된다.

여기서 조건 i)을 식으로 쓰면 다음과 같다.

$$-(10 + h) \geq -2(100 - h + 1)$$

여기서 우변은 H 이용자 한 명이 L로 옮기면 L 이용자가 $(100 - h) + 1$명이 됨을 반영한

---

9 편의상 m과 t의 단위가 통일되었다고 가정한다. 효용은 서수적이므로 부호가 음(-)이어도 아무 문제가 없다는 점에 주의하자.

10 이 게임이 앞서 말한 대칭게임의 세 조건을 충족함은 쉽게 확인할 수 있다. 다음 소절에 등장하는 네트워크 효과가 있는 상황도 마찬가지이다.

11 만약 사람들의 수가 무한대여서 한 사람이 통근시간에 미치는 영향이 0이라면 내쉬균형에서 두 도로 이용으로부터 사람들이 얻는 효용은 완전히 같을 것이다. 그러나 위의 예에서처럼 사람의 수가 유한할 경우에는 분석을 통해 보게 되듯이 두 효용 간에 다소 차이가 있을 수 있다.

것이다. 이 식을 풀면 $h \leq 64$를 얻는다. 이 조건은 균형에서는 H 이용자가 너무 많아서는 안 됨을 뜻한다.

다음으로 조건 ii)를 식으로 쓰면 다음과 같다.

$$-2(100 - h) \geq -(10 + h + 1)$$

여기서도 우변은 L 이용자 한 명이 H로 옮기면 H 이용자의 수가 $h + 1$이 됨을 반영한 것이다. 이 식을 풀면 $h \geq 63$을 얻는다. 이 조건은 균형에서 L 이용자가 너무 많아서는 안 됨을 의미한다.

이제 이 두 조건을 합쳐보자. h가 정수이므로 $h \leq 64$와 $h \geq 63$을 만족하는 h는 63과 64, 2개이다. 따라서 균형 조합은 (63, 37)과 (64, 36)이다. 즉 이 게임의 내쉬균형은 H 이용자가 63명인 경우와 64명인 경우 두 가지이다.[12]

계산을 해보면 (63, 37) 균형에서 H와 L 이용자의 보수는 각각 -73과 -74이며, (64, 36) 균형에서 H와 L 이용자의 보수는 각각 -74와 -72이다. 이와 같이 내쉬균형에서 두 그룹의 보수가 거의 동일한 수준이 되는 것은 부정적 외부성이나 혼잡이 발생하는 경우에 일반적으로 나타나는 현상이다.

생각해보기 4.5

위 상황에서 100명의 효용의 총합을 사회후생으로 간주할 때 사회적으로 가장 바람직한 h는 얼마인가? 앞에서 구한 내쉬균형을 이 사회적으로 최적인 상황과 비교하라. 이러한 결과는 혼잡이 있는 경우에 일반적으로 성립하는 결과인가?

〈그림 4-4〉는 이 상황을 시각적으로 나타낸 것이다. 가로축은 H 이용자 수를 나타내고 세로축은 각 이용자의 효용을 나타낸다. 이용자 수가 이산변수이지만 편의상 연속변수로 간주하여 그래프를 그렸다. 그림에서 보듯이 H 이용자의 수가 늘어날수록 H 이용자의 효용은 감소하고 반대로 L 사용자의 효용은 증가한다. 내쉬균형은 두 효용곡선의 교점의 가로좌표인 $h* \approx 63.3$ 근방에서 일어난다.

---

12 만약 이용자의 신원을 중시한다면 내쉬균형의 수는 이보다 훨씬 많아진다. 가령 63명이 H를 이용하는 내쉬균형은 총 $_{100}C_{63}$개가 있다. 여기서 우리는 균형에서의 전략의 구성에만 주목하기로 한다.

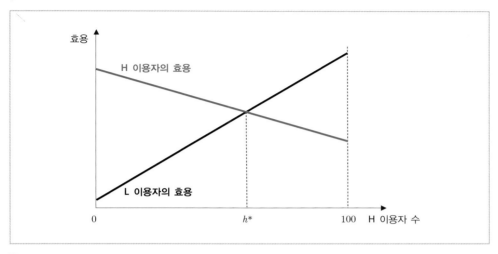

효용

H 이용자의 효용

L 이용자의 효용

0   h^* 100   H 이용자 수

▌그림 4-4 혼잡이 발생하는 경우

■ 어로활동과 공유지의 비극

앞에서 전략이 연속변수인 게임을 다루면서 공유지의 비극의 사례를 보았다. 여기서는 공유지의 비극의 또 다른 사례로 다음과 같은 어촌 마을의 어로 활동에 대해 생각해보자. 어느 어촌 마을에 어업에 종사하는 다수의 사람이 살고 있다. 고기잡이를 나가는 사람의 수를 n이라 하면 이 마을의 하루 총 어획량을 시장가치로 나타낸 값은 $F(n)$이며, 고기잡이를 나간 사람들은 모두 동일한 양을 어획한다. 즉 $\frac{F(n)}{n}$만큼을 얻는다. 여기서 F는 $F' > 0$과 $F'' < 0$이라는 조건을 만족한다. 이는 더 많은 사람들이 고기잡이를 할수록 총 어획량은 증가하지만 한계생산은 감소함을 의미한다. 이 조건은 또한 n이 커질수록 개인의 편익이라고 할 수 있는 $\frac{F(n)}{n}$이 점점 작아짐을 의미한다. 즉 혼잡이 발생하는 것이다. 한편 일일 어로활동에 드는 비용은 개인당 c이다. 따라서 n명이 고기잡이를 나갈 경우 개인의 보수는 $\frac{F(n)}{n} - c$이다. 고기잡이를 하지 않을 경우의 보수는 0이라고 가정한다. 이제 이 마을의 어부들이 매일 각자 고기잡이를 하러 갈지 말지를 독자적으로 결정하는 상황의 내쉬균형을 구해보자. 분석의 편의를 위해 일단은 n을 연속변수라고 가정한다.

내쉬균형에서는 정의상 누구도 이탈의 유인이 없어야 함을 기억하자. 이는 고기잡이를 하기로 결정한 어부나 그렇지 않은 어부나 모두 이탈의 유인이 없어야 함을 뜻한다. 균형에서 고기잡이를 결정한 어부의 수를 n^N이라 하면, 고기잡이를 하는 어부의 보수는 $\dfrac{F(n^N)}{n^N} - c$이고 그렇지 않은 어부의 보수는 0이다. 누구도 자신의 선택을 바꿀 유인이 없으려면 두 종류의 경기자의 보수가 같아야 한다. 그러므로 $\dfrac{F(n^N)}{n^N} - c = 0$, 즉 $F(n^N) = cn^N$이 성립해야 한다. 〈그림 4-5〉에서 보듯이 이 점은 총수입에 해당하는 $F(n)$과 총비용에 해당하는 cn의 교점이다.

이제 이러한 내쉬균형을 후생 측면에서 평가해보자. 이 마을 전체의 후생을 총수입에서 총비용을 뺀 값, 즉 $F(n) - cn$이라고 하면, 균형에서 이 사회후생의 값은 0이 된다. 하지만 n^N보다 작은 n을 택하면 $F(n) - cn > 0$이 되어 사회후생이 양이 됨을 알 수 있다. 사실 이 마을 입장에서 가장 바람직한 n은 한계수입과 한계비용이 일치하는 수준, 즉 $F'(n) = c$를 만족하는 값이다. 〈그림 4-5〉의 n^*는 이러한 값을 나타낸다. $n^N > n^*$이므로 사회적으로 바람직한 수준에 비해 어로활동이 과도하게 일어남을 알 수 있으며, 이는 전형적인 공유지의 비극의 사례에 해당한다.

위 분석은 n이 연속변수라는 가정하에 이루어졌다. 이제 n이 사람 수라는 점을 반영하여 정수여야 한다는 조건을 부과하면 분석이 어떻게 달라질까? 이 경우에도 만약 $\dfrac{F(n)}{n} - c = 0$을 만족하는 n이 존재한다면 당연히 그 n이 균형에서의 어부 수가 될 것이다. 그런데 이 식을 만족하는 n이 없다면 어떻게 될까? 이 경우 $\dfrac{F(n)}{n} - c > 0$이지만 $\dfrac{F(n+1)}{n+1} - c < 0$을 만족하는 n에 주목하자. 즉 어부 수가 n이 될 때까지는 개인의 보수

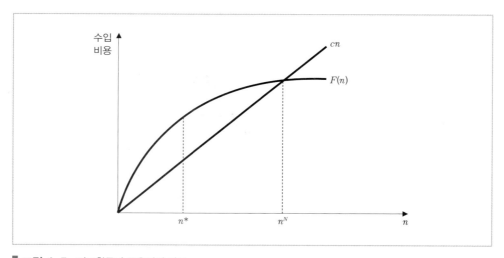

┃그림 4-5 어로활동과 공유지의 비극

영화 〈뷰티풀 마인드〉와 내쉬균형

제1장에서 내쉬를 소개하면서 언급한 영화 〈뷰티풀 마인드〉에는 내쉬가 술집에서 친구들과 얘기를 나누다가 내쉬균형에 착안하는 장면이 나온다. (유튜브에서 'A beautiful mind bar scene'으로 검색하면 해당 장면을 볼 수 있다.)

내용을 간단히 소개하면 다음과 같다. 내쉬와 그 친구들이 있는 술집에 몇 명의 젊은 여성들이 들어오는데, 그 중 한 명이 눈에 띄는 금발 미녀여서 다들 그녀와 연결되기를 원한다. 러셀 크로가 연기한 내쉬의 대사에서 드러나는 게임의 법칙은 대략 다음과 같다. 미녀는 여러 명이 자신에게 접근하면 흥미를 잃어 모두를 거부한다. 한편 남자가 미녀에게 거부당한 후 차선책으로 그녀의 친구들에게 접근할 경우, 그들은 그것을 불쾌하게 여겨 거절한다. 이 상황에서 모두가 자신의 선호에 따라 미녀에게 먼저 접근하면 누구도 짝이 맺어질 수 없다. 미녀는 그들을 모두 거부할 것이고, 미녀에게 거절을 당한 남자들은 미녀의 친구들과 맺어질 수 없기 때문이다. 여기서 내쉬는 모두가 미녀를 재껴두고 그녀의 친구들에게 접근하여 다들 짝이 맺어지는 것이 균형이라고 얘기하며, 그를 관심 있게 바라보던 미녀를 뒤로 하고 (아마도 그 문제를 제대로 풀려고 기숙사로 가기 위해) 술집을 나선다.

게임의 구성요소가 정확히 명시되어 있지 않아 완벽한 분석은 어렵지만, 내쉬가 말한 상황이 내쉬균형이 아니라는 것은 분명하다. 다른 사람들이 모두 미녀의 친구에게 접근한다면, 나는 미녀의 친구가 아니라 미녀에게 접근하는 것이 더 낫기 때문이다. 이 게임의 내쉬균형은 남자들 중 한 명만 미녀에게 접근하고 나머지는 그녀의 친구들에게 접근하는 상황이다. 여러 명이 접근할 경우 미녀는 모두를 거부하므로 남자들의 입장에서 이 상황은 앞서 혼잡이 발생하는 게임상황이다. 따라서 내쉬균형에서는 경기자들이 각 선택에 적절하게 배분되어야 하는데, 위 상황에서는 한 명만 미녀에게 접근하는 것이 그러한 상황이 된다.

영화의 내용은 이런 점에서 내쉬균형의 개념과는 동떨어져 있다. 시나리오 작가가 경제학 전공자에게 잠깐만 물어봤어도 이러한 오류는 발생하지 않았을 것이어서 아쉬움이 남는다. 심지어 이 장면에서 내쉬는 자신의 분석을 바탕으로, 경쟁이 공공의 선을 낳는다는 아담 스미스의 주장이 틀렸다고 얘기하는데 이는 더욱 납득하기 어렵다. 문맥으로부터 유추하면 내쉬가 의미하는 비효율적 상황이란 남자들이 모두 자신의 1순위인 미녀에게 경쟁적으로 접근하여 결국 누구도 짝을 맺지 못하는 상황을 가리키는 것으로 보인다. 그런데 애초에 그러한 상황이 균형상황이 아니므로 이를 근거로 아담 스미스의 주장을 평가하는 것은 논리적으로 맞지 않다.

가 양수이다가 한 명이 더 늘어 $n+1$이 되면 음수가 되는 상황이다. 이 경우 고기잡이를 하는 사람이든 아니든 이탈할 유인이 없게 된다. 고기잡이를 하는 사람은 현재 보수가 양이므로 고기잡이를 하는 것이 하지 않는 것보다 낫고, 고기잡이를 하지 않는 사람은 현재의 보수가 0인데 만약 고기잡이를 하러 나가면 보수가 음수가 되므로 고기잡이를 하지 않는 것이 낫다. 따라서 위 두 부등식을 만족하는 n이 균형 어부 수가 됨을 알 수 있다.

3) 네트워크 효과가 있는 경우

부정적 외부성이나 혼잡이 발생하는 앞의 경우와 반대의 경우도 있다. 즉 사용자가 늘어날수록 해당 재화를 사용하는 사람들의 효용이 증가하는 상황이다. 이처럼 사용자의 수가 증가함에 따라 해당 재화나 서비스 사용자의 효용이 증가하는 것을 **네트워크 효과**(network effects)나 **네트워크 외부성**(network externalities) 혹은 **양의 환류**(positive feedback)라고 부른다.

네트워크 효과가 있는 재화나 서비스는 의외로 우리 주변에 매우 많다. 전화나 이메일, 모바일 메신저는 모두 네트워크 효과를 가지는 재화이다. 만약 나만 이메일을 사용하고 다른 사람들은 아무도 이메일을 사용하지 않는다면 이메일은 무용지물에 가까울 것이다. 반면 이메일 사용자가 늘어날수록 이메일 사용의 효용은 커진다. 특정 용도의 컴퓨터 프로그램도 마찬가지다. 가령 문서작업 프로그램의 경우, 나만 다른 사람들과 다른 프로그램을 사용한다면 내가 작성한 문서를 다른 사람이 볼 수 없고 나는 다른 사람이 작성한 문서를 볼 수 없기 때문에 매우 불편할 것이다. 그러나 다수의 사람들이 사용하는 프로그램을 사용하면 문서 공유와 공동 작업이 가능해져 큰 편익을 얻을 수 있다. 인터넷에 기반을 둔 동호회나 중고시장도 마찬가지다. 회원 수가 많을수록 공유하는 정보의 양도 늘어나고 자신과 마음에 맞는 사람을 만날 가능성도 커지며 자신의 선호에 맞는 물건을 발견할 가능성이 높아진다.

이제 이러한 네트워크 효과가 있는 경우의 내쉬균형에 대해 생각해보자. 여기서 우리가 관심을 가지는 상황은 사람들이 네트워크 효과가 있는 두 제품 중 하나를 선택하는 상황이다. 다음과 같은 상황을 생각해보자. 90명의 사람이 있고 이들은 네트워크 효과를 가진 두 재화 A와 B 중 하나를 선택해서 사용해야 한다. A와 B 사용자의 수가 각각 a, b일 때, A 사용자의 개인 효용은 $2a$이고 B 사용자의 효용은 b이다. 사용자 수가 증가할수록 효용이 커지므로 두 재화 모두 네트워크 효과를 가짐을 알 수 있다. 한편 동일한 조건이라면(즉 사용자의 수가 동일하다면) A를 사용할 경우의 효용이 B를 사용할 때의 효용의 2배이므로 A가 B보다 원천적으로 우수한 제품임을 알 수 있다.

　이제 각 사람들이 동시에 A와 B 중 하나를 고르는 게임의 내쉬균형을 구해보자. 네트워크 효과가 있는 상황이므로 직관적으로 생각할 때 사람들이 어느 한쪽에 몰리게 되리라는 것을 쉽게 짐작할 수 있다. 가령 90명이 모두 A를 선택한 경우를 생각해보자. 이 경우 A 사용자 각각의 효용은 180이 된다. 이 중 어느 한 명이 B로 바꿀 경우, 그 사람의 효용은 1로 급감하게 되므로 아무도 이탈하지 않을 것이다. 따라서 모두 A를 선택한 상황은 내쉬균형이다.

　반대로 모든 사용자가 상대적으로 열등한 B로 몰리는 것도 균형이 될까? 90명이 모두 B를 사용할 경우 B 사용자 각각의 효용은 90이 된다. 그중 한 명이 A로 옮기면 그 사용자의 효용은 2가 되어 원래 효용인 90보다 훨씬 작다. 따라서 아무도 이탈의 유인이 없다. 즉 모든 사용자가 B를 사용하는 상황 역시 내쉬균형이 된다.

　그렇다면 A 사용자와 B 사용자의 효용이 같은 경우는 어떻게 될까? 두 사용자의 효용이 같으려면 $2a = 90 - a$가 성립해야 한다. 이를 풀면 $a = 30$을 얻는다. 즉 90명 중 30명이 A를, 60명이 B를 선택하면 A, B로부터의 효용이 같아진다. 이 중 만약 A 사용자 한 명이 B로 옮긴다면 어떻게 될까? 이 경우 B로 옮긴 사용자의 효용은 61이 되어 원래 효용인 60보다 크므로 이탈의 유인이 있다. B 사용자도 마찬가지다. 현재의 효용은 60인데 A로 옮기면 효용이 62가 되어 이탈의 유인이 있다. 즉 네트워크 효과가 있는 상황에서는 두 사용자의 효용이 같아지는 점은 내쉬균형과는 아무 상관이 없다.[13]

　이와 같이 이 게임에서는 모든 사람이 A를 사용하거나 모든 사람이 B를 사용하는 두 극단적인 내쉬균형만 존재한다. 일부는 A를 사용하고 일부는 B를 사용하는 상황은 내쉬균형이 될 수 없다. 이처럼 사람들의 선택이 한 가지로 몰리는 것을 **쏠림**(herding) 현상이라고 한다. 여기서 흥미로운 것은 두 제품 중 상대적으로 열등한 B에 대해 쏠림 현상이 나타날 수도 있다는 것이다. 만약 어떤 이유에서든 대부분의 사용자가 A가 아닌 B를 사용하고 있다면 네트워크 효과에 의해 B로 몰리는 현상이 발생하게 되는 것이다.

　〈그림 4-6〉은 위 상황을 시각적으로 나타낸 것이다. A 사용자 수가 늘어날수록 A 사

---

13 만약 사용자의 수가 무한대여서 개별 사용자의 이탈이 효용에 미치는 영향이 0이라면 두 효용이 같아지는 점이 균형이 될 수 있다. 다른 쪽으로 옮겨가도 효용이 불변이므로 이탈의 유인이 없기 때문이다. 하지만 이는 불안정한(unstable) 균형이 될 것이다. 효용에 영향을 미칠 정도로 여러 명이 이탈하여 두 효용이 조금만 달라져도 사람들이 한쪽으로 쏠릴 것이기 때문이다. 일반적으로 경기자의 수가 유한한 경우, 네트워크 효과가 있는 상황에서 이처럼 효용이 같은 점은 내쉬균형과 무관하다.

네트워크 효과와 쏠림 현상

네트워크 효과가 있는 상황에서 우연이나 초기 출발점에 의해 쏠림의 방향이 결정된 사례로 다음과 같은 것들이 거론된다. 이들 중 일부는 상대적으로 열등한 제품으로 쏠림이 일어난 사례로 평가되기도 한다.

- 컴퓨터 운영체제 : 윈도우 vs. 유닉스
- 영어 자판 : 쿼티(QWERTY) vs. 드보락(Dvorak)
- 한글 자판 : 2벌식 vs. 3벌식
- 비디오 테이프 표준 : VHS vs. 베타맥스

용자의 효용은 커지고 B 사용자의 효용은 작아지는 상황으로, 앞에서 본 〈그림 4-4〉와 대조를 이룬다. 이 상황의 내쉬균형은 양 극단인 $a = 0$과 $a = 90$에서 일어난다.

　네트워크 효과가 있는 경우, 사람들의 기대(expectation)나 초기 상황, 역사적 우연 등이 결과를 결정하는 데 큰 영향을 미친다. 초기에 한 제품이 시장을 선점하거나 소비자들의 선호가 우연히 어느 한쪽으로 쏠리는 경우, 네트워크 효과로 인해 그러한 상태가 계속 강화된다. 전자매체 시장에서 새로운 기술이 개발될 때, 데이터 저장 장치나 녹화 등과 관련하여 시장을 선점하기 위해 기업 간에 표준전쟁(format war)이 격렬하게 일어나는 경우가 많은데, 이것은 전자매체의 표준이 가지는 강력한 네트워크 효과 때문이다.

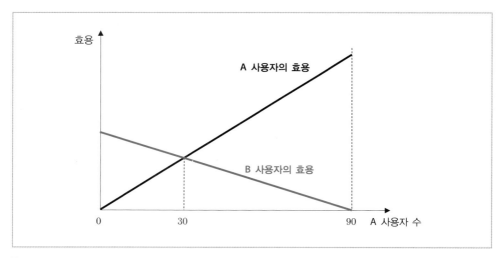

┃**그림 4-6** 네트워크 효과가 있는 경우

3. 균형의 정련

지금까지 살펴본 여러 게임들로부터 내쉬균형이 여러 개 존재하는 상황이 흔히 존재함을 보았다. 우리가 게임이론을 공부하고 내쉬균형을 찾는 목적이 전략적 상황에서 사람들의 행동을 설명하고 예측하는 데 있다고 할 때, 여러 개의 내쉬균형이 존재하는 상황은 별로 반가운 상황이 아니다. 내쉬균형이 하나만 존재한다면 전략적 상황에 대한 분석이나 예측이 큰 설득력을 가질 수 있다. "이런 상황에서는 이런 일이 일어날 것이다"라고 자신 있게 얘기할 수 있기 때문이다. 하지만 내쉬균형이 여러 개 존재한다면 그중 어느 것이 가장 현실성이 있는지를 추가적으로 따져야 한다. 이러한 작업을 수행하기 위해서는 당연히 각각의 균형을 평가할 어떠한 기준이 마련되어 있어야 한다.

이와 같이 어떤 기준을 이용해 더 설득력이 있는 내쉬균형을 찾는 작업을 게임이론에서는 **균형의 정련**(equilibrium refinement)이라고 부른다. 내쉬균형이 여러 개 존재하는 상황이 흔히 있으므로 게임이론에서 균형의 정련은 매우 중요한 주제이며 이에 대해 다양한 논의가 있어 왔다. 이 주제는 앞으로도 이 책의 여러 곳에서 계속 등장하겠지만, 여기서는 지금까지 살펴본 게임들을 위주로 몇 가지 간단한 기준을 살펴보기로 한다.

(1) 보수우월과 초점

초점(focal point)은 노벨경제학상 수상자 셸링(Schelling)이 제안한 개념으로, 엄밀하게 정의하기는 어려우나 의사소통이 통제된 전략적 상황에서 사람들의 선택이 전통이나 상식 등의 메커니즘에 의해 자연스럽게 수렴하게 되는 점을 가리킨다.

다음과 같은 상황을 생각해보자. 여러분이 친구와 연말에 유럽 여행을 가서 당분간 따로 일정을 보내다가 새해 첫날 정오에 프랑스 파리에서 만나기로 했다고 하자. 그런데 둘 다 깜빡하고 장소를 정하지 않았다. 물론 현실적으로는 전화나 이메일로 장소를 정할 수 있겠지만, 여기서는 어떤 이유로 그런 의사소통이 불가능하다고 하자. 이 상황에서 여러분과 친구는 어느 장소를 택하게 될까? 파리에 유명한 장소가 여러 곳 있겠지만 많은 사람들이 파리 하면 에펠탑을 떠올릴 것이다. 그렇다면 어떤 의사소통이 없이도 정해진 시간에 에펠탑 아래에서 만나게 될 가능성이 높다. 이 예에서 에펠탑은 둘 사이에 자연스럽게 초점으로 작용한 것이다.

이러한 초점을 이용해 복수의 내쉬균형 중 하나를 고를 수도 있다. 다음 보수행렬로 표현되는 게임을 생각해보자.

		2	
		A	B
1	A	1, 1	0, 0
	B	0, 0	3, 3

이 게임에는 2개의 내쉬균형 (A, A)와 (B, B)가 있는데 둘 중 (B, B)가 명백하게 낫다. 두 경기자 모두 (B, B)에서의 보수가 (A, A)에서의 보수보다 높기 때문이다. 즉 (B, B)가 (A, A)보다 파레토 우월하다.[14] 이 게임의 (B, B)와 같이 한 내쉬균형이 다른 모든 내쉬균형보다 파레토 우월하다면 이 균형이 **보수우월**(payoff dominance)의 성질을 가진다고 말한다. 보수우월한 내쉬균형이 있을 경우 사람들은 자연스럽게 그 균형으로 수렴하는 경향을 보일 것이다. 이는 마치 경기자들이 암묵적인 의사소통이나 조정을 통해 더 좋은 균형으로 찾아가는 것과 마찬가지다.

우리가 게임을 분석할 때 단순화를 위해 보수행렬을 구성하고 그것에만 집중하면 그 게임의 맥락(context)이 잘 안 드러날 수가 있다. 하지만 현실에서 발생하는 전략적 상황에는 그 상황을 둘러싼 맥락이 존재한다. 또한 사람들의 행동은 그 게임이 벌어지는 사회나 집단의 전통과 상식에 영향을 받는 경우가 많다. 따라서 여러 개의 내쉬균형 중 전통이나 상식, 암묵적 의사소통에 의해 자연스럽게 초점의 역할을 하는 것이 있는 경우에는 그것이 가장 현실성 있는 균형이 될 수 있다.

생각해보기 4.6

지금까지 우리가 분석한 게임 중 보수우월 개념을 적용할 수 있는 사례가 있는지 조사하라.

---

14 x와 y를 어떤 배분이나 상황이라고 할 때, y와 비교해 x에서 모든 사람의 효용이 더 높거나 적어도 같다면, 즉 누구도 y보다 x에서 더 나빠지지 않고 적어도 일부는 확실히 더 좋아진다면, x가 y보다 **파레토 우월**하다(x Pareto dominates y)고 말한다.

(2) 비열등전략 내쉬균형

다음의 보수행렬로 표시되는 게임의 내쉬균형을 생각해보자. 최적대응법을 이용하면 (A, A)와 (B, B) 2개의 내쉬균형이 있음을 쉽게 알 수 있다.

		2	
		A	B
1	A	2, 2	0, 2
	B	2, 3	1, 4

그런데 이 보수행렬을 잘 보면 두 경기자 모두에게 A가 약열등전략임을 알 수 있다. 앞서 제2장에서 본 바와 같이 약열등전략을 사용하는 것이 반드시 비합리적인 것은 아니다. 가령 위 게임에서 2가 A를 선택하는 경우 1에게는 A와 B 모두 최적대응이 되므로 그 중 A를 택하는 것은 비합리적인 선택이 아니다.[15]

하지만 두 전략 A와 B를 비교해보면, A가 아닌 B를 택하는 것이 (상대방의 선택에 관계없이) 이득이 되면 이득이 되었지 절대 손해가 되지는 않는다. 따라서 어떤 경기자가 합리적일 뿐만 아니라 위험부담을 지는 것을 싫어한다면 A보다는 B를 택하는 것이 더 좋은 선택이 될 것이다. 이러한 맥락에서 본다면 두 내쉬균형 중 약열등전략을 사용하고 있는 (A, A)보다는 그렇지 않은 (B, B)가 현실적으로 더 일어날 가능성이 높은 균형이라고 할 수 있다.

좀 더 현실적인 예를 생각해보자. 99명의 투표자가 두 후보자 L과 R 중 한 명에 표를 던지는 상황을 생각해보자. L과 R 중 더 많은 표를 얻는 후보자가 당선된다. 기권은 없으며 투표를 하는 데 드는 비용은 없다고 하자. 투표자 중 60명은 L을 더 선호하고 나머지 39명은 R을 더 선호한다고 할 때, 이 게임의 내쉬균형은 무엇일까?

가장 먼저 떠오르는 답은 L을 선호하는 60명은 L을 찍고 R을 선호하는 39명은 R을 찍는 것이다. 이 상황이 내쉬균형임은 쉽게 확인할 수 있다. 더구나 이 균형은 너무나도 당

---

15 제2장에서 IDSDS를 사용할 때 약열등전략을 제거하지 않는 이유를 다른 맥락에서 보면, 위의 예에서처럼 내쉬균형이 약열등전략을 포함할 수도 있으므로 이 경우 만약 약열등전략을 제거하면 내쉬균형이 제거될 수 있기 때문이다.

연하고 직관적이다. 그런데 이 게임에는 이것 말고도 내쉬균형이 매우 많이 존재한다. 가령 (매우 이상하지만) L을 선호하는 60명은 R을 찍고 반대로 R을 선호하는 39명은 L을 찍는 상황을 생각해보자. 이것이 내쉬균형일까? 매우 이상해 보이지만 이 상황은 내쉬균형이다. 현재의 상태에서는 39 : 60으로 R이 당선된다. 이제 L을 선호하는 사람 중 한 명이 R이 아닌 L로 투표를 바꾼다고 하자. 무슨 일이 일어나는가? 40 : 59로 여전히 R이 당선된다. 즉 아무런 변화가 없다. 마찬가지로 L을 찍었던 R 선호자 한 명이 R로 표를 바꾸어도 여전히 R이 당선되어 아무런 변화가 없다. 누구도 이탈의 유인이 없으므로 이 상황은 내쉬균형이다. (물론 여러 명이 한꺼번에 선택을 바꾸면 당연히 선거결과가 바뀔 수 있다. 하지만 내쉬균형 여부를 따질 때는 단독이탈만을 생각한다는 점에 주의해야 한다. 여러 명이 공조하여 선택을 바꾸는 것은 우리가 다루는 비협조게임 상황이 아니다.)

그런데 여기서 L을 선호하는 사람이 R에 투표하는 것은 약열등전략이다. 위에서 본 것처럼 어떤 경우에는 그러한 행동이 아무런 변화를 일으키지 않는다. 따라서 자신의 선호와 반대로 R에 투표하는 것도 (약한 의미에서) 최적대응이다. 하지만 어떤 경우에는 '제대로' 투표하는 것이 확실하게 이득이 된다. 가령 L과 R이 각각 49표씩 득표한 상황에서는 L 선호자는 자신의 선호대로 L에 투표하는 것이 확실하게 이득이 된다. 즉 L 선호자는 L에 투표하는 것이 약우월전략이며, 반대로 R에 투표하는 것은 약열등전략이다.

약열등전략이 섞인 내쉬균형은 설득력이 떨어진다는 평가를 받아들인다면, 위 투표게임에서 본 '이상한' 내쉬균형은 선거 결과에 대한 예측에서 제외할 수 있다. 약열등전략을 사용하지 않는 내쉬균형을 **비열등전략 내쉬균형**(undominated Nash equilibrium 또는 Nash equilibrium in undominated strategies)이라고 부른다. 투표 상황에서처럼 경기자가 많을 경우에는 한 명의 선택이 결과에 영향을 미치지 못하는 경우가 많다. 따라서 약열등전략이 포함된 내쉬균형이 얼마든지 존재할 수 있다. 이 경우 위 투표 게임에서와 같이 직관에 반하는 내쉬균형이 존재한다. 우리가 비열등전략 내쉬균형에만 주목한다면 이와 같이 설득력이 떨어지는 균형을 제거할 수 있으며, 각자가 자신의 선호에 따라 투표하는 직관에 부합하는 상황만이 설득력 있는 내쉬균형으로 남는다.

(3) 논의

위에서 몇 가지 정련 기준을 제시하기는 했지만 항상 이런 기준을 갖출 수 있는 것은 아니다. 복수의 균형 간 선택에 대해 마땅한 지침을 제시하기 어려운 경우도 있고, 심지어 앞에서 제시한 지침 간에 서로 충돌이 발생하는 경우도 있다. 다음 게임을 생각해보자.

		2	
		A	B
1	A	2, 2	0, 2
	B	2, 0	1, 1

이 게임에는 (A, A)와 (B, B) 2개의 내쉬균형이 있다. 앞에서 본 보수우월 기준을 이용할 경우 (A, A)가 더 설득력이 높다. 두 경기자 모두 (B, B)보다 (A, A)에서 보수가 더 높기 때문이다. 그런데 각 전략에 따른 경기자의 보수에 주목하면 두 경기자 모두에게 A가 약열등전략임을 알 수 있다. 따라서 비열등전략 내쉬균형을 기준으로 삼으면 (B, B)가 더 그럴듯한 균형이 된다. 이 두 논리 중 어느 쪽이 더 설득력이 높은지를 분명하게 말하기는 쉽지 않다.

마땅한 기준을 제시하기 어려운 경우도 있다. 다음은 제3장에서 본 치킨게임 상황이다.

		을	
		회피	직진
갑	회피	0, 0	-1, 1
	직진	1, -1	-5, -5

두 내쉬균형 (직진, 회피)와 (회피, 직진)은 두 사람의 행동만 뒤바뀌었을 뿐 비슷한 성질을 가진다. 이 중 갑은 첫 번째 균형을 선호하고 을은 두 번째 균형을 선호한다. 이 상황에서 둘 중 어느 것이 더 발생할 가능성이 높은지 말하기는 쉽지 않다. 만약 이러한 상황이 반복적으로 발생한다면 서로 번갈아가면서 한 번씩 자신에게 유리한 상황을 맞는 방법 등을 생각해볼 수도 있을 것이다. 하지만 이 대결이 한 번만 일어나는 상황에서는 추가적인 맥락이 주어지지 않는 한 어느 한쪽의 손을 들어주기란 쉽지 않다.

균형의 정련은 앞으로 제2부와 제4부에서 살펴볼 동태적 게임에서도 계속 중요한 주제로 등장한다는 점을 미리 밝혀둔다.

주요 학습내용 확인

☑ 쿠르노 모형처럼 전략이 연속변수이고 최적화 기법을 적용할 수 있는 경우, 최적대 응을 도출해 내쉬균형을 구할 수 있는가?

☑ 베르트랑 모형처럼 전략이 연속변수이고 최적화 기법을 적용할 수 없는 경우, 논리 적이고 체계적인 방법으로 내쉬균형을 구할 수 있는가?

☑ 3인 게임에 대해 보수행렬을 이용해 내쉬균형을 구할 수 있는가?

☑ 혼잡이나 쏠림이 존재하는 경우를 식별하고 내쉬균형을 구할 수 있는가?

☑ 내쉬균형이 여러 개 존재하는 경우, 보수우월이나 비열등전략 내쉬균형의 개념을 이 용해 예측의 폭을 좁힐 수 있는가?

연습문제

1. n명이 한 조가 되어 공동과제를 수행하는 상황을 생각해보자. 각 구성원은 독립적으 로 노력 수준을 선택하며 전략집합은 {0, 1, 2, 3, 4, 5}이다. 과제의 특성상 투입된 노력 수준 중 가장 낮은 값이 과제의 성과를 결정한다. 노력 수준 e에 따른 개인적 비 용은 $\frac{e}{2}$이다. 각 경기자의 보수는 과제의 성과에서 노력 비용을 뺀 값이다. 즉 n명의 노력 수준이 각각 $e_1, e_2, \cdots, e_n$일 때 경기자 i의 보수는 다음과 같다.

$$u_i(e_1, e_2, \cdots, e_n) = \min\{e_1, \cdots, e_n\} - \frac{e_i}{2}$$

(1) 이 게임의 내쉬균형을 모두 구하라.

(2) 후생 측면에서 내쉬균형 간 비교가 가능한지 조사하라.

2. 위 문제1에서 경기자 i의 보수가 각각 다음과 같을 때 내쉬균형을 구하라.

(1) $\max\{e_1, \cdots, e_n\} - \frac{e_i}{2}$

(2) $\max\{e_1, \cdots, e_n\} - 2e_i$

3. 가격경쟁을 하는 두 기업 1, 2의 개별수요곡선이 다음과 같다.

$$q_1 = 10 - p_1 + p_2, \quad q_2 = 16 - p_2 + p_1$$

두 기업 모두 고정비용은 없으며 한계비용은 2로 일정하다. 두 기업이 동시에 가격을 결정할 때 이 게임의 내쉬균형을 구하라.

4. 어느 수업의 수강생이 A, B, C, D, E 5명이다. 각 학생은 과제로 개인 리포트를 제출하거나 팀을 만들어 팀 리포트를 제출해야 한다. 각 학생의 능력에는 차이가 있으며, 만약 각자 개인 리포트를 제출하면 보수는 다음과 같다.

학생	A	B	C	D	E
보수	5	4	3	2	1

팀을 만들어 공동 리포트를 작성할 경우, 팀 전체의 보수는 구성원에 관계없이 인원 수에 따라 결정된다. 인원 수에 따른 팀 보수는 다음과 같으며, 개인 보수는 팀 보수를 인원 수로 나눈 값이다.

인원 수	2	3	4	5
팀 보수	0	10	15	24

(1) 5명이 한 팀을 이루는 것은 내쉬균형인가?

(2) 일부는 개인 리포트를 제출하고 나머지는 팀을 구성하는 형태의 내쉬균형을 모두 구하라.

5. 4개의 기업 A, B, C, D가 시장에 진입할지의 여부를 동시에 결정한다. 진입 기업의 수를 n이라 할 때 진입기업의 영업이익은 $\frac{600}{n}$이다. 각 기업은 진입하려면 비용을 지출해야 한다. 기업의 보수는 영업이익에서 진입비용을 뺀 값이며, 진입하지 않을 경우의 보수는 0이다. 다음 각 경우에 대해 내쉬균형을 구하라.

(1) 모든 기업의 진입 비용이 180으로 동일하다.

(2) 기업 A, B, C, D의 진입비용이 순서대로 각각 100, 120, 160, 180이다.

6. 100명의 사람이 무료로 복권 A와 B 중 하나를 받을 수 있다. 각 복권마다 응모자 중 1명을 무작위로 추첨하여 상금을 준다. 상금은 A에 당첨되면 100, B에 당첨되면 50이다. 각 사람의 보수는 상금의 기댓값과 같다. 이 게임의 내쉬균형에서 A와 B를 선택하는 사람들의 수를 각각 구하라.

7. 100명의 주민이 있는 동네에 2개의 수영장이 있다. 둘 중 하나는 새로 지은 수영장(G)이고 다른 하나는 오래된 수영장(B)이다. 이용자 수가 동일할 때 G가 B보다 높은 편익을 준다. 구체적으로 G와 B의 이용자 수가 각각 g와 b라 할 때, 각 수영장 이용자가 얻는 개인 편익은 다음과 같다.

$$G : 160 - g, \quad B : 110 - b$$

수영하러 가는 데 드는 비용은 없으며 수영을 하지 않을 때의 편익은 0이다.
(1) 수영을 하지 않는 사람이 존재하는 상황은 내쉬균형이 될 수 없음을 보여라.
(2) 이 게임의 내쉬균형에서 각 수영장의 이용자 수를 구하라.

8. 기업 1과 2가 동질적인 제품을 한계비용 10에 생산하여 판매한다. 이 제품의 잠재적 소비자는 100명으로, 각자 이 제품에 최대 20까지 지불할 용의가 있다. 단, 한 사람이 이 제품을 최대 1개만 구입한다. 두 기업 모두 상대 기업이 더 낮은 가격에 제품을 판매할 경우 그 가격에 맞춰 물건을 팔 것을 소비자에게 약속하고 있다. 가격이 동일할 경우 두 기업이 시장을 반분한다. 두 기업의 가격 결정은 동시에 이루지며, 각 기업은 한계비용인 10 이상의 가격을 책정한다.
(1) 두 기업이 실제로 위와 같은 약속을 지킬 경우 이 게임의 내쉬균형을 모두 구하고, 이를 베르트랑 모형의 내쉬균형과 비교하라.
(2) 위에서 구한 내쉬균형 중 현실적으로 실현가능성이 가장 높은 것은 어느 것인가? 그 기준은 무엇인가?

9. 경기자가 1과 2 두 명만 있는 게임에서 두 경기자의 보수 u_1, u_2가 다음과 같다고 하자. 두 경기자의 전략집합은 구간 [0, 1]로 동일하다. 이 게임의 내쉬균형을 구하라.

$$u_1(s_1, s_2) = \sqrt{s_1} + s_1 s_2, \quad u_2(s_1, s_2) = \frac{1}{s_1 + 1} + s_1^2 s_2$$

10. 두 경기자 1과 2가 공동 작업을 하고 있다. 경기자 $i \in \{1, 2\}$가 투입하는 노력을 e_i라 하면 그에 따른 비용은 $C(e_i)$이다. 단 $0 \leq e_i \leq 1$이다. 투입된 노력 e_1, e_2에 대해 작업의 성과는 $V(e_1, e_2)$이며 이 성과는 개별 노력 수준에 관계없이 두 사람에게 균등하게 배분된다. 각 경기자의 보수는 이렇게 균등하게 배분된 성과에서 노력에 따른 비용을 뺀 값이다.

(1) $V(e_1, e_2) = 2e_1e_2$, $C(e_i) = e_i^2$일 때 내쉬균형을 구하라.

(2) $V(e_1, e_2) = 6e_1e_2$, $C(e_i) = e_i$일 때 내쉬균형을 구하라.

(3) 위 (2)에서 구한 내쉬균형 중 어느 것이 실현가능성이 높은지 판단할 수 있는가? 만약 그렇다면 그 근거는 무엇인가?

11. $2n$명의 투표자가 후보자 L과 R 중 하나를 다수결 투표로 선출하는 상황이다. $2n$명 중 n명은 L을 선호하고 n명은 R을 선호한다. 자신이 선호하는 후보자가 당선될 경우의 편익은 $2B$이며, 다른 후보자가 당선될 경우의 편익은 0이다. 두 후보 중 더 많은 표를 얻는 사람이 당선되며, 둘의 표가 같을 경우에는 둘 중 하나가 1/2의 확률로 당선된다. 각 투표자는 L과 R 중 한 명에게 투표하거나 기권할 수 있다. 각 투표자가 투표를 하는 데 드는 비용은 $C > 0$이다. 투표자의 보수는 투표에 따른 편익의 기댓값에서 투표 비용을 뺀 값이다. 다음 각 경우에 대해 이 투표게임의 내쉬균형을 구하라.

(1) $C < B$이다.

(2) $C > B$이다.

12. 이웃하는 두 도시 A, B가 주민들이 공동으로 이용할 공원을 조성하려고 한다. 공원의 규모는 A, B가 투입하는 예산에 의해 결정된다. 도시 $i \in \{A, B\}$의 예산투입액을 s_i라 하고 그 합을 S라 할 때, 도시 i의 편익 V_i는 $V_i = \dfrac{2}{3}S - s_i$와 같다. 또한 예산제약 때문에 $s_i \leq 6$이 만족되어야 한다. 편의상 s_i는 연속변수로 가정한다.

(1) A와 B가 동시에 예산투입액을 정할 때 이 게임의 내쉬균형을 구하라.

(2) 두 도시의 편익의 합을 극대화하는 S 규모를 구하고 (1)에서 구한 내쉬균형에서 그러한 예산규모가 달성되는지 조사하라.

(3) 두 도시의 예산투입액의 합이 10 이상이면 중앙정부가 공원 조성에 예산 5를 지원해주기로 결정했다고 하자. 두 도시가 동시에 예산투입액을 정할 때 이 게임의 내쉬균형을 구하라.

13. n명의 사람이 동시에 1부터 10까지의 정수 중 하나를 부른다. 단, $n > 2$이다. 그러면 그중 가장 작은 수를 부른 사람이 자신이 부른 수의 3배를 상금으로 받는다. 만약 가장 작은 수를 부른 사람이 여러 명이면 그 수를 3배한 금액을 균등하게 나눠 가진다.

(1) 이 게임의 내쉬균형을 구하라.

(2) 위에서 구한 내쉬균형의 효율성을 조사하라.

제 5 장

혼합전략균형

이 장에서는 경기자들이 전략적 상황에서 특정 행동을 확실하게 택하는 것이 아니라 몇 가지 행동을 확률적으로 섞어 쓰는 경우에 대해 살펴본다. 앞서 제3장의 동전 짝 맞추기 게임에서 내쉬균형을 찾을 수 없었음을 기억할 것이다. 이 장에서 우리는 경기 자들이 확률적으로 행동을 선택할 경우 동전 짝 맞추기 게임에도 내쉬균형이 존재함을 볼 것이다. 먼저 혼합전략과 혼합전략균형의 의미에 대해 이해하고 혼합전략균형을 찾는 방법을 살펴본다. 다음으로 경기자가 다수이거나 전략이 연속변수인 상황의 혼합전략균형에 대해 다룬다.

1. 혼합전략과 혼합전략균형

(1) 혼합전략과 혼합전략균형의 의미

제3장에서 동전 짝 맞추기 게임을 살펴보면서 지금까지 우리가 사용한 최적대응법으로는 이 게임의 내쉬균형을 찾을 수 없음을 보았다. 이 장에서는 전략의 범위를 확장하여 좀 더 폭넓게 정의하면 그러한 게임에서도 여전히 내쉬균형을 찾을 수 있음을 볼 것이다.

지금까지 우리가 다룬 게임에서 전략이란 행동(action)과 동일한 의미를 지녔다. 어느 경기자의 전략은 그 경기자가 취할 수 있는 여러 행동 중 하나를 확실하게 택하는 것을 의미했다. 이와 달리 경기자가 자신이 취할 수 있는 몇몇 행동을 특정한 확률분포에 따라 확률적으로 섞어 쓰는(randomize) 경우를 생각해볼 수 있다. 이렇게 확률적으로 행동을 취하는 전략을 **혼합전략**(mixed strategy)이라고 부른다. 지금까지 우리가 본 것처럼 어떤 행동 하나를 확실하게 선택하는 전략은 이와 대비해 **순수전략**(pure strategy)이라고 부른다. 문맥에 따라 전략이라는 말은 순수전략을 의미하기도 하고 혼합전략을 의미하기도 한다.

혼합전략은 하나의 확률분포로 표시된다. 가령 어느 경기자가 취할 수 있는 행동, 즉 순수전략이 A, B 2개인 경우, 이 경기자의 혼합전략은 A와 B를 각각 얼마의 확률로 택할지를 나타낸다. 이 전략을 (p_A, p_B)와 같이 확률의 쌍으로 표시할 수도 있고(이때 $p_A + p_B = 1$이다), p_A가 정해지면 $p_B = 1 - p_A$로 자동으로 정해지므로 그냥 A를 택할 확률 p_A만으로 표시할 수도 있다. 가령 동전 짝 맞추기 게임에서 어떤 경기자가 앞면과 뒷면을 각각 1/2의 확률로 낸다면 그러한 전략은 (1/2, 1/2)로 나타낼 수도 있고, 앞면을 낼 확률 1/2만으로 표시할 수도 있다. 순수전략이 3개인 게임의 예로 가위바위보를 생각해보면 어느 경기자가 각각을 1/3의 확률로 낸다면 그러한 혼합전략은 (1/3, 1/3, 1/3)로 나타낼 수도 있고, 가위를 내는 확률 1/3과 바위를 내는 확률 1/3로 나타낼 수도 있다.[1]

우리가 지금까지 다룬 순수전략을 특수한 형태의 혼합전략이라고 생각할 수도 있다. 즉 A를 택하는 순수전략은 A와 B를 각각 1과 0의 확률로 택하는 혼합전략으로 간주할 수 있다. 이와 같이 혼합전략은 순수전략을 포함하는 보다 폭넓은 개념이다.

혼합전략내쉬균형(mixed strategy Nash equilibrium) 혹은 간단히 **혼합전략균형**(mixed strategy equilibrium)은 경기자들이 혼합전략을 사용하는 것이 내쉬균형이 되는 상황을 가리킨다. 이와 대비해 우리가 지금까지 본 내쉬균형은 **순수전략내쉬균형**(pure strategy Nash equilibrium) 혹은 간단히 **순수전략균형**(pure strategy equilibrium)이라고 부른다. 내쉬균형이라는 말은 문맥에 따라 순수전략균형을 의미할 수도 있고 혼합전략균형을 의미할 수도 있다.

이제 혼합전략균형을 정의하기 위해 두 명의 경기자 1, 2가 있고 두 경기자 모두 유한개의 순수전략을 가지는 게임을 상정하자. 게임이론에서는 혼합전략을 그리스 문자 σ(시그마)를 이용해 나타내는 경우가 많다. 이제 σ_i를 경기자 i의 혼합전략이라고 하자. 즉 σ_1은 1이 자신의 각각의 순수전략을 택하는 확률을 나타내는 혼합전략이고, σ_2는 2가 자신

---

1 순수전략이 3개이므로 확률 2개를 명시해야 한다. 일반적으로 순수전략이 n개이면 $n-1$개의 확률로 혼합전략을 나타낼 수 있다.

의 각각의 순수전략을 택하는 확률을 나타내는 혼합전략이다. 경기자 1, 2의 가능한 모든 혼합전략을 모은 집합, 즉 전략집합을 각각 Σ_1과 Σ_2라 하자.[2] 이때 혼합전략균형은 다음과 같이 정의된다.

정의

$(\sigma_1{}^*, \sigma_2{}^*)$가 다음 두 조건을 만족하면 **혼합전략균형**이다.

- 모든 $\sigma_1 \in \Sigma_1$에 대해 $u_1(\sigma_1{}^*, \sigma_2{}^*) \geq u_1(\sigma_1, \sigma_2{}^*)$
- 모든 $\sigma_2 \in \Sigma_2$에 대해 $u_2(\sigma_1{}^*, \sigma_2{}^*) \geq u_2(\sigma_1{}^*, \sigma_2)$

순수전략 대신에 혼합전략을 사용했다는 점만 제외하면 위 정의는 우리가 제3장에서 본 내쉬균형의 정의와 완전히 동일하다. 즉 상대가 $\sigma_2{}^*$라는 혼합전략을 사용하는 상황에서 1에게는 $\sigma_1{}^*$라는 혼합전략이 최적이고, 마찬가지로 1이 $\sigma_1{}^*$라는 혼합전략을 사용하는 상황에서 2에게는 $\sigma_2{}^*$라는 혼합전략이 최적이 되는 것이다.

구체적으로 혼합전략균형을 찾는 법을 살펴보기에 앞서 다음 소절에서는 혼합전략균형의 존재에 관한 다소 이론적인 내용을 먼저 살펴보기로 한다.

(2) 혼합전략과 내쉬균형의 존재

경기자의 수가 유한하고 각 경기자가 유한개의 순수전략을 가지는 게임을 **유한게임**(finite game)이라고 부른다. 우리가 지금까지 살펴본 여러 게임 중 쿠르노 모형, 베르트랑 모형, 호텔링 모형처럼 전략이 연속변수인 몇 가지 경우를 제외하면 나머지 게임은 모두 유한게임이다. 유한게임에 대해서 다음과 같은 중요한 사실이 성립하며, 우리는 증명 없이 이를 받아들이기로 한다.

내쉬균형의 존재 : 혼합전략균형을 포함할 경우 모든 유한게임은 적어도 하나의 내쉬균형을 가진다.

<hr />

2 가령 1의 순수전략이 2개라면 1의 전략집합은 $\Sigma_1 = \{(p, 1 - p) \mid 0 \leq p \leq 1\}$이다.

제3장에서 우리는 내쉬균형이 전략적 상황에서 어느 경기자도 현재의 상태에서 독자적으로 이탈할 유인이 없는 안정적 상황을 가리킴을 보았다. 이는 전략적 상황에 대한 균형개념으로 매우 적절한 것이다. 개념적 타당성과 더불어 내쉬균형이 큰 중요성과 유용성을 가지는 것은 바로 그것이 적어도 유한게임에 대해서는 항상 존재하기 때문이다. 내쉬균형이 아무리 적절하고 타당한 균형개념이라고 하더라도 그러한 균형이 존재하지 않는 경우가 많다면 균형개념으로서의 내쉬균형의 유용성은 제한적일 수밖에 없다. 내쉬균형의 존재에 관한 위 결과는 내쉬균형이 합당한 개념일 뿐만 아니라 우리가 관심을 가지는 주요한 상황에서 항상 존재함을 보여준다.

내쉬균형의 존재와 고정점

이 책의 수준을 넘어가므로 자세히 얘기하지는 않겠지만 내쉬균형의 존재는 **고정점 정리**(fixed point theorem)라는 수학적 결과를 이용해 증명할 수 있다. 어떤 점이 함수나 대응(correspondence)에 의해 자기 자신으로 대응되면 그 점을 고정점(fixed point)이라고 부른다. 가령 함수 f에 대해 $f(x^*) = x^*$가 성립하면 x^*는 고정점이다. 가령 $f(x) = 1 - x$와 같이 정의되는 함수 f의 고정점은 $f(x) = 1 - x = x$를 만족하는 점 $x = 1/2$이다. 몇몇 조건이 만족되면 반드시 적어도 하나의 고정점이 존재한다는 것이 고정점 정리의 내용이다.

내쉬균형이 고정점과 관계있는 이유는 다음과 같다. 2인 게임에서 경기자 1과 2의 전략의 짝 (s_1, s_2)에 대해 함수(정확히 말하면 대응이지만 설명의 편의를 위해 그냥 함수라고 하자) BR을 다음과 같이 정의하자.[3]

$$BR(s_1, s_2) \equiv (BR_1(s_2), BR_2(s_1))$$

복잡해 보이지만 이 함수 BR의 역할은 간단하다. 이 함수에 특정 전략의 짝을 집어넣으면 그에 대한 각 경기자의 최적대응의 짝을 알려주는 것이다.[4] 즉 s_2에 대한 1의 최적대

---

[3] 우리에게 친숙한 함수(function)가 일대일(one-to-one) 관계만을 나타내는 데 비해, 대응(correspondence)은 일대다(one-to-many) 관계를 포함하는 개념이다. 가령 각 사람을 그 사람의 친구와 연결 지으면 이는 대응이다. 그러나 가장 친한 친구 한 명과 연결 짓는다면 이는 함수가 된다.

[4] 최적대응이 반드시 유일하지는 않으므로 주어진 (s_1, s_2)에 대해 여러 개의 최적대응의 짝이 존재할 수 있다. 이것이 BR이 함수가 아니라 대응인 이유이다. 위에서는 설명의 편의를 위해 최적대응이 유일하게 정해지는 경우를 상정했다고 생각하면 되겠다.

응과 s_1에 대한 2의 최적대응을 짝으로 묶어 알려준다.

이제 내쉬균형의 정의를 상기하면, $(s_1{}^*, s_2{}^*)$가 내쉬균형이라는 것은 $s_1{}^*$가 $s_2{}^*$에 대한 최적대응인 동시에 $s_2{}^*$가 $s_1{}^*$에 대한 최적대응이라는 것을 뜻한다. 이를 BR을 이용해 나타내면 다음과 같다.

$$BR(s_1{}^*, s_2{}^*) = (s_1{}^*, s_2{}^*)$$

그런데 이는 바로 고정점의 정의에 해당한다. 함수 BR에 $(s_1{}^*, s_2{}^*)$를 집어넣으면 다시 그 점이 나오기 때문이다. 이는 내쉬균형이 개념적으로 최적대응함수의 고정점에 해당한다는 것을 보여준다.

내쉬균형 존재의 증명은 위에서 정의한 최적대응함수가 고정점 정리에서 만족되어야 하는 몇 가지 조건을 충족하는 것을 보임으로써 이루어진다. 고정점 정리를 이용하여 내쉬균형의 존재를 증명하는 방법에 관심이 있는 독자는 보다 상위 수준의 책을 참고하기 바란다.

앞에서 서술한 내쉬균형의 존재 정리는 유한게임에 대해서 항상 성립하는 결과이다. 그렇다면 전략이 연속변수여서 전략의 수가 셀 수 없이(uncountable) 무한히 많은 게임에도 항상 내쉬균형이 존재할까? 이에 대한 대답은 쉽게 얘기하면 "많은 경우에 그렇다"이다. 이 책의 수준을 넘어서기 때문에 대략적으로만 얘기하면, 전략이 연속변수여도 전략집합이 유한한 폐구간(closed interval)으로 표시되고 효용함수가 연속적이라면 내쉬균형은 반드시 존재한다. ■ ■ ■

2. 혼합전략균형을 찾는 방법

지금까지 혼합전략과 혼합전략균형을 정의하고 이와 관련한 이론적 내용을 소개하였다. 이제 실제로 혼합전략균형을 찾는 방법을 살펴보자. 두 가지 방법을 볼 것인데 하나는 내쉬균형의 정의를 이용하여 최적대응의 교점을 구하는 방법이고, 다른 하나는 혼합전략균형의 특성을 이용하는 방법이다. 곧 보게 되듯이 두 번째 방법이 첫 번째 방법보다 편리할 때가 많다. 제3장에서 소개한 동전 짝 맞추기 게임을 이용해 분석을 진행한다.

(1) 최적대응의 교점을 구하는 방법

다음 보수행렬은 제3장에서 본 동전 짝 맞추기 게임의 보수행렬이다. 이미 본 바와 같이 이 게임에는 순수전략균형이 존재하지 않는다.

		2	
		H	T
1	H	1, −1	−1, 1
	T	−1, 1	1, −1

이 게임이 유한게임이고 순수전략균형이 존재하지 않으므로, 앞에서 본 내쉬균형의 존재 정리에 따르면 반드시 혼합전략균형이 존재해야 한다. 이제 경기자 1이 H와 T를 각각 p와 $1-p$의 확률로 택하고 경기자 2가 H와 T를 각각 q와 $1-q$의 확률로 택하는 상황을 생각해보자. 물론 여기서 p와 q는 확률이므로 $0 \le p \le 1$과 $0 \le q \le 1$을 만족한다.

최적대응법을 이용하기 위해 각 경기자의 최적대응을 구해보자. 우선 주어진 q에 대해 1의 최적대응을 생각해보자. 주어진 q에 대해 1이 H와 T를 택할 때의 기대보수(expected payoff)를 각각 $u_1(H; q)$와 $u_1(T; q)$로 표시하면 두 값은 다음과 같다.

$$u_1(H; q) = q \times 1 + (1-q) \times (-1) = 2q - 1$$
$$u_1(T; q) = q \times (-1) + (1-q) \times 1 = 1 - 2q$$

2가 H와 T를 각각 q와 $1-q$의 확률로 택하고 있는 상황에서, 1이 H를 택하면 q의 확률로 1을, $1-q$의 확률로 −1을 얻게 되므로 첫 번째 식의 값을 얻게 된다. 두 번째 식도 마찬가지로 계산된다.

이제 1은 이 둘 중 더 큰 값을 택할 것이다. 만약 $u_1(H; q) > u_1(T; q)$이면 확실하게 H를 택할 것인데, 이를 p를 이용해 표현하면 $p = 1$이다. 반대로 $u_1(H; q) < u_1(T; q)$이면 확실하게 T를 택할 것이고 이는 $p = 0$에 해당한다. 만약 $u_1(H; q) = u_1(T; q)$라면 H와 T 중 어느 쪽을 택하든, 혹은 그 둘을 어떤 확률로 섞어 쓰든 1의 효용은 동일하다. 이는 $0 \le p \le 1$에 해당한다.

실제로 계산해보면 $u_1(H; q) < u_1(T; q)$는 $q > 1/2$일 때 성립한다. 마찬가지로 $u_1(H; q) < u_1(T; q)$는 $q < 1/2$일 때, $u_1(H; q) = u_1(T; q)$는 $q = 1/2$일 때 각각 성립한다. 따라서 1의 최적대응은 다음과 같다.

$$BR_1(q)= \begin{cases} 1 & \left(q > \dfrac{1}{2} \text{일 때}\right) \\ p \in [0, 1] & \left(q = \dfrac{1}{2} \text{일 때}\right) \\ 0 & \left(q < \dfrac{1}{2} \text{일 때}\right) \end{cases}$$

다음으로 동일한 방법으로 2의 최적대응을 구해보자. 1이 p와 $1-p$의 확률로 각각 H와 T를 선택하는 상황에서 2가 H와 T를 선택하면 각각 다음과 같은 기대보수를 얻는다.

$$u_2(H; p) = p \times (-1) + (1-p) \times 1 = 1 - 2p$$
$$u_2(T; p) = p \times 1 + (1-p) \times (-1) = 2p - 1$$

이를 바탕으로 앞에서와 마찬가지 방식으로 2의 최적대응을 구하면 다음과 같다.

$$BR_2(p)= \begin{cases} 1 & \left(p < \dfrac{1}{2} \text{일 때}\right) \\ q \in [0, 1] & \left(p = \dfrac{1}{2} \text{일 때}\right) \\ 0 & \left(p > \dfrac{1}{2} \text{일 때}\right) \end{cases}$$

이제 이 두 최적대응을 $p-q$ 평면에 그리면 〈그림 5-1〉과 같다. 이 그림은 특별해 보이지만 사실 제4장에서 쿠르노 모형의 균형을 찾을 때 두 기업의 최적대응곡선을 나타냈던 그림과 본질적으로 같은 그림이다. 다만 게임의 보수구조에 의해 최적대응곡선이 직

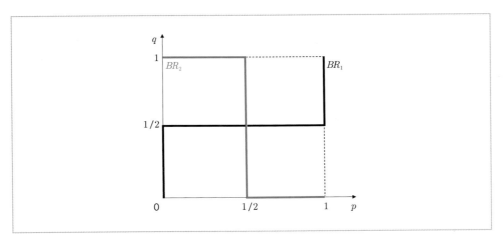

그림 5-1 동전 짝 맞추기 게임의 혼합전략균형

각으로 꺾인 형태를 띤 것뿐이다.

내쉬균형이 두 최적대응의 교점이라는 점을 상기하면 이 게임의 균형은 두 그래프의 교점인 $p* = 1/2$, $q* = 1/2$이 된다. 즉 1과 2 모두 H와 T를 각각 $1/2$의 확률로 섞어서 선택하는 상황이 이 게임의 유일한 내쉬균형이다. 상대가 H와 T를 $1/2$의 확률로 섞어낼 때 나도 H와 T를 $1/2$의 확률로 섞어 내는 것이 최적대응이다.

여기서 2가 H와 T를 $1/2$의 확률로 선택할 때(즉 $q = 1/2$일 때) 1은 어떤 선택을 해도 기대보수가 동일하다. 즉 $p = 1/2$이든 혹은 $p = 2/3$이든 1의 기대보수는 0으로 동일하다. 따라서 $p = 2/3$, $q = 1/2$도 내쉬균형이 아닐까 궁금해할 수 있다. $q = 1/2$에 대해서 $p = 2/3$이 최적대응인 것은 맞다. 하지만 반대로 $p = 2/3$에 대해서는 $q = 1/2$이 최적대응이 아님에 주의해야 한다. $p = 2/3$이라면 2는 T를 확실하게 택할 것이다. 즉 $p = 2/3$에 대해서는 $q = 0$이 최적대응이다. 따라서 $p = 2/3$, $q = 1/2$은 내쉬균형이 될 수 없다.

지금까지의 논의를 보면 혼합전략균형은 순수전략균형이 없는 경우에만 존재하는 것 같은 인상을 받을 수 있다. 하지만 순수전략균형이 존재하는 경우에도 혼합전략균형이 존재할 수 있다. 이를 보기 위해 수사슴 사냥 게임을 살펴보자. 다음은 수사슴 사냥 게임의 보수행렬을 다시 나타낸 것이다. 편의상 토끼를 H, 사슴을 S로 표시하였다.

		2	
		H	S
1	H	1, 1	1, 0
	S	0, 1	2, 2

우리는 이 게임에 (H, H)와 (S, S)라는 2개의 순수전략균형이 존재함을 알고 있다. 이제 이 게임에 혼합전략균형이 존재하는지 알아보자. 1이 H와 S를 각각 p와 $1 - p$의 확률로 섞고 2가 H와 S를 각각 q와 $1 - q$의 확률로 섞는 경우를 상정해 두 경기자의 최적대응을 구해보자.

먼저 1의 최적대응을 구하기 위해 2가 q를 선택한 상황을 생각해보자. 주어진 q에 대해 1이 H와 S를 택할 때의 기대보수는 각각 다음과 같다.

정합게임과 혼합전략균형

동전 짝 맞추기 게임을 보면 어떤 전략의 짝에서도 두 경기자의 보수의 합이 0이 됨을 알 수 있다. 이와 같이 경기자의 보수의 합이 항상 0인 게임을 **영합게임**(zero-sum game)이라고 부른다. 좀 더 일반적으로 경기자 보수의 합이 항상 상수(constant)로 일정한 게임을 **정합게임**(constant-sum game)이라고 부른다.

영합게임, 보다 일반적으로 정합게임은 경기자 간의 이해관계가 완전히 상반되는 상황을 나타낸다. 즉 순수 갈등(pure conflict) 상황이다. 보수의 합이 일정하므로 내가 이득을 보면 다른 사람은 정확히 그만큼 손해를 보기 때문이다.

일반적으로 정합게임에서는 순수전략균형이 존재하지

않는다.[5] 어떤 전략명세에 대해서도 적어도 한 명은 이탈을 통해 득을 볼 수 있기 때문이다. 가위바위보의 경우를 생각해보면 어느 전략명세에 대해서도 적어도 한명은 유익한 이탈이 있음을 쉽게 알 수 있다. 마찬가지로 축구의 페널티킥이나 야구에서 타자와 투수의 수 싸움처럼 경기자의 이해관계가 상반되어 정합게임의 성격을 띠는 게임은 모두 순수전략균형을 갖지 않으리라는 것을 쉽게 짐작할 수 있다.

이처럼 정합게임은 일반적으로 순수전략균형을 갖지 않지만 그 역은 성립하지 않는다. 즉 혼합전략균형이 존재한다고 해서 반드시 정합게임인 것은 아니다. 혼합전략균형을 갖지만 정합게임이 아닌 게임도 얼마든지 존재한다.

$$u_1(H; q) = q \times 1 + (1-q) \times 1 = 1$$
$$u_1(S; q) = q \times 0 + (1-q) \times 2 = 2 - 2q$$

따라서 1의 최적대응은 다음과 같다.

$$BR_1(q) = \begin{cases} 1 & \left(q > \frac{1}{2} \text{일 때}\right) \\ p \in [0, 1] & \left(q = \frac{1}{2} \text{일 때}\right) \\ 0 & \left(q < \frac{1}{2} \text{일 때}\right) \end{cases}$$

마찬가지 방법으로 2의 최적대응을 구해보자. p가 주어진 상황에서 2가 H와 S를 택할 때의 기대보수는 각각 다음과 같다.

$$u_2(H; p) = p \times 1 + (1-p) \times 1 = 1$$
$$u_2(S; p) = p \times 0 + (1-p) \times 2 = 2 - 2p$$

---

5 특수한 상황에서는 정합게임에서도 순수전략균형이 존재할 수 있다. 가령 모든 전략명세에 대해 모든 경기자의 보수가 0인 게임에는 당연히 순수전략균형이 존재한다. 하지만 이런 게임은 매우 특수한 경우일 뿐 아니라 사실상 전략적인 요소가 존재하지 않기 때문에 큰 의미가 없다.

따라서 2의 최적대응은 다음과 같다.

$$BR_2(p) = \begin{cases} 1 & \left(p > \dfrac{1}{2}\, \text{일 때}\right) \\[2mm] q \in [0, 1] & \left(p = \dfrac{1}{2}\, \text{일 때}\right) \\[2mm] 0 & \left(p < \dfrac{1}{2}\, \text{일 때}\right) \end{cases}$$

〈그림 5-2〉는 이를 $p-q$ 평면에 나타낸 것이다. 그림에서 보듯이 두 최적대응곡선은 세 점 (0, 0), (1/2, 1/2), (1, 1)에서 만난다. 이 중 첫 번째와 세 번째 점은 다름이 아니라 우리가 앞에서 구했던 순수전략균형임을 알 수 있다. 즉 (0, 0)은 (S, S)에 해당하며 (1, 1)은 (H, H)에 해당한다. 한편 가운데 교점인 (1/2, 1/2)이 우리가 찾는 혼합전략균형이다. 즉 수사슴게임에는 두 사냥꾼이 모두 토끼를 쫓거나 모두 사슴을 쫓는 순수전략균형 이외에도 두 사냥꾼이 토끼와 사슴을 각각 1/2의 확률로 택하는 혼합전략균형이 존재함을 알 수 있다.

이 예는 순수전략균형이 존재하는 경우에도 혼합전략균형이 존재할 수 있음을 보여준다. 그렇다면 순수전략균형이 존재하는 모든 게임에 대해서 혼합전략균형이 항상 존재할까? 대답은 "아니다"이다. 죄수의 딜레마 게임을 생각해보자. 죄수의 딜레마 게임에서 모든 경기자는 우월전략을 가진다. 즉 상대방의 전략에 관계없이 부인 대신 자백을 택하는 것이 자신에게 항상 높은 보수를 준다. 이와 같은 경우 경기자는 혼합전략을 쓸 하등

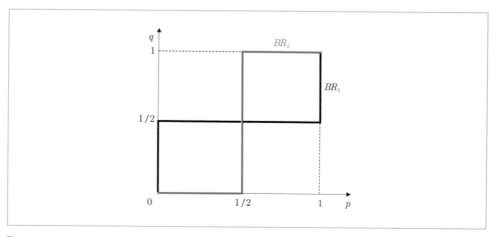

┃그림 5-2 수사슴 사냥

의 이유가 없다. 부인하는 것이 강열등전략이므로 아주 작은 확률로라도 이 전략을 택하면 그 경기자의 기대보수는 반드시 낮아지게 된다. 따라서 순수전략균형만 존재하고 혼합전략균형은 존재하지 않는 게임도 있음을 알 수 있다.

앞에서 강열등전략은 절대로 혼합전략에서 사용되지 않을 것이라고 했다. 그런데 이 논리를 조금 더 확장하면 강열등전략 말고도 혼합전략균형에서 사용되지 않는 전략이 더 있음을 알 수 있다. 보수행렬로 표현된 어느 게임의 혼합전략균형을 찾는다고 하자. 만약 어느 경기자가 강열등전략을 가진다면 그 경기자는 그 전략을 절대로 사용되지 않을 것이다. 따라서 보수행렬이 실질적으로 축소된다. 그런데 원래 게임에서는 강열등전략이 아니지만 이렇게 축소된 행렬에서는 강열등전략이 되는 순수전략이 있다고 하자. 이 전략이 균형에서 혼합전략의 일부로 사용될 수 있을까? 당연히 그렇지 않다. 원래 게임에서 강열등인 전략은 혼합전략에서 절대로 사용되지 않으므로 실질적으로 없는 것이나 마찬가지다. 따라서 축소된 게임에서 새롭게 강열등이 되는 전략 역시 균형의 혼합전략에서는 절대로 사용되지 않을 것이다. 이러한 논리를 반복적으로 적용할 수 있는데, 이것은 우리가 제2장에서 본 IDSDS의 논리와 완전히 동일하다. 이로부터 다음과 같은 유용한 결과가 도출된다.

> **IDSDS와 혼합전략균형** : IDSDS에 의해 제거되는 순수전략은 혼합전략균형에서 사용되지 않는다.

다음 주제로 넘어가기 전에 혼합전략균형과 관련하여 몇 가지 용어를 분명하게 구분할 필요가 있다. 지금까지 주로 본 전략형 게임의 순수전략균형에서는 균형(equilibrium)과 **균형결과**(equilibrium outcome) 간에 실질적인 차이가 없었다. 균형결과는 균형에서 각 경기자가 최종적으로 어떤 선택을 하는지를 보여주는 개념인데, 전략이 순수전략이므로 균형결과는 균형에서 각 경기자가 어떤 행동을 취했는지를 보여준다. 따라서 이 경우 균형과 균형결과 간에 실질적인 차이가 없다.

그러나 혼합전략균형에서는 둘 사이에 차이가 생긴다. 가령 앞에서 본 동전 짝 맞추기 게임에서 균형은 각자가 H와 T를 각각 1/2의 확률로 택하는 것이다. 그렇다면 균형결과는 어떻게 될까? 그것은 각자가 혼합전략하에서 실제로 무엇을 선택하였는가에 따라 달

혼합전략과 위험에 대한 태도

미시경제학에서 불확실성하의 선택에 대해 공부할 때 위험에 대한 태도를 위험기피적, 위험중립적, 위험애호적인 것으로 구분했던 것을 기억할 것이다. 지금까지 혼합전략균형을 구할 때 우리는 보수의 기댓값, 즉 기대보수에 근거하여 논의를 전개했다. 이를 보면 "게임이론에서는 경기자들이 항상 위험중립적이라고 가정하는가?" 하는 궁금증을 가질 수 있다.

하지만 이는 잘못된 생각이다. 보수행렬에 들어가는 숫자는 경기자들이 받게 되는 상금이나 상품이 아니라 그로부터 느끼는 효용이다. 즉 효용함수를 u라 하고 x로부터 느끼는 효용을 $u(x)$로 표시할 때, 보수행렬에 들어가는 값은 x가 아니라 $u(x)$이다. 따라서 우리가 기대보수에 근거하여 혼합전략균형을 구할 때 우리는 경기자의 위험에 대한 태도에 대해 어떠한 가정도 하고 있지 않다. 이 점을 분명하게 이해하고 넘어갈 필요가 있다.

라진다. 가령 두 경기자 모두 H를 택했다면 게임의 결과는 (H, H)가 될 것이며, 1은 H를 택하고 2는 T를 택했다면 결과는 (H, T)가 될 것이다. 이와 같이 혼합전략균형에서 게임의 결과는 혼합전략 사용에 따라 각 경기자가 결과적으로 어떤 행동을 취했는지에 따라 사후적으로 결정되며, 사전적으로는 결과의 확률분포만을 알 수 있다.

(2) 혼합전략균형의 특성을 이용하는 방법

위에서 본 방법은 내쉬균형이 최적대응의 교점이라는 점에 착안하여 상대방의 혼합전략에 대한 각 경기자의 최적대응을 구하고 그 교점으로부터 내쉬균형을 찾는 방법이다. 그런데 이 방법은 정석적인 방법이기는 하지만 번거롭다는 단점이 있다. 특히 경기자들이 쓸 수 있는 순수전략의 수가 많을 때에는 최적대응을 일일이 구하여 교점을 찾는 일이 간단하지 않다.

하지만 일일이 최적대응을 구하지 않고도 혼합전략균형을 찾을 수 있는 편리한 방법이 있다. 이 방법은 다음과 같은 점에 착안한다. 혼합전략균형이 존재하고 이 균형에서 경기자 1이 두 전략 A와 B를 섞어 쓴다고 하자. 이때 주어진 상대의 전략 σ_2에 대해 1이 순수전략 A와 B로부터 각각 얻을 수 있는 기대보수는 어떤 특징을 가질까? 가령 A로부터 얻는 기대보수가 B로부터 얻는 기대보수보다 클 수 있을까? 즉 $u_1(A, \sigma_2) > u_1(B, \sigma_2)$이 성립할 수 있을까? 그렇지 않다. 만약 A가 B보다 높은 기대보수를 준다면 1은 B를 조금이라도 섞어 쓸 이유가 없으므로 반드시 A만 택할 것이다. 반대로 $u_1(A, \sigma_2) < u_1(B, \sigma_2)$인 경우도 마찬가지다. 이 경우에 1은 절대로 A를 섞어 쓰지 않고 B만 택할 것이다. 이는

혼합전략과 혼합전략균형의 해석

혼합전략과 혼합전략균형을 처음 접할 때 느끼게 되는 어려움이 몇 가지 있다. 우선 경기자들이 혼합전략을 쓸 경우 최종적인 결과가 무엇인가 하는 것이다. 앞서 이야기한 것처럼 이에 대한 답은 게임의 최종 결과는 확률적으로 정해진다는 것이다. 가령 동전 짝 맞추기 게임에서는 네 가지 결과가 각각 1/4의 확률로 나타날 것이다. 사후적으로는 균형전략에 따른 확률적인 선택이 자신에게 손해일 수도 있다. 가령 혼합전략에 따라 선택을 한 결과 1은 H, 2는 T를 선택했다면 결과적으로 1의 선택은 실패한 셈이다. 하지만 이는 결과론적인 이야기이다. 게임에서 경기자들의 판단과 결정은 전략적 상황에 직면하여 사전적으로 한 계산, 즉 기대보수에 근거하여 이루어져야 한다.

다음으로는 혼합전략을 현실적으로 어떻게 이해하고 해석할 것인가 하는 문제다. 혼합전략과 그에 따른 균형은 몇 가지 방식으로 이해할 수 있는데 여기서는 두 가지 방식을 간단히 소개한다.

첫째, 혼합전략을 반복되는 상호작용을 통해 경험적으로 정해진 행동 규칙으로 생각할 수 있다. 가령 가위바위보를 생각해보면 우리가 가위바위보를 할 때마다 주사위나 동전을 던져 가위, 바위, 보 중 무엇을 낼지 확률적으로 정하는 것은 아니다. 하지만 가위바위보를 할 때마다 매번 가위만 낸다면 그것이 상대에게 간파되어 게임에서 질 확률이 높아진다. 따라서 설사 처음에는 이런 실수를 한다고 하더라도, 시간이 지남에 따라 반복된 학습에 의해 이를 수정해 나가면서 점차 가위, 바위, 보를 적절한 확률로 섞어 쓰게 될 것이다. 마찬가지로 축구의 페널티킥 상황에서의 방향 선택이나 야구에서 투수의 구종 선택도 반복되는 상호작용을 통해 적절한 균형확률이 정해지는 것으로 생각할 수 있다.

둘째, 혼합전략을 쓰는 상황을 경기자가 매우 많고 상대방의 유형에 대해 불확실성이 있는 상황으로 생각할 수도 있다. 가령 나와 가위바위보를 하는 상대는 항상 순수전략을 사용하는 사람인데, 다만 그 사람이 어떤 순수전략을 사용하는 사람인지 알지 못한다는 것이다. 상대방이 속한 모집단(population)에서 각 순수전략을 사용하는 사람들의 비율이 얼마인지 알고 있다면 이는 마치 혼합전략을 사용하는 상대와 게임을 하는 것이나 마찬가지다. 반복된 상호작용에 의해 각 유형의 대략적인 비율을 알아내면 나는 그에 대응하여 적절한 혼합전략을 사용하는 것이 합리적이게 된다.

다음과 같은 중요한 사실을 알려준다.

> **혼합전략균형에서 사용되는 순수전략의 기대보수** : 혼합전략균형에서 양의 확률로 사용되는 순수전략은 모두 같은 기대보수 값을 가진다.

혼합전략균형에서 경기자들이 항상 자신의 모든 순수전략을 사용하는 것은 아니다. 앞서 본 것처럼 강열등전략을 포함해 IDSDS에 의해 제거되는 순수전략은 혼합전략균형에서 절대 사용되지 않는다. 위 결과는 이렇게 제외되지 않고 혼합전략균형에 사용되는 순수전략들에 대한 내용임에 주의하기 바란다. 다시 반복하면, 혼합전략균형에서 양의

페널티킥과 혼합전략

축구의 페널티킥은 전형적인 영합게임 상황이다. 득점 여부에 따라 키커와 골키퍼의 희비가 엇갈리기 때문이다. 페널티킥에 대해서는 방대한 데이터가 있으므로 게임이론의 예측을 검증해볼 수 있는 좋은 기회가 된다. 이와 관련해 팔라시오스–후에르타(Palacios–Huerta)가 2003년에 『리뷰 오브 이코노믹 스터디즈(Review of Economic Studies)』에 발표한 흥미로운 논문의 내용을 간단히 소개한다.

단순화를 위해 키커와 골키퍼가 선택하는 순수전략이 왼쪽(L)과 오른쪽(R) 두 가지만 있다고 하자. (방향은 키커의 관점에서 본 방향으로 통일한다.) 키커와 골키퍼가 선택한 방향이 다를 경우가 같을 경우에 비해 골이 들어갈 확률이 더 높을 것으로 짐작할 수 있다. 아래 표는 실제로 유럽 프로축구에서 일어났던 1,417번의 페널티킥을 조사하여 각 조합별로 골이 들어간 확률(%)을 계산한 것이다. (보수행렬이 아니므로 혼동하지 않기 바란다.)

		골키퍼	
		L	R
키커	L	58.30	94.97
	R	92.91	69.92

표에서 보듯이 두 방향이 다를 경우 골이 들어갈 확률이 90% 이상으로 매우 높음을 알 수 있다.

이제 이 게임을 영합게임으로 만들기 위해 키커의 보수는 골이 들어갈 확률, 골키퍼의 보수는 골이 들어갈 확률에 음(-)의 부호를 붙인 것이라고 하자. 그렇다면 이 게임의 보수행렬은 다음과 같다.

		골키퍼	
		L	R
키커	L	58.30, -58.30	94.97, -94.97
	R	92.91, -92.91	69.92, -69.92

이 게임의 혼합전략균형을 실제로 구해보면 키커는 0.3854의 확률로 L을 택하고 골키퍼는 0.4199의 확률로 L을 택하는 것이 된다.

그렇다면 실제 경기에서 키커와 골키퍼는 어떤 선택을 했을까? 데이터를 조사한 결과 키커는 0.3998의 확률로 L을 선택했고 골키퍼는 0.4231의 확률로 L을 선택했다. 위의 이론적인 예측과 놀라울 정도로 비슷한 값임을 알 수 있다.

이 연구는 혼합전략균형이 비현실적이고 이론적인 내용이 아니라 현실에서 사람들의 행동을 매우 잘 설명하는 유용한 이론임을 보여준다.

확률로 사용되는 순수전략들의 기대보수 값은 모두 같다. 만약 다른 순수전략보다 기대보수가 낮은 순수전략이 있다면 이 순수전략은 애초에 혼합전략균형에서 사용될 수 없기 때문이다.

이제 이러한 점에 주목하여 앞에서 본 동전 짝 맞추기 게임에 대해 다시 생각해보자. 이 게임에는 강열등전략이 존재하지 않으므로 두 순수전략 H와 T를 모두 고려해야 한다. 한편 이미 본 바와 같이 주어진 q에 대해 1이 H와 T를 확실하게 선택할 때의 기대보수는 각각 다음과 같다.

$$u_1(H;\ q) = q \times 1 + (1 - q) \times (-1) = 2q - 1$$
$$u_1(T;\ q) = q \times (-1) + (1 - q) \times 1 = 1 - 2q$$

앞에서 논리적으로 도출한 결과에 따르면 혼합전략균형에서 두 값은 일치해야 한다. 따라서 $2q - 1 = 1 - 2q$로부터 상대방의 균형전략 $q^* = 1/2$을 바로 얻을 수 있다. 마찬가지로 2의 기대보수에 대해 생각하면 1의 균형전략 $p^* = 1/2$을 쉽게 얻을 수 있다.

이러한 방법이 처음에는 논리적으로 혼란스러울 수도 있다. 보통 경제학에서는 어떤 의사결정주체의 최적화 문제를 통해 다른 주체가 아닌 해당 주체의 최적 선택변수 값을 구한다. 그런데 위 분석에서는 1의 기대보수 비교를 통해 1이 아닌 2의 균형전략을 구했다. 이는 통상적인 최적화 문제 풀이 방법과 다르게 보여 혼란스러울 수 있다. 하지만 이 방법은 최적화 문제를 푼 것이 아님에 주의할 필요가 있다. 이 방법은 단지 혼합전략균형에서 반드시 성립해야 하는 사실, 즉 혼합전략균형에서 사용되는 순수전략의 기대보수는 모두 같아야 한다는 사실을 이용해 상대방의 균형전략을 찾은 것임에 주의하기 바란다.

시각적으로 보면 이 방법은 〈그림 5-1〉에서 두 최적대응의 교점을 찾아주는 것이다. 교점에서 1과 2의 최적대응은 각각 수평선과 수직선의 형태를 띠는데, 최적대응이 수평선과 수직선의 형태를 띤다는 것은 주어진 상대방의 전략에 대해 자신의 각 전략으로부터 얻는 기대보수 값이 모두 같음을 의미한다. 따라서 수평선과 수직선이 만나는 교점은 모든 경기자가 자신의 각 전략으로부터 같은 기대보수를 얻는 상황, 즉 혼합전략균형을 나타낸다.

생각해보기 5.1 --•-

이 방법을 이용해 제3장에서 다룬 다음 게임들의 혼합전략균형을 구하라.

(1) 수사슴 사냥 게임
(2) 치킨 게임

이 방법을 이용하면 모든 경기자의 최적대응을 일일이 구해 그 교점을 찾지 않고도 손쉽게 혼합전략균형을 찾을 수 있다. 앞으로는 혼합전략균형을 구할 때 주로 이 방법을 사용할 것이다. 그런데 앞서 이야기한 것처럼 IDSDS에 의해 제거되는 전략들은 혼합전략균형에서 사용되지 않으므로, 먼저 그런 전략들을 찾아내어 제거하고 남는 전략들에 대해 기대보수의 값을 같게 하는 방식으로 균형을 찾는 것이 효율적이다.

최소극대화전략과 혼합전략균형

다음과 같은 게임을 생각해보자.

		2	
		L	R
1	U	−10, 2	10, 10
	D	8, 3	5, 6

최적대응법을 적용하면 (U, R)이 내쉬균형임을 쉽게 알 수 있다. 그런데 1의 입장에서 생각해보면 균형전략 U를 선택하는 것이 다소 '살 떨리는' 일이 될 수 있다. 1이 U를 택한 상황에서 2가 무슨 이유로든 균형전략 R이 아니라 L을 택할 경우, 1의 보수가 −10이 되는 최악의 시나리오가 발생하기 때문이다.

이제 이 상황에서 1이 매우 위험기피적이어서 자신의 각 선택에 따라 발생 가능한 최악의 시나리오를 염두에 두고 결정을 내린다고 하자. 이 경우 1은 어떤 선택을 할까? 1이 U를 택할 때 발생할 수 있는 최악의 상황은 2가 L을 선택하여 −10의 보수를 받는 것이다. 반면 D를 택할 경우에는 2가 R을 택하여 5의 보수를 받는 것이 최악의 상황이다. 5가 −10보다 크므로 경기자 1이 매우 안전 지향적이라면 U보다 D를 선택하는 것이 낫다. 이처럼 자신의 각 전략에 따른 최악의 상황에 주목하여 최악의 상황에서의 자신의 보수를 가장 크게 하려는 전략을 **최소극대화전략**(maximin strategy)이라고 한다. 마찬가지로 따져보면 위 게임에서 2에게는 R이 최소극대화전략이다. L과 R에 따른 최저보수가 각각 2와 6이기 때문이다. 만약 둘 다 최소극대화전략을 쓴다면 위 게임의 결과는 (D, R)이 될 텐데, 이는 이 게임의 내쉬균형인 (U, R)과는 다르다.

최소극대화전략은 상대방이 합리적으로 행동할 것에 대한 확신이 없을 때 최악의 상황을 피하기 위해 쓸 수 있다. 또한 상대가 '가학적'이어서 나의 보수를 낮추는 것이 지상목표일 경우, 나는 최소극대화전략을 쓰는 것이 합리적이다. 상대방이 나의 보수를 낮추려고 할 경우 나는 나의 각각의 선택에 대한 최악의 시나리오를 염두에 두어야 하기 때문이다. 그런데 상대가 자신의 보수와 관계없이 나의 보수를 낮추려는 행위는 합리적으로 설명하기 어렵다. 보수행렬에 나타난 보수는 이미 경기자의 가학적인 성향 등을 모두 반영한 보수이기 때문이다. 따라서 자신의 보수와 무관하게 남의 보수를 낮추려는 행위는 정당화되기 어렵다.

그런데 이런 일견 비합리적 행위가 합리화되는 경우가 있다. 바로 정합게임의 경우이다. 정합게임은 모든 전략명세에서 경기자의 보수의 합이 일정하다. 따라서 나의 보수가 작아진다는 것은 상대의 보수가 커짐을 의미한다. 따라서 상대가 나의 보수를 낮추려고 하는 것은 다름 아니라 자신의 보수를 높이려는 행동이다.

이제 우리가 잘 알고 있는 동전 짝 맞추기 게임을 다시 생각해보자.

		2	
		H	T
1	H	1, −1	−1, 1
	T	−1, 1	1, −1

상대가 나의 모든 전략(혼합전략을 포함)에 대해 나의 보수를 최소화하려고 한다고 하자. 내가 H와 T를 각각 p와 $1-p$의 확률로 택한다고 하고, 먼저 상대가 H를 택하는 경우부터 생각해보자. 이 경우 위 혼합전략에 따른 나의 기대보수는 다음과 같다.

$$u_1(p; H) \equiv p \times 1 + (1-p) \times (-1) = -1 + 2p$$

다음으로 상대가 T를 택하는 경우 나의 기대보수는 다음과 같다.

$$u_1(p; T) \equiv p \times (-1) + (1-p) \times 1 = 1 - 2p$$

이 둘을 그림으로 나타내면 〈그림 5-3〉의 (a)와 같다. 그런데 2는 항상 나의 보수를 최소화하려고 하므로 그림에서 보듯이 2는 $p < 1/2$이면 H를 택하고 $p > 1/2$이면 T를 택할

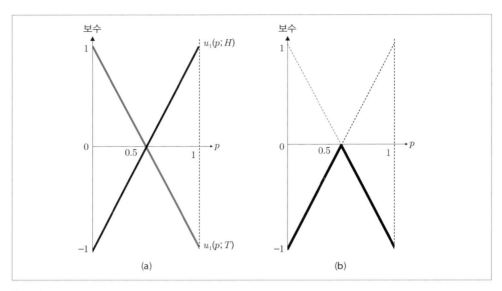

■ 그림 5-3   최소극대화전략과 혼합전략균형

것이다. 따라서 각각의 p값에 대해 $u_1(p;H)$와 $u_1(p;T)$ 중 더 작은 값이 나의 보수가 되며, 이를 그림으로 나타내면 〈그림 5-5〉의 (b)에서 굵은 선으로 표시된 역V자 형태의 그래프가 된다. 이 그래프에서 나의 기대보수가 최대가 되는 점은 $p = 1/2$이다. 즉 상대가 나의 보수를 최소화하려고 할 때, 나는 H와 T를 각각 1/2의 확률로 섞어 쓰는 것이 기대보수를 최대화하는 방법이다.[6]

2에 대해서도 마찬가지로 하면, 2의 최소극대화전략 역시 H와 T를 1/2의 확률로 섞어 쓰는 것이다. 그런데 우리는 각자가 H와 T를 1/2의 확률로 섞는 것이 이 게임의 혼합전략균형임을 이미 알고 있다. 즉 최소극대화전략에 따른 해와 혼합전략균형이 서로 일치하는 것이다.

2인 정합게임에 대해서는 일반적으로 최소극대화전략과 내쉬균형 사이에 다음과 같은 중요한 사실이 성립한다.

---

6 이미 알고 있는 것처럼 이 확률은 혼합전략균형에서의 1의 균형확률과 같다. 그런데 혼합전략균형에서는 주어진 상대의 전략(즉 H와 T를 1/2의 확률로 섞는 것)에 대해 내가 각 순수전략 및 임의의 혼합전략으로부터 얻는 보수가 모두 같음에 비해, 여기서는 상대가 나의 보수를 극소화하려 하고 있으므로 H와 T를 1/2씩 섞는 것이 유일한 최적이라는 차이가 있다.

> 2인 정합게임에서 최소극대화전략에 따른 해는 내쉬균형이다.

정합게임에는 일반적으로 혼합전략균형만 존재하므로, 최소극대화전략에 따른 해는 혼합전략으로 이루어진 내쉬균형, 즉 혼합전략균형이 됨을 알 수 있다.　▪▪▪

혼합전략과 절대비최적대응

심화학습

제2장에서 합리화가능성을 공부하면서, 강열등전략이 없어 IDSDS를 적용할 수 없는 경우에도 절대비최적대응을 지워나가면 예측의 폭을 좁힐 수 있음을 보았다. 이제 이 문제를 다시 생각해보자. 다음 게임은 제2장에서 합리화가능성을 논의할 때 제시된 게임이다.

		2	
		L	R
	U	2, 2	1, 1
1	M	4, 2	0, 3
	D	1, 0	4, 2

　이 게임에서 1의 U는 강열등전략이 아니다. U는 2가 L을 택할 때는 D보다 좋고 2가 R을 택할 때는 M보다 좋기 때문이다. 하지만 U는 2가 L을 택하든 R을 택하든 최적대응이 아니므로 지워진다고 했다.

　그런데 이제 전략의 개념을 혼합전략으로 확장하면 사실 U는 강열등전략이 된다. 예를 들어 1이 M과 D를 각각 0.5의 확률로 섞어 쓰는 혼합전략(이를 σ라 부르자)을 U와 비교해보자. 2가 L을 택할 때 1의 (기대)보수는 σ를 선택하면 2.5임에 비해 U를 택하면 2밖에 되지 않는다. 2가 R을 택하는 경우에도 1의 보수는 σ를 택하면 2이지만 U를 택하면 1밖에 되지 않는다. 이를 더 일반화하기 위해 2가 L과 R을 각각 q와 $1-q$의 확률로 섞는 혼합전략을 쓰는 경우를 생각해보자. 이때 1은 U를 선택하면 $q \times 2 + (1-q) \times 1 = 1 + q$의 보수를 얻는 반면, σ를 쓰면 $q(0.5 \times 4 + 0.5 \times 1) + (1-q)(0.5 \times 0 + 0.5 \times 4) = 2 + 0.5q$의 보수를 얻는다. 그런데 모든 q에 대해 $2 + 0.5q > 1 + q$이므로 U가 σ보다 열등함을 알 수 있다. 이처럼 U는 전략을 순수전략으로 한정하면 강열등전략이 아니지만 혼합전략까지 포함하면 혼합전략에 대해 강열등하다. (U보다 우월한 혼합전략은 위에서 살펴본 σ 이외에도 많이 있음을 쉽게 확인할 수 있다.)

논의를 정리하면 다음과 같다. 전략을 순수전략으로 한정할 경우, IDSDS에 의해 제거되지 않지만 절대비최적대응이어서 결코 선택되지 않는 전략이 존재할 수 있다(위 게임의 U가 그러한 예이다). 그런데 전략의 범위를 혼합전략으로 확대하여 열등 여부를 따지면 이런 전략은 혼합전략보다 열등하여 강열등전략이 되므로 IDSDS에 의해 제거된다.

그런데 특정 순수전략보다 우월한 혼합전략이 있는지 찾는 것보다 제2장에서 본 것처럼 절대비최적대응을 제거하는 것이 더 간편하므로 여전히 절대비최적대응을 반복적으로 제거하는 방법은 효용성이 있다고 하겠다. ■ ■ ■

3. 혼합전략균형의 응용

지금까지는 경기자가 두 명이고 각 경기자가 2개의 순수전략을 가지는 간단한 게임의 혼합전략균형에 대해 살펴보았다. 이 절에서는 전략이나 경기자의 수가 2보다 큰 일반적인 상황의 혼합전략균형에 대해 생각해본다.

(1) 순수전략이 2개보다 많은 게임

순수전략이 2개보다 많은 경우에도 앞에서와 마찬가지의 방법으로 혼합전략균형을 구할 수 있다. 순수전략이 여러 개이므로 그에 따라 균형전략을 나타내기 위해 보다 많은 확률이 사용된다는 차이가 있을 뿐이다.

1) 가위바위보 게임

다음과 같은 가위바위보 게임을 생각해보자. 여기서 R은 바위, P는 보, S는 가위를 나타낸다. 이 게임은 전형적인 대칭게임의 구조를 띠고 있다.

	2		
	R	P	S
1 R	0, 0	−1, 1	1, −1
1 P	1, −1	0, 0	−1, 1
1 S	−1, 1	1, −1	0, 0

먼저 1의 기대보수에 대한 비교로부터 2의 균형전략을 찾아보자. 이 게임에는 강열등 전략이 존재하지 않으므로 분석 시 사전적으로 제외시킬 수 있는 순수전략이 없다. 이제 2가 R, P, S를 각각 q_1, q_2, $1 - q_1 - q_2$의 확률로 선택한다고 하자. 이때 1이 R, P, S를 확실하게 선택함으로써 얻는 기대보수는 각각 다음과 같다.

$$u_1(R; q_1, q_2) = q_1 \times 0 + q_2 \times (-1) + (1 - q_1 - q_2) \times 1 = 1 - q_1 - 2q_2$$
$$u_1(P; q_1, q_2) = q_1 \times 1 + q_2 \times 0 + (1 - q_1 - q_2) \times (-1) = -1 + 2q_1 + q_2$$
$$u_1(S; q_1, q_2) = q_1 \times (-1) + q_2 \times 1 + (1 - q_1 - q_2) \times 0 = -q_1 + q_2$$

1이 혼합전략을 쓰려면 이 세 값이 모두 같아야 한다. 계산을 해보면 이 조건으로부터 $q_1 = q_2 = 1/3$을 얻는다. 동일한 작업을 2의 기대보수에 대해 반복하면 1의 균형전략을 구할 수 있다. 하지만 위 게임이 대칭적이라는 성질을 이용하면 계산을 하지 않아도 $p_1 = p_2 = 1/3$임을 쉽게 알 수 있다. 따라서 이 게임의 유일한 내쉬균형은 두 경기자가 모두 가위, 바위, 보를 각각 1/3의 확률로 선택하는 것이다.

2) 1~3 게임

두 명의 경기자 갑, 을이 다음과 같은 '1~3 게임'을 하는 상황을 생각해보자. 각자 동시에 1, 2, 3 중 하나의 숫자를 택한다. 그러면 우선 각자는 자기가 선택한 값을 보수로 받는다. 그리고 만약 다른 사람보다 1 적은 숫자를 부른 사람이 있으면 그 사람은 추가로 3을 더 받는다. 예를 들어 갑이 1, 을이 3을 부르면 갑과 을은 각각 1과 3을 받으며, 만약 갑이 2, 을이 3을 부르면 갑은 2에 3을 더한 5를 받고 을은 3을 받는다. 이 게임의 보수행렬을 구해보면 다음과 같다.

		을		
		1	**2**	**3**
갑	**1**	1, 1	4, 2	1, 3
	2	2, 4	2, 2	5, 3
	3	3, 1	3, 5	3, 3

최적대응법을 적용하면 이 게임에 순수전략균형이 존재하지 않음을 확인할 수 있다. 또한 이 게임에는 열등전략도 존재하지 않는다. 이제 혼합전략균형을 구하기 위해 을이 1, 2, 3을 각각 q_1, q_2, $1 - q_1 - q_2$의 확률로 낸다고 하자. 이때 갑이 각각 1, 2, 3을 선택할 때의 기대보수는 다음과 같다.

$$u_1(1; q_1, q_2) = q_1 \times 1 + q_2 \times 4 + (1 - q_1 - q_2) \times 1 = 1 + 3q_2$$
$$u_1(2; q_1, q_2) = q_1 \times 2 + q_2 \times 2 + (1 - q_1 - q_2) \times 5 = 5 - 3q_1 - 3q_2$$
$$u_1(3; q_1, q_2) = q_1 \times 3 + q_2 \times 3 + (1 - q_1 - q_2) \times 3 = 3$$

이 세 값이 모두 같아야 한다는 조건으로부터 $q_1 = 0$, $q_2 = 2/3$를 얻는다. 위 게임이 대칭 게임이므로 을에 대해서와 마찬가지로 갑이 1, 2, 3을 각각 p_1, p_2, $1 - p_1 - p_2$의 확률로 낸다고 하면 $p_1 = 0$, $p_2 = 2/3$를 얻는다. 즉 이 게임의 내쉬균형은 갑과 을이 모두 1, 2, 3을 각각 0, 2/3, 1/3의 확률로 선택하는 것이다.

여기서 주목할 만한 것은 1이 전혀 선택되지 않는다는 점이다. 1은 열등전략이 아니다. 상대방이 2를 선택할 경우 1이 최적대응이기 때문이다. 그럼에도 불구하고 1은 혼합전략균형에서 사용되지 않는다. 앞의 논의에서 열등전략은 혼합전략균형에서 절대로 사용되지 않는다고 했다. 하지만 열등전략이 아니라고 해서 반드시 혼합전략균형에서 사용되는 것은 아니다. 위 게임은 그러한 사례를 보여준다.

이와 같이 순수전략의 수가 2보다 큰 경우에도, 혼합전략에 사용되는 순수전략에 따른 기대보수를 모두 계산한 후 그것들이 모두 같아야 한다는 조건으로부터 균형혼합전략을 구할 수 있다. 계산만 다소 번거로워질 뿐이지 방법론적으로는 순수전략이 2개인 경우와 차이가 없다.

(2) 경기자가 다수인 게임

1) n명 수사슴 사냥 게임

앞서 우리는 순수전략균형이 존재하는 수사슴 사냥에 대해 혼합전략균형을 구해보았다. 이제 사냥꾼이 n명 있는 경우의 혼합전략균형에 대해 생각해보자. 게임의 구조는 원래 게임에서처럼 다음과 같다. n명의 사냥꾼이 토끼와 사슴 중 하나를 선택해서 사냥을 한다. 만약 모든 사냥꾼이 사슴을 쫓으면 모두가 2의 보수를 얻는다. 그러나 토끼를 선택하는 사냥꾼이 한 명이라도 있으면 사슴을 선택하는 사냥꾼의 보수는 0이 되고 토끼를 선택하는 사냥꾼의 보수는 1이 된다.

경기자가 두 명이나 세 명 있는 경우 우리는 이 게임에 모든 사람들이 토끼를 쫓거나 모든 사람들이 사슴을 쫓는 2개의 순수전략균형이 존재함을 보았다. 이 결과는 경기자가 n명인 경우에도 그대로 성립함을 쉽게 알 수 있다. 즉 n명이 모두 토끼를 쫓거나 모두 사슴을 쫓는 상황은 분명히 내쉬균형이다.

이제 사냥꾼들이 토끼와 사슴을 확률적으로 섞어서 선택하는 상황을 생각해보자. 이 게임은 대칭게임이므로 모든 사람들이 똑같은 확률로 토끼와 사슴을 선택하는 **대칭균형** (symmetric equilibrium)에 초점을 맞춘다.[7]

모든 사냥꾼이 사슴과 토끼를 각각 p와 $1-p$의 확률로 선택하는 균형을 찾아보자.[8] 모든 경기자가 동일한 상황에 처해 있으므로 경기자 1에 초점을 맞추어 분석을 진행한다. 경기자 1을 제외한 다른 모든 경기자가 사슴(S)과 토끼(H)를 각각 p와 $1-p$의 확률로 선택하는 상황에서, 1이 S를 확실하게 택할 때의 기대보수를 구하면 다음과 같다.

$$u_1(S;p) = p^{n-1} \times 2 + (1 - p^{n-1}) \times 0 = 2p^{n-1}$$

여기서 p^{n-1}은 다른 $n-1$명의 경기자가 모두 사슴을 택할 확률이며 $1 - p^{n-1}$은 그렇지 않을 확률, 즉 적어도 한 명의 경기자가 토끼를 택할 확률을 나타낸다. 1의 보수가 전자의 경우에는 2이고 후자의 경우에는 0이므로 기대보수는 위와 같이 계산된다.

---

7 대칭균형이란 모든 경기자가 동일한 전략을 쓰는 균형을 가리킨다. 여기서는 혼합전략을 쓰는 상황이므로 모든 사람들이 동일한 확률분포에 따라 선택하는 상황을 가리킨다. 동일한 전략을 쓴다고 해서 모두가 동일한 선택을 하는 것은 아니라는 점에 주의하기 바란다. 동일한 확률분포를 사용할 뿐이지 사람들의 실제 선택은 당연히 다를 수 있다.

8 2인 게임에서는 토끼를 선택할 확률을 p라고 했는데, 여기서는 사슴을 선택하는 확률에 초점을 맞추기 위해 사슴을 선택할 확률을 p라고 했다. 혼동이 없도록 주의하기 바란다.

마찬가지로 하면, 1이 H를 확실하게 택할 때의 기대보수는 다음과 같다.

$$u_1(H;p) = p^{n-1} \times 1 + (1 - p^{n-1}) \times 1 = 1$$

사실 토끼를 택하면 다른 사람의 선택과 관계없이 보수가 1이므로 굳이 위와 같은 계산을 할 필요도 없이 그 값을 바로 알 수 있다.

이제 S를 택하든 H를 택하든 기대보수가 같으려면 다음 식이 성립해야 한다.

$$2p^{n-1} = 1$$

이 식으로부터 다음과 같은 값을 얻는다.

$$p^* = \left(\frac{1}{2}\right)^{\frac{1}{n-1}}$$

즉 1이 S와 H 사이에서 무차별하려면 다른 모든 경기자들이 p^*의 확률로 S를 선택해야 한다.

이 p^*는 1을 제외한 다른 경기자들이 균형에서 S를 택하는 확률이다. 그렇다면 1이 S를 택할 균형확률은 어떻게 구할까? 위 분석을 1이 아닌 다른 경기자(가령 경기자 2)에 대해 반복하면, 2가 S와 H 사이에서 무차별하기 위해서는 2를 뺀 다른 모든 경기자들이 위에서 구한 p^*의 확률로 S를 선택해야 한다. 여기서 '다른 모든 경기자'에는 당연히 경기자 1이 포함된다. 따라서 1 역시 균형에서는 p^*의 확률로 S를 선택해야 함을 알 수 있다.

결론적으로 모든 경기자가 p^*의 확률로 S를 택하고 $1 - p^*$의 확률로 H를 택하는 것이 이 게임의 혼합전략균형이 된다. 여기서 균형확률 p^*는 n이 증가함에 따라 커지며, n이 무한대로 가면 1로 수렴함을 알 수 있다.

2) 버스 하차버튼 누르기 게임

다음과 같은 상황을 생각해보자. 어느 시내버스에 탄 승객 중 n명이 다음 정거장에서 내리는 사람들이다. 정거장에서 하차를 하려면 미리 정차버튼을 눌러야 한다. n명이 각자 버튼을 누를지 말지를 동시에 결정한다고 하자. 원하는 정거장에서 내릴 때의 보수를 $a > 0$, 그렇지 못할 경우의 보수를 0이라고 하자. 한편 버튼을 누르는 데는 c만큼의 비용이 든다. 단, $c < a$이다. 누군가 정차버튼을 눌러서 벨이 울리면 버스는 정거장에서 정차

를 하고, 아무도 버튼을 누르지 않으면 버스는 정거장을 그냥 지나간다. 이 게임의 내쉬균형을 생각해보자.

위 보수구조를 보면 버튼을 누르는 사람이 한 명이라도 있으면 다른 사람은 버튼을 누를 이유가 없다. 편익은 a로 동일하면서 비용만 들기 때문이다. 그러나 다른 누구도 버튼을 누르지 않는다면 자신이라도 버튼을 누르는 것이 낫다. $a > c$이기 때문이다.

이 게임의 혼합전략균형을 구하기 전에 먼저 순수전략균형에 대해 생각해보자. 순수전략균형에서 버튼을 누르는 사람이 몇 명이어야 하는지는 위에서 설명한 보수구조로부터 쉽게 알아낼 수 있다. 우선 버튼을 누르는 사람이 두 명 이상 있다면 이는 내쉬균형이 될 수 없다. 다른 사람들이 현재의 선택을 고수하는 상황에서, 버튼을 누른 사람은 버튼을 누르지 않음으로써 보수를 c만큼 증가시킬 수 있기 때문이다. 한편 아무도 버튼을 누르지 않는 상황 역시 내쉬균형이 될 수 없다. 이 경우 누구든 버튼을 누름으로써 보수를 0에서 $a - c$로 증가시킬 수 있기 때문이다. 그렇다면 정확히 한 명만 버튼을 누르는 상황은 어떨까? 이 경우에는 누구도 이탈의 유인이 없다. 버튼을 누른 사람은 선택을 바꾸면 보수가 $a - c$에서 0으로 떨어지고, 버튼을 누르지 않은 사람은 선택을 바꾸면 보수가 a에서 $a - c$로 떨어지기 때문이다. 따라서 정확히 한 명만 버튼을 누르는 상황이 내쉬균형이라는 것을 쉽게 알 수 있다.

버튼을 누르는 사람의 신원을 무시하면 이 게임에는 n명 중 1명만 버튼을 누르는 형태의 순수전략균형이 존재한다. 그런데 현실적으로 생각해보면 이 순수전략균형에는 해결하기 쉽지 않은 문제가 있다. 바로 누가 버튼을 누를 것인가 하는 것이다. 이 게임에서 버튼을 누르는 사람은 다른 경기자보다 낮은 보수를 얻는다. 이처럼 남을 위해 일종의 희생을 해야 하는 상황에서, 동일한 처지에 있는 여러 사람들 중 누군가가 다른 사람들과 다르게 행동을 한다는 것은 추가적인 맥락이나 조건이 더해지지 않는 한 개연성이 떨어진다.[9]

이제 이런 비대칭성 문제를 해결하기 위해 이 게임의 대칭균형을 생각해보자. 앞서 본 것처럼 대칭균형이란 모든 경기자들이 동일한 전략을 취하는 균형을 가리킨다. 이 게임에서 모든 경기자가 동일하게 p의 확률로 버튼을 누르는 상황을 상정하고, 앞의 수사슴 사냥 게임에서와 마찬가지로 경기자 1에 주목하여 문제를 풀어보자. 다른 모든 사람이

---

9 한편 이 순수전략균형은 게임 자체는 대칭게임이지만 균형은 비대칭적인 상황을 보여준다. 게임이 대칭게임이면 균형도 항상 대칭적일 것이라고, 즉 모든 사람들이 같은 행동을 취할 것이라고 생각하기 쉬운데 이는 사실이 아니다. 치킨게임이나 성 대결 게임도 모두 이런 특성을 가진다.

p의 확률로 버튼을 누르는 상황에서, 경기자 1이 버튼을 확실하게 누를 경우의 기대보수는 다음과 같다. 여기서 P는 버튼을 누르는 선택을 가리킨다.

$$u_1(P; p) = (1-p)^{n-1} \times (a-c) + \{1-(1-p)^{n-1}\} \times (a-c) = a-c$$

$1-p$는 한 개인이 버튼을 누르지 않을 확률이므로, 식에서 $(1-p)^{n-1}$은 다른 누구도 버튼을 누르지 않을 확률을 나타낸다. 반면 $\{1-(1-p)^{n-1}\}$은 적어도 한 명이 버튼을 누를 확률이다. 그런데 사실 버튼을 누르면 다른 사람의 선택에 무관하게 항상 $a-c$를 얻으므로 굳이 위와 같은 계산을 하지 않아도 그 값을 바로 알 수 있다.

다음으로 모든 사람이 p의 확률로 버튼을 누르는 상황에서 경기자 1이 버튼을 절대 누르지 않을 경우의 기대보수를 구하면 다음과 같다. 여기서 N은 버튼을 누르지 않는 선택을 나타낸다.

$$u_1(N; p) = (1-p)^{n-1} \times 0 + \{1-(1-p)^{n-1}\} \times a = \{1-(1-p)^{n-1}\}a$$

1이 버튼을 누르지 않을 때의 보수는 다른 누구도 버튼을 누르지 않으면 0이지만, 한 사람이라도 버튼을 누르는 사람이 있으면 a이므로 위와 같은 식이 성립한다.

이제 경기자 1이 P와 N 사이에서 무차별하려면 다음 식이 성립해야 한다.

$$a-c = \{1-(1-p)^{n-1}\}a$$

이 식을 p에 대해 풀면 다음을 얻는다.

$$1-(1-p)^{n-1} = \frac{a-c}{a} \ \rightarrow \ (1-p)^{n-1} = \frac{c}{a} \ \rightarrow \ 1-p = \left(\frac{c}{a}\right)^{\frac{1}{n-1}}$$

$$\Rightarrow p^* \equiv 1 - \left(\frac{c}{a}\right)^{\frac{1}{n-1}}$$

앞의 수사슴 사냥에서 적용한 논리를 그대로 적용하면 이 값이 바로 균형확률임을 알 수 있다. 즉 모두가 p^*의 확률로 버튼을 누르는 상황이 이 게임의 혼합전략균형이다. 여기서 $\frac{c}{a} < 1$이므로 n이 커짐에 따라 p^*값이 작아짐을 알 수 있다. 즉 각 개인이 일종의 '선행'을 할 확률이 점점 작아진다. 극단적으로 n이 무한대로 가면 p^*는 0으로 수렴한다.

그런데 여기서 이 개별 확률보다 더 의미를 가지는 것은 적어도 한 사람이 버튼을 누를 확률이다. 아무도 버튼을 누르지 않는다면 사회적으로 얻을 수 있는 편익이 전부 사라지기 때문이다. $1 - p*$가 한 개인이 버튼을 누르지 않을 확률이므로 $(1 - p*)^n$은 누구도 버튼을 누르지 않을 확률이다. 따라서 적어도 한 사람이 버튼을 누를 확률은 $1 - (1 - p*)^n$이 된다. 이를 $P(n)$이라 정의하고 위 $p*$값을 대입하면 다음을 얻는다.

$$P(n) \equiv 1 - (1 - p*)^n = 1 - \left(\frac{c}{a}\right)^{\frac{n}{n-1}}$$

n이 커짐에 따라 이 값은 점점 감소한다. 즉 사회적 편익이 발생할 가능성이 점점 줄어든다. 하지만 그렇다고 이 값이 0이 되는 것은 아니다. 위 식에서 n이 무한대로 가면 $P(n)$은 $\frac{a - c}{a}$로 수렴함을 알 수 있다.

이와 같이 참여자의 수가 늘어남에 따라 사회적으로 바람직한 결과가 발생할 가능성이 줄어드는 현상을 사회학에서는 **책임감의 분산**(diffusion of responsibility) 혹은 **방관자효과**(bystander effect)라고 부르는데, 혼합전략균형을 이용한 게임이론의 분석은 이러한 사회 현상에 대한 흥미로운 설명을 제시한다.

(3) 순수전략이 연속변수인 게임*

순수전략이 연속변수인 게임도 앞의 경우와 개념적으로 동일한 방법으로 혼합전략균형을 구할 수 있다. 즉 경기자가 양의 확률로 사용하는 순수전략으로부터의 기대보수가 모두 같아야 한다는 사실을 이용한다. 하지만 순수전략이 연속변수이므로 혼합전략을 표시하고 균형을 구하는 데 다소간의 통계학적 지식이 필요하다.

예를 들어 어떤 게임에서 경기자의 전략집합이 구간 [0, 1]이라고 하자. 즉 이 경기자는 0부터 1까지의 숫자 중 어느 하나를 선택한다. 이제 이 경기자가 [0, 1] 구간에 속한 임의의 수를 균일분포(uniform distribution)에 따라 선택한다고 하자. 이 혼합전략을 식으로는 어떻게 나타낼 수 있을까? 이 경기자가 선택하는 숫자를 [0, 1] 구간에서 정의된 균일분포를 따르는 확률변수(random variable)로 생각할 수 있다. 따라서 혼합전략을 이 확률변수의 밀도함수(density function)나 분포함수(distribution function)로 표시할 수 있다. 구간 [a, b]에서 정의된 균일분포를 따르는 확률변수 $x \in [a, b]$에 대해 밀도함수는 $f(x) = \frac{1}{b-a}$이고 분포함수는 $F(x) = \frac{x-a}{b-a}$이므로, 위 전략은 밀도함수 $f(x) = 1$ 혹은 분포함수 $F(x) = x$로 나타낼 수 있다. 밀도함수보다는 분포함수를 이용하는 것이 편리할 때가 많으므로, 확률분포를 나타내는 분포함수를 이용하여 혼합전략을 나타내는 것이 일반적이다.

이러한 점을 염두에 두고 다음과 같은 게임을 생각해보자. n명의 사람이 경매에 참여한다. 경매에 부쳐진 물건은 모든 사람에게 v만큼의 가치가 있으며 이는 공통지식이다.[10] 모든 사람이 동시에 입찰가를 적어 내며 가장 높은 가격을 제시하는 사람이 승자가 된다. 만약 승자가 2명 이상 나오면 그들이 물건을 동일하게 나눠 가진다. 경매 참가자는 자신이 승자가 되는지 여부에 관계없이 자신이 적어낸 금액을 경매인에게 지불해야 한다. 편의상 가격은 연속변수로 취급한다.

이처럼 경매의 결과에 관계없이 모든 사람이 자신이 적어낸 금액을 지불하는 경매를 **전원지불경매**(all-pay auction)라고 부른다. 승부나 성패 여부에 관계없이 참여자 모두가 어느 정도 지출을 하거나 노력을 투입해야 하는 상황을 이와 같은 전원지불경매의 현실적 사례로 생각할 수 있다. 가령 선거, 스포츠, 연구개발, 전쟁, 로비활동 같은 상황이 전원지불경매의 성격을 띠는 사례이다.

생각해보기 5.2 --

이 게임의 순수전략균형이 무엇인지 생각해보라. 만약 정수 단위로만 가격을 적어낼 수 있다면 답은 달라지는가?

이제 이 게임에서 참여자들이 $[0, v]$ 구간의 숫자를 확률적으로 택하는 혼합전략균형을 구해보자.[11] 이 게임에서 x를 적어낸 경기자의 보수는 그가 승자가 될 경우에는 $v - x$이며 그렇지 않을 경우에는 $-x$이다.[12] 이제 경기자들이 분포함수 F에 따라 x를 선택한다고 하자. 즉 $F(x)$는 이 경기자가 선택한 값이 x 이하일 확률을 보여준다. 모든 사람들이 동일한 처지에 있으므로 모두가 동일한 혼합전략, 즉 분포함수를 사용하는 대칭균형에 초점을 맞추기로 하자.

이제 경기자 1에 초점을 맞추어, 다른 모든 사람들이 F에 따라 입찰가를 정하는 상황

---

10 물건이 아니라 돈이 v만큼 경매에 부쳐진 것으로 생각하면 이해하기 쉽다.

11 v보다 큰 금액을 적어내는 것은 강열등전략이므로, 위와 같은 조건이 주어지지 않더라도 당연히 $[0, v]$ 구간에 한정해 분석을 진행해야 한다는 점에 주목하기 바란다. 한편 $[0, v]$ 구간에서는 제외되는 열등전략이 존재하지 않는다.

12 다른 사람과 공동으로 승자가 될 경우, 승자의 수를 m이라 하면 보수는 $\frac{v}{m} - x$가 된다. 하지만 x가 연속변수이기 때문에 이런 일이 발생할 확률이 0이므로 고려하지 않아도 무방하다.

에서 1이 특정한 값 x를 택할 때의 기대보수를 계산하면 다음과 같다.

$$u_1(x; F) \equiv F(x)^{n-1}(v-x) + (1-F(x)^{n-1})(-x) = vF(x)^{n-1} - x$$

1이 x를 적어 내고 승자가 되려면 다른 사람들이 모두 x보다 작은 값을 적어 내야 하는데 그 확률은 $F(x)^{n-1}$이다. 반면 적어도 한 사람이 x보다 큰 값을 적어내어 1이 승자가 되지 못할 확률은 1에서 앞의 값을 뺀 값, 즉 $1-F(x)^{n-1}$이다. 이로부터 위의 값이 도출된다.

균형에서는 1이 어떤 x를 택하든 기대보수가 모두 같아야 한다. 즉 $vF(x)^{n-1} - x$가 x값에 상관없이 상수가 되어야 한다. 이제 이 상수를 c라고 하면 모든 x에 대해 다음이 성립해야 한다.

$$vF(x)^{n-1} - x = c$$

이제 상수 c만 구하면 F를 확정할 수 있다. c를 어떻게 구할 수 있을까? 위 식은 모든 $x \in [0, v]$에 대해 성립하므로 x 대신 특수한 값을 대입해보자. 가령 $x = v$라면 어떻게 될까? $x = v$일 경우 $F(v) = 1$이 된다. 따라서 위 식으로부터 다음을 얻는다.

$$v - v = c \implies c = 0$$

이 값을 원래 식에 대입하면 다음을 얻는다.

$$vF(x)^{n-1} - x = 0 \implies F(x) = \left(\frac{x}{v}\right)^{\frac{1}{n-1}}$$

앞서 다른 사례에서 이용한 논리에 따라 이 분포함수가 바로 이 게임의 혼합전략균형에서 각 경기자가 사용하는 혼합전략임을 알 수 있다.

주요 학습내용 확인

- ☑ 혼합전략과 혼합전략균형의 의미를 정확히 이해하고 있는가?
- ☑ 2인 게임에서 최적대응을 이용하여 혼합전략을 구할 수 있는가?
- ☑ 2인 게임 및 n명 게임에서 기대보수 비교를 통하여 혼합전략균형을 구할 수 있는가?

연습문제

1. 야구에서 투수(경기자 1)와 1루 주자(경기자 2) 간의 다음 상황을 생각해보자. 투수는 포수가 2루에 송구하기 좋도록 높은 볼을 던질 수도 있고(O), 카운트를 잡기 위해 스트라이크를 던질 수도 있다(I). 1루 주자는 도루를 할 수도 있고(S) 하지 않을 수도 있다(N). 둘의 결정은 동시에 이루어진다. 다음 보수행렬은 이 상황을 나타내고 있다.

		2	
		S	N
1	O	0.4, −0.4	−0.1, 0.1
	I	0.1, −0.1	0.2, −0.2

이 게임의 내쉬균형을 구하라.

2. (제4장 연습문제 5번 (2)의 상황을 다시 생각해보자.) 4개의 기업 1, 2, 3, 4가 시장 진입 여부를 동시에 결정한다. 이 시장에 진입할 경우 얻을 수 있는 영업이익은 진입기업의 수가 n일 때 $\frac{600}{n}$이다. 각 기업은 진입할 경우 일정한 비용을 지출해야 한다. 기업 1, 2, 3, 4의 진입비용은 순서대로 각각 100, 120, 160, 180이다. 기업의 보수는 영업이익에서 진입 비용을 뺀 값이며, 진입하지 않을 경우의 보수는 0이다.

(1) 기업 1과 2가 혼합전략을 쓰는 내쉬균형이 존재하는가?

(2) 혼합전략이 사용되는 내쉬균형을 구하라.

3. 학교 친구인 1과 2가 같은 버스를 타고 등교하고 있다. 현재 버스 승객은 이 둘밖에 없으며 둘은 정차 버튼을 누를지 말지를 독립적으로 결정한다. 적어도 한 명이 버튼을 누르면 버스는 정차하며, 아무도 버튼을 누르지 않으면 버스는 정류장을 지나간다. 버스가 학교 앞에 정차하여 정시에 등교할 경우 각자가 누리는 보수는 2이며, 버스가 정류장을 지나칠 경우의 보수는 −1이다. 버튼을 누르는 데 따른 불편의 크기는 $c > 0$이다.

(1) 이 상황을 전략형 게임으로 나타내라.

(2) 이 게임의 순수전략균형을 모두 찾아라.

(3) 이 게임에서 적어도 한 경기자가 혼합전략을 쓰는 내쉬균형이 존재하는가? 존재한다면 모두 찾아라.

4. 두 사람 1과 2가 두 회사 A, B 중 하나에 지원한다. 둘이 서로 다른 회사에 지원하는 경우에는 각자 지원한 회사에 확실하게 채용이 되지만, 같은 회사에 지원하는 경우에는 각자 1/2의 확률로 채용된다. A, B가 제시하는 임금은 각각 3과 2이며, 채용이 되지 않을 경우 1과 2는 모두 0을 얻는다. 1과 2의 보수는 임금의 기댓값과 같다. 혼합전략균형을 포함하여 이 게임의 내쉬균형을 모두 구하라.

5. 운전자(경기자 1)가 주차금지구역에 주차를 할지(P) 말지(N) 고민하고 있으며, 경찰(경기자 2)은 주차단속을 할지(C) 말지(N) 고민하고 있다. 둘은 동시에 행동을 결정한다. 1은 불법주차가 단속에 걸리지 않는다면 B의 편익을 누리지만, 단속에 걸릴 경우 편익은 누리지 못하고 벌금 F만 문다. 한편 2는 단속에 나설 경우 적발 여부에 관계없이 비용 C를 지출한다. 단 $C < F$이다. 이때 만약 1이 불법주차를 하면 2는 이를 확실하게 적발하여 편익 F를 얻는다. 1, 2의 보수는 편익에서 비용을 뺀 값이며, N 선택 시에는 1과 2 모두 편익도 비용도 없다.

(1) 이 게임에 순수전략내쉬균형이 존재하는지 조사하라.

(2) 이 게임의 혼합전략내쉬균형을 구하라.

6. 다음과 같은 보수행렬로 표시되는 게임을 생각해보자. 여기서 x, y는 모두 양수이다.

		2	
		L	R
1	T	0, 0	1, y
	B	x, 1	0, 0

(1) 이 게임의 혼합전략균형을 구하라.

(2) x와 y값 변화에 따라 균형확률이 어떤 영향을 받는지 조사하고 그에 대한 직관적인 설명을 제시하라.

7. 학생(A)과 시험 감독관(B) 간의 다음 상황을 생각해보자. 학생은 시험 중 부정행위를 할 수도 있고(C) 하지 않을 수도 있다(N). 부정행위를 할 때 A의 보수는 부정행위가 적발되지 않으면 5이지만 적발되면 -10이다. 부정행위를 하지 않을 경우 A의 보수는 0이다. 감독관은 시험 중 부정행위 적발을 위해 어느 정도의 노력을 투입할지 결정한다. 투입된 노력 수준이 x이면 부정행위를 x의 확률로 적발할 수 있다. 여기서 $0 \le x \le 1$이다. 노력 수준 x 투입에 드는 비용은 $5x^2$이다. 부정행위를 적발할 경우 B의 편익은 5이며 부정행위를 적발하지 못할 경우의 편익은 0이다. B의 보수는 편익에서 비용을 뺀 값이다. A는 부정행위를 저지를지의 여부를 결정하며, B는 노력 수준인 x값을 결정한다. A와 B의 선택은 동시에 이루어진다.

(1) 이 게임에서 A가 순수전략을 쓰는 내쉬균형이 존재하지 않음을 보여라.

(2) A가 혼합전략을 쓰고 B가 순수전략을 쓰는 내쉬균형을 구하라.

8. 기업 1과 2가 동질적인 제품을 한계비용 10에 생산하여 판매한다. 고정비용은 없다. 이 제품의 잠재적 소비자는 100명으로, 각자 이 제품에 최대 20까지 지불할 용의가 있으며 한 사람이 최대 1개만 구입한다. 두 기업은 시설용량 제한(capacity constraint)이 있어 제품을 각자 80개까지만 생산할 수 있다. 두 기업은 이윤극대화를 추구하며 동시에 가격을 책정한다. 가격이 동일할 경우 두 기업이 시장을 반분한다.

(1) 시설용량 제한이 없는 경우의 내쉬균형이 이 게임에서는 내쉬균형이 아님을 보여라.

(2) 이 게임에는 순수전략균형이 존재하지 않음을 보여라.

(3) 이 게임에서 두 기업이 동일한 전략을 쓰는 혼합전략내쉬균형을 구하라. (힌트 : 각 기업의 가격책정전략을 F라는 분포함수를 이용해 나타내고, 가격 구간의 하한을 p'으로 두라.)

제2부

완비정보하의 동태적 게임

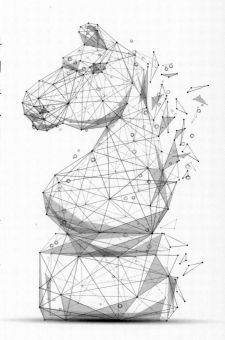

제2부에서는 제1부에서처럼 정보가 완비되어 있으나 경기자들이 순차적으로 행동을 하여 전개형 게임으로 표현되는 전략적 상황에 대해 공부한다. 먼저 전개형 게임에서 널리 쓰이는 역진귀납과 그것을 바탕으로 한 부분게임완전균형의 개념을 소개하고 그것을 다양한 사례에 적용한다. 다음으로 전개형 게임의 특수한 예로 반복게임에 대해 공부한다. 반복게임에서는 특히 죄수의 딜레마 상황처럼 협조가 일어나기 힘든 상황이 반복되어 일어날 경우 협조가 달성될 수 있는지에 초점을 맞춘다.

전개형 게임으로 표시되는 순차게임이 전략형 게임으로 표시되는 동시게임보다 나중에 소개되기는 하지만, 사실 순차게임은 동시게임보다 균형을 찾는 방법이 더 직관적이고 쉽다. 동시게임에서는 상대방의 행동에 대한 믿음(belief)이 중요한 문제로 작용하지만, 순차게임에서는 상대방의 행동을 보고 결정을 내리므로 그와 같은 문제가 없기 때문이다.

제 **6** 장

부분게임완전균형

이 장에서는 먼저 전개형 게임에서 전략이 어떤 형태를 띠는지 설명하고, 다음으로 전개형 게임에서 가장 널리 쓰이는 균형개념인 부분게임완전균형과 그러한 균형을 찾는 방법인 역진귀납에 대해 소개한다.

1. 전개형 게임에서의 전략

제1장에서 전개형 게임은 게임트리라는 시각적 도구를 이용해 나타낸다고 하였다. 〈그림 6-1〉은 제3장에서 본 성 대결 게임이 순차게임의 형태를 띠는 상황을 가정하고 이를 게임트리를 이용해 나타낸 것이다. 경기자 1, 2는 각각 남자와 여자이며 B는 야구장, C는 극장을 나타낸다. 게임트리에서 나타나듯이 1이 먼저 둘 중 하나를 선택하면 2는 1의 선택을 관찰한 후 결정을 내린다. 2의 두 결정마디가 점선으로 연결되어 있지 않은 것은 2가 1이 어떤 결정을 내렸는지를 알고 선택을 하는 상황임을 나타낸다.

이 게임의 균형이 무엇인지는 나중에 생각하기로 하고 여기서는 각 경기자의 (순수)전략에 대

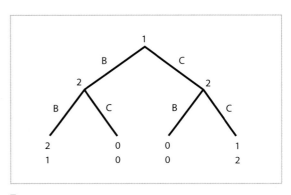

그림 6-1 순차적 성 대결 게임

해 생각해보기로 한다. 1의 전략은 명확하다. 1은 B나 C 중 하나를 고른다. 즉 $s_1 \in S_1 = \{B, C\}$이다. 2의 전략은 어떻게 될까?

2의 전략에 대해 생각하기 전에, 먼저 게임에서 전략이라는 말이 의미하는 바를 명확히 이해할 필요가 있다. 우리가 제1부에서 살펴본 여러 게임에서 전략은 특정 행동을 확실하게 선택하거나(순수전략) 혹은 몇 가지 행동을 특정 확률로 섞어서 선택하는(혼합전략) 것이었다. 일반적으로 게임에서 전략이라는 개념은 발생 가능한 모든 상황에 대해 경기자로 하여금 어떻게 행동할지를 알려주는 일종의 행동지침이나 매뉴얼의 성격을 띤다. 게임상황에 처해 있는 경기자는 선택을 해야 하는 결정의 순간마다 자신의 행동지침을 적어 놓은 매뉴얼을 참조함으로써 해답을 얻을 수 있어야 한다. 따라서 전략은 '완비된 사전적 대책(complete contingency plan)'이어야 한다.

이러한 점을 염두에 두고 위 게임에서 2의 전략에 대해 생각해보자. 가장 먼저 깨달아야 하는 것은 2의 전략은 두 가지 질문에 대해 답을 제공해야 한다는 것이다. 하나는 "1이 B를 택할 경우 나는 어떻게 해야 하는가?"이고 다른 하나는 "1이 C를 택할 경우 나는 어떻게 해야 하는가?"이다. 사전적으로 1이 어떤 선택을 할지 알 수 없으므로 2의 전략은 두 질문에 대한 답을 사전적으로 갖추고 있어야 한다. 따라서 2의 전략은 두 가지 행동을 명시하여야 한다. 즉 '1이 B를 택할 경우에는 (   )를 택하고 1이 C를 택할 경우에는 (   )를 택한다'라는 문장의 빈칸에 들어갈 행동을 적시해야 한다.

따라서 2의 전략은 총 4개가 존재함을 알 수 있다. 위 빈칸에 들어갈 수 있는 행동을 순서대로 묶어 놓으면 BB, BC, CB, CC 이렇게 4개의 조합이 가능하기 때문이다. 여기서 가령 BC는 "1이 B를 택할 경우에는 B를 택하고 1이 C를 택할 경우에는 C를 택한다"는 전략을 의미한다. 2의 전략은 위와 같이 표기할 수도 있고 B/B, B/C, C/B, C/C와 같이 표시할 수도 있으며, 그냥 위 문장처럼 말로 길게 풀어서 설명할 수도 있다. 문맥상 그 의미만 명백하면 어느 방법을 쓰든 무방하다. 우리는 편의상 첫 번째 방법을 이용하기로 한다. 결론적으로 이 게임에서 2의 전략집합은 $S_2 = \{BB, BC, CB, CC\}$이며 2의 전략은 $s_2 \in S_2$이다.

다음과 같은 순차적 가위바위보 게임을 생각해보자. 1이 먼저 가위, 바위, 보 중 하나를 택하면 2는 1의 선택을 본 후 가위, 바위, 보 중 하나를 선택한다. 이 게임에서 1과 2는 각각 몇 개의 전략을 가지고 있는가?

이해를 돕기 위해 예를 하나 더 살펴보자. 〈그림 6-2〉는 제1장에서 소개한 진입게임이다. 상황을 반복해서 설명하면 다음과 같다. 한 시장을 기존기업(경기자 2)이 독점하고 있는 상황에서 잠재적 진입기업(경기자 1)이 진입 여부를 고민하고 있다. 1이 진입하지 않으면(N) 2는 이전과 같이 독점이윤을 누릴 수 있다. 1이 진입을 결정할 경우(E), 2는 이를 받아들여 시장을 반분하거나(A) 공격적인 가격정책(F)으로 1에게 피해를 입힐 수 있다.

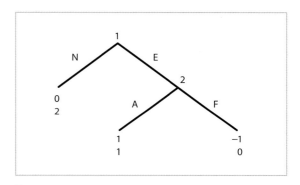

▌**그림 6-2** 진입게임

이 게임에서 1의 전략은 N과 E, 두 가지이다. 따라서 $S_1 = \{N, E\}$이다. 2의 전략은 어떻게 될까? 앞서 본 순차적 성 대결 게임과 달리 이 게임에서는 1이 N을 선택하면 게임이 끝나버려 2는 아무런 행동을 취하지 않아도 된다(혹은 아무런 행동도 취할 수 없다고 생각할 수도 있다). 따라서 2의 전략은 1이 만약 E를 택할 경우 무엇을 택해야 하는지에 대한 답만 주면 된다. 그러므로 2의 전략은 A와 F, 두 가지이다. 즉 $S_2 = \{A, F\}$이다.

두 경기자의 전략이 모두 하나의 행동으로 나타나지만 둘의 전략은 의미상 구조적으로 차이가 있음에 주의할 필요가 있다. 가령 1의 전략 N은 '진입하지 않는다'는 무조건적인 행동을 나타낸다. 그러나 2의 전략 A는 '1이 E를 택할 경우 A를 택한다'는 조건문이다. 즉 단순한 행동이 아니라 어떤 조건이 충족될 경우를 상정한 조건부 행동지침이다. 기본적으로 다른 사람의 행동을 보고 선택을 결정하는 경기자의 전략은 모두 이러한 조건부 행동지침의 성격을 가진다는 점을 반드시 기억하기 바란다.

자동차 내비게이션 시스템과 전개형 게임의 전략

전개형 게임에서의 전략의 개념을 보다 쉽게 이해하기 위해 운전자의 길 찾기를 도와주는 내비게이션 시스템(이하 '내비')에 대해 생각해보자. 운전자가 A라는 장소에서 B라는 장소로 이동하기 위해 내비에서 경로를 검색하면 내비는 현재의 교통상황을 반영하여 최적경로를 찾아준다. 이제 운전자가 이 경로를 따라 가는 도중에 교통상황이 변했거나 혹은 실수로 경로를 이탈하였다고 하자. 그러면 내비는 거의 실시간으로 다시 최적경로를 찾아준다. 내비가 사전에 이런 변동 가능성을 염두에 두고 발생 가능한 모든 이탈에 대해 미리 최적경로를 찾아놓은 것은 아니지만, 기술의 발달로 인해 새로운 최적경로 탐색이 거의 순식간에 이루어지므로 이용자가 보기에는 내비가 모든 발생 가능한 경우에 대해 대안을 갖추고 있는 것과 다름없다.

발생 가능한 모든 경우에 대해 어떤 행동을 선택을 할지를 모두 갖추고 있다는 측면에서 전개형 게임에서 전략의 개념은 이와 같은 내비의 길 찾기 시스템과 비슷하다. 발생 가능한 모든 경우는 상대의 선택뿐 아니라 나의 선택도 포함한다. 이는 내비가 다른 운전자의 선택이 바뀌어 교통상황에 변화가 발생하면 새로운 길을 알려줄 뿐 아니라 운전자가 실수로 경로를 이탈해도 어떤 길을 따라가야 하는지 알려주는 것과 비슷하다. 전개형 게임에서의 전략은 해당 경기자가 선택을 해야 하는 모든 결정마디에서의 행동 지침을 제시한다. 이는 전개형 게임에서의 전략이 조건부 명령문의 형태를 띰을 의미한다. 즉 '이러저러한 일이 일어나면 이러저러한 행동을 하라'는 형태를 띤다.

이와 같은 전략의 개념을 이해하면 전개형 게임에서의

전략이 어떤 형태를 띠는지 쉽게 알 수 있다. 즉 전개형 게임에서 하나의 전략은 해당 경기자의 결정마디의 수와 같은 행동을 적시해야 한다. 앞서 〈그림 6-1〉에서 본 순차적 성 대결 게임을 예로 들면, 1은 결정마디가 하나밖에 없으므로 1의 전략은 하나의 행동, 즉 B나 C로 나타난다. 2의 경우는 결정마디가 2개이므로 2의 전략은 각각의 결정마디에서 2가 취할 행동을 나타내는 2개의 행동으로 나타나고, 가능한 2의 전략은 BB, BC, CB, CC의 4개이다.

만약 두 경기자 1과 2가 가위바위보를 순차적으로 한다면 어떨까? 이 게임을 게임트리로 표시하면 1은 결정마디가 하나밖에 없으므로 1의 전략은 하나의 행동으로 표시된다. 반면 2는 1의 각 선택에 대응되는 3개의 결정마디가 있으므로 전략이 3개의 행동으로 나타난다. 각 결정마디에서 2가 택할 수 있는 행동이 셋이므로 2의 전략은 총 $3 \times 3 \times 3 = 27$개이다.

만약 정보집합이 있다면 어떻게 될까? 가령 위의 순차적 가위바위보 게임에서 2가 1이 가위를 냈는지 아닌지는 확실히 알지만 바위와 보 중에서 어떤 것을 냈는지는 모른다고 하자. 이 경우 2의 전략은 몇 개의 행동으로 이루어질까? 당연히 2개이다. 1이 가위를 내지 않은 경우, 2는 1의 바위와 보에 대응되는 두 결정마디 중 자신이 어느 곳에 위치하고 있는지 구별할 수 없기 때문에 2에게는 실질적으로 결정마디가 2개밖에 없는 것과 다름없다. 따라서 2의 전략은 2개의 행동으로 구성되며, 가능한 전략의 수는 $3 \times 3 = 9$가지이다.

2. 부분게임완전균형과 역진귀납

(1) 진입게임의 내쉬균형

이제 전개형 게임의 내쉬균형을 알아보기 위해 앞서 본 진입게임에 대해 생각해보자. 이 게임에서 1과 2는 모두 2개의 전략을 가지고 있음을 보았다. 우리가 찾는 내쉬균형은 서로가 동시에 상대방의 전략에 대해 최적대응을 택하는 전략의 짝이다. 이를 찾기 위한 가장 손쉬운 방법은 게임트리를 보수행렬로 변환하여 최적대응법을 적용하는 것이다. (제1장에서 전개형 게임을 전략형 게임으로 바꾸는 것이 유용할 때가 있다고 했는데 지금이 바로 그런 경우이다.) 〈그림 6-2〉의 게임트리를 보수행렬로 바꾸면 다음과 같다.

		2	
		A	F
1	N	0, 2	0, 2
	E	1, 1	−1, 0

1이 N을 선택하면 2의 전략에 상관없이 게임이 그대로 끝나버리므로 2가 무슨 전략을 가지고 있든 보수의 짝이 (0, 2)가 된다는 점에 주의하기 바란다. 여기서 해석상 주의할 점은, 가령 (N, A)라는 전략명세가 뜻하는 것은 1이 N을 택하고 2가 그에 대응하여 A를 택하는 것이 아니라는 점이다. 2의 전략이 A라는 것은 2가 '1이 만약 E를 택하면 나는 A를 택하겠다'는 전략을 취하고 있음을 의미한다. 따라서 1이 E가 아닌 N을 택한 상황에서는 2는 실제로 어떤 행동도 취하지 않게 된다.

　이제 이 보수행렬에 최적대응법을 적용하면, 다음에서 보듯이 (E, A)와 (N, F)라는 2개의 내쉬균형을 찾을 수 있다.

		2	
		A	F
1	N	0, 2	0, 2
	E	1, 1	−1, 0

제4장에서 본 것처럼 균형이 여러 개 있다는 사실은 별로 반가운 소식이 아니다. 그중 어느 것이 더 가능성이 높은지를 따져봐야 하기 때문이다. 이제 각 균형에 대해 보다 깊이 생각해보자.

먼저 (E, A)부터 생각해보자. 이 균형은 1이 진입을 하고, 2는 1이 진입할 경우 이를 수용하는 상황이다. 1이 진입할 때 2는 이를 수용하는 것이 자신에게 최적이다. F를 택하면 보수가 0이지만 A를 택하면 보수가 1이기 때문이다. 한편 1은 2가 '1이 진입하면 그것을 수용하겠다'라는 전략을 가진 상황에서는 진입을 하지 않는 것보다 진입을 하는 것이 낫다. 진입을 하면 1을 얻지만 진입을 하지 않으면 0을 얻기 때문이다. 전반적으로 이 균형은 상식에 부합하는 것으로 보인다.

다음으로 (N, F)에 대해 생각해보자. 이 균형은 1이 진입을 하지 않고 2는 '1이 진입할 경우 공격적인 가격정책을 펴겠다'는 계획을 세운 상황이다. 2가 공격적인 태도를 취하고 있는 상황에서 1은 진입을 하지 않는 것이 합리적이다. 진입을 하면 보수가 −1이지만 진입하지 않으면 0을 얻기 때문이다. 2의 전략은 어떨까? 1이 애초에 진입하지 않는 상황에서는 2가 어떤 전략을 취하든 그것은 (약한 의미에서) 합리적이다. 자신이 어떤 계획을 세우고 있든 어차피 1이 진입을 하지 않아 경기가 그대로 끝날 것이기 때문이다. 즉 1이 진입하지 않는 상황에서 2는 어떤 전략을 택하든 보수가 2로 동일하다. 따라서 2의 전략 F는 1의 전략 N에 대한 최적대응 중 하나이다.

그런데 이 (N, F) 균형은 현실성이 의심스럽다. 직관적 이해를 위해 이 균형을 말로 표현하면, 2가 1에게 "네가 진입하면 나는 너에게 손해를 입히기 위해 공격적인 가격정책을 펴겠다"고 위협하는 상황이다.[1] 그런데 〈그림 6-2〉에 나타난 게임트리를 보면, 이러한 경고를 무시하고 1이 진입을 할 경우 2가 자신이 했던 경고를 실제로 실행하기가 어렵다는 것을 알 수 있다. 1이 진입을 했을 때 2가 공격적인 가격정책을 펴면 보수가 0임에 비해, 진입을 받아들이고 시장을 나눠 가지면 1의 보수를 얻기 때문이다. 즉 2의 전략은 자해적 성격이 있어 그 신빙성(credibility)이 떨어진다. 이런 전략을 **헛된 위협**(empty threat)이나 **공허한 위협**, 혹은 **신빙성이 없는 위협**(non-credible threat)이라고 부른다. (N, F)는 헛된 위협에 근거한 균형이므로 실제로 현실에서 일어날 가능성이 낮다. 1이 위협을 무시하고 진입할 경우, 2는 자신의 이익을 위해 울며 겨자 먹기 격으로 1의 진입을 수용하는 수밖에 없다.

그런데 문제는 내쉬균형의 개념만으로는 이렇게 현실성이 떨어지는 균형을 제외할 수 없다는 점이다. (N, F)는 두 경기자가 모두 상대의 전략에 대해 최적대응을 택하고 있는

---

[1] 물론 2가 실제로 1에게 명시적으로 그런 얘기를 하는 것은 아니다. 2의 전략이 그러한 위협의 형태를 띤다는 의미이다.

현실에서의 헛된 위협

실현 가능성이 낮은 처벌을 공언하는 헛된 위협의 사례를 일상생활에서도 쉽게 찾아볼 수 있다. 가령 부모가 아이를 야단치면서 "한 번만 더 이런 말썽을 피우면 집에서 내쫓아버리겠다"고 말하는 것은 헛된 위협이다. 실제로 아이가 다시 말썽을 피워도 집에서 쫓아낼 수는 없기 때문이다. 이런 헛된 위협은 처음에는 몇 번 통할 수 있을지 모르지만 상대방이 그 비현실성을 알아차리는 순간 무용지물이 된다.

이와는 반대로 '헛된 약속'이 있을 수도 있다. 현실성이 없는 과도한 이득을 주겠다는 말로 특정 행동을 유도하는 경우가 그것이다. 상대가 어떤 보상을 약속할 때 그것이 현실성이 없다면 그 약속을 믿고 그에 근거하여 결정을 내리는 것은 현명하지 못한 행동이다. 결혼을 앞둔 사람들은 "결혼하면 이리저리 잘 해주겠다"는 상대의 말을 잘 새겨들을 필요가 있다.

상황이므로 내쉬균형의 정의를 정확히 만족시키고 있다. 이상의 분석은 전개형 게임에서는 내쉬균형의 개념만으로는 '이상한' 균형을 제외할 수 없으며, 이러한 문제를 해결하기 위해서는 보다 강화된 균형개념이 필요하다는 것을 보여준다.

이제 다시 균형 (N, F)에 대해 생각해보자. 앞에서 이야기한 바와 같이 여기서 2의 전략 F가 현실성이 없는 것은, 막상 1이 진입했을 때 2가 자신의 약속 F를 지키는 것이 자신에게 도리어 해가 되기 때문이다. 하지만 그럼에도 불구하고 (N, F)가 내쉬균형이 되는 것은, 이 균형에서 1은 N을 택하므로 2가 실제로 F를 선택할 일이 없기 때문이다. 즉 내쉬균형은 주어진 균형에서 실제로 발생하는 상황에 대해서만 합리적인 행동을 할 것을 요구하는 것이다.

〈그림 6-3〉을 보면 점선으로 둘러싸인 부분은 1이 E를 선택해야만 도달하는 부분이다. 따라서 이 부분은 (N, F) 균형에서는 도달되지 않는 영역이고, 그렇기 때문에 2가 신빙성 없는 전략인 F를 사용해도 (N, F)가 내쉬균형이 될 수 있었던 것이다.

이제 만약 요건을 강화하여 균형을 따르면 발생하지 않을 상황, 게임트리로 얘기하면 균형에서는 도달하지 않는 부분에서도 모두가 합리적인 선택을 하도록 요구하면 어떻게 될까? 그렇다면 (N, F)는 더 이상 우리가 찾는 균형의 후보에

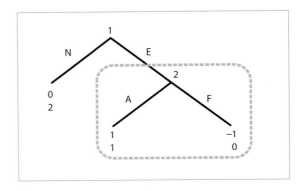

▌그림 6-3 진입게임의 분석

속하지 않는다. 왜냐하면 점선으로 둘러싸인 부분에서 2의 합리적인 선택은 F가 아니라 A이기 때문이다. 따라서 A가 아닌 F가 사용되는 (N, F)는 우리의 고려 대상에서 빠지게 된다.

이처럼 실제 도달 여부에 관계없이 모든 상황에서 합리적인 행동을 할 것을 요구하는 방식으로 조건을 강화하여 얻는 균형을 부분게임완전균형이라고 한다. 이에 대해서 다음 소절에서 자세히 살펴본다.

(2) 부분게임완전균형과 역진귀납

1) 부분게임이란

앞서 우리는 균형에서의 도달 여부에 관계없이 모든 상황에서 경기자들이 합리적인 행동을 할 것을 요구한다고 했다. 여기서 '모든 상황에서'라는 부분을 적절한 용어를 이용해 다시 서술하면 '모든 부분게임에서'라고 표현할 수 있다.

부분게임이란 게임의 한 부분으로서 그 부분만 독립적으로 따로 떼어내어 별도의 게임으로 분석할 수 있는 부분을 가리킨다. 부분게임은 다음과 같이 정의된다.

정의

전개형 게임의 **부분게임**(subgame)은 그 게임의 일부로서 다음 성질을 만족하는 부분이다.

- 하나의 결정마디로 시작한다.
- 시작하는 결정마디와 그 뒤에 등장하는 모든 결정마디 및 보수로 구성된다.
- 정보집합을 자르지 않는다.

〈그림 6-4〉는 부분게임의 개념을 이해하기 위해 그린 가상적인 게임트리이다. 1이 먼저 L과 R 중 하나를 선택한다. L을 선택할 경우 게임은 그대로 끝나며, R을 선택할 경우 2는 L과 R 중 하나를 선택한다. 그 후 다시 1이 선택을 하는데, 이때 1은 2가 무엇을 선택했는지 알지 못하는 상황에서 결정을 내려야 한다.

이 게임트리에서 (가) 부분은 부분게임의 정의를 만족한다. 한 점에서 시작하고 그 후속 부분을 모두 포함하고 있으며 1의 정보집합을 자르고 있지 않기 때문이다. 그러나 (나)와 (다)는 부분게임이 아니다. 1의 정보집합을 자르고 있기 때문이다.

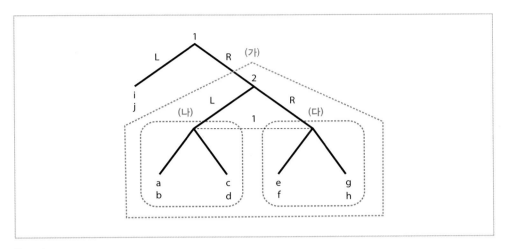

▌그림 6-4 부분게임

　기본적으로 부분게임이 되기 위한 세 조건은 게임의 어느 한 부분을 독립적으로 분석하는 것이 가능하도록 하는 조건이다. 정보집합을 자르면 안 되는 이유는 간단하다. 위 게임트리에서 2의 선택 후 1이 다시 결정을 내릴 때, 1은 2가 L을 택했는지 R을 택했는지 알지 못한다. 정보집합을 나타내는 점선에 의해 연결된 두 결정마디가 비록 그림상으로는 구분되는 별개의 것으로 보이지만, 사실 1은 이 두 결정마디를 구분하지 못한다. 즉 1에게 두 결정마디는 실질적으로는 하나의 결정마디나 다름없다. 따라서 그 둘을 나누어 별개의 것으로 취급하는 (나)와 (다)는 독립적으로 분석할 수 있는 부분이 아니다.

　사소하고 기술적인 내용이기는 하지만 하나만 짚고 넘어가면, 수학에서 임의의 집합 A 가 있을 때 그 집합 자체도 A의 부분집합이다. 즉 $A \subset A$이다. 마찬가지로 하면 게임트리로 표현된 게임이 있을 때 그 게임 자체도 전체 게임의 부분게임이다. 전체 게임은 위에서 제시된 세 조건을 당연히 모두 만족하기 때문이다. 그런데 우리가 보통 부분게임이라고 할 때는 전체 게임이 아닌 그보다 작은 게임을 가리키는 것이 일반적이다. 이러한 게임을 수학에서처럼 진부분게임(proper subgame)이라고 부르기도 하는데, 이 책에서는 혼동의 여지가 없는 한 그냥 부분게임이라고 하면 진부분게임을 의미하는 것으로 약속하기로 한다.[2]

---

2 실제로 부분게임을 전체 게임을 제외하는 방식으로 정의하는 경우도 있다. 어떤 방식으로 정의하든 중요한 문제는 아니며 그 의미만 분명하면 된다.

2) 부분게임완전균형과 역진귀납

부분게임을 정의하였으므로 이제 우리는 보다 강화된 내쉬균형 개념인 부분게임완전균형을 정의할 수 있다. **부분게임완전균형** 혹은 **부분게임완전내쉬균형**은 다음과 같이 정의된다.

정의

부분게임완전균형(subgame perfect Nash equilibrium, SPNE)은 경기자들이 모든 부분게임에서 최적의 선택을 하는 내쉬균형이다. 즉 부분게임완전균형은 모든 부분게임에 대해 내쉬균형이 달성되도록 하는 전략명세이다.

(앞으로는 부분게임완전균형을 편의상 주로 SPNE로 쓰기로 한다.) SPNE는 정의상 당연히 내쉬균형이다. 그런데 SPNE는 균형에서 도달되는 부분뿐 아니라 도달되지 않는 부분에 대해서도 경기자들이 '제대로' 행동하기를 요구하는, 내쉬균형보다 강화된 균형 개념이다. 따라서 SPNE를 모아놓은 집합은 내쉬균형을 모아놓은 집합의 부분집합이다. 진입게임의 (E, A) 균형은 모든 부분게임에서 경기자들이 합리적으로 행동하므로 SPNE이다. 하지만 (N, F)는 내쉬균형이지만 SPNE는 아니다. 1이 진입을 했을 경우 도달되는 부분게임에서 2가 비합리적인 행동인 F를 취하고 있기 때문이다.

이제 우리는 전개형 게임에서 헛된 위협에 기반을 둔, 현실성이 없는 내쉬균형을 솎아낼 수 있는 균형개념을 가지게 되었다. 그렇다면 게임트리가 주어졌을 때 실제로 SPNE를 어떻게 구할 수 있을까? 그 방법이 너무 복잡하지는 않을까? 다행히도 SPNE를 구하는 매우 직관적이고도 간단한 방법이 있다. 역진귀납이라고 불리는 방법이 바로 그것이다. 사실 역진귀납을 이용해 SPNE를 구하는 방법은 게임이론 전체를 통틀어 가장 직관적이고 쉬운 내용이다.

우리는 어떤 일이 순차적으로 진행될 때 항상 몇몇 가상 시나리오를 떠올려본 후 거꾸로 시간을 거슬러서 현재 시점에서 최선의 선택이 무엇인지 판단하는 경향이 있다. 가령 (전략적 상황은 아니지만) 시험기간에 시험공부 계획을 짤 때, 시험 일정이 A, B 과목 순으로 잡혀 있다면 A 과목 시험 후에는 B 과목만을 공부할 것이며, A 과목 시험 전에는 A와 B를 적절히 섞어서 공부하다가 A 시험 직전에는 A에만 전념하는 방법을 쓸 것이다. 바둑이나 장기를 둘 때와 같은 전략적 상황에서도, 자신이 둘 수 있는 각각의 수에 대해 상대가 어떻게 대응하여 앞으로 게임이 어떻게 흘러갈지 예측한 후 지금 시점에서 어떤 수를 두는 것이 최선인지 결정한다. 운동경기에서도 마찬가지다. 가령 위기상황에 처한 투수와 포수는 직구와 변화구, 높은 공과 낮은 공, 바깥쪽 공과 몸 쪽 공 등 여러 조합에 대해 타자의 공격 성공 가능성을 검토한 후 구종을 결정할 것이다. 대인관계에서 다른 사람에게 어떤 행동을 취할 때도, 자신의 각 행동에 대한 상대방의 반응과 그에 따른 결과를 예측한 후 현재의 행동을 결정하는 경우가 많다.

이처럼 '앞을 내다보고 거꾸로 추론하는(look forward and reason backward)' 방식은 우리가 일상생활에서 자연스럽게 체득하여 사용하는 방법이다. **역진귀납**(backward induction)은 행동이 순차적으로 발생할 경우, 발생 가능한 여러 상황에서 합리적인 경기자가 가장 마지막 단계에서 선택할 행동을 먼저 파악하고 그를 바탕으로 그 전 단계에서 경기자가 취할 선택을 정하는 등 시간을 거꾸로 거슬러 올라오며 추론하는 방식이다.

이를 수학적으로 표현하면 그 논리적 구조가 더 명확해진다. 경기자 1과 2가 있고 1이 먼저 선택을 하면 2가 그것을 보고 나서 선택을 하는 상황을 생각해보자. 우리가 관심을 가지는 문제는 1이 자신의 이익을 극대화하려면 애초에 어떤 선택을 해야 하는가이다.

2의 선택은 매우 간단하다. 1의 행동이 정해지면 2는 그에 대한 최적의 행동을 취하면 된다. 즉 1의 행동을 a_1이라고 하면 2는 a_1에 대한 최적대응 $BR_2(a_1)$을 택할 것이다. (이 행동은 유일할 수도 있고 여러 개가 있을 수도 있다.)

1은 자신의 각각의 행동 a_1에 대해 2가 $BR_2(a_1)$을 택해 자신의 보수가 $u_1(a_1, BR_2(a_1))$이 될 것을 알고 있다. 따라서 1은 이를 염두에 두고 a_1을 택해야 한다. 1이 풀어야 하는 이러한 문제를 수학적으로 나타내면 다음과 같다.

$$\max_{a_1} u_1(a_1, BR_2(a_1))$$

이 최적화 문제는 a_1만으로 구성된 문제이므로 표준적인 최적화 기법을 통해 그 해를 구할 수 있다. 그리고 그렇게 구한 a_1에 따라 2의 행동 a_2도 정해진다. 이상의 해법을 시각적으로 표현하면 다음과 같이 나타낼 수 있다.

$$
\begin{array}{lccc}
\text{게임의 순서}: & a_1 & \Rightarrow & a_2 \\
\text{역진귀납}: & \max_{a_1} u_1(a_1, BR_2(a_1)) & \Leftarrow & BR_2(a_1)
\end{array}
$$

이와 같은 방식으로 구한 균형이 SPNE임은 논리적으로 자명하다. 뒤에서부터 거꾸로 푸는 것 자체가 가장 뒤의 부분게임에서부터 차례대로 각 경기자의 최적 선택을 구하는 것이기 때문이다.

---

(1) 케이크를 나눠 먹어야 하는 두 형제가 있다. 아이들의 어머니가 다음과 같은 규칙을 발표했다. "첫째가 케이크를 두 조각으로 자르면 둘째가 둘 중 하나를 고를 수 있다." 자신의 몫을 가장 크게 하려면 첫째는 케이크를 어떻게 잘라야 하는가?

(2) 구슬 10개가 있다. 갑과 을이 순서대로 번갈아 가며 구슬을 최대 3개까지 집어간다. 즉 1, 2, 3개 중 하나를 집어간다. 자기 차례에서 구슬을 하나도 집어가지 않을 수는 없다. 마지막에 남는 구슬을 집는 사람이 게임에서 진다. 갑이 게임에서 이기려면 처음에 구슬을 몇 개 집고 추후 어떻게 행동해야 할지 역진귀납을 이용해 생각해보라.

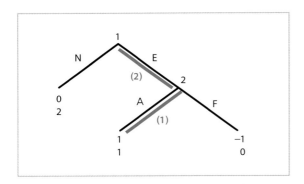

▌그림 6-5 진입게임의 SPNE

이제 역진귀납을 이용해 앞의 진입게임의 SPNE를 구해보자. 〈그림 6-5〉에서 부분게임은 2의 결정마디로 시작하는 부분 하나뿐이다. 이 부분게임에서 2는 A를 선택하는 것이 최적이다. 이는 그림에서 (1)로 표시되어 있다. 이제 이러한 2의 선택을 예상하는 1은 자신이 N을 선택하면 0의 보수를, E를 선택하면 1의 보수를 얻을 것임을 안다. 따라서 1은 E를 택할 것이다. 이것은 그림에서 (2)로 표시되어 있다. 이와 같은 직관적이고 간단한 방법으로 전개형 게임의 SPNE를 구할 수 있다.

한편 이런 방식으로 역진귀납을 적용하는 것을 고려하면, 전략이 유한개이고 정보가 완전한 게임(즉 점선으로 표시된 정보집합이 없는 게임)에서는 반드시 적어도 하나의 SPNE가 존재함을 쉽게 알 수 있다. 게임트리가 아무리 복잡하고 길어도 아래에서부터 올라가면서 차례대로 해당 경기자의 최적 전략을 구하면 당연히 적어도 하나의 SPNE가 존재할 것이기 때문이다.

역진귀납을 이용해 SPNE를 구하는 법을 알았으므로 이 장의 제일 앞에서 보았던 순차적 성 대결 게임의 SPNE도 찾아보자. 그 전에 참고로 이 게임의 내쉬균형을 모두 구해보

자. 〈그림 6-6〉은 편의상 이 게임의 게임트리를 다시 나타낸 것이며, 그 아래 보수행렬은 이 게임 트리를 전략형 게임으로 변환한 것이다. 가령 1 의 전략이 B이고 2의 전략이 BB일 경우, 2가 취 하는 행동은 BB 중 첫 번째 행동인 B이므로 보수 는 (2, 1)이 된다. 마찬가지로 1의 전략이 B이고 2의 전략이 CB라면 2는 이 전략에 따라 C를 택 하므로 보수는 (0, 0)이 된다.

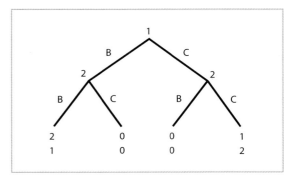

▌그림 6-6 순차적 성 대결 게임

		2			
		BB	BC	CB	CC
1	B	2, 1	2, 1	0, 0	0, 0
	C	0, 0	1, 2	0, 0	1, 2

이 보수행렬에 최적대응법을 적용하면 다음과 같이 (B, BB), (B, BC), (C, CC)라는 3개의 내쉬균형을 얻는다.

		2			
		BB	BC	CB	CC
1	B	<u>2, 1</u>	<u>2, 1</u>	<u>0</u>, 0	0, 0
	C	0, 0	1, <u>2</u>	<u>0</u>, 0	<u>1, 2</u>

이제 역진귀납을 이용해 이 게임의 SPNE를 찾아보자. 〈그림 6-7〉은 진입게임의 게임 트리에 역진귀납을 적용한 것을 순서대로 보여준다. 경기자 2는 경기자 1이 B를 선택하 는 경우에는 B를, C를 선택하는 경우에는 C를 선택할 것이다. 이를 알고 있는 경기자 1 은 자신이 B를 선택하면 2를, C를 선택하면 1을 얻을 것이라는 것을 안다. 따라서 경기 자 1은 애초에 자신에게 유리한 B를 택할 것이다.

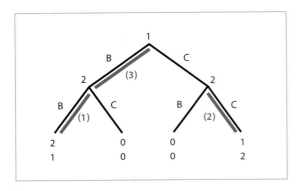

■ 그림 6-7 순차적 성 대결 게임의 SPNE

따라서 앞에서 구한 3개의 내쉬균형 중 (B, BC)만이 SPNE이며 나머지 둘은 내쉬균형이지만 SPNE가 아님을 알 수 있다. 이 두 내쉬균형에서는 2가 적어도 하나의 부분게임에서 비합리적으로 행동하고 있다. (B, BB)에서는 2가 오른쪽 부분게임에서 비합리적으로 행동한다. 즉 2는 1이 C를 택할 경우 청개구리처럼 B를 택하는 납득하기 어려운 계획을 가지고 있다. 또한 (C, CC)에서는 2가 왼쪽 부분게임에서 비합리적으로 행동한다. 이 경우 2는 1이 B를 택할 때 B가 아닌 C를 택하는 비합리적인 계획을 가지고 있다.

이 장을 마무리하기 전에 전개형 게임의 균형을 표현할 때 한 가지 주의할 점에 대해 설명하고자 한다. 위 순차적 성 대결 게임의 SPNE를 구하라고 하면 많은 학생들이 "1이 B를 선택하고 그에 따라 2 역시 B를 선택하는 것"이라고 답한다. 이것이 SPNE에서 발생하는 일임은 분명하다. 하지만 이것은 균형결과(equilibrium outcome)이지 균형(equilibrium)은 아니다. 여러 번 강조한 것처럼 균형은 정의상 각 경기자의 균형전략을 적어주는 것이다. 즉 전략명세이다. 그런데 '2 역시 B를 선택하는 것'은 SPNE에서 2가 취하는 전략의 일부이지 완전한(complete) 전략은 아니다. 따라서 이 게임의 SPNE는 (B, BC), 혹은 말로 하면 '1은 B를 선택하고, 2는 1이 B를 선택하면 B를, C를 선택하면 C를 선택하는 것'이 된다. 전개형 게임의 균형을 표현할 때, 각 경기자의 전략을 완전한 형태로 명시해야 함을 잊지 말기 바란다.

주요 학습내용 확인

- ✅ 전개형 게임에서 전략의 형태를 정확하게 파악할 수 있는가?
- ✅ 전개형 게임을 전략형 게임으로 변환해 내쉬균형을 구할 수 있는가?
- ✅ 전개형 게임의 내쉬균형 중 신빙성이 떨어지는 균형을 파악할 수 있는가?
- ✅ 부분게임과 역진귀납의 개념을 정확히 이해하고 있는가?
- ✅ 역진귀납을 이용해 전개형 게임의 SPNE를 구할 수 있는가?

🗨️ 연습문제

1. 다음 게임트리로 표현되는 전개형 게임이 있다.

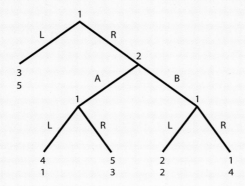

(1) 각 경기자의 전략을 모두 구하라.

(2) 이 게임의 SPNE를 구하라.

2. A, B, C, D, E 다섯 명이 돈 10을 나누어 가지는데, A, B, C, D, E 순으로 10을 어떻게 나눠 가질지 제안한다. 만약 어떤 제안이 (제안자를 포함해) 적어도 절반의 지지를 얻는다면 그대로 실행된다. 그러나 제안이 절반 미만의 지지를 얻는다면 제안자는 벌금 1을 내야 하며, 돈의 분배에서 빠져 돈을 받지 못한다. 가령 A의 제안이 부결되면 A는 게임에서 빠지며, B는 A를 제외한 4명이 10을 어떻게 나눠 가질지 제안한다. A~D의 제안이 모두 부결되면 E는 혼자 돈을 모두 갖게 된다. 이 게임의 SPNE에서 각 사람이 얼마씩의 돈을 갖게 되는지 구하라. 단 돈은 정수 단위로만 나눌 수 있으며, 만약 제안에 찬성하는 것과 반대하는 것 사이에 무차별하다면 사람들은 반대한다고 가정한다.

3. 두 경기자 1과 2가 대안 a, b, c 중 하나를 선택해야 한다. 절차는 다음과 같다. 먼저 1이 a, b, c 중 하나에 대해 거부권을 행사하면, 2가 남은 두 대안 중 하나를 최종적으로 선택한다. 1의 선호는 a, b, c 순이다. 다음 두 경우에 대해 이 게임의 SPNE에서 선택되는 대안을 구하라.

(1) 2의 선호가 c, b, a 순이다.

(2) 2의 선호가 b, c, a 순이다.

4. 의회(1)와 대통령(2)이 두 법안 X와 Y의 통과를 놓고 맞서고 있다. 먼저 1이 법안을 발의하는데, X와 Y 중 하나만 발의할 수도 있고 둘을 묶어서 발의할 수도 있으며 (X + Y), 아예 아무 법안도 발의하지 않을 수도 있다(∅). 2는 1이 법안을 발의할 경우 그것을 받아들이거나(A) 거부권을 행사할 수 있다(R). 거부권을 행사하면 법안이 통과되지 않으므로 아무 법안도 발의하지 않은 상황과 동일해진다. 1이 발의를 하지 않을 경우(∅)에는 어느 법안도 시행되지 않으며 2는 대응할 필요가 없다. 가능한 각 경우에 1과 2가 얻는 보수는 다음과 같다.

통과 법안		X	Y	X + Y	∅
보수	의회(1)	8	1	6	2
	대통령(2)	1	8	6	2

(1) 역진귀납을 이용해 이 게임의 SPNE와 그때 통과되는 법안을 구하라.

(2) 1이 X + Y를 택하는 경우 2가 선택적 거부권을 행사하여 두 법안 중 하나만 받아들이는 것이 가능해졌다고 하자. 이때 SPNE와 그때 통과되는 법안을 구하라. 이러한 선택적 거부권을 가지는 것이 2에게 도움이 되는가?

5. 뺑소니 사고를 목격한 A와 B가 사고를 경찰에 신고할지를 두고 고민하고 있다. 사건이 신고될 경우 누가 신고했는지에 관계없이 A는 5, B는 3의 편익을 누린다. 사건이 신고되지 않으면 둘 다 0의 편익을 얻는다. 한편 사건을 신고하는 데는 A는 1, B는 2만큼의 비용이 든다.

(1) 두 사람이 동시에 신고(Y)와 미신고(N) 중 하나를 동시에 선택한다고 할 때 순수전략균형을 구하라.

(2) 이 게임에서 혼합전략균형이 존재한다면 찾아라.

(3) 이제 두 사람 중 한 사람이 먼저 결정을 내리고 나머지 사람은 그 결정을 보고 신고 여부를 결정한다고 하자. 이때 SPNE에서 처음에 결정을 내리는 사람과 나중에 결정을 내리는 사람은 각각 어떤 선택을 하겠는가?

(4) 위 (3)의 상황에서 결정을 내리는 순서를 자신이 정할 수 있다면 각 사람은 먼저 결정을 내리는 것과 나중에 결정을 내리는 것 중 어느 것을 선택하겠는가?

6. 선거를 앞두고 있는 어느 당에서 A와 B가 후보 자리를 두고 경쟁하고 있다. B는 이미 경선 출마를 선언한 상태로, A가 출마하지 않으면 후보로 추대되어 100의 보수를 얻는다. A는 경선 출마를 고민하고 있는데, 만약 출마하지 않고 선거에서 B를 돕는다면 30의 보수를 얻을 수 있다. 먼저 A가 경선에 출마할지 여부를 결정하며, A가 출마할 경우 B는 경선에서의 선거운동의 강도를 정한다. 만약 B가 선거운동을 강하게 하면 A와 B의 보수는 각각 20과 30이고, B가 선거운동을 약하게 하면 A와 B의 보수는 각각 40과 50이다.

(1) 이 순차게임의 SPNE를 구하라.

(2) 내쉬균형이지만 SPNE가 아닌 것을 찾고, 이 균형이 왜 실현 가능성이 낮은지 설명하라.

(3) A가 출마 여부를 결정하기 전에 B가 A에 대한 네거티브 공격을 할 수 있는 기회가 있다고 하자. 이 공격은 당원들의 반감을 사 B의 편익을 β만큼 낮추지만, 공격이 어느 정도의 효과를 내기 때문에 A가 출마할 경우 A의 편익을 α만큼 감소시킨다. B가 네거티브 공격을 하고 이에 따라 A가 출마하지 않는 상황이 SPNE가 되려면 α와 β가 각각 어떤 조건을 충족해야 하는지 조사하라.

제 7 장

부분게임완전균형의 응용

이 장에서는 제6장에서 배운 SPNE를 다양한 사례에 적용하여 분석한다. 우선 과점 시장에서 기업들이 순차적으로 의사결정을 하는 상황을 다루는 슈타켈버그 모형을 공부한다. 다음으로 두 경기자가 번갈아가며 이득의 배분을 제안하는 순차협상 게임을 살펴본다. 끝으로 동시게임이 포함된 순차게임을 통해 불완전정보가 있는 상황에서의 SPNE에 대해 학습한다.

1. 슈타켈버그 모형

슈타켈버그 모형(Stackelberg model)은 독일의 경제학자 슈타켈버그가 1930년대에 발표한 과점시장 모형이다. 이 모형에서 상정하는 상황은 쿠르노 모형과 마찬가지로 두 기업이 수량경쟁을 하는 상황이다. 그러나 생산량이 동시에 결정되는 것이 아니라 순차적으로 결정된다는 점에서 쿠르노 모형과 다르다.

다음과 같은 상황을 생각해보자. 두 기업 1과 2가 동질적 재화를 생산한다. 이 재화에 대한 시장역수요는 $P = a - Q = a - (q_1 + q_2)$이다. 여기서 q_1과 q_2는 각각 1과 2의 생산량이다. 두 기업 모두 고정비용은 없으며 한계비용은 c로 일정하다. 즉 비용함수가 $C(q) = cq$이다. 먼저 기업 1이 생산량을 결정하면 기업 2는 그것을 관찰한 후 자신의 생산량을 결정한다. 그 이후 두 기업의 생산량의 합에 의해 시장가격이 결정된다. 두 기업

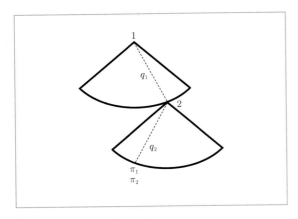

■ 그림 7-1 슈타켈버그 모형

은 이윤극대화를 목표로 한다.

〈그림 7-1〉은 이 상황을 게임트리를 써서 나타낸 것이다. 전략이 연속변수라는 점을 부채꼴을 이용해 표시했으며, 1의 모든 선택에 대해 부분게임을 그릴 수가 없으므로 임의의 q_1 하나에 대해서만 부분게임을 표시하고 그에 대해 또 임의의 q_2를 골라 보수를 표시했다. 여기서 π_1과 π_2는 각각 1과 2의 보수인 이윤을 나타낸다.

이제 이 게임의 SPNE를 구하기 위해 역진귀납을 적용하자. 이 게임에서는 1이 정한 각각의 q_1에 대해 2가 q_2를 정하는 상황이 모두 부분게임이다. 먼저 2의 결정에 대해 생각해보자. q_1이 결정된 상황에서 2가 풀어야 하는 문제는 간단하다. 2는 다음과 같은 최적화 문제를 푼다.

$$\max_{q_2}\{a - (q_1 + q_2)\}q_2 - cq_2 = \{a - c - (q_1 + q_2)\}q_2$$

이를 풀면 다음과 같은 2의 최적대응을 얻는다.

$$BR_2(q_1) = \frac{a - c - q_1}{2}$$

사실 이 최적대응은 우리가 쿠르노 모형에서 구한 2의 최적대응과 동일하다. 쿠르노 모형에서는 q_1값이 2에게 알려져 있지 않지만 여기서는 알려져 있다는 차이가 있을 뿐이다.

이제 1의 결정에 대해 생각해보자. 1은 자신이 q_1을 정하면 2가 위 최적대응에 따라 생산량을 정할 것임을 알고 있다. 이런 의미에서, q_2를 물리적으로 정하는 것은 2이지만 실질적으로 정하는 것은 1이나 다름없다. 1이 정한 q_1에 대해 위 최적대응에 따라 q_2가 정해지기 때문이다. 따라서 1의 이윤극대화 문제는 다음과 같이 된다.

$$\max_{q_1}\{a - (q_1 + BR_2(q_1))\}q_1 - cq_1 = \left\{a - c - \left(q_1 + \frac{a - c - q_1}{2}\right)\right\}q_1$$

여기서 q_2 대신의 q_1의 함수인 BR_2가 들어갔음에 유의하기 바란다. 이 최적화 문제를 풀면 최적 q_1으로 다음을 얻는다.

$$q_1* = \frac{a-c}{2}$$

이제 이를 BR_2에 대입하면 q_1*에 대한 최적대응인 다음 값을 얻는다.

$$q_2* = \frac{a-c}{4}$$

정리하면, 이 게임의 SPNE에서 1과 2는 각각 $\frac{a-c}{2}$와 $\frac{a-c}{4}$를 생산한다. 균형은 전략명세를 나타낸다는 점에 주의하여 이 게임의 SPNE를 적으면 다음과 같다.

$$\left(q_1* = \frac{a-c}{2}, \ q_2*(q_1) = \frac{a-c-q_1}{2} \right)$$

앞에서 구한 $\left(q_1* = \frac{a-c}{2}, \ q_2* = \frac{a-c}{4} \right)$는 균형이 아니라 균형결과임에 유의하기 바란다. 하지만 균형에서의 두 기업의 생산량을 바로 보여준다는 측면에서는 균형보다 균형결과가 실용적으로 더 유용한 정보라고 할 수도 있다.

여기서 실제로 계산하지는 않겠지만, 이 균형에서 1과 2의 이윤을 비교해보면 1의 이윤이 2의 이윤보다 더 크다는 것을 확인할 수 있다. 이처럼 순차게임에서 먼저 움직이는 경기자가 나중에 움직이는 경기자보다 이득을 보는 경우, **선도자의 이득**(first-mover advantage)이 있다고 말한다.

생각해보기 7.1 -

순차적 게임에서는 항상 먼저 움직이는 것이 이득일까? 즉 언제나 선도자의 이익이 있을까? 만약 그렇다면 이유를 설명하고 그렇지 않다면 반례를 들어라.

한편 슈타켈버그 모형의 균형이윤을 쿠르노 모형의 균형이윤과 비교해보면, 1의 이윤은 쿠르노 모형보다 슈타켈버그 모형에서 더 크고 2의 이윤은 슈타켈버그 모형보다 쿠르노 모형에서 더 큼을 확인할 수 있다. 사실 1의 균형이윤이 쿠르노 모형보다 슈타켈버그 모형에서 더 크다는 것은 직접 계산하지 않고도 논리적으로 쉽게 확인할 수 있다. 우리는 제4장에서 쿠르노 모형을 분석할 때 1의 균형 생산량이 $\frac{a-c}{3}$라는 것을 보았다. 1은 원한다면 슈타켈버그 모형에서도 이 값을 선택할 수 있다. 하지만 그렇게 하지 않고 다른

값인 $\frac{a-c}{2}$ 를 택했다는 것은 이것이 자신에게 더 유리함을 뜻한다. 따라서 1의 이윤이 $\frac{a-c}{3}$ 가 아닌 $\frac{a-c}{2}$ 를 택한 슈타켈버그 모형에서 더 클 것이라는 점은 자명하다.

생각해보기 7.2 ---

앞에서 주어진 상황 설정을 이용하여, 쿠르노 모형과 슈타켈버그 모형의 균형에서 각 기업의 이윤을 실제로 계산하여 앞에 설명된 결과를 확인하라.

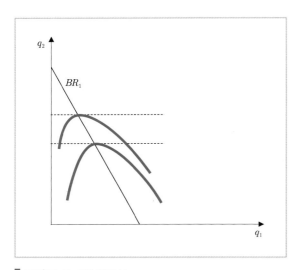

그림 7-2 등이윤곡선

쿠르노 모형과 슈타켈버그 모형의 균형이윤은 제4장에서 살펴본 등이윤곡선을 이용하면 더 체계적으로 분석할 수 있다. 〈그림 7-2〉는 제4장에서 도출한 1의 등이윤곡선을 다시 그린 것이다. 〈그림 7-3〉은 슈타켈버그 모형과의 비교를 위해 쿠르노 모형의 내쉬균형을 지나는 등이윤곡선을 다시 그린 것이다. 이제 등이윤곡선을 이용해 슈타켈버그 모형을 분석해보자. 앞서 말한 것처럼 q_2 를 물리적으로 정하는 것은 2이지만, 2는 1의 결정에 수동적으로 대응할 뿐 실질적으로 q_2 를 정하는 것은 1이다. 이제 1은 자신이 q_1 을 정하면 q_2 값이 BR_2 상에서 정해진다는 것을 안다.

즉 1에게 BR_2 는 일종의 '예산제약'으로 작용한다. 따라서 1은 BR_2 중 자신에게 가장 높은 이윤을 가져다주는 점을 선택해야 한다. 그런 점을 등이윤곡선을 이용해 나타내면 〈그림 7-4〉와 같다. 즉 1은 BR_2 와 자신의 등이윤곡선이 접하는 점의 q_1 을 선택할 것이다. 이 점이 $q_1^* = \frac{a-c}{2}$ 임은 앞에서 계산을 통해 보았다.

〈그림 7-4〉를 〈그림 7-3〉과 비교해보면, 1은 등이윤곡선이 쿠르노 균형에서보다 아래쪽에 위치하므로 이윤이 전보다 높으며, 2는 등이윤곡선이 쿠르노 균형에서보다 오른쪽에 위치하므로 이윤이 전보다 낮음을 알 수 있다.

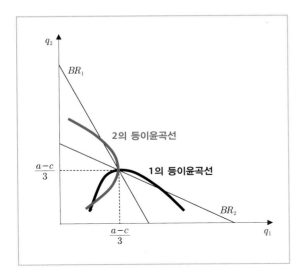

그림 7-3 쿠르노 균형

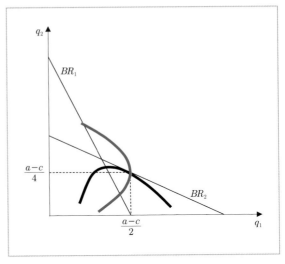

그림 7-4 슈타켈버그 균형

2. 순차협상

게임이론에서 **협상**(bargaining)은 주어진 재화나 이득을 참여자들이 어떻게 나눠가질지 정하는 상황, 즉 각자의 몫을 결정하는 상황을 가리킨다. **순차협상**(sequential bargaining)은 경기자들이 서로 번갈아가며 각자의 몫을 어떻게 정할지 제안하는 상황이다.

다음과 같은 구체적인 상황을 생각해보자. 정해진 금액 1을 경기자 갑과 을이 나눠 가져야 한다. 사람이 두 명이므로 숫자 하나로 배분을 나타낼 수 있다. 갑이 가지는 몫을 s라 하자. s는 연속변수로 가정한다. 둘이 s값에 합의할 경우 갑은 s를, 을을 나머지인 $1 - s$를 갖게 된다. 먼저 갑이 s값을 제안한다. 을이 이 제안을 받아들일 경우 그에 따라 각자의 몫이 정해지며 게임은 종결된다. 을이 제안을 받아들이지 않을 경우 게임은 다음 단계인 2기로 넘어간다. 2기에서는 을이 제안을 한다. 갑이 이 제안을 받아들일 경우 그대로 몫이 정해져 게임이 종결된다. 만약 갑이 이 제안을 받아들이지 않으면 다음 단계인 3기로 넘어간다. 3기에서는 협상 없이 사전에 미리 정해진 값인 s'에 따라 각자의 몫이 정해지고 게임이 끝난다. 즉 갑은 s', 을은 $1 - s'$을 받는다. 경기자들의 보수는 자신이 받는 몫과 같다. 한편 이들은 미래의 편익을 할인한다고 가정한다. 구체적으로, 시간이 한 기씩 경과함에 따라 사람들은 할인계수(discount factor) δ에 따라 보수를 할인한다. 여기서 $0 < \delta < 1$이다. 가령 2기에 0.7을 받는 것은 1기에 0.7δ를 받는 것과 동일하다.

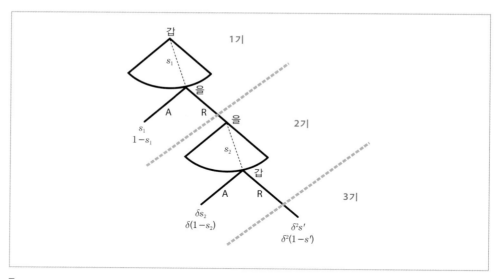

▋그림 7-5　순차적 협상 게임

　　〈그림 7-5〉는 이 상황을 게임트리로 나타낸 것이다. 앞의 슈타켈버그 모형과 마찬가지로 s가 연속변수이므로 부채꼴 모양을 이용했다. 그림에서 s_1은 1기에 갑이 하는 제안하는 갑의 몫이며, s_2는 2기에 을이 제안하는 갑의 몫이다. (즉 s_t는 t기에 제안자에 의해 제시되는 갑의 몫이다.) 또한 A는 제안을 받아들이는 것을, R은 제안을 거부하는 것을 나타낸다. 보수는 시간할인을 반영해 현재가치(present value)로 나타냈으며, 이해를 돕기 위해 각 기의 경계를 점선으로 표시하였다.

　　이제 이 게임의 SPNE를 구해보자. 3기에서는 정해진 값에 따라 자동적으로 몫이 정해지므로 실질적으로 마지막 기라고 할 수 있는 2기부터 따져보자. 을의 제안 s_2가 주어졌을 때 갑은 그것을 자신이 3기에서 받을 수 있는 값과 비교할 것이다. 갑은 만약 자신이 을의 제안을 거부하면 다음 기에 s'을 받을 것이라는 것을 안다. 이것은 2기를 기준으로 한 현재가치로는 $\delta s'$에 해당한다. 따라서 을이 제안한 s_2가 이것 이상이라면 제안을 받아들이고 그렇지 않으면 거부하여 다음 기로 넘어가는 것이 합리적이다. 즉 2기에서 갑의 최적전략은 다음과 같다.

$$\text{갑의 2기 최적전략}: \begin{cases} A, & s_2 \geq \delta s' \text{ 인 경우} \\ R, & s_2 < \delta s' \text{ 인 경우} \end{cases}$$

(여기서 $s_2 = \delta s'$인 경우에는 사실 제안을 받아들이든 거부하든 무차별하다. 여기서는 무

차별할 경우 제안을 받아들이는 전략에 초점을 맞춘다. 무차별할 때 거부하는 전략은
〈생각해보기〉 7.4에서 살펴본다.)

이제 2기에 제안을 하는 을은 갑이 위와 같은 전략을 취할 것임을 예측할 수 있다. 따라서 갑이 제안을 받아들이도록 하면서 자신의 보수를 가장 크게 하려면 갑이 승낙하는 한에서 최소한의 몫만 갑에게 주어야 한다. 이 값은 당연히 $s_2 = \delta s'$이다. 이것이 실제로 을에게 최적인지 확인하려면 이것보다 작은 값을 갑에게 제안하여 갑이 거부하고 그 결과 3기로 넘어가는 상황과 비교해야 한다. $s_2 = \delta s'$를 제안하여 갑이 이를 받아들이면 을의 보수는 $1 - \delta s'$이 된다. 반면 이보다 작은 값을 제안하여 갑이 거부하고 3기로 넘어가면 을은 $1 - s'$을 받는데, 2기를 기준으로 하면 그 현재가치는 $\delta(1 - s')$이다. 그런데 $1 - \delta s' > \delta(1 - s') = \delta - \delta s'$이므로 2기에 $s_2 = \delta s'$을 제안하는 것이 더 낫다는 것을 확인할 수 있다. 따라서 을의 2기 최적전략은 다음과 같다.

을의 2기 최적전략 : $s_2 = \delta s'$

이제 한 단계를 거슬러 올라가 1기에 대해 생각해보자. 갑과 을 모두 1기에서 협상에 실패하여 2기로 넘어갈 경우 무슨 일이 일어날지 알고 있다. 즉 2기에 을은 $s_2 = \delta s'$을 제안하고 갑은 이를 받아들일 것임을 서로 안다.

이를 염두에 두고 먼저 을의 전략에 대해 생각해보자. 을은 자신이 거부를 하여 2기로 넘어가면 $1 - \delta s'$을 받을 것을 아는데, 이것의 현재가치는 $\delta(1 - \delta s')$이다. 따라서 을은 갑이 자신에게 이것 이상을 제안하면 받아들이고 그렇지 않으면 거부하는 것이 합리적이다. 을이 $\delta(1 - \delta s')$ 이상을 받는다는 것은 s_1이 $1 - \delta(1 - \delta s')$ 이하임을 뜻한다. 따라서 을의 1기 최적전략은 다음과 같다.

을의 1기 최적전략 : $\begin{cases} A, & s_1 \leq 1 - \delta(1 - \delta s') \text{인 경우} \\ R, & s_1 > 1 - \delta(1 - \delta s') \text{인 경우} \end{cases}$

(이 경우에도 $s_1 = 1 - \delta(1 - \delta s')$이라면 을은 A와 R 사이에서 무차별하다. 여기서도 무차별할 경우 A를 택하는 전략에 초점을 맞춘다.)

이제 이를 알고 있는 갑이 애초에 어떤 제안을 할지 생각해보자. 을이 제안을 받아들이도록 하면서 자신의 몫을 최대한 크게 하려면 갑은 당연히 $s_1 = 1 - \delta(1 - \delta s')$을 제안해야 한다. 이것이 합리적인지 확인하려면 갑이 이것보다 작은 값을 제안하여 을이 거부하고 그 결과 2기로 넘어갈 때의 상황과 비교해야 한다. 2기로 넘어갈 경우 갑의 몫은

$\delta s'$이고 이것의 현재가치는 $\delta^2 s'$이다. 그런데 $1 - \delta(1 - \delta s') = 1 - \delta + \delta^2 s' > \delta^2 s'$이므로 1기에 $s_1 = 1 - \delta(1 - \delta s')$을 제안하는 것이 더 낫다는 것을 알 수 있다. 따라서 갑의 1기 최적전략은 다음과 같다.

$$\text{갑의 1기 최적전략} : s_1 = 1 - \delta(1 - \delta s')$$

이상의 분석을 정리하면, 이 게임의 SPNE는 위에서 구한 갑과 을의 1, 2기의 전략을 모두 합쳐 놓은 것으로 다음과 같다.

- 갑의 전략

$$\begin{cases} 1기 : s_1 = 1 - \delta(1 - \delta s') \\ 2기 : \begin{cases} A, & s_2 \geq \delta s'\text{인 경우} \\ R, & s_2 < \delta s'\text{인 경우} \end{cases} \end{cases}$$

- 을의 전략

$$\begin{cases} 1기 : \begin{cases} A, & s_1 \leq 1 - \delta(1 - \delta s')\text{인 경우} \\ R, & s_1 > 1 - \delta(1 - \delta s')\text{인 경우} \end{cases} \\ 2기 : s_2 = \delta s' \end{cases}$$

균형에서 실제로 어떤 일이 일어나는지에만, 즉 균형결과에만 주목하면, 이 게임의 SPNE에서는 갑이 1기에 $s_1 = 1 - \delta(1 - \delta s')$을 제안하고 을이 이를 받아들여 게임이 바로 종료된다.

이상의 분석이 처음에는 매우 복잡하고 어려워보일지 모르지만, 역진귀납의 논리를 이용해 뒤에서부터 차근차근 따져보면 그 과정이 매우 명확하다는 것을 알 수 있다.

생각해보기 7.3 --

이 게임에서 s'의 변화가 갑과 을의 균형보수에 미치는 영향을 분석하고 그에 대한 직관적인 설명을 제시하라.

생각해보기 7.4 --

갑과 을이 돈 100을 나눠 가지는 상황을 생각해보자. 먼저 갑이 각자의 몫을 제안한다. 을이 이를 받아들이면 게임이 그대로 끝난다. 을이 거부할 경우 사전에 정해진 몫을 각자가 받고 게임이 끝난다. 몫은 연속변수이며 시간할인은 없다.

(1) 을이 거부하면 각자 한 푼도 못 받는다고 하자. 이때 을이 자신의 몫으로 양수가 제시되면 받아들이고 0이 제시되면 거부하는 전략을 취하는 SPNE가 존재하는지 생각해보라. 만약 몫을 정수단위로만 설정할 수 있다면 답이 달라지는가?

(2) 을이 거부하면 갑은 0, 을은 50을 받는다고 하자. 이 경우 내쉬균형이지만 SPNE는 아닌 균형을 하나만 찾아보라.

(3) 을이 거부하면 갑과 을이 각각 50씩 받는다고 하자. 이때 을이 자신의 몫으로 50보다 큰 값이 제시되면 받아들이고 그렇지 않으면 거부하는 전략을 취하는 SPNE가 존재하는지 생각해보라.

3. 지네게임

지네게임(centipede game)이라는 독특한 이름을 가진 이 게임은 게임상황을 나타내는 게임트리의 모양이 지네와 닮았다고 해서 그런 이름이 붙여졌다. 상황은 다음과 같다. 두 경기자 1과 2가 차례대로 번갈아 가면서 결정을 내리는데, 각자는 자기 차례에서 게임을 끝낼 수도 있고 게임을 다음 단계로 진행시켜 상대방이 결정을 내리게 할 수도 있다. 게임이 계속 진행될수록 두 경기자의 보수의 합은 커진다. 하지만 상대방이 바로 다음 단계에서 게임을 끝낼 때 내가 받는 보수가 내가 지금 바로 게임을 끝낼 때 얻는 보수보다 작다. 〈그림 7-6〉은 이러한 상황을 나타낸 것이다.[1]

앞에서 설명한 것처럼 이 게임에서 두 경기자의 보수의 합은 게임이 진행될수록 점점 커진다. 또한 내가 게임을 바로 끝낼 때 받을 수 있는 보수가 그 다음 기에 상대가 게임을 끝낼 때 내가 받는 보수보다 항상 크다. 가령 1기에 1이 D를 선택해 게임을 끝내면 1을 받지만, 게임이 계속되어 다음 기에 2가 게임을 끝내면 1은 0을 받는다.

이 게임의 SPNE는 역진귀납을 이용해 쉽게 구할 수 있다. 〈그림 7-7〉은 이 게임의 SPNE를 나타낸 것이다. 뒤에서부터 차례로 풀어나가면 이 게임의 SPNE는 모든 경기자가 자신의 차례에 D를 선택해 게임을 끝내버리는 것이다. 이 균형에서 1은 게임이 시작하자마자 D를 선택하여 게임을 끝내버린다.

제2장에서 본 죄수의 딜레마 상황에서처럼 이 균형이 사회적으로 바람직하지 않음은

---

1 이 게임은 우리가 지금까지 게임트리를 그렸던 방식으로도 그릴 수 있다. 하지만 이 게임을 처음 소개한 로젠탈(Rosenthal)의 방법을 따라 〈그림 7-6〉처럼 그리는 것이 보통이다.

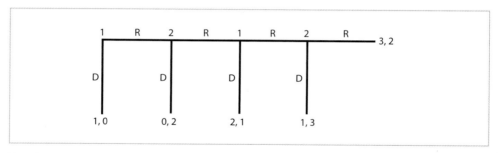

▌그림 7-6 지네게임

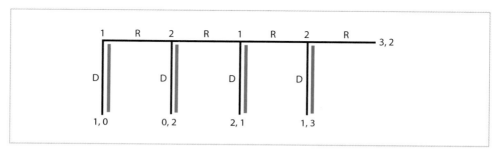

▌그림 7-7 지네게임의 SPNE

자명하다. 게임이 진행될수록 보수의 합이 늘어날 뿐만 아니라 둘 다 균형에서보다 높은 보수를 받는 것이 가능함에도 불구하고 그러한 상황이 달성되지 않는다. 두 경기자의 보수의 합을 일종의 사회후생(social welfare)의 척도로 생각하면 사실 SPNE는 가장 바람직하지 못한 결과를 낳는 셈이다. 그럼에도 불구하고 게임의 구조에 의해 게임을 빨리 끝내버리는 것이 균형이 되는 역설적인 상황이다. 위 게임은 단순화를 위해 각자 두 번씩 결정을 내리는 상황을 상정했지만 게임이 더 길게 진행된다면 사회적 손실은 더 커질 것이다.

이 게임은 사람들이 실제로 순차게임의 상황에서 역진귀납의 방법으로 사고를 하는지 테스트할 때 많이 사용된다. 실험을 해보면 (특히 게임이 길어질수록) 처음에 바로 게임을 끝내는 경우는 드물게 나타나지만, 게임의 끝으로 갈수록 게임을 끝내는 빈도가 늘어나는 경향을 보인다. 이러한 결과는 적어도 시간 범위(time horizon)가 짧을 때에는 사람들이 역진귀납의 방식으로 사고함을 보여주는 것으로 해석할 수 있다.

한편 현실에서 지네게임이 처음에 바로 끝나지 않고 계속 진행된다고 해서 경기자들이 반드시 비합리적이라고 단정 짓기 어려운 측면도 있다. 가령 자신은 합리적이지만 상대 방이 비합리적이어서 다음 기에 게임을 바로 끝내지 않고 계속 진행시킬 것 같다거나, 혹은 상대방이 내가 합리적이지 않을 것이라고 생각해서 게임을 계속 진행할 가능성이 있어 보인다면, 게임을 바로 끝내지 않고 상대방에게 다음 기회를 주는 행위가 적어도 부분적으로는 설명될 수 있다.

4. 불완전정보와 부분게임완전균형

지금까지는 뒷사람이 앞사람의 행동을 완전히 파악한 후 결정을 내리는 상황을 다루었다. 하지만 순차게임과 동시게임이 모두 포함되는 상황이 있을 수 있다. 이 경우에는 어떻게 SPNE를 구할지 생각해보자.

다음과 같은 성 대결 게임의 변형을 생각해보자. 두 남녀가 데이트 장소를 결정하려고 한다. 먼저 경기자 1이 특별히 다른 장소가 아니라 학교에서 공부를 하면서 데이트를 할지 여부를 결정할 수 있다고 하자. 만약 학교에서 데이트를 하면 둘 다 각각 1.5의 보수를 얻는다. 학교 밖에서 데이트를 하는 것으로 결정할 경우에는 우리가 제3장에서 보았던 동시게임 형태의 성 대결 게임이 펼쳐진다.

이 게임을 게임트리를 써서 나타내면 〈그림 7-8〉과 같다. 여기서 I는 학교, O는 학교 밖, B는 야구장, C는 극장을 나타낸다. 1이 O를 택할 경우에는 동시게임이 진행되므로

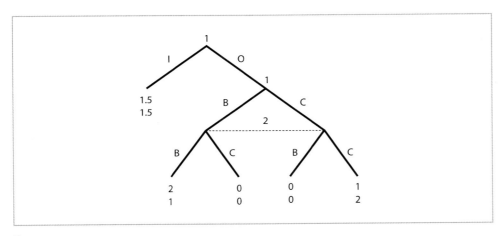

┃그림 7-8 성 대결 게임의 변형

불완전정보가 존재하며, 그림에서 점선으로 표시된 정보집합이 이러한 불완전정보를 나타낸다. 1이 O를 택한 경우 그림에서 다시 1이 먼저 움직이는 것으로 되어 있는데, 동시게임이므로 1과 2의 순서는 큰 의미가 없다. 중요한 것은 서로가 상대의 결정을 모르는 상태에서 결정을 내리기 때문에 두 결정마디가 점선으로 이어져 있다는 사실이다.

이 게임에서는 동시게임만이 부분게임이므로 이를 분석하는 것으로부터 분석을 진행한다. 이 동시게임의 내쉬균형은 우리가 제3장에서 구한 것과 같이 (B, B), (C, C) 두 가지이다.

이를 알고 있는 1은 애초에 어떤 결정을 내릴까? 이에 대한 답은 동시게임에서 어떤 전략의 짝이 균형이 되느냐에 따라 달라진다. 가령 1이 이 동시게임의 균형이 (B, B)가 될 것이라고 예상한다면 1은 O를 택하는 것이 합리적이다. 그러나 반대로 (C, C)가 균형이 될 것이라고 예상한다면 1은 I를 택하는 것이 합리적이다. 따라서 이 게임의 SPNE는 2개가 된다. 하나는 (OB, B)이고 다른 하나는 (IC, C)이다. 여기서 1의 전략 중 첫 번째 행동은 1이 최초에 무엇을 선택할지를, 두 번째 행동은 동시게임에서 1이 무엇을 선택할지를 각각 나타낸다. 즉 OB는 처음에는 O를 선택하고 동시게임에서는 B를 선택하는 전략이고, IC는 처음에는 I를 선택하고 동시게임에서는 C를 선택하는 전략이다. 첫 번째 균형에서는 1이 O를 선택하고 그 후 둘 다 B를 선택하는 상황이 발생한다. 두 번째 균형에서는 1이 I를 선택하여 그대로 게임이 끝나게 된다.

이와 같이 동시게임이 포함된 순차게임의 경우에도 역진귀납의 논리를 따라 뒤에서부터 각 경기자의 최적선택을 파악하여 거꾸로 풀어나가면 된다는 것을 알 수 있다. 동시게임의 형태를 띠는 부분게임은 전략형 게임의 내쉬균형을 구하는 방식으로 균형을 찾는다는 점에만 유의하면 된다.

여기서 균형 (IC, C)에서 1의 균형전략인 IC에 대해 의문을 가질 수 있다. 이 전략에 따르면 1이 I를 선택하여 게임이 바로 끝나게 되므로 동시게임 상황 자체가 발생하지 않는데, 동시게임에서 1이 C를 택하는 것이 무슨 의미를 가지는가 하는 것이다. 이는 직관적으로 매우 타당한 질문이다.

이 의문에 대한 답은 전략이 발생 가능한 모든 경우에 대한 행동지침이라는 데 있다. 1이 '처음에 I를 선택하여 게임을 끝내라'는 행동지침만 갖고 있다고 하자. 이때 만약 1이 실수로 O를 선택하여 동시게임이 발생하게 되면 이 상황에 대해서 1은 어떠한 지침도 갖지 못하게 된다. 이는 '처음에 I를 선택하여 게임을 끝내라'는 행동지침만으로는 완비된 행동지침이 갖추어지지 않음을 뜻한다. 직관적으로 조금 이상하게 생각될 수도 있지만,

전략은 그 전략에 따르면 절대 발생하지 않을 상황에 대해서도 행동지침을 완비하고 있어야 한다는 점을 기억하기 바란다.

다시 위 게임으로 돌아가면, 이 게임에는 SPNE가 2개 있으므로 전략적 상황에 대한 예측이라는 측면에서 별로 바람직한 상황이 아니다. 둘 중 어느 균형이 발생할 가능성이 높은지 다시 생각해야 하기 때문이다. 이 게임에서는 추가적인 맥락이나 조건이 주어지지 않는 한 현재 상태로는 둘 중 어느 하나가 더 현실성이 높다고 얘기하기 어렵다. 다만 여기서도 1의 기대가 매우 중요한 역할을 차지함을 알 수 있다. 즉 동시게임의 균형으로 무엇이 발생할 것이라고 예측하느냐에 따라 전체 게임의 균형이 달라진다.

5. 신빙성과 자기구속

제6장에서 살펴본 진입게임에 대해 다시 생각해 보자. 〈그림 7-9〉는 진입게임 상황을 다시 게임 트리로 나타낸 것이다. 제6장의 분석에서 보았듯이 이 게임의 SPNE는 (E, A)이다. 즉 균형에서는 잠재적 진입자인 1이 진입을 하고 기존기업인 2가 이를 수용하여 시장을 나눠 가진다. 그런데 2의 입장에서 볼 때 이는 만족스러운 상황이 아니다. 2에게 가장 바람직한 상황은 1의 진입을 억제하여 예전처럼 독점이윤을 누리는 것이다. 1의

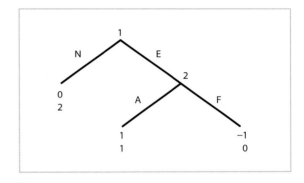

▌그림 7-9 진입게임

진입을 막기 위해 "네가 진입을 할 경우 나는 무조건 공격적인 가격정책을 펴서 너에게 손해를 입히겠다"고 위협해도 이는 1에게 먹히지 않는다. 신빙성이 없는 헛된 위협임을 1이 알고 있기 때문이다. 막상 1이 진입을 할 경우 2는 더 높은 보수를 얻기 위해 F가 아니라 A를 택할 수밖에 없다.

그런데 이 게임에서 2가 자신이 A를 택하는 것을 스스로 불가능하게 만들 수 있다고 해보자. 그 방법은 여러 가지가 있을 수 있다. 가령 (조금 비현실적이기는 하지만) 최고경영자가 그러한 대응책을 언론에 미리 공표하고 회사에 지시를 내린 후 휴가를 가면서, 자신이 돌아왔을 때 지시대로 되어 있지 않다면 직원들에게 책임을 묻겠다고 한다고 하자. 이 경우 1의 진입에 대한 대응책을 펴는 실무진은 회사의 손실에 관계없이 최고 경영자의 지시에 따를 수밖에 없다. 이러한 사정을 1이 알게 된다면 2가 실제로 공격적 대응을

할 가능성이 높다고 믿어 진입을 꺼리게 될 것이다.

이와 같은 상황은 매우 역설적이고 직관에 반하는 결과를 제시한다. 즉 자신의 운신의 폭을 스스로 좁히는 것이 오히려 자신에게 득이 될 수 있다는 것이다. 이러한 역설적인 결과는 일반적인 상황에서는 성립하지 않는 사실이다. 일반적으로 선택의 폭이 커질수록 득이 되면 득이 되었지 손해가 되지는 않는다. 가령 물건을 구입해 효용을 얻는 소비자의 경우를 생각해보면, 돈이 적은 것보다 많은 것이, 고를 수 있는 물건의 종류가 적은 것보다 많은 것이 효용을 높여준다. 비경제적인 상황에서도 마찬가지다. 실생활에서 한 손만 사용할 줄 아는 것보다 양손을 자유롭게 사용할 줄 아는 것이 더 편리하며, 야구라면 직구만 던질 줄 아는 투수보다 다양한 변화구를 구사할 줄 아는 투수가 더 유리하다. 순수하게 논리적으로만 생각해도, 늘어난 선택권으로 인해 이로울 것이 없다면 그냥 그 선택권을 포기하면 되기 때문에, 선택권이 늘어나는 것이 득이 되면 득이 되었지 해가 될 수는 없다.

하지만 이러한 상식이 전략적인 상황에서는 성립하지 않을 수 있다. 위의 진입게임에서 본 것처럼, 의도적으로 자신의 행동에 제약을 가함으로써 오히려 이득을 볼 수 있다. 게임이론에서는 이처럼 스스로 자신의 행동에 제약을 가하는 것을 **자기구속**(commitment)이라고 부른다.[2] 일반적인 경우와 달리 전략적 상황에서는 자기구속을 통해 자신의 이득을 높이는 것이 가능한 경우가 있다.

자기구속에는 다양한 예가 존재한다. 흔히 말하는 '배수의 진을 친다'는 표현도 자기구속의 일종이다. 전쟁에서 진을 칠 때에는 싸움이 불리할 경우 퇴각할 수 있는 길을 열어 놓고 진을 치는 것이 정석이다. 그러나 강이나 바다와 같이 물을 뒤로 하고 적을 맞으면 퇴로가 없기 때문에 싸움에 적극적으로 임하게 되고, 이것을 알고 있는 적은 섣불리 덤비기 어렵게 된다. 즉 퇴로를 차단함으로써 승산을 높이는 것이다. (물론 배수의 진이 항상 통하는 것은 아님을 역사의 사례들이 말해준다.) 서양에서는 이를 '다리를 불태운다(burn the bridge)'고 표현한다. 다리를 불사름으로써 돌아갈 수 있는 길을 차단하는 것이다. 호머의 『오디세이』에서 오디세우스가 사이렌의 노래에 유혹되어 물에 빠지지 않기 위해 자신을 돛대에 묶어 버리는 것은 그야말로 물리적인 자기구속에 해당한다.

흡연자들이 연초에 금연 결심을 하면서 그것을 다른 사람들에게 공공연히 알리고 결

---

2 'commitment'는 우리말로 마땅한 번역을 찾기가 어렵다. 책에 따라 '공약', '공언', '확언' 등의 여러 표현이 사용되고 있는데, 이 책에서는 용어의 의미를 살려 '자기구속'이라고 부르기로 한다.

심을 지키지 못할 경우 자신이 받을 벌칙을 공표하는 것도 자신의 운신의 폭을 좁히는 자기구속의 일종이다. 이러한 경우에는 '현재의 나'가 '미래의 나'와 전략적 상호작용을 하는 것으로 생각할 수 있다. 현재의 자신이 미래의 자신을 믿지 못하기 때문에 미래의 자신의 운신의 폭을 좁히기 위해 미리 자기구속에 해당하는 행동을 취하는 것이다.

이제 제3장에서 살펴본 치킨게임을 이용해 자기구속을 좀 더 분석적으로 살펴보자. 다음 보수행렬은 치킨게임 상황을 다시 나타낸 것이다. 여기서 A는 회피, S는 직진을 나타낸다. 이미 본 바와 같이 이 게임에는 (A, S)와 (S, A) 2개의 내쉬균형이 있다. 1은 둘 중 (S, A)를 선호하지만 두 내쉬균형 중 이것이 실현되리라는 보장은 없다. 1이 무언가 선제적인 자기구속을 통해 자신에게 유리한 결과를 확실하게 보장할 수 있는 방법은 없을까?

		2	
		A	S
1	A	0, 0	−1, 1
	S	1, −1	−5, −5

이제 이 게임을 다음과 같이 변형해보자. 위와 같은 동시게임이 시작되기 전에 1이 자신의 운전대를 뽑아서 2에게 내보인 후 창밖으로 내던져버릴 수 있다고 하자. 그렇게 하면 1은 게임이 시작된 후 회피를 하려야 할 수가 없어 직진만 가능하게 된다. 운전대를 뽑지 않을 경우에는 원래와 같은 치킨게임이 펼쳐진다.

이 상황을 게임트리로 나타내면 〈그림 7-10〉과 같다. 여기서 B는 운전대를 부수는 것을, N은 운전대를 부수지 않는 것을 나타낸다. 그림에서 1이 B를 선택하면 2가 바로 S와 A 중 하나를 선택하는 것으로 되어 있는데 이는 상황을 단순화한 것이다. B를 선택할 경우 1은 물리적으로 S만 선택할 수 있어 굳이 나타낼 필요가 없기 때문이다.

이 게임의 SPNE를 찾아보기 위해 먼저 부분게임을 찾아보자. 우선 이 게임의 왼쪽 부분은 1이 B를 선택하는 경우 나타나는 부분게임이다. 단순화를 위해 그림에 명시적으로 나타나 있지는 않지만 여기서 1은 S를 선택한 상황이므로 2는 A를 선택하는 것이 최적이다. 한편 게임트리의 오른쪽에 있는 부분게임은 원래의 치킨게임이다. 원래 치킨게임의 내쉬균형은 (S, A)와 (A, S)임을 이미 알고 있다.

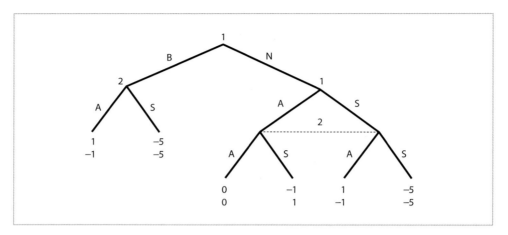

▌그림 7-10　치킨게임과 자기구속

　　이 게임의 SPNE는 오른쪽 부분게임의 내쉬균형이 무엇인지에 따라 달라진다. 만약 이 부분게임의 내쉬균형이 (S, A)라면 1은 애초에 B를 하든 N을 하든 무차별해지므로 둘 다 최적대응이다. 따라서 이 경우 SPNE는 (BS, AA)와 (NS, AA) 2개다. 여기서 1의 전략 중 첫 번째 행동은 애초에 운전대를 부술지의 여부를 나타내며, 두 번째 행동은 치킨게임에서 무엇을 선택할지를 나타낸다. 마찬가지로 2의 전략 중 첫 번째 행동은 1이 운전대를 부술 경우의 2의 선택을, 두 번째 행동은 치킨게임에서의 2의 선택을 나타낸다. 반면 오른쪽 부분게임의 내쉬균형이 (A, S)라면 1은 B를 선택하는 것이 최적이 되므로 SPNE는 (BA, AS)가 된다. 왼쪽 부분게임에서 2의 최적전략이 A이므로, 모든 SPNE에서 2의 전략의 첫 번째 행동은 A라는 점에 주의하기 바란다.

　　종합하면 이 게임에는 (BS, AA), (NS, AA), (BA, AS)라는 총 3개의 SPNE가 존재한다. 굳이 이 중 어느 것이 현실적으로는 더 일어날 가능성이 높은지를 따져 본다면, 1이 처음에 운전대를 부수는 균형인 (BS, AA)와 (BA, AS)가 그렇지 않은 균형 (NS, AA)보다 현실성이 더 높아 보인다. 즉 1이 운전대를 부수고 그대로 직진하며 2는 이를 피하기 위해 할 수 없이 A를 선택하는 상황이다. 1이 N을 선택할 때에도 1이 직진하고 2가 피하는 결과가 나타날 수 있지만, 반드시 그러리라는 보장이 없기 때문에 1의 입장에서는 위험성이 있다. 그에 비해 운전대를 부수면 항상 보수 1을 확보할 있기 때문에 더 안전한 선택이다.[3] 즉 운전대를 부수어 자신의 행동반경을 줄임으로써 오히려 득을 볼 수 있다.

3　이러한 판정은 직관적인 논리에 의한 것이지 SPNE 개념만으로는 위 셋 중 어느 것이 더 그럴 듯한 균형인지

자기구속을 활용하는 앱

스마트폰의 앱은 다양한 기능으로 우리 생활을 편리하게 해준다. 최근에는 일종의 자기구속 장치를 이용해 목표 달성을 도와주는 앱들이 등장해 눈길을 끈다. 그런 앱 중 하나의 작동 방식을 소개하면 다음과 같다.

먼저 사용자가 달성하고 싶은 목표를 설정하고 그에 대해 참가비를 건다. 단지 가상으로 돈을 거는 것이 아니라 실제로 돈을 걸어야 한다. 그 후 정해진 도전 기간 동안 정해진 횟수만큼 실행 내역을 인증한다. 인증은 보통 앱을 이용해 사진을 찍는 방식으로 이루어지며 실제 약속을 지켰는지 여부를 엄격하게 확인한다. 인증 시간대가 아니면 앱의 카메라가 활성화되지 않으며, 엉뚱한 사진을 올리면 인증이 무효화되고 경고를 받기도 한다. 경고를 몇 번 이상 받으면 앱 사용이 일정 기간 정지된다. 자신의 도전을 공개로 설정해 놓으면 다른 사람들이 이 사람의 약속 위반을 신고할 수도 있다.

도전 기간이 끝나면 목표 달성률에 따라 환급이 이루어진다. 달성률이 정해진 기준(가령 85%)에 못 미치면 처음에 걸었던 참가비에서 일정 금액만큼 차감이 되어 환급되며, 이 기준을 넘으면 참가비가 전액 환급된다. 특히 목표를 100% 달성하면 참가비를 모두 환급받을 뿐 아니라 상금도 받는다. 이 상금은 기준을 넘지 못해 참가비를 일부 환급받지 못한 '실패자'들이 낸 돈으로 충당된다. 실패자가 많고 달성률이 떨어질수록, 처음에 걸었던 참가비가 클수록 상금은 커진다.

이런 앱은 정확히 자기구속 기제를 활용하고 있다. 목표를 달성할 의지와 능력이 있다면 굳이 이런 번거로운 절차를 거치지 않고도 얼마든지 목표를 달성할 수 있다. 하지만 자신의 의지가 의심되는 경우, 다시 말해 '현재의 나'가 '미래의 나'를 신뢰할 수 없는 경우, 이런 앱을 통해 자신의 행동에 강제력을 부여하여 결과적으로 바람직한 행동을 유도할 수 있다.

(조금 비현실적이기는 하지만) 위의 예는 스스로 자신이 취할 수 있는 행동 중 일부를 의도적으로 제거함으로써 결과적으로 오히려 이득을 볼 수 있음을 극명하게 보여준다. 실제 전략적 상황에서도 이러한 자기구속 기제를 잘 활용하여 이득을 볼 수 있는 여지가 없는지 잘 따져볼 필요가 있다.

그런데 이러한 자기구속의 이점이 제대로 발휘되기 위해서는 반드시 충족되어야 하는 조건이 몇 가지 있다. 우선 자기구속 행동을 취한 것이 상대방에게 잘 알려져야 한다. 위의 치킨게임의 예에서, 내가 운전대를 부순 것을 상대가 미처 보지 못한 상태에서 게임이 진행된다면 나는 오히려 곤란한 지경에 처할 수 있다. 상대방이 내가 직진만 할 수 있다

판정하기 어렵다.

는 것을 모르고 직진을 택할 경우, 최악의 상황인 정면충돌을 피할 방법이 없어지기 때문이다. 따라서 자신의 자기구속 행위가 반드시 상대방에게 알려지도록 해야 한다.

다음으로 자기구속 행위가 비가역적(irreversible)이어야 한다. 자기구속이 되돌릴 수 있는 형태를 띤다면 상대는 이를 의미 있는 행위로 받아들이지 않을 것이기 때문이다. 가령 위의 치킨게임에서 차에 여분의 운전대가 비치되어 있어 언제든 새로운 운전대를 장착할 수 있다고 하자. 그러면 운전대를 부수는 행위는 효과적인 자기구속 행위가 될 수 없다. 실생활에서 자기구속의 이점을 누리기 위해서는 이와 같은 두 가지 조건이 반드시 충족되도록 주의할 필요가 있다.

지금까지 헛된 위협을 신빙성 있는 위협으로 만들기 위한 기제로 자기구속에 대해 논의했다. 그런데 이런 방법 말고도 **평판**(reputation)을 이용하는 방법도 있다. 앞에서 본 진입게임을 다시 생각해보자. 만약 과거에 기업 2가 신규기업의 진입 발생 시 자신에게 손해가 됨에도 불구하고 지속적으로 강경한 대응책을 써왔다고 하자. 그러면 기업 1은 기업 2의 위협이 신빙성이 있다고 판단하여 진입을 꺼리게 될 것이다. 이 경우 2가 자신에게 손해가 가는 선택을 하는 것이 단기적으로는 비합리적으로 보이지만 장기적인 관점에서는 오히려 합리적일 수도 있다. 유사한 상황이 지속적으로 발생할 것이라고 예상되는 경우, 단기적인 손해를 감수하고 평판을 쌓는 것이 장기적으로는 자신에게 득이 될 수 있기 때문이다.

주요 학습내용 확인

☑ 역진귀납의 논리를 이용하여 다양한 순차게임의 SPNE를 구할 수 있는가?

☑ 슈타켈버그 모형의 SPNE를 구하고 그 결과를 쿠르노 모형과 비교하여 파악할 수 있는가?

☑ 동시게임이 포함된 순차게임의 SPNE를 구할 수 있는가?

☑ 순차게임에서 자기구속을 통해 보수를 높일 수 있는 메커니즘을 정확히 이해하고 있는가?

연습문제

1. 다음과 같은 쿠르노 경쟁 상황을 생각해보자. 시장역수요는 $P = 10 - Q$이며, 비용함수는 두 기업이 $C(q) = q$로 동일하다. 두 기업의 생산결정은 CEO에 의해 내려지는데, CEO가 받는 보수를 이윤에 연동할 수도 있고 매출에 연동할 수도 있다. CEO는 보수가 이윤에 연동되는 경우에는 이윤극대화를 추구하며 매출에 연동되는 경우에는 매출극대화를 추구한다.

   (1) 두 기업 모두 CEO의 보수가 이윤에 연동될 경우, 내쉬균형 및 각 기업의 이윤을 구하라.

   (2) CEO의 보수가 한 기업에서는 이윤에 연동되고 다른 한 기업에서는 매출에 연동될 경우, 내쉬균형 및 각 기업의 이윤을 구하라.

   (3) 두 기업 모두 CEO의 보수가 매출에 연동될 경우, 내쉬균형 및 각 기업의 이윤을 구하라.

   (4) 쿠르노 경쟁에 앞서 각 회사의 이사회에서 CEO의 보수를 이윤에 연동시킬지 매출에 연동시킬지 동시에 결정한다고 하자. 이윤극대화를 추구하는 이사회가 어떤 결정을 내릴지 (1)~(3)의 결과를 이용하여 분석하라. (단 이때 CEO에게 돌아가는 보수는 고려하지 않는다.) 이 결과는 두 기업에게 바람직한가?

2. 이윤을 극대화하는 두 기업 1, 2가 동질적 재화를 생산하고 있다. 이 재화에 대한 시장수요는 $Q = 14 - P$이다. 두 기업 모두 고정비용은 없으며 한계비용은 2로 일정하다.

   (1) 두 기업이 동시에 생산량을 결정할 경우의 내쉬균형을 구하라.

   (2) 1이 먼저 생산량을 정하고 2가 1의 생산량을 관찰한 후 생산량을 정할 때 SPNE에서의 균형결과를 구하라.

   (3) 1이 비용을 들이면 (1)의 상황에서 (2)의 상황으로 옮겨갈 수 있다고 하자. 1이 지불할 용의가 있는 최대 금액은 얼마인가?

   (4) 위 (2)에서처럼 생산량이 정해진 후, 1에게 추가적으로 생산할 수 있는 기회가 주어졌다고 하자. 단 처음 생산량을 결정할 때는 이런 추가적 생산의 가능성이 누구에게도 알려지지 않았다. 1은 추가적으로 얼마를 생산하려고 하겠는가?

3. A와 B가 순차적 협상을 통해 돈 4를 나눠 가지는 상황을 생각해보자. 제안자가 각 사람의 몫을 제안하고 그것이 상대에 의해 받아들여지면 그대로 배분되며, 받아들여지지 않으면 다음 기로 넘어간다. 협상이 다음 기로 넘어가면 나눠 가질 수 있는 돈은 절반으로 줄어든다. 협상은 3번에 걸쳐 이루어지는데, A는 1, 3기에 제안을 하며 B는 2기에 제안을 한다. 마지막까지 협상이 타결되지 않으면 돈은 모두 사라진다. 이 게임의 SPNE에서 각자가 얻게 되는 돈을 구하라. 단 돈은 연속변수이며 시간 경과에 따른 할인은 없다고 가정한다.

4. 세 명의 경기자가 있다. 각 경기자는 A와 B 중 하나를 택하는데, 1이 먼저 결정을 내리면 2와 3은 1의 결정을 보고 나서 동시에 결정을 한다. 만약 세 명 모두 A를 선택하면 각자는 2의 보수를 얻으며, 적어도 한 사람이 B를 택하면 A를 택한 사람은 0의 보수를 얻고 B를 택한 사람은 1의 보수를 얻는다.

(1) 이 상황을 게임트리를 이용해 나타내라. 각 경기자의 전략은 모두 몇 개인가?

(2) 이 게임의 SPNE를 구하라.

5. 다음 게임트리로 표현되는 전개형 게임이 있다.

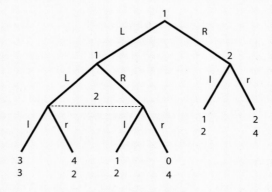

(1) 각 경기자의 전략을 모두 구하라.

(2) 이 게임의 SPNE를 구하라.

(3) 내쉬균형이지만 SPNE는 아닌 것을 하나만 찾아보라.

6. 기업 A가 경쟁기업 B와 불법적으로 담합을 할지 여부를 고민하고 있다. 담합을 하지 않으면(NC) A와 B가 각각 π의 보수를 얻고 게임이 종료된다. 만약 A가 담합을 결정하면(C) 그 이후 A와 B는 당국에 담합 사실을 자진해서 신고할지(R) 말지(N) 여부를 독자적으로 동시에 결정한다. (제3장 연습문제 4번의 상황과 같아진다.) 둘 다 신고를 하지 않을 경우, 당국에 적발되지 않으면 각자 10을 얻으나 적발되면 과징금으로 10을 물어 보수가 0이 된다. 당국에 적발될 확률은 $p > 0$이다. [따라서 이 경우 기대보수는 $10(1-p)$이다.] 둘 중 한 기업만 신고하는 경우, 신고한 기업은 과징금을 물지 않아 10을 얻고, 신고하지 않은 기업은 과징금 10을 물어 0을 얻는다. 두 기업 모두 신고한 경우 과징금 6을 물어 각자 4를 얻는다. 이 게임의 SPNE에서 A가 애초에 담합을 하지 않으려면 π값이 얼마여야 하는가?

7. 자녀(경기자 1)와 부모(경기자 2) 간의 다음과 같은 게임을 생각해보자. 먼저 1이 노력수준 x를 결정하면 그에 따라 1과 2의 소득 M_1과 M_2가 각각 다음과 같이 정해진다.

$$M_1 = -x^2 + 2x + 10, \quad M_2 = -x^2 + 4x + 100$$

다음으로 2가 1의 x 선택을 보고 1에게 증여할 재산 B를 결정한다. 1과 2의 효용 u_1과 u_2는 각각 다음과 같다. (2의 효용이 1의 효용에 직접적으로 영향을 받음을 알 수 있다.)

$$u_1 = M_1 + B, \quad u_2 = (M_2 - B)\,u_1$$

(1) 이 게임의 SPNE에서의 x값을 구하라.

(2) 위 (1)에서 구한 값을 $M_1 + M_2$를 극대화하는 x값과 비교하라.

8. 동질적인 재화를 생산하는 세 기업 1, 2, 3이 있다. 시장역수요는 $P = 10 - Q$이며 비용함수는 세 기업이 모두 $C(q) = q$로 동일하다. 다음 각 상황의 SPNE에서 각 기업의 생산량을 구하라.

(1) 먼저 1이 생산량 q_1을 결정하면 2와 3이 이를 보고 동시에 생산량 q_2, q_3를 결정한다.

(2) 먼저 1과 2가 동시에 각각 생산량 q_1, q_2를 결정하면 3이 이를 보고 생산량 q_3를 결정한다.

9. 어떤 물건에 대한 잠재적 구매자(경기자 1)와 그 물건의 판매자(경기자 2)가 있다. 1과 2가 이 물건에 부여하는 가치는 각각 100과 50이다. 1이 물건 구입을 위해 2가 있는 곳까지 왕복하는 데 드는 비용은 20이다. 게임의 진행은 다음과 같다. 먼저 1이 물건 구입을 위해 2가 있는 곳까지 갈지 말지를 결정한다. 2가 있는 곳까지 가지 않을 경우 1의 보수는 0이다. 만약 1이 물건 구입을 위해 2에게 가면 2는 1에게 가격을 제시한다. 1은 이 가격을 받아들여 물건을 구입하거나 물건을 구입하지 않고 집으로 돌아갈 수 있다. 단 물건을 구입하는 것과 구입하지 않는 것 간에 무차별할 경우 1은 물건을 구입한다고 가정한다. 한편 2의 보수는 물건을 팔면 가격에서 50을 뺀 값이며, 팔지 못하면 0이다.

   (1) 이 게임의 SPNE를 구하라.

   (2) 이 균형이 비효율적임을 보여라.

   (3) 1이 구매를 하러 가려면 2가 제시하는 가격이 얼마 이하여야 하는가?

   (4) 1의 결정 전에 2가 1에게 "만약 물건을 사러 오면 (3)에서 구한 범위에 해당하는 가격을 받겠다"고 약속했다고 하자. 이러한 약속은 신빙성이 있는가?

10. 제안자(A)와 결정자(B)가 정책을 결정해야 한다. 정책 x는 [0, 1] 구간에 속한 하나의 숫자로 표시되며, 현재 정책은 1이다. 먼저 A가 x를 제안하면 B는 x를 받아들이거나 현재의 정책 1을 그대로 고수한다. 정책 x에 대한 A와 B의 효용은 각각 다음과 같다.

$$u_A(x) = -x^2, \; u_B(x) = -\left(x - \frac{3}{4}\right)^2$$

   이 게임의 SPNE를 구하라.

11. 노동조합(경기자 1)과 경영진(경기자 2)이 임금 및 고용수준을 두고 협상을 벌이고 있다. 1은 임금수준을 배타적으로 결정하며 2는 고용량을 배타적으로 결정하는데, 구체적인 협상 절차는 다음과 같다. 먼저 1이 임금수준 w를 결정한다. 다음으로 2가 w를 관찰한 후 고용량 L을 결정한다. 주어진 w와 L에 대해 1의 보수는 wL이고 2의 보수는 $-\frac{L^2}{2} + (100 - w)L$이다. 이 게임의 SPNE를 구하라.

12. 제3장 연습문제 7번 상황에서 이번에는 A, B가 다음과 같이 순차적으로 의사결정을 한다고 하자. 즉 A가 먼저 a를 결정하면 B가 이를 보고 나서 b를 결정한다. 각 부서의 예산은 이전과 마찬가지로 다음과 같이 정해진다.

- a와 b의 합이 100 이하이면 A와 B는 각각 a, b를 받고, 남는 예산은 부처 예비비로 돌린다.
- a와 b의 합이 100을 초과하면, A는 a/2, B는 b/2를 받고, 남는 예산은 부처 예비비로 돌린다.

(1) 이 상황의 SPNE를 구하라.
(2) A에게 제3장 7번의 상황과 현재의 상황 중 어느 쪽이 더 유리한가?

제 8 장

반복게임

이 장에서는 동일한 전략적 상황이 계속 되풀이되는 상황인 반복게임에 대해 알아본다. 우리가 특히 관심을 가지는 상황은 죄수의 딜레마와 같이 협조가 일어나기 어려운 게임이 여러 번 반복되는 상황이다. 이 장에서는 먼저 반복게임의 개념과 반복게임에서의 전략에 대해 살펴보고, 게임이 유한 번 반복되는 경우와 무한대로 반복되는 경우 각각에 대해 SPNE를 찾아본다.

1. 반복게임과 전략

반복게임(repeated games)이란 동일한 전략적 상황이 계속 반복되는 게임을 가리킨다. 이때 매기마다 발생하는 일회성 전략적 상황을 **스테이지 게임**(stage game)이라고 부른다. 전략적 상황이 계속해서 발생하지만 동일한 게임이 반복되는 것이 아니라면 정의상 그 상황은 반복게임이 아님에 유의하기 바란다.

일반적으로 우리는 반복게임에서 과거에 각 경기자가 어떤 선택을 했는지 관찰이 가능한 경우에 초점을 맞춘다. 스테이지 게임이 동시게임이든 순차게임이든 반복게임 전체는 시간을 두고 순차적으로 진행되므로 앞서 본 전개형 게임의 SPNE 개념을 이용해 균형을 찾을 수 있다.

게임이 반복될 경우 경기자들에게 의미 있는 정보는 지금까지 어떤 일이 일어났는가

하는 것이다. 게임이론에서 전략이란 발생 가능한 모든 경우에 대해 완비된 행동지침이라고 했다. 따라서 반복게임에서의 전략은 매기마다 그 기 이전에 일어날 수 있는 모든 경우에 대해 각각 어떤 행동을 취할 것인지 명시해야 한다. 어느 시점을 기준으로 그 이전에 일어난 일을 게임이론에서는 **히스토리**(history)라고 부른다. 따라서 반복게임에서의 전략은 발생 가능한 모든 히스토리에 대해 각 기에 어떤 행동을 취해야 하는지 알려주어야 한다.[1] 좀 더 기술적으로 표현하면 전략은 매기마다 각각의 히스토리에 어떤 행동을 대응시키는 관계(relation)이다.[2]

이해를 돕기 위해 간단한 예를 들어보자. 두 경기자가 스테이지 게임이 3회 되풀이되는 반복게임을 한다고 하자. 각 스테이지 게임에서 이 둘은 A와 B 중 하나를 동시에 선택한다. (보수구조는 논의의 목적과 직접적인 관계가 없으므로 고려하지 않기로 한다.) 이때 각 경기자의 (순수)전략이 어떤 형태를 띠어야 하는지 생각해보자. 우선 1기의 전략은 간단하다. 그냥 A와 B 중 하나를 고르는 것이다. 이때는 아무런 히스토리가 없기 때문에 전략은 하나의 행동으로 나타난다. 2기의 전략은 어떨까? 1기에 발생할 수 있는 결과는 모두 4가지이다. 두 경기자가 어떤 전략을 취했는지에 따라 (A, A), (A, B), (B, A), (B, B)의 4가지 경우가 가능하다. 각 경기자의 2기의 전략은 이 각각의 히스토리에 대해 어떤 행동을 취해야 하는지 적시해야 하므로 총 $2^4 = 16$가지가 된다. 3기의 전략도 마찬가지이다. 3기가 되었을 때, 그때까지 발생 가능한 히스토리는 모두 몇 가지일까? 총 16가지이다. 1기와 2기에 각각 4가지 경우가 가능하므로 1, 2기를 모두 고려하면 모두 $4 \times 4 = 16$가지의 조합이 가능하다. 3기의 전략은 이 16가지 히스토리에 대해 각각 어떤 행동을 취할지 적시해야 하므로 총 2^{16}가지 전략이 존재한다. 한 경기자의 전략은 모든 기에 대해 어떤 선택을 할 것인지 명시해야 하므로 이 반복게임에서 한 경기자의 전략의 총수는 $2 \times 2^4 \times 2^{16} = 2^{21}$이다. 스테이지 게임이 몇 번만 반복되어도 전략의 수가 매우 커짐을 알 수 있다.

한편 반복게임의 보수를 구할 때는 시간할인을 도입하는 경우가 많다. (할인계수는 제7장에서 순차적 협상을 다룰 때 이미 보았다.) 시간이 경과함에 따라 사람들이 보수를 할인한다면 같은 1의 보수를 받더라도 이번 기의 1이 미래의 1보다 현재가치로 따졌을 때

---

[1] 첫 기에는 과거가 없는데, 이 경우 히스토리가 공집합(∅)인 것으로 간주한다.

[2] 함수가 아니라 관계라고 한 것은 양자 간에 일대다 대응이 가능하기 때문이다.

더 크다. 사람들이 할인계수 δ를 써서 미래가치를 할인한다고 하자.[3] 여기서 $0 < \delta < 1$이다. 그러면 어떤 경기자의 보수의 흐름이 차례대로 u_1, u_2, u_3, …일 때 이 경기자의 보수의 현재가치는 $u_1 + \delta u_2 + \delta^2 u_3 + \cdots$가 된다.

우리가 이 장에서 특별히 관심을 가지는 반복게임은 스테이지 게임이 죄수의 딜레마의 특성을 가지고 있는 경우이다. 이미 알고 있는 바와 같이 죄수의 딜레마 상황에서는 모든 경기자가 우월전략을 가지므로 그 전략을 택하게 되는데, 우리는 그러한 합리적 선택에 따른 결과가 두 경기자 모두에게 바람직하지 않음을 알고 있다. 암묵적 협조를 통해 모두가 더 좋아질 수 있음에도 불구하고 그러한 개선이 일어나지 않는 것이다.

우리가 관심을 가지는 주제는 두 사람의 상호작용이 한 번으로 끝나는 것이 아니라 여러 번 반복될 경우 모두에게 이득이 되는 협조가 가능할 것인가 하는 것이다. 직관적으로 생각해보면 상호작용이 반복된다면 상대가 '배신'을 할 경우 다음번에 그를 '응징'할 수 있으므로 협조의 유지가 가능할 수 있을 것처럼 보인다. 이러한 직관적 추측이 맞는지 게임이 유한 번 반복되는 경우와 무한 번 반복되는 경우로 나누어 살펴볼 것이다.

2. 유한반복게임

(1) 죄수의 딜레마 게임의 유한반복

다음과 같은 죄수의 딜레마 게임이 T번 반복되는 반복게임을 생각해보자. 여기서 $T < \infty$이다. 보수행렬에서 N은 비협조, 즉 자백을 뜻하며 C는 협조, 즉 부인을 뜻한다. 이 게임의 유일한 내쉬균형은 (N, N)이며 이때의 보수 (1, 1)은 (C, C)에 따른 보수인 (3, 3)보다 열등하다.

		2	
		N	C
1	N	1, 1	4, 0
	C	0, 4	3, 3

---

3 시간할인을 할 때 할인계수 대신 할인율(discount rate)이라는 개념을 쓰기도 하는데, 할인율을 β로 표시하면 $\delta = \dfrac{1}{1+\beta}$의 관계가 성립한다. 가령 할인율 β가 1 혹은 100%라면 할인계수 δ는 0.5가 된다. 두 용어를 혼동하지 않고 명확하게 구분할 필요가 있다.

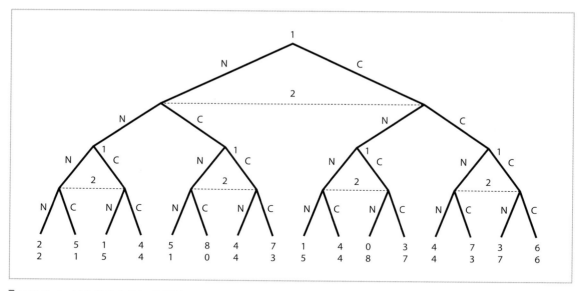

그림 8-1   죄수의 딜레마의 2회 반복

이해를 돕기 위해 먼저 $T=2$인 간단한 경우부터 생각해보자. 즉 위 게임이 2회 반복되는 상황이다. 이 게임을 게임트리를 써서 나타내면 〈그림 8-1〉과 같다. 스테이지 게임 자체는 동시게임이므로 불완전정보로 인해 점선으로 표시된 정보집합이 있다. 그러나 1기가 끝나고 나면 1기의 게임 결과가 모두에게 관찰되므로 2기의 스테이지 게임의 첫 부분(1의 결정마디가 있는 부분)에는 정보집합이 없음에 유의하기 바란다. 보수는 1, 2기 보수의 합이며 편의상 할인은 없다고 가정한다.

게임트리가 조금 복잡하게 생기기는 했지만 이 반복게임의 SPNE는 역진귀납을 통해 쉽게 찾을 수 있다. 이 게임에는 4개의 부분게임이 있다. 그런데 이 4개의 부분게임 하나 하나가 모두 죄수의 딜레마 게임이므로 각 부분게임의 내쉬균형은 모두 (N, N)이다. 1기 에 어떤 일이 일어났는지에 관계없이, 즉 히스토리에 관계없이 모든 경기자는 2기에 우월전략인 N을 택한다.

이제 이것을 예측하는 두 경기자가 1기에 어떤 선택을 할지 생각해보자. 두 경기자는 1기에 어떤 일이 일어나든 2기에는 자신도 상대도 모두 N을 택할 것임을 안다. 이는 1기 에 자신이 어떤 행동을 취하든 그것이 2기의 보수에 영향을 주지 못함을 의미한다. 따라 서 1기에 각 경기자는 우월전략인 N을 택하는 것이 최적이다. 다음 기가 있기는 하지만 자신이 이번 기에 무엇을 하든 다음 기에 일어날 일이 바뀌지 않으므로, 마치 1회 게임을 하듯이 우월전략을 택하는 것이 합리적이다. 따라서 이 2회 반복게임의 유일한 SPNE는 모든 경기자가 1기에 N을 선택하고 2기에도 히스토리에 관계없이 N을 선택하는 것이다.

이제 보다 일반적인 경우를 살펴보기 위해 이 스테이지 게임이 T회 반복되는 상황을 생각해보자. 역진귀납을 적용하기 위해 마지막 기인 T기부터 살펴보자. T기는 마지막 기이므로 선택을 할 때 그것이 미래에 미칠 영향을 고려할 필요가 없다. 따라서 T기의 스테이지 게임은 마치 죄수의 딜레마 게임이 한 번만 일어나는 것과 마찬가지다. 즉 일회성 게임(one-shot game)이나 마찬가지다. 따라서 T기에는 모두가 우월전략인 N을 선택한다. 이것을 알고 있는 경기자들은 그 전 기인 $T-1$기에 어떻게 행동할까? 자신이 어떠한 선택을 내리든 다음 기인 T기에는 모두가 N을 선택할 것임을 알고 있으므로 각 경기자는 $T-1$기에도 우월전략인 N을 선택할 것이다. $T-1$기에 어떤 선택을 하든 그것이 T기에 영향을 주지 않기 때문이다. 그렇다면 그 전 기인 $T-2$기에는 어떨까? 역시 마찬가지 논리로 $T-2$기에 모든 경기자는 N을 택할 것이다. 이러한 논리를 계속 적용하면 모든 경기자는 매기에 N을 택하는 것이 최적이 된다.

따라서 이 게임의 유일한 SPNE는 각 경기자들이 1기에 N을 선택하고 그 이후에도 히스토리에 관계없이 계속 N을 택하는 것이다. 이에 따라 매기에 보수 (1, 1)이 반복적으로 실현된다. 이상의 분석을 통해, 죄수의 딜레마 게임이 반복될 경우 협조가 가능할 것이라는 희망은 유한반복게임에 대해서는 좌절된다는 것을 알 수 있다. 즉 게임이 반복되어도 균형에서 협조는 발생하지 않는다.

그런데 이상의 논리는 죄수의 딜레마 게임에 국한되지 않는다. 잘 생각해보면 내쉬균형이 유일하게 존재하는 스테이지 게임이 유한 번 반복되는 경우에는 위와 정확히 동일한 논리가 성립함을 알 수 있다. 이를 정리하면 다음과 같다.

유일한 내쉬균형을 가지는 스테이지 게임이 유한 번 반복될 경우, 이 유한반복게임은 유일한 SPNE를 가진다. 이 SPNE에서는 매기마다 스테이지 게임의 내쉬균형이 반복적으로 나타난다.

죄수의 딜레마의 유한반복게임은 위 결과가 적용되는 여러 상황 중 하나이다. 내쉬균형이 하나만 있는 게임이 유한 번 반복된다면, 매기마다 스테이지 게임의 내쉬균형이 반복되는 것이 이 유한반복게임의 유일한 SPNE이다.

(2) 내쉬균형이 여러 개 있는 게임의 유한반복*

앞서 본 결과는 스테이지 게임의 내쉬균형이 유일한 경우에 성립하는 내용이다. 만약 스테이지 게임의 내쉬균형이 여러 개라면 어떻게 될까? 이에 대해 알아보기 위해 다음과 같은 게임이 2회 반복되는 경우를 생각해보자. 편의상 할인은 없다고 가정한다.

		2		
		N	C	M
1	N	1, 1	4, 0	1, 0
	C	0, 4	3, 3	1, 1
	M	0, 1	1, 1	2.5, 2.5

이 게임은 앞에서 본 죄수의 딜레마 게임에 M이라는 행동 하나를 추가한 것이다. M의 추가로 인해 이제는 N이 더 이상 우월전략이 아니게 된다. 최적대응법을 쓰면 이 게임에는 (N, N)과 (M, M)이라는 2개의 내쉬균형이 있음을 쉽게 확인할 수 있다. 여기서 주목할 것은 내쉬균형이 아닌 (C, C)가 내쉬균형인 (N, N)이나 (M, M)보다 보수 측면에서 모두에게 더 좋다는 사실이다. 이는 죄수의 딜레마와 비슷한 상황이다.

이제 이 게임의 SPNE에 대해 생각해보자. 조금만 생각해보면 매기에 스테이지 게임의 내쉬균형이 발생하는 SPNE가 존재함을 쉽게 알 수 있다. 가령 모두가 1기에 N을 선택하고 2기에는 히스토리에 관계없이 N을 선택하는 경우를 생각해보자. 이는 명백하게 SPNE이다. 우선 2기에 둘 다 N을 선택하는 것은 내쉬균형이다. (N, N)이 스테이지 게임의 내쉬균형이기 때문이다. 한편 이와 같이 2기에 히스토리에 관계없이 모두가 N을 선택하는 상황에서, 1기에 모두가 N을 선택하는 것 역시 정당화된다. 주어진 상대의 전략 N에 대해 N이 최적대응이기 때문이다. 마찬가지로 하면, 1기에 둘 다 N을 선택하고 2기에는 둘 다 히스토리에 상관없이 M을 선택하는 상황, 1기에 둘 다 M을 선택하고 2기에는 둘 다 히스토리에 상관없이 N을 선택하는 상황, 1기에 둘 다 M을 선택하고 2기에는 둘 다 히스토리에 상관없이 M을 선택하는 상황 역시 SPNE가 됨을 쉽게 확인할 수 있다.

그런데 이러한 SPNE들은 그다지 흥미로운 내쉬균형이 아니다. 단순히 1기에 스테이지 게임의 내쉬균형 중 하나를 택해 그에 따른 행동을 취하고, 2기에는 히스토리와 무관하게 스테이지 게임의 내쉬균형 중 하나를 택해 그에 따른 행동을 취하는 것이기 때문이다.

그보다 우리의 관심을 끄는 것은 반복으로 인한 보복의 가능성이 있을 때 1기에 협조를 달성하는 것이 가능한가 하는 것이다. 더 구체적으로 말하면 1기에 (C, C)를 선택하는 상황이 SPNE에서 달성 가능한가 하는 것이다.

이제 두 경기자가 다음과 같은 전략을 택하는 경우를 생각해보자.

$$
\begin{cases}
\bullet \ 1기 : \quad C \text{ 선택} \\[4pt]
\bullet \ 2기 : \begin{cases} M \text{ 선택 : } 1기에 (C, C)가 \text{ 일어난 경우} \\ N \text{ 선택 : } 1기에 (C, C) \text{ 이외의 결과가 일어난 경우} \end{cases}
\end{cases}
$$

즉 1기에는 모두 협조에 해당하는 C를 선택하고, 2기에는 협조 달성 여부에 따라 '좋은' 내쉬균형과 '나쁜' 내쉬균형 중 하나를 선택하는 전략이다.

이제 이러한 전략이 SPNE를 구성할 수 있는지 생각해보자. 우선 이 전략에 따르면 2기에는 내쉬균형인 (M, M)이나 (N, N) 중 하나가 나타나는데, 이것이 2기에 실행되는 게임(즉 부분게임)의 내쉬균형임은 자명하다.

이제 이 상황에서 1기의 전략이 최적인지 확인해보자. 상대가 위의 전략에 따라 C를 선택하는 경우, 나도 위 전략대로 C를 선택하면 1기에 (C, C)가 실현되며, 이에 따라 2기에 상대가 M을 선택할 것이고 그에 대해 나도 M을 선택하는 것이 최적이다. 이때 보수는 $3 + 2.5 = 5.5$가 된다.

이제 1기에 상대가 위 전략을 따르는 상황에서 내가 C를 선택하지 않고 이탈을 하면 어떻게 될까? 이때 나에게 가장 이득이 되는 이탈은 N이다. 상대가 C를 선택할 때 N을 선택하는 것이 스테이지 게임에서 나의 최적대응이기 때문이다. 이제 이러한 이탈이 2기에 어떤 영향을 미칠지 생각해보자. 상대는 위 전략에 따라 2기에 N을 택할 것이다. 1기에 (C, C)가 아니라 (N, C)가 일어났기 때문이다. 상대가 N을 택하는 상황에서 나 역시 N을 택하는 것이 2기에서 최적이 된다. 따라서 이 경우 나의 총보수는 $4 + 1 = 5$가 된다. 이는 원래대로 1기에 C를 택할 경우의 보수인 5.5보다 작다. 따라서 주어진 2기의 전략에 입각할 때, 1기에 C를 택하는 위 전략은 최적임을 알 수 있다.

따라서 위에 제시된 전략은 SPNE를 구성함을 알 수 있다. 여기서 주목할 것은 1기에 협조에 해당하는 (C, C)가 달성된다는 것이다. 더욱 흥미로운 것은 애초에 (C, C)가 스테이지 게임의 내쉬균형이 아니라는 점이다. 즉 스테이지 게임의 내쉬균형이 아닌 전략의 짝이 유한반복게임의 SPNE에서 달성될 수 있다는 것이다.

이 예는 스테이지 게임에 복수의 내쉬균형이 존재할 경우, 2기의 전략을 히스토리에 따른 조건부 형태로 만들어 상대방의 배신에 대한 처벌을 가능하게 함으로써 1기에 협력을 유도하는 것이 가능함을 보여준다. 물론 이것이 항상 가능한 것은 아니다. 그러나 스테이지 게임의 내쉬균형이 유일하여 협조 유도가 원천적으로 불가능했던 앞의 경우와 달리, 스테이지 게임의 내쉬균형이 복수일 경우에는 협조 달성이 가능할 수도 있음은 주목할 만하다.

3. 무한반복게임

(1) 죄수의 딜레마 게임의 무한반복과 방아쇠 전략

앞 절의 분석은 죄수의 딜레마가 유한 번 반복되는 상황에서는 적어도 이론적으로는 협조의 달성이 불가능함을 보여준다. 그렇다면 죄수의 딜레마가 무한히 반복되는 상황에서는 이러한 결과가 달라질 수 있을까? 여기서는 이 문제에 대해 자세히 분석해본다.

본격적인 분석에 앞서 우선 게임이 무한 번 반복된다는 것의 의미부터 생각해보자. 경기에 참여하는 경기자들이 개인이든 단체든, 실제로 이들이 물리적으로 무한히 상호작용 하는 것은 불가능에 가깝다. 개인의 생물학적인 수명이나 단체의 쇠락과 해체로 인해, 경기자들이 무한히 상호작용을 반복하는 것은 현실적으로 어렵기 때문이다. 따라서 무한반복적인 상호작용은 글자 그대로 상호작용이 끝없이 반복되는 상황을 의미하는 것이라기보다는 다른 상황을 묘사하는 것으로 보는 것이 더 적절하다.

이에 대해서는 다음과 같은 보다 현실적인 해석이 가능하다. 즉 반복적인 상호작용이 언젠가는 끝나겠지만 그때가 언제인지 알지 못한다는 것이다. 가령 시장을 놓고 첨예하게 맞서고 있는 두 기업의 경쟁은 둘 중 하나가 경쟁에서 밀려 사라지거나 혹은 소비자의 기호 변화에 따라 시장 자체가 축소되어 결국 소멸하거나 하는 방식으로 언젠가는 해소될 것이다. 그러나 적어도 당분간은 경쟁이 계속될 것이고 그것이 얼마나 지속될지 지금으로서는 예측하기 어렵다. 이를 정식화하여 표현하면, 매번 게임이 반복될 때마다 이번을 마지막으로 상호작용이 종료될 확률이 있다는 것이다. 나중에 보겠지만 이와 같이 게임의 시간 범위(time horizon)가 무기한인(indefinite) 상황은 그것이 무한한(infinite) 경우와 본질적으로 큰 차이가 없다.

이제 이와 같은 해석을 염두에 두고 무한반복게임을 분석해보자. 아래 보수행렬로 표현되는 죄수의 딜레마 게임이 무한 반복된다고 하자. 경기자들은 미래의 보수를 매기당 δ의 할인계수를 이용해 할인한다. 일반화를 위해 숫자 대신 문자를 이용해 보수를 나타냈으며, 죄수의 딜레마의 성격을 띠도록 하기 위해 $d > c > n > 0$을 가정한다. $n > 0$이고 $d > c$이므로 두 경기자 모두에게 N이 우월전략이며, $c > n$이므로 내쉬균형에서의 보수인 n보다 (C, C)에서의 보수인 c가 더 커서 균형이 비효율적이라는 것을 알 수 있다. 앞에서 본 것처럼 이 게임이 유한 번 반복되면 아무리 여러 번 반복되더라도 SPNE에서는 매기 (N, N)이 반복된다.

		2	
		N	C
1	N	n, n	$d, 0$
	C	$0, d$	c, c

그런데 매기에 스테이지 게임의 내쉬균형인 (N, N)이 반복되는 것은 무한반복게임에서도 여전히 SPNE임을 쉽게 알 수 있다. 히스토리에 관계없이 모두가 무조건 우월전략인 N을 택하는 것은 모든 부분게임에서 당연히 내쉬균형이다. 따라서 (N, N)이 계속 반복되는 것은 유한게임에서와 마찬가지로 무한반복게임에서도 SPNE가 된다.

그런데 이처럼 비협조가 반복되는 상황은 우리의 관심사가 아니다. 우리의 관심은 게임이 무한히 반복됨에 따라 배신에 대한 처벌이 가능해져 협조를 달성할 수 있는가 하는 것이다. 즉 SPNE에서 (C, C)가 달성될 수 있는지 여부이다.

게임이 유한 번 반복될 때에는 협조의 달성이 불가능함을 이미 보았다. 최종 기의 부분게임에서부터 역진귀납을 이용해 생각하면 사실상 처벌이 불가능해져 이탈을 막을 수 없기 때문이다. 그러나 게임이 끝없이 반복될 경우에는 이탈에 따른 처벌을 지속적으로 할 수 있으므로 협조의 유지가 가능할 수도 있을 것처럼 보인다. 즉 당근(보상)과 채찍(처벌)을 잘 이용하면 협조를 유지할 가능성이 있어 보인다.

이제 위 게임에서 다음과 같은 특수한 전략이 SPNE가 될 수 있는지 살펴보기로 하자.

$$
\begin{cases}
\bullet \ 1기: & \text{C 선택} \\
\bullet \ t기(t > 1): & \begin{cases} \text{C 선택 : 지금까지 계속 (C, C)가 유지된 경우} \\ \text{N 선택 : 지금까지 한 번이라도 (C, C) 이외의 결과가 일어난 경우} \end{cases}
\end{cases}
$$

이 전략을 **엄격한 방아쇠 전략**(grim trigger strategy) 혹은 간단히 **방아쇠 전략**(trigger strategy)이라고 부른다. 위 전략대로 행동할 경우 두 경기자는 처음에 협조로 시작을 하며, 지금까지 협조가 유지되었다면 계속 협조를 하지만 한 번이라도 협조가 깨진 경우에는 영원히 협조에서 벗어난다. 즉 경기자의 행동을 '협조모드'와 '처벌모드'로 나누었을 때, 지금까지 협조가 유지되었으면 협조모드를 계속 유지하지만, 한 번이라도 협조모드가 깨지면 영원히 처벌모드로 넘어간다.

이 게임이 방아쇠 전략이라고 불리는 것은 한 번의 배신이 처벌을 촉발(trigger)하기 때문이다. '엄격한' 방아쇠 전략이라고 불리는 것은 처벌이 매우 강력하기 때문이다. 즉 한 번 처벌이 시작되면 용서 없이 처벌이 영원히 계속된다.[4] 만약 경기자들이 이러한 전략을 사용하는 것이 SPNE가 된다면 죄수의 딜레마 상황에서도 협조의 유지가 가능하다는 결론이 나온다.

이제 위 전략의 짝이 SPNE가 될 수 있는지 생각해보자. 그런데 이러한 가능성을 알아보려고 하면 우리는 곧바로 개념적인 어려움에 봉착하게 된다. 지금까지 우리는 SPNE를 찾기 위해 게임트리의 가장 아래에 있는 부분게임으로 내려가서 그 부분게임의 내쉬균형을 구하고, 그것을 이용해 그 위의 부분게임의 내쉬균형을 구하는 방식을 사용했다. 즉 역진귀납을 사용했다. 그런데 무한반복게임에서는 정의상 '가장 아래에 있는 부분게임'이라는 것이 존재하지 않는다. 따라서 역진귀납을 사용하는 것이 원천적으로 불가능하다. 그러므로 지금까지와 같은 방법으로는 위 전략이 SPNE를 구성하는지 확인하기 어렵다.

따라서 역진귀납을 이용하는 대신 SPNE의 정의에 입각하여 위 전략이 균형전략이 될 수 있는지 따져보기로 하자. 제6장에서 본 것과 같이 SPNE는 모든 부분게임에서 내쉬균형이 달성되도록 하는 전략의 짝이다. 위 게임은 어느 부분게임이든 원래의 무한반복게임과 동일하게 생겼지만(어느 시점에서 시작하든 그 이후 죄수의 딜레마가 무한히 반복

---

4 엄밀하게 말하면 위의 '엄격한 방아쇠 전략'은 '방아쇠 전략'의 한 종류이다. 한 번의 배신이 처벌을 촉발하지만 그 처벌이 위에서처럼 가혹하지 않을 수도 있기 때문이다. 이 책에서는 방아쇠 전략이 문맥에 따라 엄격한 방아쇠 전략을 뜻하기도 하고 다른 형태의 방아쇠 전략을 뜻하기도 한다.

된다), 히스토리에 따라 두 가지 유형으로 구분할 수 있다. 하나는 과거에 적어도 한 번은 협조가 깨진 적이 있는 상황에서 도달한 부분게임이고, 다른 하나는 그 전까지 계속 협조가 유지된 상황에서 도달한 부분게임이다. 이제 상대가 위의 방아쇠 전략을 채택하고 있을 때, 이 두 가지 유형의 부분게임에서 내가 방아쇠 전략을 택하는 것이 최적인지 생각해보자.

첫째, 과거에 한 번이라도 협조가 깨진 적이 있는 히스토리를 가진 부분게임부터 생각해보자. 이때 상대는 방아쇠 전략에 따라 영원히 N을 택할 것이다. 따라서 나 역시 스테이지 게임의 우월전략인 N을 택하는 것이 최적이다. 즉 이 경우 나도 방아쇠 전략을 따르는 것이 최적이다. 이는 이러한 유형의 부분게임에서는 방아쇠 전략이 내쉬균형을 구성함을 보여준다.

둘째, 지금까지 계속 협조가 유지된 히스토리를 가진 부분게임에 대해 생각해보자. 상대가 방아쇠 전략을 유지하고 있는 상황에서 내가 방아쇠 전략으로부터 이탈을 할 경우, 어떤 방식으로 이탈을 하는 것이 가장 이득이 될까? 이번 기에 내가 만약 C가 아닌 N을 선택하면 나는 c가 아니라 d를 얻을 수 있다. 그리고 이 경우 상대는 방아쇠 전략에 따라 앞으로 계속 N을 선택할 것이다. 따라서 나도 다음 기부터는 N을 계속 선택하는 것이 그에 대한 최적대응이 된다. 즉 이번 기에 N으로 이탈하면 다음 기부터는 방아쇠 전략에 따라 N을 유지하는 것이 최선의 이탈이다. 이렇게 해서 얻는 보수의 현재가치가 그냥 방아쇠 전략을 따를 때 얻는 보수의 현재가치보다 크지 않다면 나는 애초에 방아쇠 전략에서 이탈할 유인이 없다.

이 두 보수의 흐름을 비교하기 위해 우선 방아쇠 전략을 유지할 경우의 보수에 대해 생각해보자. 이 경우 협조가 유지되어 매기 c를 얻게 되므로 보수 흐름의 현재가치는 다음과 같다.

$$c + \delta c + \delta^2 c + \delta^3 c + \cdots = \frac{c}{1-\delta}$$

한편, 이번 기에 N으로 이탈하고 다음 기부터 계속 N을 선택하면 이번 기에는 d를 얻고 다음 기부터는 쭉 n을 얻는다. 이러한 보수 흐름의 현재가치는 다음과 같다.

$$d + \delta n + \delta^2 n + \delta^3 n + \cdots = d + \frac{\delta n}{1-\delta}$$

따라서 이탈의 유인이 없으려면 다음 식이 성립해야 한다.

$$\frac{c}{1-\delta} \geq d + \frac{\delta n}{1-\delta}$$

이를 δ에 대해 정리하면 다음 조건을 얻는다.

$$\delta \geq \frac{d-c}{d-n}$$

애초에 $d > c > n$을 가정했으므로 $d - c < d - n$이다. 따라서 위 식의 우변은 1보다 작아 이 식을 만족하는 δ가 존재한다.

이상의 분석을 정리하면, 한 번이라도 협조가 깨지고 나서 도달한 부분게임에서는 방아쇠 전략이 항상 내쉬균형을 이루며, 지금까지 계속 협조가 이루어진 상태에서 도달한 부분게임에서는 δ가 $\frac{d-c}{d-n}$ 이상이면 방아쇠 전략이 내쉬균형을 이룬다. 따라서 δ가 $\frac{d-c}{d-n}$ 이상이면 방아쇠 전략이 무한반복 죄수의 딜레마 게임의 SPNE를 구성한다는 결론을 얻는다.

이제 이 조건의 의미를 살펴보자. 우리가 구한 조건은 $\delta \geq \frac{d-c}{d-n}$이다. 이는 δ가 어느 수준 이상이라는 것이다. 이 결과를 말로 하면, 경기자들이 미래의 보수를 할인하는 데 사용하는 할인계수가 어느 수준 이상이면 방아쇠 전략이 SPNE를 구성하지만, 그렇지 않고 할인계수가 너무 작으면 방아쇠 전략이 협조를 유도할 수 없다는 것이다. 할인계수를 사람들의 인내심의 정도를 측정하는 척도로 해석하면, 방아쇠 전략은 사람들이 충분히 인내심이 있을 경우에는 통하지만 인내심이 낮다면 작동하지 않는다는 것이다.

이러한 결과의 의미를 직관적으로 파악하기 위해 몇 가지 극단적인 경우를 생각해보자. 우선 $\delta = 0$이라고 하자. 이것은 사람들에게 미래의 보수가 아무 의미가 없음을 뜻한다. 즉 내일 아무리 많은 보수를 받더라도 현재 관점에서 볼 때 그것은 아무것도 받지 않는 것과 마찬가지다. 이 경우에 협조 유지가 불가능함은 자명하다. 방아쇠 전략이 통할 수 있는 것은 내가 협조를 깰 경우 미래에 처벌을 받기 때문인데, 미래의 보수가 의미가 없다면 그러한 메커니즘은 당연히 작동할 수 없다.

이제 반대로 $\delta = 1$이라고 하자. 이는 사람들이 미래의 보수를 할인하지 않음을 뜻한다. 즉 금액이 같다면 그것을 오늘 받으나 내일 받으나 동일하게 느낀다는 것이다. 이 상황에서 이탈의 유인을 따져보자. 만약 오늘 C에서 이탈해 N을 택하면 오늘의 보수는 c에서 d로 커진다. 그런데 문제는 내일부터는 매기의 보수가 c에서 n으로 영원히 작아진다는 것이다. 할인계수가 1이므로 $n - c$의 손실이 무한히 쌓이면 무한대의 손실이 된다.

따라서 오늘의 이득인 $d - c$가 아무리 커도 그러한 이탈은 득이 될 수 없다. 이탈은 소탐
대실이 되므로 누구도 이탈하려 하지 않을 것이다.

이상의 분석을 보면, 원래 보수 흐름의 현재가치가 이탈에 따른 보수 흐름의 현재가치
와 같아지는 δ값이 0과 1 사이에 존재할 것임을 알 수 있다. 따라서 만약 할인계수가 그
값 이상이라면 이탈의 유인이 없어 방아쇠 전략이 SPNE를 구성하게 된다. 사람들의 인
내심이 높을수록, 즉 할인계수가 1에 가까울수록 이탈에 따른 처벌로 받는 손해가 커져
협조가 이루어질 가능성이 높아진다는 이 결과는 매우 직관적이다.

이제 게임의 보수구조가 이러한 결과에 미치는 영향에 대해 생각해보자. 보수구조가
변하면 우리가 구한 조건의 우변인 $\dfrac{d - c}{d - n}$의 값이 달라진다. 가령 c와 n은 불변인 상태에
서 d만 증가한다고 하자. 이는 이탈에 따라 당장 얻을 수 있는 이득이 커짐을 뜻한다. 이
러한 이득이 커질수록 이탈을 막기가 어려워질 텐데, 이는 d가 증가함에 따라 $\dfrac{d - c}{d - n}$ 값
이 커지는 것으로부터 쉽게 확인할 수 있다. 즉 이 경우 매우 인내심이 높은 사람만이 협
조를 유지하게 된다.

다음으로 d와 n은 불변인 상태에서 c만 증가한다고 하자. 이는 이탈에 따른 이득을 줄
이는 효과를 가져오므로 협조의 유지 가능성을 높일 것임을 짐작할 수 있다. 이는 c가 증
가함에 따라 $\dfrac{d - c}{d - n}$ 값이 점점 작아지는 것으로부터 쉽게 확인할 수 있다. 다른 형태의
보수구조 변화에 대해서도 이와 비슷한 분석을 수행하면 직관적인 결론을 얻을 수 있다.

그런데 이와 같이 SPNE의 정의에 입각해 δ에 관한 조건을 구하는 방법 이외에도 또
다른 더 간편한 방법이 있다. 이제 이 방법에 대해 살펴보자. 일반적으로 우리가 주어진
전략의 짝이 내쉬균형인지 아닌지 확인하는 방법은, 상대가 자신의 전략을 유지할 때 내
가 이탈을 통해 이득을 볼 수 있는지 여부를 따지는 것이다. 그런데 무한반복게임에서
는 이러한 방법을 사용하는 것이 쉽지 않다. 게임이 무한히 반복되므로 가능한 이탈의 수
역시 무한히 많기 때문이다. 가령 1기에만 이탈하고 다음부터는 계속 원래의 전략을 따
르는 방법도 있고, 짝수 기에는 전략을 따르고 홀수 기에만 이탈을 하는 방법도 있으며,
3의 배수인 시기에만 이탈을 하는 방법도 있다. 이와 같이 무수히 많은 이탈 모두에 대해
그에 따른 보수가 원래의 보수보다 큰지 작은지를 따지는 것은 불가능하다. (바로 앞에
서 본 분석의 두 번째 경우는 가장 이득이 되는 이탈을 논리적으로 직접 찾아낸 것인데,
이는 게임의 구조가 단순했기 때문에 가능했다.)

그러나 다행히도 가능한 모든 이탈에 대해 득실 여부를 따지지 않아도 된다. 다음과 같은 **일회이탈원리**(one-shot deviation principle) 덕분이다.

일회이탈원리 : 반복게임에서 1회의 이탈로 이득을 볼 수 없다면 2회 이상의 이탈로도 이득을 볼 수 없다.

이 원리는 반복게임이 유한이든 무한이든 항상 성립한다. 이를 엄밀하게 증명하고 이해하는 것은 이 책의 수준을 넘어가므로 생략하기로 하고 우리는 이 결과를 그냥 받아들이기로 하자. 이 결과가 말하는 것은 반복게임에서 한 번만 이탈해서 득을 볼 수 없다면 이탈을 여러 번 하는 것 역시 도움이 되지 않는다는 것이다. 따라서 주어진 전략으로부터 이탈하는 것이 득이 되는지 여부를 확인하려면 1회성 이탈만 확인하면 된다. 만약 어떠한 1회성 이탈도 득이 되지 않는다면 그 전략으로부터 이탈해서 득을 볼 수 없으며, 따라서 주어진 전략은 SPNE를 구성한다.

이제 방아쇠 전략에 대해 이 원리를 적용해보자. 상대방이 방아쇠 전략을 쓰고 있다고 가정하자. 이 게임은 모든 부분게임이 다 동일하므로 언제 이탈하는지는 중요하지 않다. 가령 3기에 처음 이탈을 한다면 첫 두 기에는 원래의 전략을 따르는 것이므로, 3기에 이탈을 하는 상황을 원래의 전략을 따르는 상황과 비교할 때 첫 두 기는 비교할 필요가 없어진다. 즉 이탈이 일어난 3기부터 양자를 비교하면 된다. 이것은 그냥 첫 기에 바로 이탈을 하는 상황과 실질적으로 아무런 차이가 없다. 따라서 1기에 바로 이탈을 하는 경우를 상정해 이탈 유인에 대해 생각해보자. 일회이탈이므로 첫 기에 C가 아닌 N을 선택하고 2기부터는 다시 방아쇠 전략을 따른다. 1기에 자신의 이탈로 협조가 이루어지지 않았으므로 방아쇠 전략에 따라 2기부터는 계속 N을 선택해야 한다.[5] 이것이 이 게임의 유일한 형태의 일회이탈이다.

그런데 이 이후의 분석은 앞의 분석과 완전히 동일하다. 일회이탈에 따른 보수의 흐름은 $d, n, n, \cdots$이므로 그 현재가치는 $d + \dfrac{\delta n}{1-\delta}$이 된다. 한편 방아쇠 전략을 따를 경우 보

---

5 방아쇠 전략을 따를 경우 매기 C가 선택되므로 위 경우에도 2기부터는 C를 선택하는 것이 방아쇠 전략을 따르는 것이 아닌지 궁금해 할 수 있다. 그러나 방아쇠 전략에서 매기 C가 선택되는 것은 이전에 한 번도 협조가 깨지지 않은 경우에만 발생한다. 위에서처럼 이탈이 발생한 경우, 2기부터는 N을 택하는 것이 방아쇠 전략에 따라 행동하는 것임에 주의할 필요가 있다.

자동차 내비게이션 시스템을 이용한 일회이탈원리의 이해

앞서 제6장에서 자동차 내비를 이용해 전개형 게임에서의 전략의 개념을 살펴보았다. 여기서는 역시 내비를 이용해 일회이탈원리를 이해해보자. 어느 신규 내비 제조사에서 처음으로 내비를 만들었는데, 이 회사는 기술 부족으로 인해 자신들이 만든 내비가 최적경로를 찾아주는지는 확신하지 못하고 있다. 다만 제품이 다음과 같은 제한된 의미에서의 최적경로는 찾아준다는 것은 확실하다고 하자. 즉 이 내비가 알려주는 경로를 단 한 번만 벗어나고 이후로는 내비가 알려주는 대로 따라가는 어떤 이탈(즉 일회이탈)보다 이 내비가 원래 알려준 경로가 더 최적이라는 것이다. 여기서 보이고 싶은 것은 이 내비가 알려주는 경로가 실은 최적경로라는 사실이다.

이를 보기 위해 그림에서처럼 운전자가 A에서 Z까지 이동하는 상황을 생각해보자. A에서 Z까지 이어진 선은 내비가 최초에 알려준 경로를 나타내며, B는 이 경로상의 한 지점이다. 운전자가 B까지는 내비가 알려준 대로 길을 가다가 B에서 B′으로 이탈하였다고 하자. B′에서 Z까지 이어진 실선은 B′에서 내비가 다시 찾아준 경로이다. 앞서 제시된 이 내비의 특성으로 인해 A-B-B′-Z 경로는 원래 경로인 A-Z보다 안 좋은 경로이다. 처음에 찾아준 경로가 한 번만 이탈한 그 어떤 경로보다 좋기 때문이다. 그렇다면 B′으로 이탈한 후 내비의 지시를 따르지 않고 한 번 더 이탈하면 원래 경로인 A-Z보다 좋아질 수 있을까? 가령 B′-Z 경로상에 있는 C에서 다시 C′으로 이탈하는 경우를 생각해보자. 역시 이 내비의 특성으로 인해 B′-C-C′-Z 경로는 B′-Z 경로보다 안 좋다. 따라서 A에서 Z로

가는 도중 두 번 이탈한 A-B-B′-C-C′-Z 경로는 한 번 이탈한 A-B-B′-Z 경로보다 나쁘고, 한 번도 이탈하지 않은 A-Z 경로보다는 당연히 더 나쁘다. 2회를 초과하여 이탈하는 것이 도움이 되지 않을 것임은 더 따져보지 않아도 쉽게 알 수 있다.

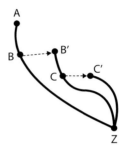

이처럼 원래 경로가 한 번만 이탈한 어떤 경로보다 낫다면 이 경로는 당연히 가능한 모든 경로 중 최적경로가 된다. 앞에서 본 것처럼 원래의 경로가 임의로 몇 번 이탈한 어떤 경로보다도 낫기 때문이다. 즉 원래 경로가 한 번만 이탈한 어느 경로보다도 좋다면 이 경로는 임의의 방식으로 이탈한 어떤 경로보다도 좋게 된다. 이 내비 제조사는 자사 제품이 최적경로를 찾아주는지 확신하지 못하고 있지만 사실 이 제품은 최적경로를 찾아주고 있는 셈이다. 내비로 길을 찾는 상황이 반복게임, 더 나아가 전개형 게임의 상황과 완전히 일치하지는 않지만, 이러한 비유가 일회이탈원리가 성립하는 이유를 직관적으로 이해하는 데 도움이 될 것이다.

수의 흐름은 $c, c, c, \cdots$이므로 그 현재가치는 $\dfrac{c}{1-\delta}$이다. 이제 전자가 후자보다 크지 않을 조건을 찾으면 방아쇠 전략이 SPNE를 구성하는 조건을 구할 수 있는데, 이 분석은 우리가 앞에서 부분게임을 두 가지로 나누었을 때 두 번째 경우에 대해 했던 분석과 완전히 동일하다. 앞의 분석에서 우리가 검토한 이탈이 바로 일회이탈이었기 때문이다.

논의를 마치기 전에 시간 범위가 무기한인 경우에 대해 생각해보자. 구체적인 분석을 위해, 다음 기로 넘어갈 때 매기 p의 확률로 게임이 계속 진행되고 $1 - p$의 확률로 게임이 종료된다고 하자. 할인계수는 여전히 δ이다. 게임이 종료되지 않고 계속 진행될 경우의 보수의 흐름을 u_1, u_2, u_3, …라 하자. 만약 게임의 종료 가능성이 없다면 2기 보수의 현재가치는 δu_2이다. 하지만 위에서처럼 게임이 종료될 가능성이 있다면 2기 보수의 기댓값, 즉 기대보수는 pu_2가 되며 그 현재가치는 δpu_2가 된다. 마찬가지로 3기의 기대보수는 $\delta^2 p^2 u_3$가 된다. 따라서 u_1, u_2, u_3, … 흐름의 기대현재가치는 다음과 같다.

$$u_1 + \delta pu_2 + \delta^2 p^2 u_3 + \cdots$$

이렇게 놓고 보면 이는 할인계수가 δp인 무한반복게임의 보수 흐름의 현재가치와 다를 바 없다. 게임이 지속될 확률을 감안하여 할인계수를 적절히 수정하기만 하면, 시간범위가 무기한인 반복게임은 시간 범위가 무한대인 무한반복게임과 기술적으로 동일해진다. 따라서 실제 상황이 시간 범위가 무기한인 상황이라고 하더라도 이것이 마치 무한반복게임인 것처럼 간주하고 분석할 수 있다.

(2) 완화된 방아쇠 전략*

앞서 살펴본 방아쇠 전략을 보면 협조가 깨졌을 때 발생하는 처벌이 지나치게 가혹하다는 생각이 든다. 한 번 이탈이 발생하면 앞으로 영원히 처벌모드가 유지되는데, 이것은 상대방에 대한 처벌 측면에서는 효과적이지만 그러한 처벌을 통해 나 역시도 낮은 보수를 계속 받게 된다는 문제점이 있다. 따라서 자연스럽게 드는 의문은 방아쇠 전략보다 덜 가혹한 처벌모드를 이용하여 협조를 유지할 수는 없을까 하는 것이다.

가령 다음과 같은 전략을 생각해보자.

"우선 첫 기에는 C를 선택한다. 그 이후 기에는 다음과 같이 행동한다. 우선 지금까지 계속 협조가 유지되었다면 C를 선택한다. (여기까지는 방아쇠 전략과 같다.) 그러나 상대가 직전 기에 협조를 깨고 N을 선택했다면 이번 기 한 번만 N을 선택하고 다음 기에는 이번 기의 상대의 선택에 관계없이 C로 복귀한다. 그 이후부터는 다시 이와 같은 전략을 반복적으로 취한다."

이 전략은 방아쇠 전략에 비해 처벌이 훨씬 관대하다. 비협조에 대해 한 번만 처벌을 하고 다시 협조모드로 복귀하기 때문이다. 이러한 전략이 협조를 유지할 수 있는지 생각해보자.

이를 위해 상대가 위와 같은 전략을 취한다고 할 때 내가 이탈을 하여 득을 볼 수 있는지 생각해보자. 언제 이탈하는지는 중요하지 않으므로 첫 기에 바로 N으로 이탈을 한다고 하자. 그러면 나는 이번 기에 c 대신 d를 얻는다. 그러면 2기에는 상대가 N으로 처벌을 할 것이기 때문에 나 역시 N을 선택하는 것이 최적이다. 따라서 2기에는 n을 얻는다. 3기에는 상대가 다시 C를 선택할 것이므로 1기와 정확히 동일한 상황에 직면하게 된다. 따라서 첫 두 기만 분석하면 된다.

만약 내가 이탈을 하지 않으면 첫 두 기에 각각 c를 얻는다. 반면 이탈을 할 경우에는 각각 d와 n을 얻는다. 따라서 이탈의 유인이 없으려면 다음 식이 성립해야 한다.

$$c + \delta c \geq d + \delta n$$

이는 다음 조건과 같다.

$$\delta \geq \frac{d-c}{c-n} \equiv \delta_1$$

이를 방아쇠 전략에서 구한 조건과 비교해보자. 방아쇠 전략에서 부등식의 우변이었던 $\frac{d-c}{d-n}$를 $\bar{\delta}$라고 하고 분모를 비교하면 $c - n < d - n$이므로 $\delta_1 > \bar{\delta}$이 성립한다. 이는 이탈을 막기가 전보다 어려워짐을 뜻한다. 또한 δ_1을 보면 심지어 $\delta_1 \leq 1$이라는 보장도 없다. 만약 $\delta_1 > 1$이라면 이는 위와 같은 완화된 방아쇠 전략으로는 협조를 유지할 수 없음을 뜻한다. 엄격한 방아쇠 전략에 비해 처벌이 약하므로 협조의 유지가 어려워지는 것은 직관적으로 매우 당연한 결과이다.

만약 처벌을 2회 하는 것으로 강화되면 어떻게 될까? 위의 경우에 비해 협조 유지가 용이할 것임을 쉽게 짐작할 수 있다. 이 경우 협조를 유지하면 첫 세 기에 각각 c를 얻고, 첫 기에 이탈을 하면 첫 세 기에 각각 d, n, n을 얻는다. 이탈의 유인이 없으려면 다음 조건이 만족되어야 한다.

$$c + \delta c + \delta^2 c \geq d + \delta n + \delta^2 n$$

이차부등식을 풀어야 하므로 다소 번거롭지만 실제로 위 식을 δ에 대해 풀어보면, 처벌이 1회에 그치는 경우에 비해 협조 유지를 위해 필요한 조건이 완화됨을 확인할 수 있다. (즉 경계가 되는 δ 값이 δ_1보다 작다.)

생각해보기 8.1 ---

위 부등식을 풀어 처벌이 1회에 그치는 경우에 비해 협조 유지를 위해 필요한 조건이 완화됨을 실제로 확인하라.

처벌이 강화됨에 따라 협조 유지가 용이해지고 반대로 완화됨에 따라 협조 유지가 어려워지는 것은 직관적으로 매우 당연하다. 처벌이 완화될수록 이탈의 유인이 커지므로, 갈수록 인내심이 높은(즉 할인계수가 큰) 사람만 협조를 유지하려 할 것이기 때문이다. 처벌 수준이 너무 낮아지면 협조를 유지하는 것이 아예 불가능해질 수도 있다.

무한반복게임과 대중정리

사실 무한반복게임에는 지금까지 본 특징적인 SPNE 이외에도 무수히 많은 SPNE가 존재한다. 이는 프리드먼(Friedman)이 정식으로 밝힌 내용인데, 그 전에도 많은 사람들이 암묵적으로 그 내용을 알고 있었다고 하여 흔히 **대중정리**라고 불린다. 2인 게임에 대해 대중정리의 내용을 간단히 소개하면 다음과 같다.

대중정리(Folk Theorem) : 어느 스테이지 게임이 무한히 반복되며, 이 스테이지 게임의 내쉬균형에서 1과 2가 얻는 균형보수가 각각 u_1*와 u_2*라고 하자. 이제 이 게임에서 매기 평균적으로 달성 가능한 임의의 보수조합 (u_1, u_2)가 있고 이것이 $u_1 > u_1$*와 $u_2 > u_2$*를 만족한다면, 할인계수 δ가 충분히 클 경우 1과 2가 매기 평균적으로 각각 u_1과 u_2를 얻는 SPNE가 존재한다.

이 책의 수준을 넘어가므로 엄밀하게 설명할 수는 없지만, 위 대중정리가 말하는 것은 무한반복게임에서는 각 경기자가 스테이지 게임의 내쉬균형보다 높은 보수를 얻는 SPNE가 매우 많이 존재한다는 것이다.

이를 보다 자세히 설명하기 위해서는 먼저 평균보수라는 것을 정의해야 한다. 할인계수가 δ이고 매기 동일하게 u의 보수를 무한히 받을 경우, 매기에 받는 평균보수는 당연히 u이다. 그런데 이 보수 흐름의 현재가치를 V라 하면 $V = \dfrac{u}{1-\delta}$이므로 $u = (1-\delta)V$

의 관계가 성립한다. 즉 보수 흐름의 현재가치에 $1 - \delta$를 곱하면 평균보수인 u를 얻는다. 이를 이용하여 보수의 흐름이 보다 일반적으로 $V = u_1 + \delta u_2 + \delta^2 u_3 + \cdots$와 같을 경우에도 평균보수를 $(1 - \delta)V$로 정의한다.

이 개념을 염두에 두고 이 장에서 다룬 죄수의 딜레마 게임이 무한 반복되는 상황을 생각해보자.

		2	
		N	C
1	N	1, 1	4, 0
	C	0, 4	3, 3

이 스테이지 게임의 내쉬균형에서 보수는 (1, 1)이다. 우리가 관심을 가지는 (C, C)하에서의 보수는 (3, 3)으로 두 경기자 모두 내쉬균형에서보다 높은 값을 가진다. 대중정리에 따르면 δ가 충분히 클 경우 두 경기자가 매기 3을 누리는 SPNE가 존재한다는 것이다. 우리는 실제로 방아쇠 전략을 이용해 그러한 전략을 구체적으로 찾아보았다.

그런데 δ가 충분히 크면 각 경기자가 평균보수 3을 얻는 SPNE 말고 다른 SPNE도 얼마든지 구성할 수 있다. 가령 1이 N, C, N, C, $\cdots$ 순으로 선택하고 2가 C, N, C, N, $\cdots$ 순으로 선택하며, 누구라도 이를 어길 경우 처벌모드가 영원히 유지되는 상황을 생각해보자. 이 경우 주어진 전략에서 이탈하지 않을 때 1의 보수의 흐름은 4, 0, 4, 0, $\cdots$이므로 그 현재가치는 $\frac{4}{1 - \delta^2}$가 된다. 마찬가지로 2의 보수의 흐름은 0, 4, 0, 4, $\cdots$이므로 현재가치는 $\frac{4\delta}{1 - \delta^2}$가 된다. 따라서 1과 2의 평균보수는 각각 $(1 - \delta)\frac{4}{1 - \delta^2} = \frac{4}{1 + \delta}$와 $(1 - \delta)\frac{4\delta}{1 - \delta^2} = \frac{4\delta}{1 + \delta}$가 된다. (이 두 값은 δ가 충분히 크면 모두 스테이지 게임의 균형보수인 1보다 크다.) 이제 δ가 충분히 커서 위에 제시한 전략에서 이탈할 때 받는 처벌이 효력이 있다면, 이 전략들은 SPNE를 구성하며 이때 평균보수의 조합은 $\left(\frac{4}{1 + \delta}, \frac{4\delta}{1 + \delta} \right)$가 된다.

이것은 하나의 예에 지나지 않으며, 각 경기자의 평균보수가 1보다 큰 또다른 SPNE도 얼마든지 구성할 수 있다는 것이 대중정리가 전하는 메시지이다. 이런 관점에서 보면 우리가 앞에서 방아쇠 전략을 통해 구성한 SPNE는 이러한 수많은 SPNE의 한 경우에 지나지 않는다.

■ ■ ■

주요 학습내용 확인

☑   죄수의 딜레마가 유한반복될 경우 협조가 달성될 수 없음을 이해하고 있는가?
☑   죄수의 딜레마가 무한반복될 경우 협조가 달성될 조건을 구할 수 있는가? 이 조건의 의미를 정확히 이해하고 있는가?

연습문제

1. 다음과 같은 스테이지 게임이 무한히 반복된다고 하자. 단, $0 < x < 1$이다.

		2	
		A	B
1	A	x, x	2, 0
	B	0, 2	1, 1

(1) 이 스테이지 게임의 내쉬균형을 구하라.
(2) 할인계수가 δ라고 할 때 매기 (B, B)가 반복되는 방아쇠 전략을 구성하고 이것이 SPNE가 되게 하는 δ값의 범위를 구하라.
(3) x값이 커짐에 따라 (2)에서 구한 δ값의 범위가 어떻게 되는지 조사하고 그 결과를 해석하라.

2. 다음 게임트리로 표시되는 게임을 생각해보자. 1이 먼저 L과 R 중 하나를 선택하는데, L을 택하면 게임이 그대로 끝나며 R을 택하면 2가 선택의 기회를 갖는다. 이때 2는 L과 R 중 하나를 택할 수 있다.

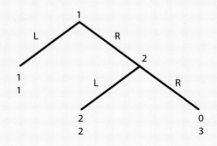

(1) 이 게임의 SPNE를 구하고 그 효율성을 분석하라.

(2) 이제 이 게임이 매기 무한히 반복된다고 하자. 시간의 경과에 따른 할인계수는 δ 이다. SPNE에서 매기마다 (R, L)이 반복되도록 하는 방아쇠 전략을 구성하고, 그에 부합하는 δ값의 범위를 구하라.

3. 두 경기자 A와 B가 나눠 가질 수 있는 돈이 1만큼 있다. 먼저 A가 돈을 B가 모르게 $(1 - x, x)$로 나누어 $1 - x$는 자신이 가지고 x는 P의 가격에 B에게 제시한다. 단 $P > 0$이다. B는 x값을 모르는 상황에서 P의 가격에 그것을 구입하거나 구입을 거부할 수 있다. 구입 이후 B는 정확한 x값을 알게 되며 $2x$의 효용을 얻는다. B가 구입을 거부할 경우 A의 보수는 $1 - x$, B의 보수는 0이다. (B가 구입을 거부하면 A가 B에게 제시했던 x를 회수할 수 없는 상황이다.) B가 P의 가격에 구입을 할 경우 A의 보수는 $P + 1 - x$이며 B의 보수는 $2x - P$이다.

(1) 이 게임의 순수전략균형을 구하라. 이 균형은 효율적인가?

(2) 이제 위 게임이 매기 무한히 반복된다고 하자. 시간의 경과에 따른 할인계수는 δ 이다. 매기 A가 $x = 1$을 택하고 B가 P의 가격에 이를 구매하는 SPNE에 대해 생각해보자. 이러한 균형이 존재하기 위한 P값의 범위, A와 B의 방아쇠 전략 및 그에 부합하는 δ값의 범위를 구하라.

4. 다음 보수행렬로 표현되는 스테이지 게임이 무한히 반복된다고 하자. 할인계수는 $\delta < 1$이다.

		2		
		L	C	R
1	**T**	2, 7	1, 4	a, b
	M	1, 1	2, 2	3, 3
	B	3, 2	4, 3	8, 0

(1) 스테이지 게임의 내쉬균형이 한 개만 존재하려면 a, b가 어떤 값을 취해야 하는가? 이때 내쉬균형은 무엇인가?

(2) 이제 매기 (T, R)이 무한히 반복되는 SPNE를 생각해보자. 1과 2의 방아쇠 전략이 다음과 같다고 하자.

1의 전략 :

$$\begin{cases} \cdot \text{ 1기 :} \qquad \text{T 선택} \\ \cdot \; t\text{기}(t > 1) : \begin{cases} \text{T 선택 : 지금까지 계속 (T, R)이 유지된 경우} \\ \text{B 선택 : 지금까지 한 번이라도 (T, R) 이외의 결과가 나온 경우} \end{cases} \end{cases}$$

2의 전략 :

$$\begin{cases} \cdot \text{ 1기 :} \qquad \text{R 선택} \\ \cdot \; t\text{기}(t > 1) : \begin{cases} \text{R 선택 : 지금까지 계속 (T, R)이 유지된 경우} \\ \text{C 선택 : 지금까지 한 번이라도 (T, R) 이외의 결과가 나온 경우} \end{cases} \end{cases}$$

매기 (T, R)이 반복되려면 스테이지 게임의 내쉬균형을 고려할 때 a, b가 어떤 값을 취해야 하는가?

(3) a, b가 (1), (2)에서 구한 조건을 만족한다고 할 때, 위 방아쇠 전략이 SPNE가 되도록 하는 δ의 범위를 구하라.

5. 두 기업 1, 2가 동질적인 재화를 생산해 판매한다. 이 재화에 대한 시장역수요는 $P = 13 - Q$이다. 여기서 Q는 1과 2의 개별 생산량의 합이다. 두 기업은 동시에 생산량을 결정한다. 두 기업은 고정비용은 없으며 한계비용은 1로 일정하다. 할인계수는 $\delta < 1$이다.

(1) 이 쿠르노 경쟁의 내쉬균형과 그때의 개별 이윤을 구하라.

(2) 두 기업이 동일한 생산량을 선택하도록 강제될 경우, 이윤을 극대화하는 개별 생산량과 그때의 이윤을 구하라.

(3) 이제 두 기업이 매기 반복적으로 생산량을 결정하는 무한반복게임 상황을 생각해보자. (1)과 (2)에서 구한 개별 생산량을 각각 q_N, $q*$라 하고 각 기업이 다음과 같은 전략을 따르는 경우를 생각해보자.

- 첫 기 : $q*$를 생산
- 첫 기 이후 : 지금까지 모두 $q*$를 생산했다면 이번에도 $q*$를 생산하고, 그렇지 않으면 q_N을 생산

다른 기업이 $q*$를 생산한다고 할 때, 이번 기의 이윤을 가장 크게 하는 생산량과 그때의 이윤을 구하라.

(4) 위 (3)에 제시된 전략이 SPNE를 구성하려면 δ가 어떤 값을 가져야 하는지 그 범위를 구하라.

6. 같은 팀에서 일하는 n명의 팀원이 있다. 팀원 i의 노력수준이 e_i일 때 팀의 전체 성과는 $e_1 + \cdots + e_n$이다. 이러한 성과는 각 팀원에게 균등하게 배분된다. 한편 e_i 투입에 따른 개인 비용은 $\frac{e_i^2}{2}$이다. 각 팀원의 효용은 균등하게 배분된 성과에서 개인비용을 뺀 값이다.

(1) 이 게임이 1회만 실행될 때의 내쉬균형을 구하라.

(2) 모든 팀원이 동일한 노력 수준을 투입하도록 강제될 때 개별효용을 극대화하는 노력 수준을 구하라.

(3) 이제 이 게임이 무한히 반복된다고 하자. 할인계수는 $\delta < 1$이다. 각자가 (2)에서 구한 노력 수준을 무한히 반복하여 선택하는 방아쇠 전략을 구성하라.

(4) 위 (3)에서 구성한 전략이 SPNE가 되려면 δ가 어떤 조건을 만족해야 하는지 구하라.

제**3**부

불완비정보하의 정태적 게임

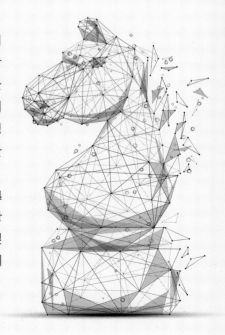

지금까지 우리는 경기자의 보수가 잘 알려진 완비정보하의 게임에 대해서 다루었다. 그러나 현실의 전략적 상황에서는 상대방에 대해 불확실성이 있는 경우가 많다. 제3부에서는 이와 같이 상대방의 유형에 대해 불확실성이 있는 불완비정보하의 전략형 게임에 대해서 다룬다. 우선 제9장에서는 불완비정보의 개념에 대해 설명하고 그것을 게임이론에서 어떻게 모형화하는지 소개한 후, 불완비정보하의 균형개념인 베이즈균형에 대해 설명한다. 제10장에서는 다양한 사례를 통해 베이즈균형을 구하는 법을 알아본다.

사실 불완비정보가 있을 때 더 흥미로운 상황은 정태적 게임보다는 제4부에서 다룰 동태적 게임이다. 불완비정보가 있을 경우 핵심이 되는 것은 상대방의 행동과 같은 추가적인 정보를 통해 불완비정보에 대한 실마리를 얻고 최적의 결정을 내리는 것인데, 그러한 작업은 본질적으로 동태적 게임에서 가능하기 때문이다.

제 9 장

불완비정보와 베이즈균형

이 장에서는 먼저 불완비정보의 개념에 대해 살펴보고, 하사니에 의해 제안된 불완비 정보의 모형화 방법에 대해 알아본다. 다음으로 불완비정보게임의 균형개념인 베이즈균형을 소개하고 간단한 예를 통해 정태적 불완비정보게임의 균형을 찾아본다.

1. 불완비정보와 하사니의 기여

(1) 불완비정보게임

우리는 제3장에서 데이트 장소 결정에 관한 성 대결 게임을 살펴보았다. 이 게임에서 남녀는 모두 같은 장소에서 데이트하기를 원하고 있으며 이러한 사실은 공통지식이다. 이제 이것과는 다른 다음의 상황을 생각해보자. 남자는 여자와의 데이트를 바라고 있다. 하지만 여자 역시 그런지는 확실하지 않다. 남자가 생각하기에 여자도 자신과 데이트를 하고 싶어 할 가능성도 있지만, 반대로 자신과의 데이트를 피하고 싶어 할 가능성도 있다. 구체적으로, 남자가 인식하기로는 다음 페이지의 왼쪽 게임이 벌어질 확률이 1/2, 오른쪽 게임이 벌어질 확률이 1/2이라고 하자. 여기서 왼쪽 게임은 원래의 성 대결 게임이지만 오른쪽 게임은 여자(경기자 2)의 보수가 반대로 된 상황이다. 즉 오른쪽 게임에서 여자는 같은 조건이라면 남자와 다른 곳에 있기를 바란다. 남자(경기자 1)는 과거의 경험이나 현재의 분위기를 토대로 왼쪽과 오른쪽의 확률이 각각 1/2이라고 생각하고 있는 상황이다.

		2	
		B	C
1	B	2, 1	0, 0
	C	0, 0	1, 2

확률 1/2

		2	
		B	C
1	B	2, 0	0, 2
	C	0, 1	1, 0

확률 1/2

　이와 같은 상황에서 각 경기자, 특히 상대방에 대한 불확실성에 직면한 경기자 1이 어떤 방식으로 의사결정을 할 것인지가 우리의 주된 관심사이다. 이처럼 전략적 상황에서 상대방에 대한 정보를 온전히 갖고 있지 못할 때 우리는 **불완비정보**(incomplete information)가 있다고 하고, 불완비정보가 포함된 게임을 **불완비정보게임**(incomplete information game)이라고 부른다.

　현실의 전략적 상황에서는 우리가 제1, 2부를 통해 보았던 정보가 완비된 경우보다는 위에서처럼 정보가 완비되지 못한 경우가 오히려 더 흔하고 현실적이다. 가령 기업 간의 경쟁을 분석했던 쿠르노 모형, 베르트랑 모형, 슈타켈버그 모형에서 우리는 기업이 상대 기업의 정보를 잘 알고 있다고 가정했다. 그러나 현실은 이와 다르다. 예를 들어 이러한 모형의 분석에서 중요한 역할을 하는 한계비용을 생각해보면, 기업이 자신의 한계비용에 관한 정보를 갖고 있는 것은 당연하지만 경쟁기업의 비용구조를 정확히 알기는 어렵다. 즉 상대방의 한계비용에 관한 불확실성에 직면한 상황에서 중요한 의사결정을 내려야 한다.

　일상생활에서도 마찬가지다. 우리가 타인과 접촉하여 상호작용을 하는 경우, 상황을 자신에게 유리하게 이끌기 위해서는 상대방에 대한 중요한 정보를 알아야 한다. 그런데 실제로는 이러한 정보를 갖지 못하는 경우가 많다. 가령 중고물품을 거래하기 위해 흥정을 하는 경우, 판매자는 구매자가 얼마까지 낼 생각이 있는지 알지 못하며 구매자는 판매자가 최소한 얼마를 받으려고 하는지 알지 못한다. 연애와 같은 인간관계에서도 나에 대한 상대방의 본심을 파악하는 것이 쉽지 않다. 이렇게 보면, 정보가 불완비한 경우는 특수한 상황이라기보다는 오히려 일반적인 상황이다.

　불완비정보가 있을 때 자신만 알고 있고 다른 사람은 모르는 정보를 **사적정보**(private information)라고 부른다. 불완비정보게임은 사적정보가 있는 게임으로 생각해도 무방하다. 어떤 경기자의 사적정보를 그 경기자의 **유형**(type)이라고도 부른다. 확률분포에 따라 특정 사적정보가 실현되면 그에 따라 해당 경기자의 유형이 정해진다. 이처럼 사적정보가 있어서 사람마다 가지고 있는 정보에 차이가 있으면 **비대칭정보**(asymmetric information) 혹은 **정보비대칭**(information asymmetry)이 존재한다고 말한다.[1]

불완비정보게임에서는 사적정보를 가진 경기자가 한 명만 있는 경우도 있고 여러 명이 있는 경우도 있다. 앞서 본 변형된 성 대결 게임에서는 경기자 2만 사적정보를 가지고 있다. 쿠르노 모형에서 한 기업의 비용구조는 잘 알려져 있지만 다른 한 기업의 비용구조는 불확실하다면 이 경기 역시 한 경기자만 사적정보를 가지는 게임이다. 그러나 모든 기업이 상대 기업의 비용구조를 잘 모른다면 이것은 모든 경기자가 사적정보를 가지는 경우이다. 모든 경기자가 사적정보를 가지는 대표적인 경우로 경매가 있다. 경매에서 경매 참여자는 경매에 부쳐진 물건에 대해 각자 부여하는 가치평가액(valuation)이 있는데, 이 값은 일반적으로 사적정보이다. 다른 사람이 이 물건에 정확히 얼마의 가치를 부여하는지 알 수 없기 때문이다.

(2) 하사니의 기여

이처럼 현실에서 불완비정보 상황이 흔히 나타나므로, 불완비정보가 있는 게임에서 어떻게 내쉬균형을 찾을 것인지는 이론적으로뿐만 아니라 게임이론을 공부하는 취지에 비추어 현실적으로도 매우 중요한 문제이다. 이러한 문제에 결정적인 기여를 한 사람이 헝가리 출신의 경제학자 하사니(Harsanyi)이다.

앞서 우리는 사적정보가 있는 상황은 아니지만 정보가 완전하지 않은 경우, 즉 불완전정보(imperfect information)가 있는 상황을 이미 살펴보았다. 이것은 상대방이 어떤 사람인지에 대해서는 정보가 갖추어져 있으나 상대가 어떤 행동을 취하는지는 모르는 상황이다. 하사니는 이러한 불완전정보가 불완비정보와 매우 유사함에 착안하여, 매우 창의적인 방법으로 불완비정보를 다룰 수 있는 분석 틀을 개발했다.

하사니는 주어진 불완비정보게임에 가상의 경기자인 **자연**(Nature)을 도입했다. 자연은 '우연'이라고 생각할 수도 있고, 종교가 있는 사람이라면 '신'이라고 생각할 수도 있다. 자연이라는 경기자의 역할은 매우 단순하면서 독특하다. 게임이 시작되면 실제 경기자들이 행동을 취하기 전에 먼저 자연이 등장하여 주어진 확률분포에 따라 사적정보를 가진

---

[1] 모든 사람이 동일하게 어떤 정보를 갖고 있지 않은 상황은 비대칭정보 상황이 아니다. 가령 쿠르노 모형에서 두 기업이 시장수요의 크기에 대해 불확실성을 갖고 있으며 그에 대해 공통의 확률분포를 공유한다면 이는 비대칭정보 상황이 아니다.

경기자의 유형을 정하고는 사라진다. 그러면 각 경기자들은 자신의 유형을 파악한 후 본격적인 게임을 시작한다. 자연은 각 경기자의 유형을 정함으로써 실제로 어떤 게임이 펼쳐지는지를 정하는 역할만 하며, 자신의 개인적인 보수는 없다. 즉 자연은 최적화를 하는 행위주체가 아니라 사적정보를 가진 경기자의 유형만 결정해주는 존재이다.

여기서 주목할 것은 불완비정보게임에서 경기자들이 상대방의 유형에 대한 정확한 정보는 모르지만 그에 대한 확률분포는 알고 있다고 가정한다는 점이다. 앞의 변형된 성 대결 게임의 예를 들면, 경기자 1은 경기자 2의 보수에 대해 불확실성이 있지만 그것이 1/2의 확률로 왼쪽 보수행렬과 같고 1/2의 확률로 오른쪽 보수행렬과 같음은 알고 있다는 것이다. 이와 같이 자연이 각 경기자의 유형을 정할 때 사용하는 확률분포는 공통지식이라고 가정하는데, 이것이 다소 강한 가정이기는 하지만 경기 참여자들이 지금까지의 경험이나 통계치를 바탕으로 대체적으로 공유하는 확률분포를 가질 수 있다는 점에 비추어보면 어느 정도 정당화가 가능하다. 확률분포가 공통지식이라는 가정 없이는 불완비정보게임에 대해 의미 있는 분석을 수행하기가 어렵다.

이제 하사니가 제안한 방법을 구체적으로 살펴보기 위해, 앞서 본 성 대결 게임을 하사니의 방법을 이용해 게임트리로 나타내보자. 〈그림 9-1〉은 자연이라는 가상의 경기자를 등장시켜 성 대결 게임을 게임트리로 나타낸 것이다.

그림에서 보듯이 자연이 가장 먼저 등장하여 주어진 확률분포에 따라 경기자 2의 유형

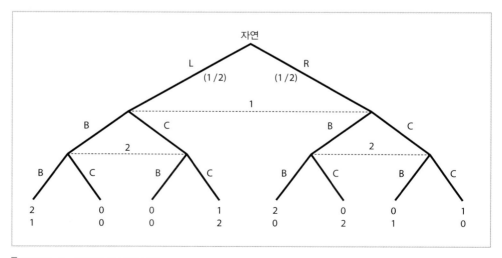

▌그림 9-1 변형된 성 대결 게임

을 각각 1/2의 확률로 선택한다. 그림에서 괄호 안에 표시된 숫자는 각 유형이 발생할 확률을 나타낸다. 자연의 역할은 이것뿐이며 게임의 결과로부터 보수를 받지 않는다. 한편 경기자 1은 자신이 어느 경기를 하고 있는지 모르는 상황이므로 경기자 1의 두 결정마디는 점선으로 표시된 정보집합으로 묶인다. 경기자 2의 결정마디도 2개씩 정보집합으로 묶이는데, 이는 성 대결 게임이 기본적으로 동시게임이기 때문이다. 즉 2는 1이 어떤 선택을 했는지 모르는 상황에서 결정을 내려야 한다. 하지만 경기자 2의 결정마디 4개가 전부 다 정보집합으로 묶이지는 않는다는 점에 주의하기 바란다. 경기자 2는 자신의 유형을 알고 있기 때문에 현재 펼쳐지는 게임이 왼쪽 게임인지 오른쪽 게임인지는 분명하게 구분하고 있다. 만약 2의 결정마디 4개가 모두 하나의 정보집합으로 묶인다면 이는 2가 자신의 유형을 알지 못하고 있다는 것인데, 이는 우리가 관심을 가지는 상황과 다르다. 일반적으로 불완비정보게임에서 경기자들은 자신의 유형은 잘 알고 있다고 가정한다.

하사니가 제안한 방법을 다른 말로 표현하면, 자연의 도입을 통해 불완비정보게임을 불완전정보게임으로 변환하는 것이다. 우리가 앞서 살펴본 불완전정보게임에 대한 분석을 토대로 할 때, 하사니가 제시한 방법은 불완비정보게임에 대한 분석을 매우 손쉽게 만들었다. 하사니는 기존에 없던 새로운 분석 도구를 개발하여 불완비정보게임을 다룬 것이 아니라, 창의적인 사고를 통해 불완비정보게임을 우리가 이미 알고 있는 불완전정보게임으로 바꾼 것이다. 하사니는 이것을 비롯한 여러 공로로 1994년에 내쉬, 젤텐과 함께 노벨 경제학상을 수상했다. (젤텐은 역진귀납을 이용한 SPNE를 개발한 공로를 인정받았다.)

앞서 자연의 역할은 주어진 확률분포에 따라 사적정보를 지닌 경기자의 유형을 정하는 것이라고 했다. 이것에 대해서는 또 다른 해석도 가능하다. 즉 자연이 경기자의 유형을 정하는 것이 아니라 경기자들이 펼칠 경기를 정한다는 것이다. 특정 전략적 상황에서 경기자들 간에 벌어지는 게임의 구체적인 형태는 여러 가지가 될 수 있는데, 자연은 주어진 확률분포에 따라 그중 어느 게임이 벌어질지 정하는 것으로 볼 수 있다. 어느 해석을 따르든 게임트리를 이용한 표현은 같으며 그 분석 역시 동일하다.

하사니(John Harsanyi, 1920~2000)

하사니는 1994년에 내쉬, 젤텐과 함께 게임이론에 대한 기여로 노벨상을 받은 헝가리 출신의 경제학자이다. 하사니는 불완비정보게임에 대한 분석과 균형의 정련 이외에도 게임이론을 정치철학과 도덕철학에 적용하는 등 게임이론 분야에서 영향력 있는 여러 업적을 남겼다. 제1장에서 내쉬의 극적인 삶을 소개했는데, 하사니 역시 내쉬 못지않은 파란만장한 삶을 살았다.

하사니는 1920년에 헝가리 부다페스트에서 약국을 운영하는 유태인 부모 사이에서 태어났다. 중고등학교 재학시절 수학에 탁월한 재능을 보인 하사니는 대학에서 수학과 철학을 전공하고 싶어 했지만 아버지의 의견을 따라 프랑스에서 화학공학을 전공하게 되는데, 제2차 세계대전이 발발하자 헝가리로 돌아와 부다페스트대학교 약학대학을 졸업한다. 이는 유태인의 경우 징집이 되면 동원되는 강제노동을 피하기 위한 고육지책이었다. 당시 약사는 징집이 연기되었기 때문이다. 하지만 1944년 유태인 약사에 대한 징집연기가 폐지되어 결국 하사니는 동부전선으로 끌려가 강제노역에 처해졌는데, 나치 독일이 강제노역을 하던 유태인들을 강제 수용소로 옮기기로 결정하자 하사니는 위험을 무릅쓰고 탈출하여 가까스로 목숨을 건진다.

하사니의 시련은 종전 후에도 이어졌다. 부다페스트대학교로 돌아온 하사니는 1947년에 철학과 사회학 2개의 박사학위를 취득하고 모교에서 교수직을 얻는다. 하지만 공공연히 마르크스주의에 반대하는 의견을 표출하던 하사니는 퇴직 압력을 받았고, 공산정부에 의해 약국이 몰수될 것이 확실시되자 아내가 될 안네 클라우버(Anne Klauber)와 함께 목숨을 걸고 국경을 넘어 오스트리아로 도주한다. 이후 이들은 안네 부모의 지인이 있는 호주로 머나먼 길을 떠난다.

호주에서 하사니는 밑바닥에서 다시 시작할 수밖에 없었다. 헝가리에서 받은 학위가 인정되지도 않았을 뿐 아니라 영어도 제대로 할 수 없었던 하사니는 주경야독으로 낮에는 공장에서 일하고 밤에는 시드니대학교에서 경제학을 공부하여 1953년에 석사학위를 취득하였다. 몇 편의 논문을 최고 학술지에 게재한 덕분에 하사니는 1954년에 퀸즐랜드대학교에서 교편을 잡게 되고, 이후 장학재단의 지원을 받아 미국 스탠퍼드대학교로 건너가 당대 최고의 경제학자인 애로우(Kenneth Arrow)의 지도하에 박사학위를 받는다. 재미있는 것은 지도교수인 애로우가 하사니보다 나이가 한 살 더 적었다는 점이다.

호주로 돌아와 최고 명문대학교 중 하나인 호주국립대학교에서 연구원으로 근무하게 된 하사니는 호주 학계의 게임이론에 대한 무관심에 실망하던 차에, 애로우와 또 다른 세계적인 경제학자 토빈(James Tobin)의 도움으로 1961년에 미국으로 건너가 웨인주립대학교의 교수가 되었다. 이후 하사니는 1964년에 캘리포니아 버클리대학교로 옮겨 1990년에 은퇴할 때까지 게임이론에 영향력 있는 연구성과를 보이며 게임이론의 지평을 넓혔다. 하사니는 알츠하이머병을 앓다가 2000년에 심장마비로 세상을 떠났다.

두 번의 목숨을 건 도주, 모든 것을 잃고 바닥에서부터 다시 시작하여 최고의 학자로 발돋움한 역정 등 하사니의 삶은 내쉬 못지않은 굴곡과 반전, 그리고 감동을 선사한다.

2. 베이즈균형

(1) 베이즈균형의 개념

우리가 궁극적으로 관심을 가지는 것은 불완비정보게임의 내쉬균형이다. 불완비정보게임을 **베이지안 게임**(Bayesian game)이라고도 부르며, 불완비정보게임의 내쉬균형은 **베이즈-내쉬균형**(Bayesian-Nash equilibrium, BNE) 혹은 그냥 간단히 **베이즈균형**(Bayesian equilibrium)이라고도 부른다. 앞으로는 이 균형을 베이즈균형 혹은 BNE라고 지칭하기로 한다.

　여기서 등장하는 베이즈(Bayes)는 통계학에서 조건부 확률을 구할 때 등장하는 베이즈 정리(Bayes' theorem)의 베이즈이다. 베이즈는 18세기 영국의 통계학자로 게임이론의 개발과는 직접적인 관련이 없다. 그럼에도 불구하고 불완비정보게임에서 베이즈라는 이름이 자주 등장하는 것은 불완비정보게임에서 조건부 확률을 구하는 것이 매우 중요하기 때문이다. 이에 대해서는 제10장에서 더 자세히 볼 것이다.

　불완비정보게임이라고 해도 기본적으로 균형의 의미는 전과 같다. 완비정보게임에서와 마찬가지로 불완비정보게임에서도 내쉬균형은 모든 경기자가 동시에 상대의 전략에 대해 최선의 선택을 하고 있는 상황을 가리킨다. 베이즈균형을 구체적으로 정의하면 다음과 같다.

> **정의**
>
> **베이즈균형**은 불완비정보게임에서 다음을 만족하는 전략명세이다.
>
> - 사적정보가 없는 경기자 : 다른 경기자의 유형에 대한 확률분포 및 다른 경기자의 전략에 대해 자신의 기대보수를 극대화하는 전략을 취함
> - 사적정보가 있는 경기자 : 자신의 유형, 다른 경기자의 유형에 대한 확률분포, 그리고 다른 경기자의 전략에 대해 자신의 기대보수를 극대화하는 전략을 취함

　이제 이 정의에 대해 자세히 살펴보자. 다음에 서술하는 내용은 다소 추상적이라 그 의미를 처음에 완전하게 이해하는 데 어려움을 느낄 수도 있다. 하지만 나중에 구체적인 사례를 살펴본 후 다시 돌아와 읽어보면 그 의미를 분명하게 이해할 수 있을 것이다.

　첫째, 사적정보가 없는 경기자의 경우부터 생각해보자. 이 경기자의 경우는 간단하다.

균형에서 이 경기자는 공통지식으로 주어진 확률분포와 다른 경기자의 전략에 대해 자신의 기대보수를 극대화하는 전략을 취한다. 즉 사전적으로 주어진 확률분포를 바탕으로 상대 경기자의 전략에 대해 최적대응을 취한다.

둘째, 사적정보가 있는 경기자의 경우이다. 사적정보가 있는 경기자도 기대보수를 극대화하는 전략을 택한다는 점에서는 사적정보가 없는 경기자와 다를 바 없다. 그러나 사적정보가 있는 경기자는 기대보수를 구할 때, 실현된 자신의 유형을 활용하여 기댓값을 구해야 한다. 즉 실현된 자신의 유형을 이용한 조건부 기댓값(conditional expectation)을 구해야 한다. 조건부 기댓값이란 어떤 변수의 기댓값을 구할 때 추가된 새로운 정보나 증거를 활용하여 구하는 기댓값을 말한다. 여기서 사적정보가 있는 경기자에게 주어지는 추가된 정보란 바로 자기 자신의 유형이다. (앞의 정의에서 사적정보가 있는 경기자가 다른 경기자의 유형에 대한 확률분포를 고려한다고 했는데, 이는 자신 말고도 사적정보를 가진 경기자가 더 있는 경우에 적용되는 내용이다. 만약 사적정보를 가진 경기자가 자신뿐이라면 다른 경기자의 유형에 대한 확률분포는 고려할 필요가 없다. 보다 정확히 말하면, 다른 경기자의 유형은 공통지식으로 알려져 있으므로 그에 근거하여 기대보수를 계산하면 된다.)

여기서 사적정보를 가진 경기자의 유형이 그 경기자의 기대보수에 영향을 미치는 것은 두 가지 경로를 통해 나타난다. 첫째, 경기자의 유형에 따라 그 사람의 보수체계, 즉 효용함수가 달라진다. 따라서 유형이 정해지면 해당 유형의 효용함수를 써서 기댓값을 계산해야 한다. 둘째, 실현된 자신의 유형으로부터 다른 경기자의 유형에 대한 정보를 얻을 수도 있다. 만약 실현된 자신의 유형이 사적정보를 가진 다른 경기자에 대한 추가적 정보를 제공하지 않는다면 애초에 주어진 사전적 확률분포를 이용해 기대보수를 계산하면 된다. 그러나 만약 실현된 자신의 유형이 사적정보를 가진 다른 경기자의 유형에 대해 추가적인 정보를 제공한다면, 이를 반영하여 사전적 확률분포를 수정한 후 그에 입각하여 기대보수를 계산해야 한다.

이 두 번째 내용을 조금 더 자세히 생각해보자. 이해를 돕기 위해 다음과 같은 간단한 예를 생각해보자. 사적정보를 가진 두 경기자 1과 2가 어떤 게임을 한다. 두 경기자의 유형은 A, B 중 하나이며 각 유형이 실현될 확률은 1/2로 동일하고 이것은 공통지식이다. 이제 1의 입장에서 생각하면, 이 상황에서 상대방인 2가 A, B유형일 확률은 사전적으로 각각 반반이다. 그런데 1과 2의 유형이 확률적으로 양의 상관관계를 갖는다고 하자. 논의를 간단하게 하기 위해 둘이 완전한 양의 상관관계를 갖는다고 하자. 즉 1과 2의 유형

베이즈 정리

베이즈 정리는 조건부 확률을 계산하는 공식이다. 두 사건 A, B에 대해 'B가 발생했을 때 A가 발생할 확률'을 나타내는 조건부 확률 $P(A|B)$는 다음과 같이 계산된다.

$$P(A|B) = \frac{P(A \cap B)}{P(B)}$$

애초에 우리가 A가 발생할 확률을 $P(A)$로 알고 있었다고 할 때, 위 조건부 확률은 B라는 새로운 증거나 자료가 제시되면 A의 발생확률을 어떻게 갱신해야 하는지를 보여준다. 개념적으로 간단함에도 불구하고 많은 사람들이 조건부 확률을 정확히 계산하는 데 어려움을 느낀다. 이는 계산이 복잡해서라기보다는 구해야 하는 확률이 조건부 확률이라는 사실 자체를 인식하지 못하는 데서 오는 것이 더 큰 것으로 보인다. 다음 사례를 생각해보자.

〈사례〉 옆집에 새로운 가족이 이사를 왔다. 그 집에 자녀가 둘이라는 얘기를 동네 부동산 중개인을 통해 들어 알고 있다. 현재 그 집에 초대받아 이야기를 나누는 중이다.

(1) 이야기 도중 여자아이 하나가 방에서 나와 인사를 하였다. 다른 아이도 여자아이일 확률은 얼마인가?

(2) 동네 부동산 중개인을 통해 이 집에 딸이 있다는 얘기도 이미 들었다. 이야기 도중 여자아이 하나가 방에서 나와 인사를 하였다. 다른 아이도 여자아이일 확률은 얼마인가?

(1)에 대한 답은 당연히 1/2이다. 둘 중 한 아이가 딸이라는 사실이 다른 아이가 딸일 확률에 영향을 주지 않는다. 그러나 (2)는 이와 다르다. 적어도 한 명은 딸이라는 정보가 있기 때문이다. 두 아이의 가능한 성별 조합을 순서대로 모두 적어보면 i) 딸-딸, ii) 딸-아들, iii) 아들-딸, iv) 아들-아들이다. 그런데 딸이 적어도 한 명 있다고 했으므로 iv)의 경우는 제외된다. 즉 가능한 경우는 i)~iii)이다. 그런데 딸 한 명을 목격했으므로 다른 아이도 딸인 경우는 이 중 i) 경우뿐이다. 따라서 (2)의 정답은 1/3이다.

이 완전히 일치한다. 그러면 1은 자신의 유형이 A라는 것을 알게 되면 이를 통해 2의 유형 역시 A라는 것을 알 수 있다.[2] 따라서 이 경우 1이 기대보수를 계산할 때는 2가 A 유형이라는 전제하에 계산을 해야 한다. 이와 같이 실현된 자신의 유형이 다른 경기자의 유형에 대해 추가적인 정보를 제공할 경우, 베이즈 정리를 써서 사전적(prior) 확률분포를 사후적(posterior) 확률분포로 갱신(update)해야 함에 주의할 필요가 있다.[3]

끝으로 앞의 정의에서 나타나는 중요한 점 하나를 강조하고자 한다. 위 정의에서 사적 정보를 가진 경기자의 전략을 보면, 실현되는 자신의 각 유형에 대해 어떤 행동을 취할지

---

2 통계학적으로 표현하면 2가 A일 사전적 확률은 1/2이지만, 1이 A일 경우 2가 A일 조건부 확률은 1이다. 즉 $\Pr(2가\ A유형) = 1/2$이고 $\Pr(2가\ A유형|1이\ A유형) = 1$이다.

3 만약 각 경기자의 유형이 독립적이라면 실현된 유형이 다른 경기자의 유형에 아무런 정보도 제공하지 않으므로 애초에 주어진 사전적 확률분포를 이용해 기대보수를 계산하면 된다.

가 명시되어야 함을 알 수 있다. 기술적으로 표현하면 사적정보를 가진 경기자의 전략은 자신의 각 유형을 특정 행동에 대응시키는 관계이다.[4] 전략이라는 개념이 가능한 모든 경우에 대해 완비된 행동지침이라는 점에 비추어볼 때, 불완비정보게임에서 전략이 각 유형을 행동에 대응시키는 관계라는 것은 일관성을 가진다. 즉 불완비정보게임에서 사적정보를 가진 경기자의 전략은, 발생 가능한 각 유형에 대해 어떤 행동을 취할지를 (유형이 정해지기 전에 사전적으로) 정해놓은 지침이다. 물론 일단 유형이 정해지면 경기자는 자신이 다른 유형이라면 어떻게 행동할지에 대해서 신경 쓸 필요가 없다. 그러나 전략이라는 개념이 발생 가능한 모든 시나리오에 대해 사전적으로 갖추고 있는 행동지침이라는 점에 비추어보면, 모든 유형에 대한 행동지침이 미리 구비되어 있어야 하는 것이다. 이런 측면에서 볼 때 전략은, 아직 자신의 유형을 모르는 가상의 경기자가 미리 앞으로의 대비책을 세우는 것으로 생각할 수 있다.

한편 이와 다른 측면에서도 사적정보를 가진 경기자가 가능한 모든 유형에 대해 행동지침을 갖추고 있어야 하는 이유가 있다. 불완비정보게임에서 경기자들은 사적정보를 가진 상대방의 유형 및 그 경기자가 각각의 유형일 때 취할 행동을 적절한 확률분포에 입각하여 파악한 후 의사결정을 한다. 그런데 만약 경기자들의 행동지침이 각 유형에 대해 갖추어져 있지 않다면 이러한 의사결정 자체가 불가능하다. 기대보수를 계산할 수가 없기 때문이다. 예를 들어 앞에서 본 변형된 성 대결 게임에서 1은 2가 각 유형일 때 어떻게 행동할지를 예측하여 기대보수에 입각해 결정을 내려야 한다. 그런데 2가 유형별 행동지침을 갖고 있지 않다면 1이 기대보수를 계산하는 것 자체가 불가능해진다. 따라서 내적 정합성을 위해서라도 전략은 반드시 모든 유형에 대해 완비되어 있어야 한다.

생각해보기 9.1

다음은 미국의 유명한 미식축구 선수였던 O. J. 심슨 사건과 관련하여 널리 알려진 이야기이다. 심슨이 아내를 살해했다는 여러 증거와 함께 평소 심슨이 아내를 상습적으로 폭행했다는 사실이 공개되었다. 이에 대해 심슨의 변호인들은 '남편에게 폭행을 당하는 아내들 중 남편에 의해 실제로 살해당하는 경우는 천 명 중 한 명에 불과하며, 확률로는

---

4 함수라고 하지 않고 관계라고 한 것은 일대다 대응이 가능하기 때문이다.

0.1%도 안 된다'는 통계를 제시하며 심슨의 상습적 폭행이 그의 살인에 대한 정황 증거가 될 수 없음을 주장하였다. 이 주장이 타당한지 생각해보라. 이 주장에 반박하려면 어떤 통계치가 필요한가?

(2) 변형된 성 대결 게임의 베이즈균형

이제 BNE의 개념을 알았으므로 앞서 본 변형된 성 대결 게임에 이를 적용해보자. 〈그림 9-2〉는 편의상 〈그림 9-1〉을 다시 그린 것이다.

이 게임은 게임트리로 나타나 있지만 그림에서 보듯이 부분게임이 존재하지 않으므로 역진귀납으로는 내쉬균형을 찾을 수 없다. 따라서 전체 게임에 대해 분석을 진행해야 한다. 아래에서는 본질적으로 동일하지만 약간 다른 두 가지 방식으로 이 게임의 BNE를 찾아본다.

균형을 찾기 전에 먼저 이 게임에서 각 경기자의 (순수)전략에 대해 생각해보자. 경기자 1의 전략은 단순히 B와 C 중 하나를 고르는 것이다. 즉 1의 전략은 하나의 행동에 해당하며 전략집합은 $S_1 = \{B, C\}$이다. 2는 어떨까? 전략은 각 유형에 대해 정해진 행동 지침이라고 했다. 가능한 2의 유형이 L, R 두 가지이므로 2의 전략은 2개의 행동, 즉 왼쪽 게임과 오른쪽 게임에서 각각 취하는 행동으로 이루어진다. 따라서 2의 전략집합은

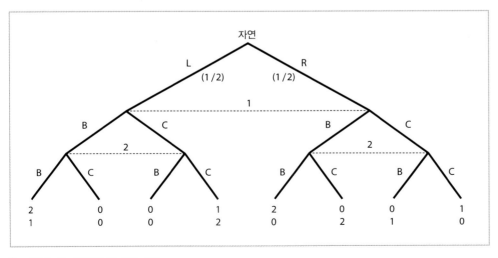

┃그림 9-2 변형된 성 대결 게임

$S_2 = \{BB, BC, CB, CC\}$이다. 그러므로 우리가 고려해야 하는 전략의 짝은 $2 \times 4 = 8$가지이다.

1) 첫 번째 방법

여덟 가지 전략명세를 모두 고려하는 방법은 잠시 뒤에 보기로 하고, 먼저 게임의 구조를 이용해 보다 간단한 방법으로 이 게임의 균형을 찾아보자. 우리가 찾아야 하는 균형은 (*, **)와 같이 생긴 전략명세이다. 여기서 *는 1의 전략, **는 2의 전략을 가리킨다. 균형에서 두 경기자의 전략은 서로 상대방의 전략에 대한 최적대응이 되어야 한다. 이 게임에서 1과 2 중 1의 전략의 수가 더 작으므로 1의 전략을 기준으로 생각하는 것이 편하다.

우선 (B, **)을 생각해보자. 1이 B를 택할 경우 이에 대한 2의 최적대응은 무엇일까? 당연히 BC이다. 경기자 2는 L유형일 경우 1과 같은 행동을 취할 것이고 반대로 R유형일 경우 반대의 행동을 취할 것이기 때문이다. 이제 (B, BC)가 내쉬균형인지 알아보려면 거꾸로 BC에 대해 1의 전략 B가 최적대응인지 따져보아야 한다. 2가 BC를 택할 때 1이 B를 택하면 기대보수는 다음과 같다.

$$u_1(B; BC) = \frac{1}{2} \times 2 + \frac{1}{2} \times 0 = 1$$

반면 C를 택하면 1의 기대보수는 다음과 같다.

$$u_1(C; BC) = \frac{1}{2} \times 0 + \frac{1}{2} \times 1 = \frac{1}{2}$$

이는 BC에 대해 B가 최적대응임을 의미한다. 따라서 (B, BC)는 이 게임의 BNE이다.

다음으로 (C, **)을 생각해보자. 1이 C를 택할 경우 이에 대한 2의 최적대응은 CB이다. 이제 (C, CB)가 내쉬균형인지 알아보려면 CB에 대해 1의 전략 C가 최적대응인지 따져보아야 한다. 2가 CB를 택할 때 1이 C를 택하면 기대보수는 다음과 같다.

$$u_1(C; CB) = \frac{1}{2} \times 1 + \frac{1}{2} \times 0 = \frac{1}{2}$$

반면 B를 택하면 1의 기대보수는 다음과 같다.

$$u_1(B; CB) = \frac{1}{2} \times 0 + \frac{1}{2} \times 2 = 1$$

이는 CB에 대해서는 C가 아닌 B가 최적대응임을 의미한다. 따라서 (C, CB)는 BNE가 아니다. 이러한 방법으로 이 게임의 BNE는 (B, BC)로 유일함을 알 수 있다.

2) 두 번째 방법

이제 좀 더 기계적인 방법으로 이 게임을 풀어보자. 앞서 본 것처럼 1의 전략집합은 {B, C}이고 2의 전략집합은 {BB, BC, CB, CC}이므로 가능한 전략의 짝은 총 8개이다. 이 게임을 보수행렬로 나타내면 다음과 같다.

		2			
		BB	BC	CB	CC
1	B	2, 0.5	1, 1.5	1, 0	0, 1
	C	0, 0.5	0.5, 0	0.5, 1.5	1, 1

여기서 각 보수는 앞에서처럼 각 전략의 짝에 대해 기대보수를 계산하여 구한 것이다. 여기서 2의 보수는 2의 유형이 정해지기 전의 사전적 기대보수이다. 가령 (B, BB)에 대해 2의 기대보수를 계산하면, 1이 B를 택할 때 2는 1/2의 확률로 왼쪽 유형이 되고 이때 B를 택해 1을 얻으며, 1/2의 확률로 오른쪽 유형이 되고 이때 B를 택해 0을 얻는다. 따라서 기대보수는 $(1/2) \times 1 + (1/2) \times 0 = 1/2$이다. 다른 값들도 마찬가지로 계산할 수 있다. 이제 이 보수행렬에 최적대응법을 적용하면 다음을 얻는다.

		2			
		BB	BC	CB	CC
1	B	<u>2</u>, 0.5	<u>1</u>, <u>1.5</u>	<u>1</u>, 0	0, 1
	C	0, 0.5	0.5, 0	0.5, <u>1.5</u>	<u>1</u>, 1

따라서 2개의 밑줄이 그어진 (B, BC)가 이 게임의 유일한 BNE이며, 이것은 앞에서 구한 결과와 같다. 어느 방식이든 같은 결과를 얻지만, 모든 전략명세에 대해 기대보수를 구

해야 하는 두 번째 방식보다 첫 번째 방식이 더 간편함을 알 수 있다.

그런데 이 두 번째 방식에서 보수행렬을 도출할 때, 기대보수를 계산해 경기자 2의 보수를 구하는 것이 이상하다고 여겨질 수도 있다. 실제 게임에서 경기자 2는 자신의 유형을 관찰한 후 그에 대해 최적의 선택을 내린다. 즉 각 유형별로 상대의 전략에 대해 자신의 보수를 극대화하는 행동을 취한다. 그런데 위 보수행렬에서 구한 2의 보수는 각 유형별 보수가 아니라 유형이 결정되기 전에 계산한 사전적인 기대보수이다. 따라서 이에 근거하여 최적대응법을 적용해도 되는지 의문이 들 수 있다.

그런데 조금만 깊게 생각해보면, 이런 방식으로 기대보수를 구하여 최적대응을 찾으나 각 유형별로 최적대응을 찾으나 그 결과가 같다는 것을 알 수 있다. 우선 각 유형별로 최적대응을 찾을 경우 사전적인 기대보수가 최대가 됨은 너무나 당연하다. 가능한 각각의 시나리오별로 보수가 최대가 되므로 기댓값은 당연히 최대가 된다. 반대로 기대보수가 최대가 되게 하면 각 유형별 보수가 최대가 될까? 이에 대한 대답도 당연히 '그렇다'이다. 유형별 보수가 최대가 되지 않은 유형이 존재한다면 이는 애초에 구한 기대보수가 최대가 아님을 뜻하기 때문이다. 따라서 당연히 이에 대한 답도 긍정적이다.

논의를 종합하면, 사적정보를 가진 경기자의 균형전략을 찾을 때 유형이 실현되기 전의 사전적(ex-ante) 기대보수에 입각하든 그렇지 않고 유형이 결정된 후의 과도적(interim) 기대보수에 입각하든 동일한 결과를 얻는다. 둘 중 주어진 상황에 따라 더 간편한 방식을 선택하여 균형을 찾으면 된다.

주요 학습내용 확인

- ☑ 불완비정보게임의 의미를 정확히 이해하고 있는가?
- ☑ 하사니의 방법으로 자연을 도입해 불완비정보게임을 불완전정보게임으로 바꿀 수 있는가?
- ☑ 베이즈균형에서 사적정보를 가진 경기자와 갖지 않은 경기자의 전략의 형태를 정확히 파악할 수 있는가?
- ☑ 정태적 불완비정보게임의 베이즈균형을 구할 수 있는가?

📝 연습문제

1. 다음과 같은 불완비정보 동전 짝 맞추기 게임을 생각해보자. 두 명의 경기자가 동시에 동전의 앞면(H)과 뒷면(T)을 택한다. 1은 두 면이 일치하는 경우를 일치하지 않는 경우보다 좋아하며 이는 공통지식이다. 반면 2의 보수는 사적정보이다. 2는 두 면이 일치하는 경우를 더 좋아할 수도 있고 불일치하는 경우를 더 좋아할 수도 있는데, 1은 이에 대해 확률적으로만 파악하고 있다. 구체적으로 두 경기자의 보수구조는 1/3의 확률로 왼쪽 게임과 같으며 2/3의 확률로 오른쪽 게임과 같다.

<table>
<tr><td rowspan="2">1</td><td colspan="2">2</td></tr>
<tr><td>H</td><td>T</td></tr>
<tr><td>H</td><td>1, -1</td><td>-1, 1</td></tr>
<tr><td>T</td><td>-1, 1</td><td>1, -1</td></tr>
</table>

<table>
<tr><td rowspan="2">1</td><td colspan="2">2</td></tr>
<tr><td>H</td><td>T</td></tr>
<tr><td>H</td><td>1, 1</td><td>-1, -1</td></tr>
<tr><td>T</td><td>-1, -1</td><td>1, 1</td></tr>
</table>

   (1) 두 경기자의 전략을 각각 구하라.
   (2) 이 게임의 베이즈균형을 구하라.

2. 두 기업 A와 B가 시장진입을 고려하고 있다. 시장에서 얻을 수 있는 수입은 총 4이며, 한 기업만 진입하면 그 기업이 4를 모두 얻지만 둘 다 진입하면 시장을 반분하여 각자 2를 얻게 된다. 시장진입에는 비용이 든다. A의 진입비용은 3이다. B의 진입비용은 c이다. c는 3 아니면 1인데, B는 c값을 정확히 알고 있지만 A는 c가 2/3의 확률로 3이고 1/3의 확률로 1이라는 것만 알고 있다. 시장진입 시 기업이 얻는 보수는 시장에서 얻는 수입에서 진입비용을 뺀 값이다. 진입을 하지 않을 경우의 보수는 0이다. A와 B가 동시에 진입 여부를 결정한다고 할 때, 이 게임의 베이즈균형을 구하라.

3. 구매자(경기자 1)가 판매자(경기자 2)로부터 중고차를 구매하려고 한다. 이 중고차는 연식과 주행거리를 감안할 때 중고차 시장에서 가격이 P로 정해져 있다. 2의 중고차는 상태가 좋은 것일 수도 있고(G) 나쁜 것일 수도 있다(B). 차의 상태가 G이면 1은 1,000까지 지불할 용의가 있으며 2는 적어도 800은 받아야 한다고 생각한다. 반

면 차의 상태가 B이면 1은 600까지 지불할 용의가 있고 2는 적어도 400은 받아야 한다고 생각한다. 2는 자신의 차가 G인지 B인지 확실하게 알지만, 1은 차가 각각 q와 $1-q$의 확률로 G와 B라는 것만 알고 있다. 1과 2는 동시에 각각 이 거래를 할 것인지(Y) 하지 않을 것인지(N) 결정한다. 둘 다 Y를 택하는 경우에만 거래가 이루어진다. 1의 보수는 거래가 이루어질 경우에는 차의 가치에서 P를 뺀 값이고 거래가 이루어지지 않을 경우에는 0이다. 2의 보수는 거래가 이루어질 경우에는 P에서 차의 가치를 뺀 값이고 거래가 이루어지지 않을 경우에는 0이다. 1은 차의 기대가치를 고려하여 결정을 내린다.

(1) $q = 0.3$일 때 G와 B가 모두 거래되는 BNE가 있는지 조사하라. (힌트 : 1이 거래에 응하기 위한 P의 범위를 구하고 이를 2의 가치평가액과 비교하라.)

(2) $q = 0.3$인 상황에서 G와 B 중 한 유형만 거래되는 BNE가 존재할 P의 범위를 구하라.

(3) 두 유형의 차가 모두 거래되는 BNE가 존재할 q와 P의 범위를 구하라.

제 10장

베이즈균형의 응용

이 장에서는 제9장에서 살펴본 내용을 몇 가지 불완비정보 동시게임 상황에 적용하여 균형을 찾는다. 우선 불완비정보가 있는 쿠르노 경쟁 상황을 다루고, 다음으로 여러 가지 형태의 경매를 분석한다. 끝으로 제5장에서 다룬 혼합전략균형을 불완비정보게임의 측면에서 재조명한다.

1. 불완비정보 쿠르노 모형

우리가 제4장에서 살펴본 쿠르노 모형은 각 기업이 상대 기업의 정보에 대해 잘 알고 있는 상황이었다. 그러나 현실에서 기업은 다른 기업의 정보를 속속들이 알기 어렵다. 특히 비교적 새로 생긴 기업의 경우 상대 기업이 그 기업에 대해 파악하는 것이 쉽지 않을 것이다. 이러한 현실을 반영하여 여기서는 사적정보가 있는 쿠르노 모형에 대해 살펴본다.

다음과 같은 상황을 생각해보자. 동질적인 재화를 생산하는 두 기업 1과 2가 있다. 이 재화에 대한 시장역수요는 $P = 22 - Q$이다. 기업 1의 한계비용은 7이며 이는 공통지식이다. 반면 기업 2의 한계비용에 대해서는 불확실성이 있다. 기업 2는 자신의 한계비용을 알지만, 기업 1은 기업 2의 한계비용이 1/2의 확률로 1이고 1/2의 확률로 13이라는 것만 알고 있다. 이러한 확률분포 자체는 공통지식이다. 두 기업은 동시에 생산량을 결정하고 이에 따라 이윤이 정해진다. 두 기업 모두 고정비용은 없으며 이윤극대화를 추구한다.

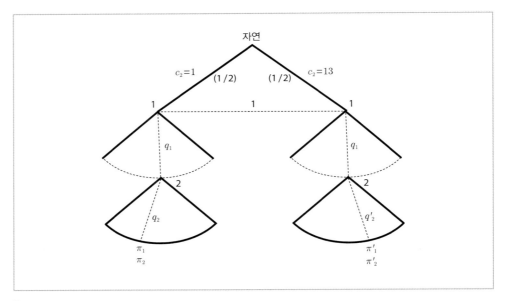

자연

$c_2=1$ (1/2) (1/2) $c_2=13$

1

q_1

2

q_2

π_1
π_2

1

q_1

2

q'_2

π'_1
π'_2

1

▌그림 10-1 불완비정보 쿠르노 모형

〈그림 10-1〉은 이 상황을 게임트리를 써서 나타낸 것이다. 1의 선택 이후에 나타나는 부채꼴의 호를 점선으로 표시한 것은 이 게임이 동시게임이므로 2가 1의 선택을 알지 못함을 나타내기 위해서이다. 이 그림에서 인식해야 할 것은 1이 선택하는 q_1은 좌우 부채꼴에서 동일한 값인 반면, 2가 선택하는 q_2는 좌우 부채꼴에서 다를 수 있다는 것이다. 1은 2의 한계비용을 모르는 상태에서 생산량을 정하는 반면, 2는 자신의 한계비용에 따라 생산량을 달리 할 수 있기 때문이다.

이제 이 게임의 BNE를 구해보자. 먼저 파악해야 하는 것은 각 경기자의 전략이 어떤 형태를 띠는가이다. 1의 전략은 단순하다. 1은 2의 한계비용에 대한 불확실성에 직면한 상태에서 하나의 생산량을 정해야 하므로 1의 전략은 단순히 자신의 생산량을 나타내는 하나의 숫자이다.

2의 전략은 어떨까? 사적정보를 가진 경기자의 전략은 항상 각 유형에 대한 행동지침임을 기억하기 바란다. 2의 유형이 2개이므로 2의 전략은 2개의 숫자로 표시된다. 첫 번째 숫자는 2의 한계비용이 1일 때의 생산량을 나타내며, 두 번째 숫자는 2의 한계비용이 13일 때의 생산량을 나타낸다. 1의 전략을 q_1, 2의 전략을 $q_2 q'_2$으로 나타내자. 여기서 q_2는 한계비용이 1일 때 기업 2의 생산량, q'_2은 한계비용이 13일 때 기업 2의 생산량을 나타낸다. 이제 $(q_1, q_2 q'_2)$이 내쉬균형이 되기 위한 조건을 찾아보자.

우선 1의 입장에서 q_1은 주어진 확률분포와 q_2 및 q_2'에 대해 최적이어야 한다. 즉 q_1은 1의 기대이윤을 극대화하는 값이어야 한다. 수학적으로 이 문제는 다음과 같이 표현된다.

$$\max_{q_1} \frac{1}{2}\{22-(q_1+q_2)\}q_1 + \frac{1}{2}\{22-(q_1+q_2')\}q_1 - 7q_1$$

여기서 비용 $7q_1$은 2의 유형에 무관하므로 따로 빼서 썼지만, 각 경우의 판매수입을 나타내는 식에 집어넣어서 써도 무방하다. 이 문제를 풀면 다음을 얻는다.

$$q_1 = \frac{15}{2} - \frac{1}{4}(q_2 + q_2') \tag{1}$$

이제 2의 문제에 대해 생각해보자. 우선 한계비용이 1일 경우 2는 다음과 같은 문제를 푼다.

$$\max_{q_2} \{22-(q_1+q_2)\}q_2 - q_2$$

이를 풀면 다음을 얻는다.

$$q_2 = \frac{21 - q_1}{2} \tag{2}$$

다음으로 한계비용이 13일 때 2는 다음 문제를 풀어 q_2'을 정한다.

$$\max_{q_2'} \{22-(q_1+q_2')\}q_2' - 13q_2'$$

이를 풀면 다음을 얻는다.

$$q_2' = \frac{9 - q_1}{2} \tag{3}$$

이제 식 (1), (2), (3)을 연립하여 풀면 다음과 같은 균형 값을 얻는다.

$$q_1^* = 5, \quad q_2^* = 8, \quad q_2'^* = 2$$

즉 이 게임의 BNE에서 기업 1은 5를 생산하며, 기업 2는 한계비용이 1일 때는 8을, 한계비용이 13이 때는 2를 생산한다.

전략이 연속변수라는 차이만 빼면 위 방법은 제9장에서 변형된 성 대결 게임을 푸는 방식과 개념적으로 완전히 동일하다. 어느 게임에서든 마찬가지이지만 불완비정보게임에서도 각 경기자의 전략의 형태를 파악하는 것이 가장 우선이며, 그 이후 균형의 정의에 입각하여 각 경기자의 균형전략을 파악하면 된다.

2. 경매

경매는 모든 경기자가 사적정보를 가지는 불완비정보 상황의 대표적인 예이다. 다음에서는 우선 경매에 대한 일반적인 사항을 설명하고, 이어서 몇 가지 대표적인 형태의 경매에 대해 BNE를 찾아본다.

(1) 경매의 종류

경매(auction)는 입찰(bid)을 통해 물건을 사고파는 절차이다. 경매인(auctioneer)의 관점에서 보면 경매는 자신이 가진 물건을 높은 가격에 팔기 위한 활동이다. 즉 자신이 가진 물건을 경매에 부쳐 가장 높은 가격을 부르는 입찰자에게 파는 것이다. 하지만 경매는 물건이나 서비스를 판매하기 위해서가 아니라 구매하기 위해서도 사용된다. 공공사업을 시행하거나 물품을 조달할 때 정부는 입찰공고를 내어 가장 낮은 가격에 재화나 서비스를 제공하는 업체에게 사업권을 주는데, 이를 **역경매**(reverse auction)라고 부르기도 한다. 일반적인 경매에서는 경매인이 판매자이고 입찰자가 구매자임에 비해, 역경매에서는 거꾸로 경매인이 구매자이고 입찰자가 판매자이다. 여기서 우리는 일반적인 경매에 초점을 맞춰 논의를 진행하기로 한다.

경매는 입찰 금액이 공개되는지 여부에 따라 공개경매와 밀봉경매로 구분한다. **공개경매**(open auction)는 입찰 과정이 동적으로 진행되며 단계적 입찰금액이 모두 공개된다. 즉 게임으로 표현하면 앞선 경기자의 행동이 관찰되는 순차게임이다. 반면 **밀봉경매**(sealed-bid auction)는 입찰자들이 동시에 입찰금액을 적어내는 방식이다. 따라서 이는 불완비정보 동시게임에 해당한다.

먼저 공개경매부터 살펴보자. 대표적인 공개경매에는 영국식 경매와 네덜란드식 경매가 있다. **영국식 경매**(English auction)는 한 자리에 모인 입찰자들이 경매인이 정한 최저가격에서 시작하여 자신의 입찰금액을 부르며, 더 이상 높은 가격을 부르는 사람이 나타나지 않을 때까지 입찰을 진행하는 방식이다. 가장 높은 금액을 부른 마지막 입찰자가 자신의 입찰금액을 지불하고 물건을 갖게 된다. 우리가 영화나 드라마의 경매 장면에서 가장 많이 보는 방식이 바로 이 영국식 경매이다.

네덜란드식 경매(Dutch auction)는 영국식 경매와는 반대로 높은 가격에서 경매가 시작된다. 애초에 설정된 높은 가격에서 시작하여 경매인이 조금씩 가격을 낮춰 부르며, 물건을 사겠다는 사람이 나타나는 순간 경매가 종료된다. 물건을 사겠다고 한 사람은 해당 가격을 지불하고 물건을 갖게 된다. 네덜란드식 경매는 네덜란드의 꽃시장에서 많이 사용되었다고 한다.

다음으로 밀봉경매에 대해 생각해보자. 밀봉경매는 각 입찰자가 자신의 입찰금액을 적어서 봉투에 넣고 밀봉한 후 이를 경매인에게 제출하는 방식으로 이루어진다. 이후 경매인이 봉투를 개봉하여, 가장 높은 금액을 적어낸 입찰자가 사전에 정해진 규칙에 따라 금액을 지불하고 물건을 갖게 된다. 대표적인 밀봉경매에는 최고가밀봉경매와 차최고가밀봉경매가 있는데, 두 방식은 승자가 지불하는 금액에 관한 규칙에 차이가 있다.

최고가밀봉경매(first-price sealed-bid auction)는 최고가를 적어낸 사람이 자신이 적어낸 금액을 지불하고 물건을 받는 방식으로, 현실에서 가장 널리 쓰이는 방식이다. 이에 비해 **차최고가밀봉경매**(second-price sealed-bid auction)는 최고가를 적어낸 사람이 승자가 되는 것은 같지만, 자신이 적어낸 가격이 아니라 입찰가 중 두 번째로 높은 가격을 지불하는, 상식적으로 볼 때 조금 이상한 방식을 취한다.

이제 경매를 게임이론에 입각하여 생각해보자. 경매인의 입장에서는 경매의 규칙을 어떻게 정해야 자신의 이득이 극대화되는지가 매우 중요한 문제이다. 이러한 문제는 보다 일반적으로는 자신이 의도하는 목적에 맞도록 경제적 메커니즘이나 유인을 설계하는 것과 관련되는데, 경제학에서는 이 문제를 **메커니즘 설계**(mechanism design)라고 부른다.

그런데 어떤 방식에 의해서든 일단 경매의 규칙이 정해지고 나면 경매인은 더 이상 경매에서 전략적인 의사결정자가 아니며, 오로지 경매에 참여한 입찰자들만이 전략적인 경기자가 된다. 경매인에 의한 메커니즘 설계는 이 책의 범위를 넘어서므로, 우리는 주어진 경매 규칙하에서 입찰자들이 어떤 방식으로 행동하는지에 주로 초점을 맞출 것이다. 즉 우리가 다루는 경매는 경매인은 능동적인 역할을 하지 않고 입찰자들이 전략적으로 상호작용을 하는 게임상황이다.

경매가 우리가 앞서 살펴본 불완비정보게임과 다른 점은 경기자의 일부가 아니라 모든 경기자가 사적정보를 가진다는 점이다. 앞서 본 변형된 성 대결 게임이나 쿠르노 모형에서는 경기자 중 한 명만이 사적정보를 가지고 있었다. 그러나 일반적으로 경매에서는 입찰자 모두가 사적정보를 가지고 있다. 여기서 사적정보란 각 입찰자가 경매에 부쳐진 물건에 부여하는 가치평가액이다. 사람들은 다른 참여자들이 경매에 부쳐진 물건에 어느 정도의 가치를 부여하고 있는지 모르는 상황에서 입찰가를 정해야 한다.

다음에서 우리는 앞서 본 두 밀봉경매에 대해 입찰자의 전략을 중심으로 분석을 진행하도록 한다.

(2) 최고가밀봉경매

다음과 같은 상황을 생각해보자. 두 명의 경기자 1과 2가 경매에 참여한다. 이들이 경매에 부쳐진 물건에 부여하는 가치평가액은 각각 v_1과 v_2이다. 이 값은 사적정보로, 1과 2는 자신의 v는 알지만 다른 사람의 v값은 알지 못하며, 단지 그것이 [0, 1]에서 정의된 균일분포를 따른다는 것만 알고 있다. 이러한 분포는 공통지식이며 둘의 v값은 확률적으로 독립이다. 둘은 동시에 입찰가를 제출하며, 더 높은 가격을 제출한 사람이 자신이 적어낸 가격을 지불하고 물건을 갖는다. 만약 두 사람이 동일한 가격을 적어내면 동전 던지기를 통해 각 경기자가 1/2의 확률로 승자가 된다. 입찰가 b를 제출하여 승자가 될 경우 이 경기자의 보수는 $v - b$이다. 반면 승자가 아닐 경우의 보수는 0이다.

이제 이 게임의 BNE를 구하기 위해 각 경기자의 최적전략에 대해 생각해보자. 우선 이 게임에서 전략의 형태에 대해 생각해보자. 사적정보가 있는 경우 전략은 각 유형에 대해 정의된 행동지침이라는 점을 기억할 것이다. 따라서 입찰전략을 b라고 하면 이는 가치평가액 v의 함수가 된다. 즉 $b = b(v)$이다. 그런데 문제는 함수 b가 취할 수 있는 형태가 무수히 많다는 것이다. 즉 b는 $b = kv$와 같이 선형일 수도 있고 $b = k\sqrt{v}$ 와 같은 형태일 수도 있으며 $b = kv^2$와 같은 이차함수의 형태를 띨 수도 있다. 여기서 우리는 두 사람의 전략이 모두 $b = kv$와 같이 선형함수의 형태를 띠는 경우에 초점을 맞춰 분석을 진행하기로 한다.[1]

1의 입장에서 분석을 진행해보자. 2가 입찰전략으로 $b(v) = kv$를 취하고 있고 이에 따라 b_2라는 가격을 제출한다고 하자. 이때 자신이 물건에 부여하는 가치평가액이 v인 경기자 1이 특정 가격 b를 제출할 때의 기대보수는 다음과 같다. (편의상 경기자 1을 나타내는 하첨자를 v와 b에서 생략한다.)

---

1   자세히 설명하지는 않겠지만 사실 이 게임에서 균형전략은 반드시 선형의 형태를 띠어야 한다.

$$EU_1(b;v) = \Pr\{b > b_2\} \times (v-b) + \Pr\{b = b_2\} \times \frac{1}{2}(v-b) + \Pr\{b < b_2\} \times 0$$
$$= \Pr\{b > b_2\}(v-b)$$

여기서 $\Pr\{b = b_2\} = 0$이므로 두 번째 항의 값이 0이라는 점에 주의하기 바란다.[2]

이제 이 기대보수에 포함된 확률 $\Pr\{b > b_2\}$에 대해 생각해보자. 여기서 b는 경기자 1이 택한 숫자이다. 반면 b_2는 2가 선택한 입찰가인데, 2가 $b(v) = kv$라는 전략을 따르므로 2의 가치평가액 v가 v_2라면 $b_2 = kv_2$가 된다. 따라서 $b > b_2$라는 조건은 $b > kv_2$와 동일하다. 그런데 1의 입장에서 v_2는 $[0,\ 1]$ 구간에서 정의된 균일분포를 따르는 확률변수이다. 따라서 확률변수 v_2를 중심으로 생각하면 $b > kv_2$는 $v_2 < \dfrac{b}{k}$와 같으며, 이는 확률변수 v_2의 값이 $\dfrac{b}{k}$보다 작은 경우이다. 따라서 다음을 얻는다.[3]

$$EU_1(b;v) = \Pr\{b > b_2\}(v-b) = \Pr\left\{v_2 < \frac{b}{k}\right\}(v-b) = \frac{b}{k}(v-b)$$

즉 상대방의 사적정보인 v_2의 확률분포만을 알고 있는 상태에서, 임의의 입찰가 b를 적어낼 때 나의 기대보수는 b의 함수이며 정확한 값은 $\dfrac{b}{k}(v-b)$이다.

우리가 구하고자 하는 것은 2가 $b(v) = kv$라는 전략을 따를 때 1의 최적대응이다. 1은 자신의 기대보수를 극대화하려 하므로 다음을 푼다.

$$\max_b \frac{b}{k}(v-b)$$

이를 풀면 다음과 같은 1의 최적전략을 얻는다.

$$b(v) = \frac{v}{2}$$

즉 2가 $b(v) = kv$라는 선형 전략을 취하는 상황에서 1의 최적전략은 $b(v) = \dfrac{v}{2}$가 된다. (이 결과의 의미는 곧 설명하기로 한다.)

---

2 확률이 0이라고 해서 해당 사건이 절대로 발생하지 않는 것은 아니다. $b = b_2$인 경우가 가능하기는 하지만 전략이 연속변수이므로 그런 일이 일어날 확률은 $\dfrac{1}{\infty} = 0$이다.

3 구간 $[a,\ b]$에서 정의된 균일분포를 따르는 확률변수의 분포함수는 $x \in [a,\ b]$에 대해 $F(x) = \dfrac{x-a}{b-a}$임을 기억하라. 위 경우는 $a = 0$, $b = 1$, $x = \dfrac{b}{k}$인 경우이다.

이제 1이 선형전략을 택하고 있다고 가정하고 동일한 분석을 2에 대해서 반복하면 마찬가지의 결과를 얻는다. 즉 2의 최적전략도 1과 마찬가지로 $b(v) = \dfrac{v}{2}$가 된다. 즉 이 게임의 BNE는 1과 2가 모두 $b(v) = \dfrac{v}{2}$라는 전략을 취하는 것이며 $k = 1/2$이다.

이제 이 균형의 특징에 대해 생각해보자. 이 균형에서 각 입찰자는 자신의 가치평가액 v보다 낮은 값을 적어 낸다. (구체적으로는 가치평가액의 절반을 적어 낸다.) 이를 직관적으로 생각해보자. 우선 경기자 i가 자신이 물건에 부여하는 가치평가액 v_i보다 높은 가격을 적어내는 것은 명백하게 비합리적이다. 이 경우 설사 승자가 된다고 하더라도 오히려 손실을 보기 때문이다. (보다 엄밀하게 표현하면, v_i보다 큰 값을 적어내는 것은 약열등전략이다. 왜 그런지 생각해보라.) 따라서 자신의 가치평가액 v_i 이하의 값을 적어내리라는 것은 논리적으로 분명하다.

그렇다면 정확히 얼마의 가격을 적어 내야 할까? 여기서 각 경기자는 경제학에서 광범위하게 등장하는 맞교환관계(tradeoff)에 직면한다. 높은 가격을 적어 낼수록 승자가 될 확률은 커지지만 동시에 이길 경우의 순편익인 $v - b$가 작아진다. 반면 낮은 가격을 적어 낼수록 승자가 되었을 때의 순편익인 $v - b$는 커지지만 동시에 자신이 승자가 될 확률이 낮아진다. 따라서 자신의 기대보수를 최대화하는 값이 적절한 수준에서 존재할 것이다. 위에서 살펴본 예에서는 그 값이 자신이 부여하는 가치평가액의 정확히 절반이 되었던 것이다.

만약 위 상황에서 입찰자가 2명이 아니라 여러 명이라면 균형전략은 어떻게 바뀔까? 이 경우에도 입찰자들이 자신의 가치평가액 v보다 적은 금액을 적어내리라는 것은 분명하다. 그런데 그 축소 폭이 입찰자가 2명인 경우와 비교해서 어떨까? 직관적으로 생각하면 경쟁자가 늘어나서 경쟁이 치열해지므로 전에 비해 입찰가를 v에 더 가깝게 할 것으로 예상된다.

이제 이 추측을 확인하기 위해 위와 동일한 경매를 n명이 하는 경우를 생각해보자. 즉 n명의 입찰자가 있으며 경기자 i가 물건에 부여하는 가치평가액 v_i는 사적정보로 $[0, 1]$에서 균일분포를 따르고 서로 확률적으로 독립이다.

앞에서와 마찬가지로 다른 모든 입찰자가 $b(v) = kv$와 같은 선형전략을 따르는 경우에 1이 택할 전략에 대해 생각해보자. 이제 경기자 1의 기대보수를 생각해보면, 1이 승자가 되는 경우는 자신의 입찰금액이 다른 모든 사람의 입찰금액보다 높은 경우이다. 따라서

1의 기대보수는 다음과 같다.[4]

$$EU_1(b; v) = \Pr\{b > b_2, b_3, \cdots, b_n\}(v - b)$$

그런데 각 v_i가 독립이고 사람들이 $b(v) = kv$와 같은 전략을 따르므로 다음이 성립한다.

$$\Pr\{b > b_2, b_3, \cdots, b_n\} = \Pr\{b > b_2\} \times \Pr\{b > b_3\} \times \cdots \times \Pr\{b > b_n\}$$
$$= \Pr\{b > kv_2\} \times \Pr\{b > kv_3\} \times \cdots \times \Pr\{b > kv_n\}$$

여기서 $\Pr\{b > kv_i\} = \Pr\left\{v_i < \dfrac{b}{k}\right\} = \dfrac{b}{k}$이므로 위 확률은 $\left(\dfrac{b}{k}\right)^{n-1}$이 된다. 따라서 1의 기대 보수는 다음과 같다.

$$EU_1(b; v) = \left(\frac{b}{k}\right)^{n-1}(v - b)$$

미분을 이용해 위 값을 극대화하는 b를 구하면 다음을 얻는다.[5]

$$\max_b \left(\frac{b}{k}\right)^{n-1}(v - b) \iff \max_b b^{n-1}(v - b)$$
$$\Rightarrow \text{일계조건 :} \ (n-1)b^{n-2}(v - b) - b^{n-1} = 0$$
$$\Rightarrow b = \frac{n-1}{n}v$$

즉 자신이 부여하는 가치평가액이 v일 경우 이를 비율로 $\dfrac{1}{n}$만큼 낮추어 $\dfrac{n-1}{n}v$를 입찰 하는 것이 균형전략이다. (여기에 $n = 2$를 대입하면 앞서 입찰자가 2명인 경우에 대해 구한 균형전략이 나온다는 것을 쉽게 확인할 수 있다.)

정리하면, 참가 인원이 n명일 때 각 입찰자는 자신이 물건에 부여하는 가치평가액 v의 $\dfrac{n-1}{n}$배를 입찰가로 적어 냄을 알 수 있다. n이 커짐에 따라 $\dfrac{n-1}{n}$값은 점점 커지며 n이 무한대로 감에 따라 1로 수렴한다. 즉 입찰자가 매우 많아지면 입찰자는 v에 육박하는 값을 입찰가로 적어 낸다. 이 결과는 경쟁이 치열해질수록 자신이 부여하는 가치평가액에 가까운 금액을 적어 낼 것이라는 우리의 직관을 확인해준다.

---

4 동점자가 나오는 경우는 확률이 0이므로 고려하지 않아도 된다.

5 이계조건이 만족됨은 쉽게 확인할 수 있다.

(3) 차최고가밀봉경매

이제 차최고가밀봉경매에 대해 알아보자. 다음과 같은 상황을 생각해보자. n명의 입찰자가 동시에 입찰금액을 제출한다. 앞에서와 마찬가지로 각 입찰자가 물건에 부여하는 가치평가액은 사적정보이다. 가장 높은 금액을 제출한 사람이 승자가 되는 것까지는 최고가밀봉경매와 동일하다. 그러나 승자는 자신이 제출한 금액을 지불하는 것이 아니라 입찰가 중 두 번째로 높은 가격, 즉 차최고가(second price)를 지불하고 물건을 받는다. 승자의 보수는 자신이 부여하는 가치평가액에서 자신이 지불한 금액을 뺀 값이며, 승자가 아닌 경우의 보수는 0이다.

이 설정을 앞서 본 최고가밀봉경매와 비교해보면, 승자가 지불해야 하는 금액에 관한 규칙 외에도 한 가지 큰 차이를 발견할 수 있다. 바로 사람들의 가치평가액의 확률분포에 대한 가정이 명시되어 있지 않다는 점이다. 차최고가경매는 노벨상 수상자인 비크리(Vickrey)가 제안한 것으로 **비크리 경매**(Vickrey auction)라고도 불리는데, 비크리는 차최고가경매에 대해 다음과 같은 놀라운 결과를 제시했다.

> 차최고가경매에서 모든 경기자는 자신의 가치평가액을 그대로 입찰가로 제출하는 것이 약우월전략이다. 즉 $b(v) = v$가 약우월전략이다. 모든 사람들이 자신의 가치평가액을 그대로 입찰하는 것은 차최고가경매의 BNE이다.

앞서 최고가경매에서 우리는 사람들이 자신의 가치평가액보다 적당히 낮은 가격을 제출하는 것이 균형임을 보았다. 이는 논리적으로나 직관적으로도 매우 당연하다. 그런데 위 결과는 게임의 규칙을 바꾸어 승자가 차최고가격을 지불하게 하면, 사람들이 자신의 실제 가치평가액을 있는 그대로 적어내는 것이 다른 사람들의 전략에 관계없이 최적이라는 것을 보여준다. 더구나 이 결과는 사람들의 가치평가액 분포와 상관없이 항상 성립한다. 즉 사람들의 가치평가액이 어떤 분포를 따르든 항상 자신의 가치평가액을 그대로 입찰가로 제출하는 것이 약우월전략이다.

이제 위 결과가 성립하는 이유를 따져보자. 이를 증명하는 것이 매우 복잡할 것처럼 보이지만 사실 논리적으로 매우 간단하다. 경기자 1을 중심으로 분석을 진행하기로 한다. 경기자 1의 가치평가액을 v_1이라 하고 경기자 i의 입찰가를 b_i로 표시하자.[6]

---

6 최고가격 입찰자가 여러 명이 있는 경우는 편의상 고려하지 않기로 한다.

첫째, $b_1 > v_1$인 전략 b_1이 v_1에 대해 약열등함을 보이자. 즉 자신의 가치평가액보다 높은 입찰가를 적어 내는 것이 사실대로 v_1을 적어 내는 것보다 약열등함을 보인다. 먼저 $v_1 > \max\{b_2, b_3, \cdots, b_n\}$인 경우부터 생각해보자. 이 경우 v_1을 적어 내든 b_1을 적어 내든 1이 승자가 되어 차최고가를 지불하므로 v_1이나 b_1이나 같은 보수를 준다. 다음으로 $v_1 < \max\{b_2, b_3, \cdots, b_n\}$인 경우를 생각해보자. 편의상 $b_2 = \max\{b_2, b_3, \cdots, b_n\}$이라 하자. 만약 $b_1 < b_2$라면 v_1을 적어 내든 b_1을 적어 내든 1은 경매에서 이기지 못하므로 두 전략이 같은 보수를 준다. 하지만 $b_1 > b_2$라면 v_1을 적어낼 경우에는 여전히 승자가 아니어서 보수가 0이지만 b_1을 적어 내면 승자가 되어 보수가 $v_1 - b_2$가 된다. 그런데 이 값이 음수이므로 v_1을 선택하는 것이 b_1을 선택하는 것보다 낫다. 이처럼 어떤 경우에는 두 전략으로부터의 보수가 동일하고 어떤 경우에는 v_1이 b_1보다 더 큰 보수를 주므로, v_1보다 큰 b_1은 v_1에 대해 약열등함을 알 수 있다.

둘째, $b_1 < v_1$인 전략 b_1이 v_1에 대해 약열등함을 보이자. 즉 자신의 가치평가액보다 낮은 입찰가를 적어 내는 것이 사실대로 v_1을 적어 내는 것보다 약열등함을 보인다. 먼저 $v_1 < \max\{b_2, b_3, \cdots, b_n\}$인 경우부터 생각해보자. 이 경우 v_1을 적어 내든 b_1을 적어 내든 1은 승자가 아니므로 두 전략은 같은 보수를 준다. 다음으로 $v_1 > \max\{b_2, b_3, \cdots, b_n\}$인 경우를 생각해보자. 여기서도 편의상 $b_2 = \max\{b_2, b_3, \cdots, b_n\}$이라 하자. 이때 만약 $b_1 > b_2$라면 1은 v_1을 적어 내든 b_1을 적어 내든 승자가 되어 동일한 보수를 얻는다. 그러나 만약 $b_1 < b_2$라면 사실대로 v_1을 적어 내면 승자가 되어 $v_1 - b_2$를 얻지만 b_1을 택하면 승자가 아니게 되어 보수가 0으로 줄어든다. 따라서 이 경우에는 v_1이 b_1보다 확실히 낫다. 이처럼 어떤 경우에는 두 전략으로부터의 보수가 동일하고 어떤 경우에는 v_1이 b_1보다 더 큰 보수를 주므로, v_1보다 작은 b_1은 v_1에 대해 약열등하다.

이를 종합하면, 차최고가경매에서는 자신의 가치평가액을 그대로 입찰가로 적어 내는 것이 다른 가격을 적어 내는 것에 비해 이득이 되면 이득이 되지 절대 손해는 되지 않음을 알 수 있다. 즉 자신의 가치평가액을 그대로 입찰가로 적어 내는 것이 약우월전략이다. 모두가 자신의 약우월전략을 선택하는 것이 BNE임은 자명하다.

심화학습

수입동등정리

최고가경매와 차최고가경매에 관한 분석을 보면 다음과 같은 궁금증이 생길 수 있다. "내가 만약 경매인이라면 어떤 방식의 경매를 택하는 것이 더 이득이 될까?" 앞의 분석을 보면 이에 대한 답은 분명해 보이지 않는다. 최고가경매에서는 사람들이 자신의 가치평가액보다 낮은 가격을 제출하지만 승자가 최고가를 지불한다. 반면 차최고가경매에서는 사람들이 자신의 가치평가액을 그대로 제출하지만 승자는 최고가가 아닌 차최고가를 지불한다. 따라서 언뜻 보아서는 어느 경매에서 경매인의 수입이 더 클지 분명하지 않다.

비크리에 의해 처음 제시된 **수입동등정리**(revenue equivalence theorem)는 이 문제에 대해 놀라운 결과를 제시한다. 이 정리에 따르면 몇 가지 조건을 만족하는 경매는 모두 기대수익이 같다. 입찰자의 입장에서 표현하면, 경매에서 승자가 지불하는 기대지불액이 모두 같다. 여기서 만족되어야 하는 조건들은 그다지 제약적이지 않은 것으로, 우리가 앞에서 본 여러 경매는 모두 그 조건을 만족한다. 간단히 그 조건을 얘기하면, 입찰자들이 위험중립적이고 입찰자들의 가치평가액이 공통의 확률분포로부터 독립적으로 결정되며, 가장 높은 가치평가액을 가진 입찰자가 항상 승자가 되고 가장 낮은 가치평가액을 가진 입찰자의 기대보수는 0이 되어야 한다는 것 등이다. 수입동등정리에 따르면 환경이 동일할 경우 영국식 경매, 네덜란드식 경매, 최고가경매, 차최고가경매는 모두 경매인에게 동일한 기대수익을 가져다준다.

앞서 자세히 분석한 최고가경매와 차최고가경매에 대해 수입동등정리가 성립하는지 확인해보자. 단순화를 위해 입찰자가 2명인 경우를 생각한다. 앞서 본 것처럼 최고가경매에서 사람들은 자신의 가치평가액의 절반에 해당하는 값을 입찰하며 최고가를 입찰한 사람이 승자가 된다. 따라서 경매인이 얻는 수입은 $\max\left\{\frac{v_1}{2}, \frac{v_2}{2}\right\}$이며, 기대수입은 $E\left[\max\left\{\frac{v_1}{2}, \frac{v_2}{2}\right\}\right]$가 된다. (여기서 $E[\,\cdot\,]$는 기댓값을 나타낸다.) 반면 차최고가경매에서 사람들은 자신의 가치평가액을 그대로 입찰하지만 차최고가만큼만 지불한다. 따라서 이 경우 경매인의 수입은 $\min\{v_1, v_2\}$이며, 기대수입은 $E[\min\{v_1, v_2\}]$가 된다.

v_1, v_2가 [0, 1] 구간에서 균일분포를 따르는 경우에 대해, 통계학적 지식을 이용해 위 값을 실제로 계산해보면 둘 다 1/3로 동일함을 확인할 수 있다. 즉 수입동등정리가 성립한다. 보다 일반적으로, 위의 설정에서 입찰자가 n명이면 경매인의 기대수입은 $\frac{n-1}{n+1}$이 됨을 확인할 수 있다. 더 나아가 수입동등정리는 앞서 제시한 몇 가지 가정만 만족되면

최고가경매나 차최고가경매가 아닌 어떤 경매라도 경매인의 기대수입이 $\dfrac{n-1}{n+1}$로 동일할 것임을 알려준다.

■ ■ ■

생각해보기 10.1 --

위 분석에서 $E\left[\max\left\{\dfrac{v_1}{2},\ \dfrac{v_2}{2}\right\}\right]=E[\min\{v_1,\ v_2\}]=\dfrac{1}{3}$임을 보여라.

---

(4) 사적가치, 공통가치, 승자의 저주

경매에 관한 논의를 마치기 전에 마지막으로 언급할 주제가 있다. 앞에서 본 경매에서 사람들이 물건에 부여하는 가치평가액은 다른 사람들의 가치평가액과 독립적으로 결정되었다. 기술적으로 표현하면, 확률변수인 각 입찰자의 가치평가액이 동일한 확률분포로부터 나오기는 하지만 각각은 서로 독립이었다. 이것은 나의 가치평가액이 다른 사람의 가치평가액을 추정하는 데 전혀 도움이 되지 않음을 의미한다. 이처럼 가치평가액이 사적정보의 형태를 띨 때 우리는 그러한 가치평가액이 **사적가치**(private value)의 형태를 띤다고 얘기한다.[7] 이는 경매에 올라온 물건에 대한 가치평가액이 주관적이어서 사람들마다 서로 다른 가치평가액을 부여하는 것이 자연스러운 경우에 해당한다. 가령 그림이나 골동품에 대한 경매에서는 (항상 그런 것은 아니지만) 가치평가액이 사적가치의 형태를 띠는 경우가 많다.

그런데 모든 사람들이 경매에 올라온 물건에 동일한 가치평가액을 부여하는 경우도 있다. 가령 유전(油田)이 경매에 부쳐진 경우, 이 유전의 가치는 매장된 석유의 양에 의해 사후적으로 객관적으로 평가할 수 있다. 따라서 정확한 정보만 주어진다면 누구나 이 유전에 동일한 가치평가액을 부여할 것이다. 이와 같은 경우 우리는 가치평가액이 **공통가치**(common value)의 형태를 띤다고 말한다. 공통가치에 대한 이해를 돕기 위해, 일정 금액의 돈이 든 상자가 경매에 부쳐진다고 하자. 이 경우 상자 안에 든 돈이 얼마인지 알면

---

7 다른 사람의 가치평가액을 아는 것이 나의 입찰전략에는 당연히 영향을 미칠 수 있다. 그러나 상대방의 가치평가액을 안다고 해서 나의 가치평가액 자체가 달라지는 것은 아니다. 사적가치의 경우 나의 가치평가액은 나의 선호에 의해 주관적으로 결정되며 다른 사람이 평가하는 가치평가액과는 무관하기 때문이다. 양자를 혼동하지 않기 바란다.

모두가 이 상자에 동일한 가치를 부여할 것이다. 이 상황은 가치평가액이 공통가치의 형태를 띠는 극명한 경우이다.

공통가치라고 해서 모든 입찰자가 동일한 가격을 제출하는 것은 아니다. 왜냐하면 각자가 물건의 가치평가액에 대해 상이한 추정치(estimate)를 가질 수 있기 때문이다. 사후적으로는 물건의 가치평가액이 객관적으로 정해지고 모두가 그것에 동의하겠지만 사전적으로는 그 값이 알려져 있지 않다. 따라서 어떤 방식으로든 각자 가치평가액을 추정할 텐데, 그러한 추정치는 입찰자마다 다를 수 있다.

가치평가액이 공통가치의 형태를 띠는 경우, 자신의 추정치에 근접한 값을 입찰하면 승자가 되어도 오히려 손실을 볼 수 있다. 이러한 현상을 **승자의 저주**(winner's curse)라고 부른다.[8]

이러한 현상이 발생하는 직관적인 이유를 다음과 같이 생각해보자. 경매에 부쳐진 물건의 실제 가치가 V라고 하자. 각 입찰자는 사전조사를 통해 이에 대한 추정치를 얻는데, 이는 실제 가치와 추정오차의 합이다. 입찰자 i의 추정치를 S_i, 추정오차를 ϵ_i라 하면 $S_i = V + \epsilon_i$가 된다. 여기서 $E[\epsilon_i] = 0$이라고 가정하자. 그러면 추정오차의 평균값이 0이므로 입찰자들의 추정치인 S_i는 평균적으로 실제 가치인 V와 일치한다.

이제 각 입찰자들이 이에 근거하여 적당한 방식으로(가령 S_i보다 몇 퍼센트 작은 값을 적어 내는 방식으로) 입찰을 한다고 하자. 그렇다면 추정치 S_i가 가장 큰 사람이 승자가 될 가능성이 높다. 그런데 S_i가 크다는 것은 이 사람의 추정오차 ϵ_i값이 크다는 것을 의미한다. 즉 실제 가치보다 가장 심하게 과대추정을 한 사람이 경매의 승자가 되는 것이다.

사전적으로는 이 사람의 추정치가 물건의 실제 가치와 평균적으로 일치하지만, 이 사람이 승자가 되었다는 전제하에서는 이 사람의 추정치가 실제 가치보다 매우 클 가능성이 높다. 다시 말해 승자가 되었음을 전제로 한 조건부 확률에 입각하여 계산하면, 승자의 추정치의 기댓값은 실제 가치보다 크게 된다. 따라서 사람들이 자신의 추정치에 근거하여 입찰가를 정할 경우, 추정치보다 충분히 작은 값을 입찰하지 않는 한 경매의 승자는 손실을 볼 가능성이 높다. 이것이 승자의 저주가 발생하는 원인이다.

승자의 저주 현상은 실제로 1950년대에 유전에 대한 경매에서 여러 차례 발생한 문제이다. 이러한 승자의 저주를 막으려면 입찰자는 자신의 추정치보다 상당히 작은 값을 입

---

8 여기서 '저주'는 저주를 하는 것이 아니라 저주를 받는 것임에 유의할 필요가 있다. 즉 승자가 저주를 내리는 것이 아니라 받는 상황이다.

승자의 저주 실험

경제학자 사뮤엘슨과 베이저만은 실험을 통해 승자의 저주 현상을 극명하게 보여주었다.[9] 다음과 같은 상황을 생각해보자.

- 당신은 석유회사인 A사를 인수하려고 한다. 이 기업의 미래가치는 A사가 추진 중인 석유 시추사업의 성패에 달려 있다.
- A사의 미래가치는 [0, 100] 구간에서 균일분포를 따르며, 석유 시추사업의 성과에 따라 결정되는 이 가치를 A사는 인수협상 전에 미리 알게 되지만 당신은 인수 후에야 알 수 있다.
- A사의 시장가치는 당신이 A사를 인수하면 50% 상승한다. 따라서 당신이 A사를 인수할 경우 A사의 시장가치는 최대 150까지 될 수 있다.
- A사는 당신이 제안하는 인수가격이 협상 시 자신이 알고 있는 미래가치 이상이면 그를 수락한다.
- 당신은 기대수익에 입각해 의사결정을 내린다.

이것이 실제로 여러분이 처한 상황이라고 생각하고 인수가격으로 얼마를 제안하는 것이 좋을지 곰곰이 생각해보기 바란다.

이 실험에 참가한 대부분의 사람들은 다음과 같은 방식으로 이 문제에 접근하는 것으로 나타났다. 'A사의 미래가치가 [0, 100] 구간에서 균일분포를 따르므로 인수 후 시장가치는 [0, 150] 구간에서 균일분포를 따른다. 따라서 기대수익에 입각해 최대 75까지 지불하는 것이 타당하다. 그런데 A사는 적어도 미래가치의 평균인 50을 인수가격으로 제시받아야 수락할 것이다. 따라서 50~75 사이의 수를 인수가격으로 제시해야 한다.'

이 논리는 과연 맞는 논리일까? 언뜻 보면 맞는 것 같지만 여기에는 치명적인 오류가 있다. A사는 협상 시 이미 미래가치를 알고 있다. 따라서 A사가 인수가격을 수락했다는 것은 미래가치가 당신이 제시한 인수가격 이하라는 것을 의미한다. 그러므로 이 경우 A사의 미래가치는 당신이 제안한 가격 이하의 구간에서 균일분포를 따르게 된다. 예를 들어 여러분이 인수가격으로 60을 제시하고 A사가 이를 수락했다고 하자. 그러면 A사가 수락하였다는 사실에 기반한 A사 미래가치의 조건부 분포는 [0, 100] 구간이 아니라 [0, 60] 구간에서 균일분포를 이룬다. 이 경우 50% 상승된 A사의 시장가치는 [0, 90]에서 균일분포를 따르므로 여러분은 평균적으로 45의 시장가치를 얻는다. 그런데 가격으로 60을 제시했으니 평균적으로 15의 손해를 보게 된다.

그런데 생각해보면 이 논리는 0보다 큰 모든 인수가격 P에 대해 성립한다. A사가 이 가격을 수락하였다면 이는 A사의 미래가치가 P 이하임을 뜻하므로 A사의 미래가치는 [0, P] 구간에서 균일분포를 이룬다. 따라서 50% 상승된 시장가치는 [0, $1.5P$] 구간에서 균일분포를 이루고 그 평균값은 $0.75P$가 된다. 그런데 지불하는 가격은 P이므로 평균적으로 항상 $0.25P$만큼 손해를 입게 되는 것이다. 이는 승자의 저주가 극명하게 드러나는 사례이다. 합리적인 사람이라면 인수가격을 극단적으로 낮추어 0을 제시해야만 손실을 피할 수 있다.

사뮤엘슨과 베이저만의 실험 결과를 보면 실제로 많은 실험 참가자들이 승자의 저주에 시달렸다는 것을 알 수 있다. 금전적 인센티브가 없는 경우 응답자 중 9%만이 0의 가격을 제시했으며 75%가 50 이상의 가격을 제시하였다. 금전적 인센티브가 있는 경우에도 응답자의 8%만이 0을 제시했으며 63%가 50 이상의 가격을 제시한 것으로 나타났다.

한 번의 경험으로는 이런 상황을 파악하기 어려울 수

---

9 Samuelson and Bazerman(1985), "The winners' Curse in Bilateral Negotiations," *Research in Experimental Economics* Vol.3의 내용을 Thaler(1992), *The Winner's Curse*, Princeton University Press에서 재인용.

있으니 혹시 실험을 반복하면 사람들이 합리적인 판단을 내리게 되지 않을까? 다른 연구자들의 실험은 그렇지 않다는 것을 보여준다. 위 상황이 20회 반복하여 실시된 한 실험에서 69명의 참가자 중 5명만이 문제의 본질을 깨달았으며, 이들이 낮은 가격을 제시하기 시작한 것도 평균 8회째부터였다고 한다.

위 사례는 공통가치적 요소가 있는 상황에서는 상당한 주의를 기울이지 않으면 승자의 저주 현상에 시달리기 쉬움을 보여준다.

찰해야 한다. 추정치에 비해 얼마나 작은 값을 선택해야 하는지는 구체적인 상황에 따라 달라지겠지만, 공통가치경매의 경우에는 이러한 승자의 저주가 일어날 가능성이 있다는 점을 염두에 두고 의사결정을 할 필요가 있다.

3. 혼합전략균형의 재고찰*

제5장에서 우리는 혼합전략균형에 대해 살펴보았다. 혼합전략균형의 특징 중 하나는 각 경기자가 자신의 균형혼합전략에서 사용하는 모든 순수전략으로부터 동일한 기대보수를 얻는다는 것이었다. 그런데 내쉬균형이라는 개념 자체가 상대방의 선택에 대한 정확한 예측을 포함하고 있기는 하지만, 어떤 순수전략을 쓰든 동일한 기대보수를 얻는 상황에서 각 순수전략을 특정 비율로 섞어 쓴다는 것이 직관적으로는 납득하기 어려운 측면이 있다.

하사니는 불완비정보게임을 이용하여 혼합전략균형에 대한 독특한 해석을 제시함으로써 혼합전략균형에 대해 통찰력 있는 새로운 시각을 제공하였다. 하사니의 아이디어를 우리가 제5장에서 분석한 동전 짝 맞추기 게임에 적용하여 살펴보자. 다음 보수행렬은 원래의 동전 짝 맞추기 게임을 나타낸다.

		2	
		H	T
1	H	1, −1	−1, 1
	T	−1, 1	1, −1

우리가 이미 알고 있는 것과 같이 이 게임에 순수전략균형은 존재하지 않으며, 두 경기자 모두 H와 T를 각각 1/2의 확률로 섞어 쓰는 것이 이 게임의 유일한 내쉬균형이다.

하사니는 위 게임을 다음과 같은 불완비정보게임으로 변형하였다. 즉 1과 2는 위 보수에 추가하여 H와 T라는 행동 각각을 택하는 것으로부터 일정 정도의 만족을 얻는데, 그 만족도의 크기는 사적정보이다. 1이 H와 T를 택할 때 각각 얻는 만족도의 차이를 a라 하고, 마찬가지로 2가 H와 T를 택할 때 각각 얻는 만족도의 차이를 b라 하자. 이 상황은 다음 보수행렬과 같이 나타낼 수 있다. (H를 택할 경우 1과 2가 원래 보수에 추가하여 각각 a와 b의 효용을 더 얻고, T를 택할 경우에는 추가적인 효용이 없는 상황이다.)

		2	
		H	T
1	H	$1+a,\ -1+b$	$-1+a,\ \ 1$
	T	$-1,\ \ 1+b$	$1,\ -1$

이제 a와 b 모두 구간 $[-\epsilon,\ \epsilon]$에서 정의된 균일분포를 따르는 확률변수이며 서로 독립이라고 가정하자. 여기서 상정하는 ϵ은 매우 작은 수이다. (만약 ϵ이 0으로 수렴하면 위 게임은 원래의 동전 짝 맞추기 게임으로 수렴한다.) 1의 입장에서 b는 미지수이며 단지 그것의 분포만 알고 있다. 마찬가지로 2도 a의 정확한 값은 모르고 단지 분포만 알고 있다. 따라서 이 게임은 불완비정보게임이다.

직관적으로 생각하면 1에게는 a값이 커질수록 H가 매력적인 선택이 되며, 마찬가지로 2에게는 b값이 커질수록 H가 매력적인 선택이 된다. 이제 다음과 같은 전략을 생각해보자. 1과 2에게 각각 특정한 경계점 x_1과 x_2가 있어서 a와 b가 각각 이 값 이상이면 H를 선택하고 그렇지 않으면 T를 선택하는 전략이다. 이 전략은 일종의 조건부 전략인데 혼합전략이 아닌 순수전략이다. 그러나 상대방에게는 이러한 전략이 H와 T를 확률적으로 섞어 쓰는 혼합전략이나 마찬가지다.[10]

---

10 조건부 전략과 혼합전략을 혼동하지 말기 바란다. 조건부 전략이 혼합전략이 되려면 여러 조건부 전략을 확률적으로 섞어 써야 한다. 위 전략은 그러한 경우가 아니므로 순수전략이다. 가령 가위바위보를 할 때, 주사위를 던져서 1이나 2가 나오면 가위, 3이나 4가 나오면 바위, 5나 6이 나오면 보를 내는 전략을 생각해보자. 이 전략은 순수전략이다. 하지만 상대방 입장에서는 혼합전략이나 마찬가지이다.

이제 이 경계점 x_1과 x_2를 실제로 구해보자. 먼저 1의 결정에 대해 생각해보자. 2가 위와 같은 전략, 즉 b가 x_2보다 크면 H를 택하고 아니면 T를 택하는 전략을 쓸 경우, 1의 입장에서 2는 $1 - \dfrac{x_2 + \epsilon}{2\epsilon}$의 확률로 H를 택하고 $\dfrac{x_2 + \epsilon}{2\epsilon}$의 확률로 T를 택하는 셈이다.[11] 따라서 H와 T를 택할 때의 1의 기대보수는 각각 다음과 같다.

$$u_1(H) = \left(1 - \frac{x_2 + \epsilon}{2\epsilon}\right)(1 + a) + \frac{x_2 + \epsilon}{2\epsilon}(-1 + a) = 1 + a - \frac{x_2 + \epsilon}{\epsilon}$$

$$u_1(T) = \left(1 - \frac{x_2 + \epsilon}{2\epsilon}\right) \times (-1) + \frac{x_2 + \epsilon}{2\epsilon} \times 1 = -1 + \frac{x_2 + \epsilon}{\epsilon}$$

이로부터 다음을 얻는다.

$$u_1(H) - u_1(T) = 2 + a - \frac{2(x_2 + \epsilon)}{\epsilon}$$

따라서 $u_1(H) \geq u_1(T)$이려면 다음이 성립해야 한다.

$$a \geq 2\left(\frac{x_2 + \epsilon}{\epsilon} - 1\right)$$

그런데 1은 a가 x_1 이상일 때 H를 택한다고 했으므로, 내적정합성을 만족하려면 이 식의 우변이 다름 아닌 x_1이 되어야 한다. 즉 다음 식이 성립한다.

$$2\left(\frac{x_2 + \epsilon}{\epsilon} - 1\right) = x_1 \tag{4}$$

이제 동일한 작업을 2에 대해 반복하면, 2는 b가 다음 식을 만족할 때 H를 선택한다.

$$b \geq 2\left(\frac{x_1 + \epsilon}{\epsilon} - 1\right)$$

그런데 애초에 2는 b가 x_2 이상일 때 H를 선택한다고 했으므로 역시 내적정합성에 의해 다음 식이 성립한다.

---

[11] 구간 $[a, b]$에서 정의된 균일분포를 따르는 확률변수의 분포함수는 $F(x) = \dfrac{x - a}{b - a}$임을 상기하라. 위 상황은 $a = -\epsilon$, $b = \epsilon$, $x = x_2$인 경우이며, 이때 $F(x_2)$는 $b \leq x_2$일 확률이므로 바로 2가 T를 택할 확률이다.

$$2\left(\frac{x_1 + \epsilon}{\epsilon} - 1\right) = x_2 \tag{5}$$

식 (4), (5)를 연립해서 풀면 $x_1 = x_2 = 0$을 얻는다. 따라서 1과 2 모두 각각 a와 b가 0 이상이면 H를 택하고 그렇지 않으면 T를 택하는 순수전략을 균형전략으로 가진다. a와 b가 모두 $[-\epsilon, \epsilon]$에서 정의된 균일분포를 따르므로 1과 2가 H를 택할 확률은 모두 1/2이 된다. 이는 우리가 원래의 게임에서 구한 혼합전략균형과 일치한다.[12] 또한 불확실성의 폭이 감소하여 ϵ이 0에 가까워질수록 각 경기자의 균형보수는 원래 게임에서의 균형보수에 수렴한다.

이처럼 하사니는 경기자마다 사적정보가 있어 서로가 상대방에 대한 불확실성에 직면하는 경우, 각 경기자가 자신의 유형에 따라 순수전략을 사용하더라도 그에 따른 결과는 모두가 혼합전략을 쓰는 상황과 실질적으로 동일함을 보였다. 즉 혼합전략균형 상황을 사적정보가 존재하는 불완비정보게임에서 나타나는 순수전략균형의 극한으로 본 것이다. 이를 **하사니의 정련정리**(Harsanyi's purification theorem)라고 부르는데, 혼합전략균형에 대한 새로운 시각을 제시하였다는 점에서 흥미롭다.

주요 학습내용 확인

- ☑ 쿠르노 모형과 같은 동시게임에 사적정보가 있을 경우 BNE를 구할 수 있는가?
- ☑ 경매의 종류와 규칙을 이해하고 있는가?
- ☑ 최고가밀봉경매의 BNE를 구할 수 있는가?
- ☑ 차최고가밀봉경매에서 모두가 자신의 가치평가액을 그대로 적어내는 것이 BNE임을 이해하는가?
- ☑ 가치평가액이 공통가치의 형태를 띨 경우 승자의 저주 현상이 일어나는 이유를 이해하는가?

---

12 위 경우는 변형된 게임(즉 ϵ이 0이 아닌 게임)의 균형에서의 확률이 원래 게임(즉 ϵ이 0인 게임)의 혼합전략균형의 확률과 일치하는 경우인데, 이것은 일반적인 경우가 아니라 특수한 경우이다. 변형된 게임의 확률이 ϵ을 포함지만 ϵ이 0으로 수렴함에 따라 원래 게임의 혼합전략균형의 확률로 수렴하는 것이 보다 일반적이다.

🗨️ 연습문제

1. 두 대안 A, B에 대해 경기자 1, 2가 다음과 같은 방법으로 대안을 선택한다. 우선 각자가 A와 B 중 하나를 고른다. 만약 둘의 선택이 일치하면 해당 대안이 선택된다. 그러나 둘의 선택이 다르면 어느 대안도 선택되지 않는다. A와 B 중 하나가 다른 하나보다 우월하다. 각 대안이 다른 대안보다 우월할 확률은 각각 1/2이다. 1은 둘 중 어느 대안이 더 우월한지 알고 있지만 2는 모르는 상태에서 선택을 해야 한다. 즉 자연이 A와 B 중 어느 것이 더 우월한지 결정하면, 1은 그것을 알고 2는 모르는 상태에서 동시에 각각 A와 B 중 하나를 선택해야 한다. 보수 구조는 다음과 같다. 둘 다 동일한 대안을 선택했고 그것이 우월한 대안이면 둘 다 2를 얻는다. 둘 다 동일한 대안을 선택했고 그것이 우월한 대안이 아니면 둘 다 1을 얻는다. 둘이 서로 다른 대안을 선택하여 어느 대안도 선택되지 않으면 둘 다 0을 얻는다.

   (1) 1과 2의 전략집합을 구하라.

   (2) 항상 우월한 대안이 선택되는 BNE가 존재하는가?

   (3) 이 게임의 BNE를 모두 구하라.

2. 기업 1과 2가 경쟁하며 시장역수요가 $P = a - Q$로 주어진 쿠르노 경쟁을 생각해보자. 두 기업의 한계비용은 1로 동일하다. 수요폐색가격인 a는 1/2의 확률로 10이고 1/2의 확률로 8이다. 1은 정확한 a값을 알지만 2는 a에 대한 확률분포만 알고 있다. 1과 2가 동시에 생산량을 결정할 때 이 게임의 BNE를 구하라.

3. 다음과 같은 최고가밀봉경매 상황에 대해 생각해보자. 두 명의 입찰자가 한 물건을 두고 경쟁하고 있다. 각 입찰자가 물건에 부여하는 가치평가액은 H 아니면 L인데, $H > 4$이고 $3 < L < 4$이다. 각자는 3/4의 확률로 H를, 1/4의 확률로 L을 가진다. 이러한 가치평가액은 사적정보이지만 확률분포 자체는 공통지식이다. 각 입찰자는 2, 3, 4 중 하나의 값만 적어 낼 수 있다. 둘은 동시에 입찰액을 적어 내며 더 높은 액수를 적어 낸 사람이 승자가 되고 입찰액을 지불한다. 승자의 보수는 가치평가액에서 지불액을 뺀 값이며 패자의 보수는 0이다. 둘 다 동일한 값을 적어낼 경우 동전 던지기를 통해 각자가 1/2의 확률로 승자가 된다.

(1) 각자가 가치평가액이 H이면 4를 선택하고 L이면 3을 선택하는 것이 BNE가 되려면 H와 L이 어떤 값을 가져야 하는지 구하라.

(2) 각자가 가치평가액이 H이든 L이든 2를 선택하는 것이 BNE가 될 수 있는지 조사하라.

4. 다음과 같은 쿠르노 경쟁 상황을 생각해보자. 동질적인 재화를 생산하는 두 기업 1과 2가 직면하는 시장역수요가 $P = 10 - Q$이다. 1의 한계비용은 2이다. 2의 한계비용은 c인데 c는 2의 사적정보이며 [0, 4] 구간에서 정의된 균일분포를 따른다. 두 기업은 동시에 생산량을 결정한다.

(1) 각 기업의 전략은 어떤 형태를 띠는가?

(2) 이 게임의 BNE를 구하라.

제**4**부

불완비정보하의 동태적 게임

마지막 제4부에서는 불완비정보가 있는 동태적 게임의 균형에 대해 알아본다. 먼저 제11장에서는 게임트리로 표현되는 전개형 게임에 불완비정보가 있는 경우 제2부에서 살펴본 부분게임완전균형만으로는 현실성 있는 균형을 찾는 데 한계가 있음을 살펴보고, 그런 문제점을 극복하기 위해 완전베이즈균형이라는 개념을 도입한다. 다음으로 제12장에서는 대표적인 불완비정보하의 동태적 게임인 신호발송게임을 소개하고 완전베이즈균형을 찾아본다.

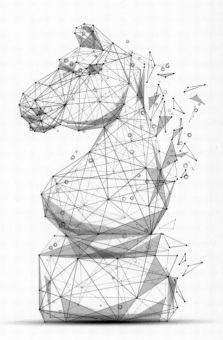

제 11장

완전베이즈균형

이 장에서는 먼저 불완비정보가 있는 순차게임의 경우 앞서 본 부분게임완전균형만으로는 설득력 있는 균형을 찾는 데 한계가 있음을 살펴보고, 그러한 문제를 개선한 균형개념인 완전베이즈균형을 소개한다. 다음으로 이러한 균형개념을 몇 가지 간단한 사례에 적용하여 균형을 찾는다.

1. 부분게임완전균형의 한계

제6장에서 우리는 게임트리로 표시되는 순차게임의 경우 내쉬균형만으로는 신빙성 없는 위협에 기반을 둔 균형을 제거할 수 없음을 보고, 이에 내쉬균형을 보다 강화한 균형개념인 부분게임완전균형(SPNE)을 도입하였다. 역진귀납 방법을 통해 얻는 이 균형은 경기자들이 균형에서의 도달 여부에 관계없이 모든 부분게임에서 합리적으로 행동하도록 요구함으로써 헛된 위협에 기초한 비현실적인 내쉬균형을 제거하였다.

그런데 불완비정보가 있는 경우에는 이 SPNE마저 충분하지 않을 수가 있다. 이를 우리가 제6장에서 보았던 진입게임을 변형하여 살펴보자. 〈그림 11-1〉은 제6장에서 본 진입게임을 다시 나타낸 것이다. 상황을 반복하여 설명하면, 먼저 잠재적 진입자인 1이 시장에 진입할지(E) 말지(N) 여부를 결정하고, 만약 1이 진입을 하면 기존기업인 2가 이에 맞대응할지(F) 아니면 진입을 수용할지(A) 결정한다. 분석에 따르면 이 게임에는 (E, A)

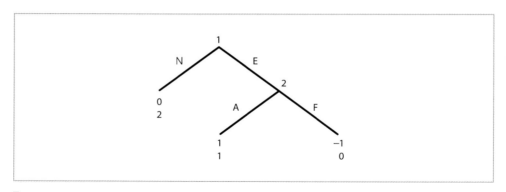

그림 11-1 진입게임

와 (N, F)의 두 내쉬균형이 있는데, 이 중 (N, F)는 신빙성이 없는 위협에 기반을 둔 내쉬
균형이고 (E, A)가 SPNE이다.

　이제 이 게임을 변형하여 기존기업이 잠재적 진입기업의 보수구조에 대해 불확실성을
가지고 있는 생황을 생각해보자. 〈그림 11-2〉는 이 변형된 상황을 게임트리로 나타낸 것
이다. 그림을 보면 자연이 왼쪽을 택할 경우 나타나는 상황은 〈그림 11-1〉로 표현된 원
래의 진입게임 상황과 같다. 그러나 자연이 오른쪽을 택하는 경우에는 1의 보수가 달라
진다. (2의 보수에는 변함이 없다.) 그림에서 보듯이 이때 1이 진입을 하여 얻는 보수는
왼쪽 상황에서보다 낮음을 알 수 있다. 이는 1의 생산기술이 왼쪽 상황보다 열등한 경우

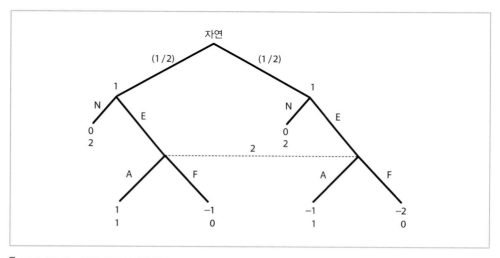

그림 11-2 불완비정보 진입게임

로 생각할 수 있다. 한편 2는 1이 왼쪽과 오른쪽의 보수구조를 가질 확률이 각각 1/2이
라고 생각하고 있다.

이제 이 게임의 SPNE를 찾기 위해 게임트리를 살펴보면 이 게임에는 부분게임이 존재
하지 않음을 알 수 있다. 1이 진입했을 경우 도달하는 2의 두 결정마디가 정보집합으로
묶여 있기 때문에, 1의 진입 이후 나타나는 상황을 독립적인 게임으로 취급할 수 없다.
부분게임이 존재하지 않으므로 전체 게임의 내쉬균형이 자동적으로 SPNE가 된다.

이 게임의 내쉬균형을 구하려면 우선 각 경기자의 전략을 파악해야 한다. 1의 전략은
자신의 각 유형에 대해 N과 E 중 어느 것을 택할지 명시해야 한다. 즉 1의 전략은 2개의
행동으로 구성되어 있으며 전략집합은 $S_1 = \{EE, EN, NE, NN\}$이다. 각 전략에서 첫 번
째 행동은 자신의 유형이 왼쪽일 때의 행동을, 두 번째 행동은 자신의 유형이 오른쪽일
때의 행동을 가리킨다. 한편 2의 전략은 1이 진입할 경우 A와 F 중 어느 것을 택할지 알
려준다. 따라서 $S_2 = \{A, F\}$이다. 이제 이 게임을 전략형 게임으로 나타내면 다음과 같다.

		2	
		A	F
1	EE	0, 1	−1.5, 0
	EN	0.5, 1.5	−0.5, 1
	NE	−0.5, 1.5	−1, 1
	NN	0, 2	0, 2

여기서 보수는 사전적으로 주어진 확률분포를 이용하여 계산한 기대보수이다. 가령
(EN, A) 조합에서는 1/2의 확률로 (1, 1)의 보수가 발생하고 1/2의 확률로 (0, 2)의 보
수가 발생한다. 따라서 1의 기대보수는 $(1/2) \times 1 + (1/2) \times 0 = 0.5$이고 2의 기대보수는
$(1/2) \times 1 + (1/2) \times 2 = 1.5$이다. 다른 조합에 대해서도 마찬가지 방법으로 기대보수를
계산하면 위 값들을 구할 수 있다.

이제 위 보수행렬에 최적대응법을 적용하면 다음 페이지에서 보듯이 (EN, A)와 (NN,
F)라는 2개의 내쉬균형을 얻는데, 앞서 말한 이유로 이 두 내쉬균형은 자동적으로 이 게
임의 SPNE가 된다.

		2	
		A	F
1	EE	0, <u>1</u>	− 1.5, 0
	EN	<u>0.5</u>, <u>1.5</u>	− 0.5, 1
	NE	− 0.5, <u>1.5</u>	− 1, 1
	NN	0, 2	<u>0</u>, <u>2</u>

여기서 (EN, A)는 합리적으로 보인다. 1은 자신이 왼쪽 유형일 경우에는 2가 자신의 진입을 수용할 것을 예상하여 E를 택하고, 오른쪽 유형일 경우에는 진입을 하지 않는 것이 진입을 하는 것보다 2의 대응에 관계없이 더 나으므로 N을 택한다. 한편 이러한 1의 전략에 대해 A는 2의 기대보수를 최대화하는 최적대응이다.

그런데 (NN, F)는 어떨까? 이 균형은 비현실적이다. 이 균형은 1이 진입할 경우 F를 택하겠다는 2의 위협에 바탕을 두고 있는데, 게임트리에서 보듯이 일단 진입이 발생하면 2는 1의 유형에 관계없이 F가 아닌 A를 택하는 것이 합리적이기 때문이다. 즉 2의 전략 F는 제6장에서 본 헛된 위협에 해당한다. 사실 이 균형은 원래의 진입게임에서 찾은 (N, F)와 본질적으로 맥락을 같이 한다.

그런데 문제는 이처럼 현실성이 떨어지는 균형인 (NN, F)가 이 게임에서는 SPNE라는 사실이다. 이 변형된 진입게임에는 부분게임이 없으므로 내쉬균형이 자동적으로 SPNE가 되기 때문이다. 이는 경우에 따라서 SPNE 개념만으로는 비현실적인 균형을 제거하는 데 어려움이 있음을 보여준다. 이러한 문제는 변형된 진입게임처럼 불완비정보에 따른 정보집합의 존재로 인해 부분게임이 존재하지 않는 경우에 흔히 발생한다. 즉 직관적으로는 부분게임으로 취급할 수 있어 보이지만 실제로는 부분게임이 아닌 곳에서 설정된 비현실적인 전략들 때문에 나타나는 경우가 많다.

변형된 진입게임의 결과에 대한 예측으로 (NN, F)는 제외하고 (EN, A)만을 남기기 위해서는 SPNE보다 강화된 균형개념이 필요하다. 다음 절에서 우리는 (NN, F)처럼 설득력이 떨어지는 균형을 제외하는 보다 강한 균형개념에 대해 살펴볼 것이다.

현실에서의 동태적 불완비정보게임

불완비정보 진입게임 상황은 사적정보를 가진 잠재적 진입기업이 상대보다 먼저 행동을 취하는 상황이다. 이처럼 사적정보를 가진 경기자가 먼저 행동을 취하는 상황은 다음 장에서 자세히 살펴볼 것이다. 여기서는 그 반대의 상황, 즉 불확실성에 직면한 경기자가 먼저 움직이는 상황에 대해 생각해보자. 이러한 상황은 우리 주변에서 흔히 찾아볼 수 있다. 몇 가지 예를 들어보자.

우선 우리가 본 진입게임과 반대의 상황을 생각해볼 수 있다. 즉 신규기업에 대한 정보는 잘 알려져 있지만 기존기업의 성향이나 대응능력이 잘 알려져 있지 않은 상황에서 신규기업이 시장에 진입할지 말지를 고민하는 상황이다(연습문제 11.3이 이런 경우에 대해 묻고 있다). 기존기업의 대응능력이 높다면 신규기업이 진입했을 때 손해를 보지 않고도 공격적인 전략으로 대응할 수 있다. 반면 그렇지 않은 경우에는 신규기업의 진입을 수용하고 공존을 추구할 수밖에 없을 것이다. 각 경우의 확률과 그에 따른 결과에 따라 신규기업의 결정이 달라질 것이다.

호감을 갖고 있는 상대에게 자신의 감정을 고백할지 말지 고민하고 있는 사람도 비슷한 상황에 처해 있다. 상대가 자신에 대해 갖고 있는 감정을 추측이야 할 수는 있겠지만 정확히 알기는 어렵다. 이때 고백을 하지 않고 지금처럼 지내면 적어도 현재의 관계는 유지할 수 있다. 반면 고백을 했을 때는 상대의 반응에 따라 관계가 급진전되거나, 아니면 사이가 어색해지고 자칫하면 더 이상 볼 수 없게 될지도 모른다. 이러한 각각의 경우가 일어날 확률과 그에 따른 결과를 종합적으로 고려해서 고백을 할지 말지 결정해야 한다.

길거리에서 누군가와 시비가 붙을 수 있는 상황도 마찬가지이다. 가령 누군가가 내 발을 밟거나 어깨를 세게 부딪치고도 사과도 없이 그냥 지나가는 경우를 생각해보자. 불쾌하지만 그냥 참는다면 아무 일도 일어나지 않는다. 하지만 그 사람을 불러 세워 사과를 요구한다면 그 사람이 어떤 사람인지에 따라 결과가 달라진다. 그 사람이 정상적인 사람이라면 자신의 실수를 인정하고 사과할 것이지만, 매우 무례한 사람이라면 사과를 하기는커녕 주먹을 날릴지도 모른다. 이런 여러 가능성을 염두에 두고 사과를 요구할지 말지 결정해야 한다.

자신이 가진 중고물품을 판매하기 위해 구매 희망자와 만난 상황도 비슷한 점이 있다. 판매자의 입장에서 구매자가 물건에 부여하는 가치, 즉 지불용의금액은 사적정보에 해당한다. 그간의 매매 경험을 통해 대략적으로 추정은 할 수 있겠지만 정확한 값은 알기 어렵다. 이런 상황에서 판매자가 먼저 가격을 제시해야 한다면 상대의 수용 여부를 고려해서 가격을 책정해야 한다. 물론 이 경우는 앞의 상황들처럼 바로 게임을 끝내는 행위(즉 진입을 하지 않거나 고백을 하지 않거나 사과를 요구하지 않는 것)가 없다는 점에서 차이가 있다. 하지만 사적정보를 갖지 않은 측이 먼저 행동을 취한다는 점에서는 공통점을 갖는다.

2. 완전베이즈균형

(1) 믿음과 믿음체계

이 절에서 우리가 살펴볼 균형개념은 **완전베이즈균형**(Perfect Bayesian Nash equilibrium, PBNE)이라는 이름을 가진다. 우리가 내쉬균형을 부분게임완전균형(SPNE)으로 강화한 것처럼, 제3부에서 본 베이즈균형(BNE)은 이제 살펴볼 완전베이즈균형(PBNE)에 의해 강화된다.

뒤에서 보다 엄밀하게 살펴보겠지만, BNE에 비해 PBNE에서 두드러지는 점은 경기자들의 **믿음**(belief)이 명시적으로 표시되고 매우 중요한 역할을 한다는 것이다. 사실 믿음은 지금까지 우리가 본 모든 균형개념에 포함되어 있다. 제3장에서 내쉬균형을 소개하면서 내쉬균형을 구성하는 두 가지 중요한 요소로 최적화와 합리적 기대를 들었다. 여기서 합리적 기대란 모든 경기자들이 상대방의 행동에 대한 믿음을 형성하며 그것이 정확하다는 것을 뜻한다고 했다.

설명을 구체화하기 위해 아래의 수사슴 사냥 게임에 대해 다시 생각해보자.

		을	
		토끼	사슴
갑	토끼	1, 1	1, 0
	사슴	0, 1	2, 2

우리는 이 게임의 내쉬균형이 (토끼, 토끼)와 (사슴, 사슴)임을 알고 있다. 여기서 명시적으로 표현되어 있지는 않지만, 사실 (토끼, 토끼)라는 균형은 각 경기자가 상대가 토끼를 선택할 것이라고 믿고 토끼를 선택하는 상황이며, 결과적으로 그러한 믿음은 옳은 것으로 판명된다. 마찬가지로 (사슴, 사슴)이라는 균형은 상대가 사슴을 선택할 것이라는, 결과적으로 옳은 믿음을 바탕으로 한다. 하지만 이러한 경우에는 그러한 믿음을 명시하지 않아도 그것이 자명하기 때문에 균형을 얘기할 때 굳이 믿음을 포함시킬 필요가 없었다.

우리가 새롭게 볼 PBNE라는 균형개념도 본질적으로는 내쉬균형과 다를 바가 없다. 불완비정보가 있는 상황에서 사람들은 상대방의 행동이나 유형에 대한 믿음을 형성하여 그를 바탕으로 최적화 행위를 한다. 그런데 이러한 믿음은 자의적인 것이 아니라 정확하고 합리적으로 계산된 것이어야 한다. 이러한 계산에서 중요한 역할을 하는 것이 바로 베이즈 정리이다. 제3부에서 BNE를 소개하면서 베이즈 정리를 언급하였지만 그것을 본격적으로 이용하는 예는 다루지 않았다. 그런데 PBNE에서는 베이즈 정리가 매우 유용하게 활용된다.

수사슴 사냥과 같이 불완비정보가 없는 상황의 내쉬균형에서 경기자들의 믿음은 상대방의 균형전략에 의해 결정된다. 그런데 불완비정보가 있는 경우에는 믿음이 다른 경기자의 균형전략뿐 아니라 경기자들의 유형에 대한 확률분포에 의해서도 결합적으로 결정된다. 즉 올바른 믿음을 형성하기 위해서는 다른 경기자의 균형전략과 유형에 대한 확률분포를 모두 고려해야 한다. 현 단계에서는 이와 같은 설명이 추상적이고 어렵게 들리겠지만 뒤에서 구체적인 예를 다루면 그 의미가 분명해질 것이다.

본격적인 설명에 앞서, 이상의 내용에 입각하여 앞에서 본 불완비정보 진입게임의 내쉬균형 중 하나인 (NN, F)가 왜 합당하지 않은지 생각해보자. 1이 NN이라는 전략을 취할 경우 게임이 바로 끝나버리므로 2는 실제로 선택을 해야 하는 처지에 놓일 일이 없다. 하지만 그럼에도 불구하고 어떤 이유로든 1이 진입을 하여 2가 선택을 내려야 하는 상황이 되었다고 하자. 2는 어떤 선택을 해야 할까? 이에 대해 답하려면 2가 1의 유형에 대해 어떤 믿음을 가지고 있는지가 명시되어야 한다. 어떤 믿음을 갖느냐에 따라 2의 최적선택이 달라질 수 있기 때문이다.

(NN, F)라는 균형에서 2의 정보집합은 애초에 도달되지 않기 때문에, 막상 1이 진입하여 2가 정보집합에 도달할 경우 2가 1의 유형에 대해 어떤 믿음을 가진다고 하더라도 그것이 잘못되었다고 단정하기 어렵다. 이제 2가 정보집합에서 자신이 왼쪽 결정마디에 있을 확률(즉 1이 왼쪽 유형일 확률)과 오른쪽 결정마디에 있을 확률(즉 1이 오른쪽 유형일 확률)이 각각 p와 $1 - p$라고 믿는다고 하자. 여기서 p는 확률이므로 $0 \leq p \leq 1$을 만족한다. 〈그림 11-3〉에서 [ ] 안에 표시된 확률분포는 이러한 믿음체계를 나타낸 것이다.

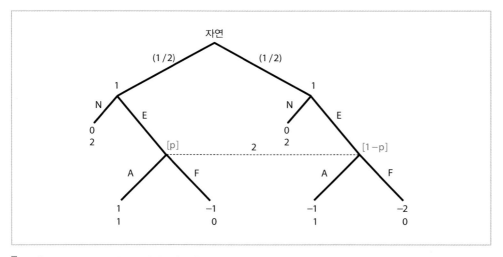

▌그림 11-3 불완비정보 진입게임과 믿음

이제 이러한 믿음체계하에서 2가 어떤 선택을 해야 할지 생각해보자. 그림에서 보듯이 1이 진입한 상황에서 2는 A를 선택하는 것이 유리하다. 1의 유형에 관계없이 2는 F보다 A를 택할 때 더 높은 보수를 얻기 때문이다. 따라서 p값에 관계없이 2는 A를 선택해야 한다. 그런데 (NN, F)는 이러한 결론에 위배된다. 경기자 2가 A가 아닌 F를 택하고 있기 때문이다. 1이 진입할 때 2가 F를 택하는 것은 2의 어떤 믿음체계하에서도 합리화되지 않는다. 달리 말하면, 1이 진입할 때 2가 F를 택하는 것을 합리화시켜주는 2의 믿음체계가 존재하지 않는다. 따라서 (NN, F)라는 균형은 타당성이 떨어진다.

믿음에 대한 이해를 돕기 위해 이 게임의 또 다른 균형인 (EN, A)에 대해 생각해보자. 이 균형에서 1은 왼쪽 유형일 경우에는 진입을 하고 오른쪽 유형일 경우에는 진입을 하지 않는다. 그렇다면 1이 진입을 했을 때 2는 1의 유형에 대해 어떤 믿음을 가져야 할까? 당연히 2는 1이 확실하게 왼쪽 유형이라고 믿어야 한다. 사전적인 확률분포는 반반이지만 균형전략에 따르면 1은 왼쪽 유형일 경우에만 진입을 하므로, 2는 1이 왼쪽 유형이라고 믿는 것이 합리적이다. 즉 이 경우 $p = 1$만이 1의 균형전략에 부합하는 일관된 믿음이다. 그리고 이러한 믿음하에서 2가 A를 택하는 것은 합리적인 선택이다. 또한 2가 A를 선택하는 상황에서 1의 전략인 EN 역시 최적대응이다. 이처럼 (EN, A)는 (NN, F)와는 다르게 일관된 믿음체계에 의해 뒷받침된다.

(2) 완전베이즈균형

PBNE를 정의하기에 앞서, 먼저 정의에 필요한 몇 가지 기본 개념들을 살펴보기로 한다. 우선 앞서 언급한 믿음체계는 다음과 같이 정의된다.

> **정의**
>
> **믿음체계**(belief system)는 모든 정보집합에서 그 정보집합에 속한 각 결정마디에 대해 정의된 확률분포이다.

즉 불완비정보에 직면한 경기자가 처한 모든 정보집합에서, 해당 경기자가 그 정보집합에 속한 각 결정마디별로 얼마의 확률을 부여하는지를 알려주는 확률분포가 믿음체계이다. 앞서 본 불완비정보 진입게임에서는 정보집합에 속한 두 결정마디에 대한 확률분포인 $(p, 1-p)$가 믿음체계를 나타낸다. (이 정보집합에 속한 결정마디가 2개밖에 없으므로 p만으로 믿음체계를 나타내도 무방하다.)

한편 불완비정보게임에서는 게임의 특정 정보집합이 균형에서 도달되는지 아닌지를 구별하는 것이 중요할 때가 있다. 이에 따라 정보집합이 균형경로상에 있는 것과 균형경로 밖에 있는 것을 다음과 같이 정의한다.

정의

주어진 균형전략하에서 어떤 정보집합이 양의 확률로 도달되면 그 정보집합이 **균형경로상** (on the equilibrium path)에 있다고 말한다. 반면 어떤 정보집합이 주어진 균형전략하에서 는 절대로 도달되지 않는다면 그 정보집합은 **균형경로 밖**(off the equilibrium path)에 있다 고 말한다.

예를 들어 앞서 본 불완비정보 진입게임에서 2의 정보집합은 균형 (EN, A)하에서는 균형경로상에 있다. 이 균형에서 1은 왼쪽 유형일 경우 E를 택하는데, 1이 왼쪽 유형일 확률이 1/2로 양수이기 때문이다. 반면 2의 정보집합은 균형 (NN, F)하에서는 균형경로 밖에 있다. 이 균형에서 1은 유형에 관계없이 N을 택하기 때문에 2의 정보집합은 절대 도달되지 않기 때문이다.

이제 완전베이즈균형(PBNE)은 다음과 같이 정의된다.

정의

완전베이즈균형은 다음 요건들을 만족하는 전략과 믿음체계이다.

- 요건 1 : 모든 경기자는 자신의 모든 정보집합에 대해 잘 정의된 믿음체계를 가진다.
- 요건 2 : 균형경로상의 정보집합의 믿음은 주어진 균형전략과 베이즈 정리에 의해 결정 된다.
- 요건 3 : 균형경로 밖의 정보집합의 믿음은 가능한 한 주어진 균형전략과 베이즈 정리에 의해 결정된다.
- 요건 4 : 각 정보집합에서 해당 경기자의 전략은 자신의 믿음체계하에서 다른 경기자의 전략에 대한 최적대응이다.

위 정의에 나오는 요건들을 하나씩 생각해보자. 우선 요건 1은 불완비정보로 인해 정

보집합에 직면한 경기자가 정보집합에 속한 각 결정마디에 대해 확률분포를 가지고 있어야 함을 뜻한다. 즉 정보집합에 도달한 경기자는 정보집합 내의 각 결정마디에 대해 얼마의 확률을 부여하는지를 나타내는 믿음체계를 구비하고 있어야 한다는 말이다.[1]

다음으로 요건 2와 3에 대해 생각해보자. 이 두 요건은 모두 믿음체계가 갖추어야 할 조건과 관계된 것이다. 요건 1은 정보집합에서 해당 경기자가 확률분포로 표현되는 믿음을 가질 것만을 요구하고 있을 뿐, 그러한 믿음이 '말이 되는' 믿음이어야 한다는 조건은 내포하고 있지 않다. 요건 2와 3은 경기자들이 임의의 믿음이 아니라 타당하고 합리적인 믿음을 가질 것을 요구한다. 보다 구체적으로 말해, 경기자들이 베이즈 정리에 입각한 믿음을 가져야 한다는 것이다. 이러한 믿음을 **일관된 믿음**(consistent belief)이라고 부른다. 이것을 **믿음의 일관성**(consistency of belief) 조건이 충족되었다고 표현하기도 한다.

앞서 다룬 불완비정보 진입게임을 이용해 요건 2와 3을 생각해보자. 먼저 요건 2에 대해 생각해보자. 이 게임의 (EN, A) 균형에서 2의 정보집합은 균형경로상에 있다. 이 균형에 대해 논의하면서 2의 믿음은 반드시 $p = 1$이 되어야 한다고 했다. 이는 다름 아닌 베이즈 정리를 이용한 결과이다. 이 경우에는 너무나 자명해 계산할 필요도 없지만, 이해를 돕기 위해 베이즈 정리를 이용해 이 값을 구해보자.

우리가 알고 싶은 확률은 1이 E를 택할 때 이 경기자가 왼쪽 유형일 확률이다. 왼쪽 유형과 오른쪽 유형을 각각 L과 R로 표시하면, 우리가 구하고자 하는 확률은 $\Pr(L|E)$이다. 즉 1이 E를 택한 상황에서 1이 L유형일 조건부 확률이다. 베이즈 정리에 의해 다음이 성립한다.

$$\Pr(L|E) = \frac{\Pr(L \cap E)}{\Pr(E)} = \frac{\Pr(L \cap E)}{\Pr(L \cap E) + \Pr(R \cap E)} = \frac{\Pr(E|L)\Pr(L)}{\Pr(E|L)\Pr(L) + \Pr(E|R)\Pr(R)}$$

그런데 주어진 사전적 확률과 1의 균형전략 EN에 따르면 $\Pr(L) = \Pr(R) = 1/2$이고 $\Pr(E|L) = 1$, $\Pr(E|R) = 0$이다. 이 값들을 위 식에 대입하면 다음을 얻는다.

---

[1] 제1장에서 정보집합을 정의할 때, 다른 결정마디와 점선으로 이어지지 않은 하나의 결정마디도 정보집합의 일종이며 이를 단독정보집합이라고 부른다고 했다. 이런 단독정보집합에서의 믿음은 당연히 1이 된다. 불완비정보가 없어 하나의 결정마디만 있다면, 그 결정마디에 도달했을 때 해당 경기자가 그 결정마디에 있을 확률은 당연히 1이기 때문이다.

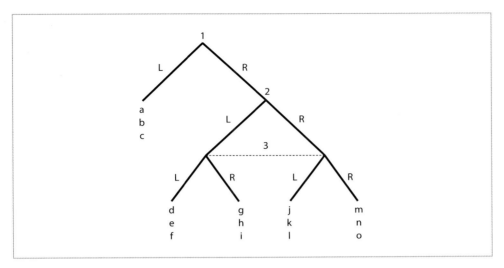

그림 11-4 균형 밖의 정보집합

$$\Pr(\text{L}\,|\,\text{E}) = \frac{1 \times \frac{1}{2}}{1 \times \frac{1}{2} + 0 \times \frac{1}{2}} = 1$$

따라서 우리가 구하고자 하는 p값은 1이 된다.

　다음으로 균형경로 밖에 있는 정보집합과 관련된 요건 3에 대해 생각해보자. 불완비정보 진입게임의 (NN, F) 균형에서 2의 정보집합은 균형경로 밖에 있다. 균형에서 1은 절대로 E를 택하지 않으므로 2의 정보집합은 도달되지 않는다. 따라서 이 경우에는 베이즈 정리를 이용하는 것이 불가능하다. 베이즈 정리가 적용될 기본전제가 충족되지 않았기 때문이다. 따라서 이 경우에는 2가 어떤 믿음체계를 가진다고 해도 그것이 일관되지 않은 믿음이라고 단정할 수 없다.

　그런데 요건 3을 보면 '가능한 한' 균형전략과 베이즈 정리를 사용하도록 요구하고 있다. 균형경로 밖인데 어떻게 베이즈 정리를 이용하는 것이 가능할 수 있을까? 이에 대한 답을 얻기 위해 〈그림 11-4〉에 나타난 3인 게임을 생각해보자. (개념 설명이 목적이므로 보수는 구체적인 숫자로 명시하지 않았다.) 그림에서 보듯이 이 게임은 1이 L을 택하면 바로 종료되며, R을 택하면 게임이 이어져 2와 3이 순차적으로 선택을 하는데, 3은 2의

행동을 관찰하지 못한 상태에서 결정을 해야 한다.[2]

이제 이 게임에서 1이 L을 선택하고 2가 L과 R을 각각 1/2의 확률로 택하는 혼합전략을 쓰는 상황을 생각해보자. 이러한 전략하에서 3의 정보집합은 균형 밖에 있다. 1이 L을 택함으로써 게임이 바로 종료가 되기 때문이다. 하지만 만약 무슨 이유로든 3에게까지 차례가 돌아오고 불확실성에 직면한 3이 선택을 해야 한다고 하자. 이때 3은 2의 선택에 대해 어떤 믿음을 가지는 것이 타당할까? 아마도 정보집합의 왼쪽과 오른쪽 결정마디에 있을 확률이 각각 1/2이라고 믿는 것이 가장 자연스러울 것이다. 2가 L과 R을 각각 1/2의 확률로 내는 혼합전략을 취하고 있기 때문이다. 이는 1은 균형전략에서 이탈했지만 2는 균형전략을 지키고 있음을 가정하는 것인데, 이것이 완전히 만족스러운 가정은 아닐지 모르지만 가장 자연스러운 가정이라는 점은 부정하기 어렵다. 이 경우 3의 정보집합은 균형경로 밖에 있지만 여전히 2의 전략과 베이즈 정리를 이용해 믿음을 정할 수 있게 된다.[3]

생각해보기 11.1 -- •

걸릴 확률이 1만 분의 1인 치명적인 질병이 있다. 이 질병에 걸리면 예외 없이 모두 죽는다. 이 질병에 걸렸는지 확인하는 검사가 있는데 이 검사의 정확성은 99%이다. 즉 병이 걸렸으면 99%의 확률로 양성으로 나오고, 병이 걸리지 않았으면 99%의 확률로 음성으로 나온다. 어떤 사람이 이 검사를 받고 양성 판정을 받았다. 이때 이 사람이 이 병으로 죽을 확률은 얼마인지 베이즈 정리를 이용해 계산하라. 직관적으로 드는 느낌과 비교하여 이 확률은 어떠한가?

끝으로 요건 4에 대해 생각해보자. 요건 4는 모든 경기자가 자신의 믿음을 바탕으로 다른 경기자의 전략에 대해 최적대응을 선택할 것을 요구한다. 상대방의 전략에 대해 최

---

2 이 게임은 불완비정보게임이 아닌 불완전정보게임이지만 하사니의 모형화에 의해 양자 간에 실질적인 차이가 없으므로 설명의 목적으로 사용하는 데 문제가 없다.

3 경우에 따라서는 PBNE를 정의할 때 요건 3을 완화하여 균형경로 밖에 있는 정보집합의 믿음에 대해서는 어떠한 제약도 두지 않는 경우도 있다. 이에 따르면 위 게임에서 경기자 3은 어떤 믿음을 가져도 요건에 위배되지 않는다. 이러한 완화된 요건을 이용해 정의한 균형을 우리가 앞에서 정의한 균형과 구분하기 위해 약완전베이즈균형(Weak Perfect Bayesian Nash equilibrium)이라고 부르기도 한다. 우리는 이러한 정의보다는 앞에 제시된 요건 3을 따르는 방식으로 PBNE를 정의하기로 한다.

적대응을 택하는 것은 내쉬균형의 개념에 필수적으로 포함되는 것으로 매우 익숙한 것이다. 다만 우리가 다루는 상황이 불완비정보가 있는 순차게임이므로, 각 경기자가 자신이 구축한 믿음체계하에서 자신의 선택 전후에 행동하는 다른 경기자의 선택에 대해 최적대응을 취해야 한다는 점이 강조될 뿐이다. 이러한 요건을 **순차적 합리성**(sequential rationality)이라고 부른다.

정리하면 PBNE는 일관된 믿음체계하에서 모든 경기자의 전략이 순차적 합리성을 만족하는 상황이다. PBNE는 일견 우리가 지금까지 본 다른 균형개념보다 훨씬 더 복잡해 보이지만, 모든 사람들이 최적의 선택을 하며 선택을 할 때 형성하는 믿음이 정확해야 한다는 측면에서 보면 다른 균형개념들과 정확히 궤를 같이 한다.

이 책의 범위를 넘어서므로 자세히 설명하지는 않겠지만, 이러한 PBNE를 이용해도 여전히 비현실적인 균형이 제거되지 않는 상황이 존재한다. (그러한 예를 제12장에서 신호발송게임을 다룰 때 볼 것이다.) PBNE보다 조금 더 강한 균형개념으로 순차균형(sequential equilibrium)이라는 것이 있는데, 이 순차균형의 개념을 써도 여전히 유사한 문제는 존재한다. 이 책에서 우리는 더 이상의 강화된 균형개념은 도입하지 않고 PBNE를 불완비정보하의 동태적 게임의 균형개념으로 사용할 것이다.

3. 젤텐의 말

PBNE의 개념에 대한 이해를 돕기 위해 **젤텐의 말**(Selten's Horse)이라는 이름으로 불리는 게임의 PBNE를 찾아보자. 이 그림은 자연이 등장하지 않는 불완전정보게임이지만 분석의 측면에서 불완전정보게임과 불완비정보게임 간에 실질적인 차이가 없으므로 PBNE 개념을 적용할 수 있다.

〈그림 11-5〉는 이 게임을 나타낸 것이다. 이 게임에 '말'이라는 이름이 붙은 것은 그림에서 보듯이 게임을 나타내는 게임트리가 말과 닮았기 때문이다. 이 게임에서 경기자 1, 2, 3은 모두 각각 2개의 (순수)전략을 가지고 있으며, 3은 자신의 차례가 되었을 때 1이 a를 선택한 것인지 아니면 1이 b를 선택한 후 2가 c를 선택한 것인지 구분하지 못한다. 정보집합에서의 3의 믿음체계를 나타내기 위해 정보집합의 왼쪽과 오른쪽 결정마디에 각각 확률 p와 $1-p$를 표시하였다.

이제 순수전략균형에 초점을 맞추어 이 게임의 PBNE를 찾아보자. 먼저 우리가 제4장 제2절에서 다루었던 3인 게임의 분석 방법을 이용하여 이 게임의 내쉬균형을 찾아보자.

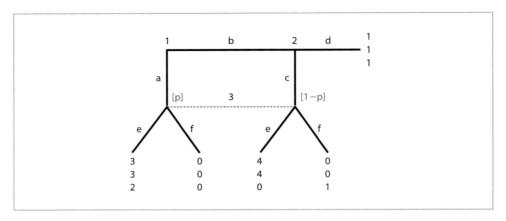

▌그림 11-5 젤텐의 말

아래는 이 게임을 1의 선택을 기준으로 하여 2개의 보수행렬로 나타낸 것이다.

		〈1이 a를 선택함〉 3	
		e	**f**
2	**c**	3, 3, 2	0, 0, 0
	d	3, 3, 2	0, 0, 0

		〈1이 b를 선택함〉 3	
		e	**f**
2	**c**	4, 4, 0	0, 0, 1
	d	1, 1, 1	1, 1, 1

　최적대응법을 쓰면 이 게임에는 (a, d, e)와 (b, d, f)의 두 내쉬균형이 있음을 알 수 있다. (실제로 확인해보기 바란다.) 이 두 전략명세에서는 다른 두 경기자의 전략이 주어진 상태에서 어느 누구도 단독으로 이탈하여 이득을 볼 수 없다. PBNE는 일단 내쉬균형이어야 하므로 이 두 전략명세가 PBNE의 후보가 된다.

　먼저 (a, d, e)부터 생각해보자. 1이 a라는 전략을 취하고 있으므로 3의 정보집합은 균형경로상에 있고, 믿음의 일관성 조건에 의해 $p = 1$이 되어야 한다. 그리고 3의 전략 e는 이러한 믿음과 1의 전략에 비추어 최적이다. 그런데 2의 전략 d는 어떨까? 이 경우 2의 전략 d는 최적이 아니다. 균형에서 실제로 도달하지는 않지만 만약 어떤 이유로든 (가령 1이 실수로 b를 선택하여) 2의 차례가 돌아왔다고 하자. 이때 2는 d를 택하면 1의 보수를 얻는다. 하지만 d 대신에 c를 택하면 4의 보수를 얻을 수 있다. 왜냐하면 3은 자신의 정보집합에 도달하면 1의 전략 a에 비추어 자신이 확실하게 왼쪽 결정마디에 있다고 믿고 e를 선택할 것이기 때문이다. 따라서 2의 전략 d는 다른 경기자의 전략에 비추어 최적이 아니다. 다른 말로 하면 2가 d를 택하는 것은 3의 일관된 믿음과 그에 따른 선택에 비추어 정당화될 수 없다. 따라서 (a, d, e)는 이 게임의 내쉬균형이고 동시에 (이 게임에 부분게임이 존재하지 않으므로 자동적으로) SPNE이지만 PBNE는 아니다.

다음으로 (b, d, f)에 대해 생각해보자. 이 전략명세에 따르면 3의 정보집합은 균형경로 밖에 있다. 앞서 보았듯이 균형경로 밖에 있어도 베이즈 정리를 적용할 여지가 있는 경우가 있지만 지금은 그런 상황이 아니다. 균형에서 2가 절대로 c를 선택하지 않아 정보집합에 도달하지 않기 때문이다. 따라서 3이 어떠한 믿음을 가져도 믿음의 일관성 조건을 위배하지 않는다.

그렇다면 어떤 p값에 대해서도 (b, d, f)가 항상 PBNE가 될까? 그렇지는 않다. PBNE의 요건 4에서 보듯이 경기자의 전략은 자신의 믿음에 비추어 합리적이어야 한다. 이 균형에서 3은 f를 택하고 있는데, 이러한 선택은 자신의 믿음 p에 비추어 합리적이어야 한다. 가령 $p=1$이라고 하자. 그러면 이 믿음에 따르면 3은 자신이 왼쪽 결정마디에 있다고 믿기 때문에 f가 아닌 e를 선택하는 것이 합리적이다. 이는 3의 전략 f가 정당화되려면 p가 너무 커서는 안 됨을 뜻한다.

이제 3의 선택 f가 순차적 합리성을 만족하도록 하는 p를 구체적으로 찾아보자. 자신의 믿음 $(p, 1-p)$하에서 3이 e와 f를 택할 때의 기대보수는 각각 다음과 같다.

$$u_3(\text{e}; p) = p \times 2 + (1-p) \times 0 = 2p$$
$$u_3(\text{f}; p) = p \times 0 + (1-p) \times 1 = 1-p$$

f가 합리적인 선택이 되기 위해서는 $u_3(\text{e}; p) \leq u_3(\text{f}; p)$가 만족되어야 한다. 따라서 $2p \leq 1-p$로부터 $p \leq 1/3$이라는 조건을 얻는다.

종합하면 '전략명세 (b, d, f)와 믿음체계 $p \leq 1/3$'이 총체적으로 이 게임의 PBNE가 된다. PBNE에서는 믿음체계가 매우 중요한 역할을 하므로 균형을 나타낼 때 반드시 믿음체계를 명시해야 함에 유의할 필요가 있다.

이 게임에서는 자연이 등장하지 않았으므로 정보집합에서의 일관된 믿음체계를 찾을 때 사전적 확률을 이용하지 않았다. 다음 장에서는 신호발송게임이라고 불리는 대표적인 동태적 불완비정보게임에 대해 살펴볼 것인데, 그 게임에서는 사전적 믿음과 균형전략을 이용해 믿음을 갱신하는 과정이 보다 분명하게 드러난다.

주요 학습내용 확인

- ☑ 부분게임완전균형의 한계를 이해하는가?
- ☑ 완전베이즈균형의 네 요건을 정확히 이해하고 있는가? 특히 믿음의 일관성 조건과 순차적 합리성 조건을 정확히 이해하는가?
- ☑ 주어진 불완비정보 동태게임의 완전베이즈균형을 구할 수 있는가?

연습문제

1. 다음 게임의 내쉬균형과 PBNE를 구하라.

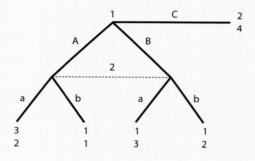

2. 다음 게임에 대해 생각해보자.

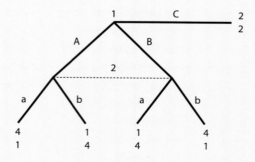

　(1) 이 게임에 순수전략균형이 존재하지 않음을 확인하라.

　(2) 이 게임의 혼합전략 PBNE를 구하라

3. 다음과 같은 진입게임을 생각해보자. 잠재적 진입기업(경기자 1)이 먼저 진입을 할지 (E) 말지(N) 결정한다. 1이 진입을 할 경우, 기존기업(경기자 2)은 공존을 할지(A) 공격적인 정책을 펼지(F) 결정한다. 1이 N을 택할 경우 1과 2의 보수는 각각 0과 2이다. 1이 E를 선택했을 때 1의 보수는 2가 A를 선택하면 1이고 F를 선택하면 −1이다. 1이 E를 선택했을 때 2의 보수는 A를 선택하면 1이고 F를 선택하면 u이다. 이 u는 사적정보로, p의 확률로 0이고 $1-p$의 확률로 2이다. 1은 u값을 모르고 단지 이러한 확률분포만 알고 있다.

　(1) 각 경기자의 전략집합을 구하라.

　(2) 이 상황을 게임트리로 나타내라.

　(3) 1이 E를 택하는 PBNE가 존재하기 위한 p값의 범위를 구하고 그때 1과 2의 균형전략을 구하라.

4. 갑과 을이 돈 1을 다음과 같이 나눠 가진다. 먼저 갑이 돈을 $(x, 1-x)$로 나눈다. 여기서 x는 갑의 몫이고 $1-x$는 을의 몫이다. 을이 이러한 제안을 받아들이면(A) 갑과 을이 각각 x와 $1-x$를 받는다. 을이 제안을 거부하면(R) 갑은 0을 받고 을은 m을 받는다. (단 $0 \leq m \leq 1$이다.) 이 m은 사적정보로 을은 그 값을 알지만 갑은 m이 구간 $[0, 1]$에서 정의된 균일분포를 따른다는 것만 알고 있다. 이 게임의 PBNE에서 갑과 을의 균형전략을 구하라.

5. 다음과 같은 슈타켈버그 모형을 생각해보자. 두 기업 1과 2가 동질적 재화를 생산한다. 이 재화에 대한 시장역수요는 $P = 9 - Q$이다. 기업 1의 비용함수는 $C(q) = q$이며 기업 2의 비용함수는 $C(q) = cq$인데, 여기서 c는 2의 사적정보로 1은 c값을 모르며 단지 그것이 구간 $[0, 2]$에서 정의된 균일분포를 따른다는 것만 알고 있다. 먼저 기업 1이 생산량을 결정하면 기업 2는 그것을 관찰한 후 자신의 생산량을 결정한다. 그 이후 두 기업의 생산량의 합에 의해 시장가격이 결정된다. 이 게임의 PBNE에서 기업 1과 2의 균형전략을 구하라.

제 12장

신호발송게임

이 장에서는 대표적인 동태적 불완비정보게임인 신호발송게임에 대해 살펴본다. 먼저 신호발송게임이 어떤 상황을 나타내는지 설명하고, 이 게임에서 우리가 주로 관심을 갖는 형태의 균형을 정의한다. 이후 구직시장을 신호발송게임으로 모형화하여 균형을 찾는다. 한편 신호발송게임에는 다수의 균형이 존재하는 경우가 많은데, 보다 현실성 있는 균형을 찾기 위해 널리 쓰이는 강화된 기준을 하나 살펴본다. 끝으로 신호발송게임의 특수한 경우인 빈말게임에 대해 알아본다.

1. 신호발송게임이란

사적정보를 가지고 있는 사람과 가지고 있지 않은 사람 간의 상호작용은 여러 가지 형태로 나타날 수 있다. 이 상호작용은 우리가 제9, 10장에서 본 것처럼 동시게임의 형태를 띨 수도 있고, 제11장에서 본 것처럼 한 사람이 먼저 움직이고 다른 사람이 이에 대응하는 순차게임의 형태를 띨 수도 있다. 또 상호작용이 순차게임의 형태를 띨 때, 사적정보를 갖고 있는 사람이 먼저 움직이는 경우도 있고 반대로 사적정보를 갖고 있지 않은 사람이 먼저 움직이는 경우도 있다.

중고물품 거래를 예로 들어보자. 구매자가 이 물건의 구입을 위해 지불할 용의가 있는 금액이 구매자의 사적정보라고 하자. (단순화를 위해 판매자는 사적정보가 없다고 가정한다.) 구매자가 어느 정도의 가격을 염두에 두고 있는지 모르는 상황에서, 판매자가 먼저 가격을 제시하고 상대가 그것을 받아들이거나 거절을 하는 경우를 생각해보자. 이 상황은 정보를 갖지 않은(uninformed) 판매자가 먼저 움직이고, 정보를 가진(informed) 구매자가 그에 대응하는 경우이다. 즉 사적정보를 가진 경기자가 나중에 움직이는 경우이다. 이런 경우는 현실에서 흔히 존재한다. 상대방의 유형에 대한 확신이 없는 사람이 먼저 어떤 행동을 취해야 하는 경우가 모두 이에 해당한다. 가령 직원을 채용하는 고용주가 지원자의 능력이나 성실성을 정확히 파악하지 못한 상태에서 고용 결정을 내리는 것은 이러한 경우에 해당한다.

그런데 이와 반대로 정보를 가진 측이 먼저 움직이는 경우도 있다. 앞에서 구직시장의 경우 고용주가 지원자에 대해 불확실성을 갖고 있다고 했는데, 이때 사적정보를 가진 구직자가 먼저 특정한 행동을 취해 자신의 능력을 보여주려고 할 수도 있다. 어려운 시험에 통과하거나 자격증을 따거나 하는 것들이 그러한 예이다. 중고차 시장에서 차의 품질에 대해 의구심을 갖는 구매자에게 판매자가 보증수리를 제공하는 것도 정보를 가진 쪽이 먼저 행동을 취하는 경우에 해당한다. 우리가 제11장에서 본 불완비정보 진입게임 역시 사적정보를 가진 측이 먼저 움직이는 상황이다.

우리가 이 장에서 다루는 상황은 이처럼 사적정보를 가진 경기자가 먼저 행동을 취하는 상황이다. **신호발송게임**(signaling game)은 사적정보를 가진 경기자와 그렇지 않은 경기자 간의 상호작용에서, 사적정보를 가진 경기자가 먼저 행동을 취하고 불완비정보에 직면한 경기자가 그에 대응하는 형태로 상호작용을 하는 상황을 나타낸다. 여기서 정보를 가진 경기자가 어떤 행동을 취하는 것을 자신의 유형에 대한 신호(signal)를 보내는 것으로 간주하여 이 게임을 신호발송게임이라고 부른다. 이때 사적정보를 갖고 있으며 먼저 행동을 취하는 경기자를 **발신자**(sender)라고 부르고, 발신자가 취한 신호에 대응하는 경기자를 **수신자**(receiver)라고 부른다.

신호발송게임에서 발신자의 유형은 발신자의 보수뿐 아니라 수신자의 보수에도 영향을 주는 것이 일반적이다. 앞서 예로 든 구직시장의 경우, 구직자의 업무능력은 본인의 효용뿐 아니라 수신자에 해당하는 고용주의 효용에도 직접적인 영향을 끼친다. 따라서 신호발송게임에서 발신자의 유형은 일종의 공통가치적 성격을 띤다.

신호발송게임에서 관건은 수신자가 발신자의 신호를 통해 상대의 유형을 알아내는 것이다. 그런데 신호발송게임에서 유형별로 보낼 수 있는 신호가 완전히 다르다면 그런 상황은 사실상 정보비대칭이 없는 상황이나 마찬가지다. 가령 발신자가 A, B 두 유형이 있

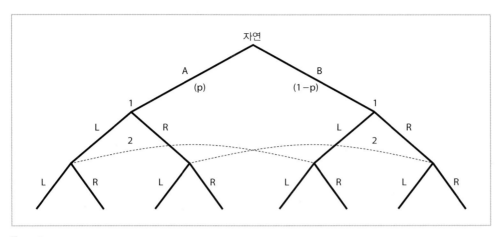

■ 그림 12-1 신호발송게임의 게임트리

는데 A유형은 x와 y라는 신호만 보낼 수 있고 B유형은 z와 w라는 신호만 보낼 수 있다고 하자. 그러면 수신자는 발신자가 보내는 신호를 통해 발신자의 유형을 완벽하게 유추할 수 있다. 만약 신호가 x나 y이면 발신자는 A유형이고, z나 w이면 B유형이다. 따라서 신호발송게임이 의미가 있으려면 서로 다른 유형의 발신자가 공통으로 보낼 수 있는 신호가 적어도 하나는 존재해야 한다.

신호발송게임의 균형에 대해 논의하기 전에, 신호발송게임을 게임트리로 나타내면 어떠한 모습을 띠는지 생각해보자. 다음과 같은 가상적인 상황을 생각해보자. 두 경기자 1(발신자)과 2(수신자)가 있다. 1은 A, B 두 유형 중 하나이며 이는 1의 사적정보이다. 사전적으로 1은 p의 확률로 A유형이고 $1-p$의 확률로 B유형인데, 2는 이러한 확률분포만 알고 있을 뿐 1의 정확한 유형은 알지 못한다. 먼저 1이 L과 R 중 하나의 행동을 취하며, 2는 이를 보고 역시 L이나 R 중의 하나를 택한다. 이를 게임트리로 나타내면 〈그림 12-1〉과 같다. (편의상 보수는 표시하지 않았다.)

그림을 보면 먼저 자연이 등장하여 1의 유형을 정해준다. 다음에 나타나는 1의 두 결정마디는 정보집합으로 묶이지 않는데, 이는 1이 사적정보인 자신의 유형을 알고 있기 때문이다. 이제 1은 자신의 유형을 아는 상태에서 L과 R 중 하나를 택한다. 그러면 2는 1이 어떤 유형인지 모르는 상태에서 1이 택한 행동만 관찰한다. 즉 2는 1의 행동은 구분하지만 유형은 구분하지 못한다. 이것이 2의 정보집합이 그림에서처럼 엇갈려서 그려져 있는 이유이다. 2는 1이 L을 했는지 R을 했는지는 구분할 수 있지만, 가령 L을 관찰했을

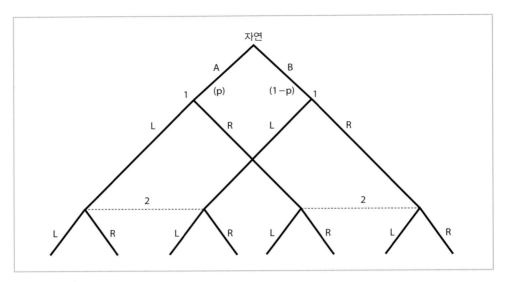

▌그림 12-2 신호발송게임의 다른 표현

때 애초에 자연이 A를 택했는지 B를 택했는지, 즉 1이 A유형인지 B유형인지는 구분하지
못한다. 이러한 불확실성하에서 2는 자신의 행동을 결정해야 한다. 이 그림에서는 두 정
보집합이 서로 엇갈려서 다소 복잡해 보인다. 이 상황을 〈그림 12-2〉와 같이 그리면 정
보집합이 서로 교차하지 않아 다소 깔끔해 보인다. 하지만 정보집합이 교차하지 않는 대
신 1의 신호를 나타내는 가지들이 서로 엇갈린다.

　이 상황을 〈그림 12-3〉처럼 다소 독특한 형태의 게임트리로 나타낼 수도 있다. 이 그
림에서 자연은 가운데에 위치하며, 자연의 선택(즉 발신자 1의 유형)에 따라 그림이 위아

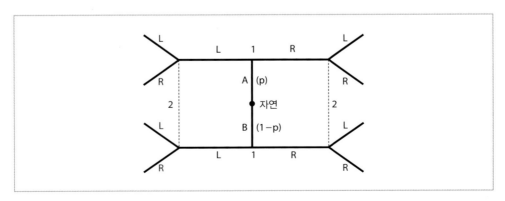

▌그림 12-3 신호발송게임의 또 다른 표현

래로 갈라진다. 앞의 그림들과 완전히 다르게 생기기는 했지만 모두 동일한 상황을 나타냄을 쉽게 알 수 있다. 정보집합이 서로 교차하지 않아 깔끔하기는 하지만, 발신자의 유형이 3개 이상일 경우에는 이렇게 그리면 그림이 오히려 더 복잡해진다. 이 책에서는 제일 앞에서 본 표준적인 게임트리를 이용하기로 한다.

2. 신호발송게임의 균형

(1) 분리균형과 합동균형

우리의 주된 관심사는 동태적 불완비정보게임인 신호발송게임의 완전베이즈균형 (PBNE)이다. 앞서 젤텐의 말에 대한 분석에서와 같은 방법을 쓰면 신호발송게임의 PBNE를 찾을 수 있다. 즉 주어진 신호발송게임을 전략형 게임으로 바꾸어 모든 전략의 짝에 대해 경기자들의 기대보수를 계산하여 보수행렬을 만든 후, 이 보수행렬에 최적대응법을 적용하여 우선 게임의 내쉬균형을 모두 찾는다. 그리고 이렇게 찾은 각각의 내쉬균형에 대해 PBNE의 조건이 충족되는지 따짐으로써 PBNE를 구할 수 있다.

원칙적으로 신호발송게임에는 다양한 형태의 균형이 존재할 수 있다. 하지만 우리는 그중 발신자가 어떤 형태의 전략을 취하는지에 따라 특별히 두 가지 종류의 균형에 주로 관심을 가질 것이다. 첫 번째 균형은 **분리균형**(separating equilibrium)이라고 불리는 것으로, 발신자가 **분리전략**(separating strategy)을 쓰는 균형을 가리킨다. 분리전략이란 유형이 다르면 신호를 다르게 보내는 전략을 말한다. 두 번째 균형은 **합동균형**(pooling equilibrium)이라고 불리는 것으로,[1] 발신자가 **합동전략**(pooling strategy)을 쓰는 균형을 가리킨다. 합동전략이란 서로 다른 유형의 발신자가 동일한 신호를 보내는 전략을 말한다.

앞서 신호발송게임에서는 수신자가 발신자의 신호로부터 발신자의 유형을 유추하는 것이 핵심이라고 했다. 분리균형과 합동균형에서는 이 과정이 매우 다른 양상으로 나타난다. 이제 두 유형의 균형에 대해 이 과정을 보다 자세히 살펴보자.

우선 분리균형에 대해 생각해보자. 분리균형은 발신자가 자신의 유형에 따라 각기 다른 신호를 택하는 상황이라고 했다. 이는 균형에서 신호를 관찰함으로써 수신자가 발신자의 유형을 완벽하게 파악할 수 있음을 의미한다. 앞 절에서 본 가상의 신호발송게임을

---

1 공동균형이나 공용균형으로 부르기도 한다.

이용해 이를 살펴보자. 이 게임에서 1의 유형은 두 가지이므로 1의 전략은 두 가지 행동으로 구성된다. 하나는 자신이 A유형일 때 택할 행동이고 다른 하나는 B유형일 때 택할 행동이다. 이제 1이 LR이라는 전략을 택하는 균형이 있다고 하자. LR은 1이 A유형일 때는 L을, B유형일 때는 R을 택하는 전략을 의미한다. 2가 1의 유형에 대해 사전적으로 가지고 있는 믿음은 1이 A와 B유형일 확률이 각각 p와 $1-p$라는 것이다. 그러나 1이 LR이라는 전략을 취하고 있는 상황에서는, 2가 1의 신호를 관찰하면 이러한 사전적 믿음이 갱신된다. 만약 1이 L을 택하면 1의 균형전략에 입각할 때 2는 믿음의 일관성 조건에 의해 1이 A유형이라는 것을 확신할 수 있다. 마찬가지로 만약 1이 R을 택했다면 2는 1이 B유형이라는 것을 확신할 수 있다. (너무나 자명하여 계산할 필요도 없지만 이는 베이즈 정리에 따른 결과이다.) 1의 분리전략 LR과 그에 따른 2의 갱신된 믿음을 그림으로 나타내면 〈그림 12-4〉와 같다. 그림의 [ ] 안에 표시된 숫자에서 보듯이, 2는 L을 관찰할 경우 자신이 1의 확률로 정보집합의 왼쪽 결정마디에 있다고 믿으며, 반대로 R을 관찰할 경우에는 1의 확률로 정보집합의 오른쪽 결정마디에 있다고 믿게 된다. 이처럼 분리균형에서는 일반적으로 신호에 의해 발신자의 유형이 완전히 드러난다. 즉 갱신된 믿음이 사전적 믿음과 달라진다.

다음으로 합동균형에 대해 생각해보자. 앞의 게임에서 1이 A유형이든 B유형이든 L을 택하는 경우, 즉 전략 LL 전략을 취하는 경우를 생각해보자. 이 경우 균형에서 2는 신호로 L만을 관찰하게 된다. 이때 믿음의 일관성 조건에 의하면 2의 믿음은 어떻게 될까? 유

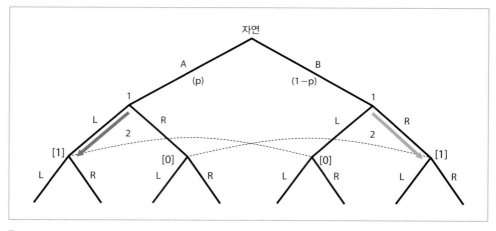

▌그림 12-4 분리균형과 갱신된 믿음

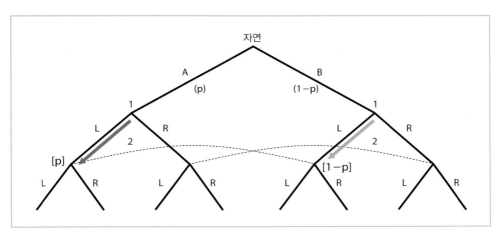

▌그림 12-5 합동균형과 믿음

형에 관계없이 1이 항상 L을 택하므로, 2는 신호 L을 통해 1의 유형에 대해 어떤 추가적인 정보도 얻지 못한다. 따라서 원래 가지고 있던 사전적 믿음이 그대로 유지된다. (이 역시 베이즈 정리에 따른 결과이다.) 〈그림 12-5〉는 이러한 상황을 그림으로 나타낸 것이다. 그림에서 보듯이 2는 L을 관찰하면 원래 가지고 있던 사전적 믿음을 그대로 유지하여 1이 A와 B유형일 확률이 각각 p와 $1 - p$라고 믿는다.

이상의 내용을 정리하면 다음과 같다. 먼저 분리균형에서는 1이 균형에서 사용하는 전략을 통해 1의 유형이 완전히 드러나며 따라서 사전적 믿음이 갱신된다. 반면 합동균형에서는 1이 균형에서 사용하는 전략을 관찰해도 새로 추가되는 정보가 없으므로 사전적 믿음이 그대로 유지된다.

(2) 논의

다음 절로 넘어가기에 앞서 신호발송게임과 관련한 몇 가지 사항을 살펴본다.

1) 혼성균형

앞서 말한 것처럼 우리는 신호발송게임에 대해 분리균형과 합동균형에 초점을 맞출 것이지만, 두 유형의 특성을 모두 가지는 일종의 **혼성균형**(hybrid equilibrium)도 존재할 수 있다. 가령 앞의 게임에서 A유형은 항상 L을 택하지만 B유형은 L과 R을 각각 q와 $1 - q$의 확률로 섞는 혼합전략을 쓴다고 하자. 이때 2의 믿음체계는 어떻게 될까?

인간관계에서의 신호발송

내가 호감을 품고 있는 사람이 있다고 하자. 이 경우 상대도 나에게 호감을 갖고 있는지 여부가 초미의 관심사일 수밖에 없다. 남의 마음을 읽는 능력이 없기 때문에 그 사람이 나를 대하는 태도로부터 그 사람의 속마음을 미루어 짐작할 수밖에 없다. 다행히 상대가 나를 볼 때마다 반기며 친절하게 대하는 것 같기는 하다. 그 사람은 정말로 나를 좋아하고 있는 걸까?

그 사람이 사교성이 뛰어나고 매너가 좋아서 누구에게나 친절하게 대하는 사람이라고 하자. 이 경우 그 사람이 나에게 친절하게 대한다고 해서 그 사람이 나를 좋아한다고 넘겨짚고 기뻐해서는 곤란하다. 그 사람은 누구에게나 친절하게 대하는 사람이기 때문이다. 그 사람의 행동은 속마음에 대한 아무런 힌트도 되지 않는다. 반면 그 사람이 자기가 좋아하는 사람에게는 싹싹하고 친절하게 대하지만, 관심이 없거나 싫어하는 사람에게는 무관심하고 냉담

하게 대하는 사람이라면 어떨까? 이 경우에는 나에게 보이는 그의 친절은 그 사람도 나를 좋아함에 틀림없다는 사실을 알려준다.

전자의 경우 상대는 합동전략을 쓰는 사람이다. 자신의 속마음에 관계없이 항상 친절한 태도를 보이기 때문이다. 이 경우 그의 친절은 속마음에 대한 어떠한 추가적 단서도 제공하지 않는다. 따라서 그 사람의 속마음에 대해 내가 사전적으로 갖고 있던 믿음이 그대로 유지된다. 반면 후자의 경우 상대는 분리전략을 쓰고 있는 셈이다. 자신의 속마음에 따라 나를 대하는 태도가 달라지기 때문이다. 이 경우 그 사람의 태도는 속마음에 대한 확실한 신호가 된다.

나에 대한 상대방의 속마음이 궁금한가? 그렇다면 먼저 상대가 합동전략을 쓰는 사람인지 분리전략을 쓰는 사람인지 파악할 필요가 있다.

2가 R을 관찰할 경우는 간단하다. 주어진 전략에 따르면 이때 발신자는 B유형임에 틀림없다. A유형은 R을 절대로 택하지 않는 반면 B유형은 양의 확률로 R을 택하기 때문이다. 그렇다면 2가 L을 관찰할 경우에는 어떨까? 두 가지 가능성이 있다. 하나는 1이 A유형이어서 확실하게 L을 택한 경우이고, 다른 하나는 1이 B유형인데 혼합전략에 따라 L을 택한 경우이다. 우리가 알고 싶은 것은 신호가 L일 때 1이 A유형일 조건부 확률이므로 베이즈 정리를 이용하면 다음을 얻는다.

$$\Pr(A|L) = \frac{p \times 1}{p \times 1 + (1-p) \times q} = \frac{p}{p + (1-p)q}$$

여기서 분모는 1이 L을 택할 확률이고, 분자는 1이 A유형이면서 L을 택할 확률이다. 분모를 보면 $p + (1-p)q < p + (1-p) = 1$이므로 위 값은 p보다 크다. 직관적으로 생각해도, 주어진 전략에 따르면 A유형이 B유형보다 더 높은 확률로 L을 택하므로, 신호 L을 보낸 발신자가 A유형일 조건부 확률은 사전적 확률인 p보다 당연히 커진다.

발신자의 유형이 2개보다 많다면 다른 형태의 혼성균형도 가능하다. 가령 위 게임에서

1의 유형이 A, B, C 3개이고 각 유형의 사전적 확률이 각각 p_1, p_2, $1 - p_1 - p_2$라고 하자. 이제 1이 LLR이라는 전략을 쓴다고 하자. 즉 1은 A, B유형일 때는 L을 택하고 C유형일 때는 R을 택한다.

이 경우에도 2가 R을 관찰할 때의 믿음은 자명하다. 2는 R을 관찰하면 1이 C유형이라고 확신할 수 있다. 그렇다면 L을 관찰할 경우에는 어떨까? L이 관찰될 때 1이 A와 B유형일 확률은 다음과 같다. (C유형일 확률은 당연히 0이다.)

$$\Pr(A|L) = \frac{p_1 \times 1}{p_1 \times 1 + p_2 \times 1} = \frac{p_1}{p_1 + p_2}, \quad \Pr(B|L) = \frac{p_2 \times 1}{p_1 \times 1 + p_2 \times 1} = \frac{p_2}{p_1 + p_2}$$

2) 균형 밖 믿음

다음으로 생각해볼 내용은 **균형 밖 믿음**(off-equilibrium belief)에 관한 것이다. 균형 밖 믿음이란 말 그대로 균형경로 밖에 있는 정보집합에서의 믿음을 가리킨다. 앞서 합동균형에 관해 얘기하면서 〈그림 12-5〉를 통해 1이 LL이라는 전략을 쓰는 경우 믿음이 어떻게 갱신되는지 보았다. 그런데 PBNE는 경기자들이 모든 정보집합에 대해 믿음을 갖추고 있기를 요구한다. 따라서 균형에서라면 절대로 도달하지 않을 정보집합, 즉 1이 R을 택할 때 도달하는 정보집합에 대해서도 2가 믿음을 갖추고 있어야 한다.

균형 밖 믿음은 합동균형에서만 발생하는 것은 아니다. 우리가 〈그림 12-4〉를 통해 본 분리균형에서는 1의 유형과 선택 가능한 행동이 모두 2개씩이었으므로 균형 밖 경로가 존재하지 않았다. 그러나 가령 1의 유형은 A, B로 여전히 2개지만 1이 택할 수 있는 행동이 L, M, R로 3개라면 분리균형에서도 균형 밖 경로가 존재한다. 균형에서 가령 1이 A유형일 때는 L을, B유형일 때는 R을 택한다고 하면, 신호가 M일 때 도달하는 2의 정보집합은 균형 밖 경로이다.

신호발송게임에서는 균형 밖 경로에 대한 믿음, 즉 균형 밖 믿음에 대해 베이즈 정리를 적용할 수가 없다. 따라서 어떠한 믿음을 가져도 그것이 믿음의 일관성 조건을 위배하지 않는다. 물론 순차적 합리성에 의해 이 믿음과 수신자의 전략이 맞아떨어져야 한다는 제약은 당연히 존재한다.

사실 균형 밖 믿음은 신호발송게임에서 '골치 아픈' 주제 중 하나이다. 우리는 이 장의 제3, 4절에서 구체적인 사례를 통해 균형 밖 믿음에 대해 추가적으로 논의할 것이다.

3) 균형의 해석

끝으로 신호발송게임의 균형에 대해 가질 수 있는 오해에 대해 간단히 설명한다. 처음 분리균형이나 합동균형을 접할 때 가지기 쉬운 의문 중 하나는 "발신자가 어떤 전략(분리전략이나 합동전략)을 쓸지 미리 어떻게 알고 수신자가 정확하게 믿음을 갱신하는가?" 하는 것이다. 이는 '균형'이라는 개념의 오해에서 비롯된 질문이다. 언제나 그렇듯이 균형이란 상대방의 행동에 대해 정확한 믿음을 가지고 모두가 최적화를 하는 상황을 나타낸다. 따라서 우리가 찾는 상황은 경기자들이 상대방의 유형과 전략에 바탕을 둔 믿음에 근거하여 최적화를 하고 있고, 그러한 믿음이 결국 경기자들의 실제 전략과 맞아떨어지는 상황이다. 신호발송게임의 균형에서 수신자가 상대방이 어떤 전략을 쓰는지를 바로 알아채고 그에 따라 믿음을 갱신해 최적의 전략을 택한다고 생각하는 것은 정확한 해석이 아니다. 그보다는 어떤 전략의 짝과 믿음체계가 균형이라면 모든 것이 결과적으로 서로 아귀가 맞아 떨어져야 하며, 우리는 그렇게 아귀가 맞아 떨어지는 상황을 찾는 것이라고 보는 것이 더 정확한 해석이다.

현실적으로 보면 신호발송게임에서 일관된 믿음과 순차적 합리성을 만족하는 전략은 반복된 상호작용을 통해 나타날 가능성이 높다. 가령 발신자가 합동전략을 쓰고 있는데 분리전략을 쓰고 있는 것으로 수신자가 잘못 생각하여 대응하면 사후적으로 자신의 판단이 틀렸다는 것을 알게 될 것이다. 이러한 상호작용이 반복되다 보면 자연히 올바른 믿음과 그에 따른 전략으로 수렴해 가게 될 것이다.

3. 교육과 신호발송

신호발송게임은 노벨상 수상자인 스펜스(Spence)가 1973년에 발표한 구직시장 신호발송(job market signaling)에 관한 논문에서 비롯되었다. 교육의 역할로 전통적으로 가장 중시되는 견해는 교육이 인적자본(human capital) 축적을 통해 사람들의 생산성을 증대시킨다는 것이다. 스펜스는 위 논문에서 교육이 생산성 증대에 아무런 효과가 없더라도 경제적 역할을 수행할 수 있다는 주장으로 큰 반향을 불러일으켰다. 이 절에서는 먼저 스펜스의 모형을 매우 간단한 형태로 재구성하여 그 균형을 찾아보고, 다음으로 발신자의 전략이 연속변수인 보다 일반화된 형태로 모형을 확장해 분석을 수행한다.

(1) 간단한 모형

구직자(경기자 1)가 고용주(경기자 2)가 운영하는 회사에 지원을 하는 상황이다. 1은 생산성이 높을 수도 있고(G) 낮을 수도 있다(B). 1은 자신의 생산성을 알지만 2는 알지 못한다. 즉 1의 생산성은 사적정보이다. 이 사회 구직자의 절반은 G유형이고 절반은 B유형이며, 이러한 분포는 공통지식이다. 1은 지원에 앞서 교육을 받을 수도 있고(E) 받지 않을 수도 있다(N). G와 B가 교육을 받는 데 드는 비용은 각각 g와 b이다. G가 생산성이 더 높아 교육을 받는 데 드는 비용이 더 적다. 즉 $g < b$이다. (성적 장학금과 같은 혜택을 생각할 수 있다.) 또한 g, b 모두 100보다 작다고 가정한다.

2는 1이 교육을 받았는지 여부를 관찰한 후 1을 고용할 수도 있고(A) 고용하지 않을 수도 있다(R). 1은 고용되면 유형에 관계없이 100만큼의 편익을 얻는다. 고용되지 않을 경우 이곳보다 처우가 열악한 다른 곳에 취직하여 G는 50, B는 40의 순편익을 얻을 수 있다. 한편 2는 G유형을 고용하면 100, B유형을 고용하면 30만큼의 순편익을 얻는다. 만약 1을 고용하지 않고 기존인력을 활용하면 70만큼의 순편익을 얻는다.

게임의 순서를 다시 정리하면, 먼저 자연이 1의 유형을 정하면 1은 자신의 유형을 관찰한 후 E와 N 중 하나를 선택한다. 그러면 2는 1의 행동을 관찰한 후 A와 R 중 하나를 선택한다. 최종적으로 1의 유형과 두 경기자의 전략에 따라 보수가 결정된다. 이 상황을 게임트리로 나타내면 〈그림 12-6〉과 같다. 그림에서 보듯이 교육비용인 g나 b는 1이 교

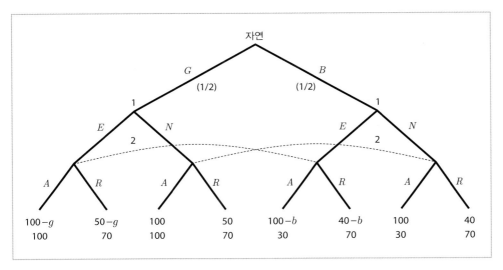

┃ 그림 12-6 구직시장 신호발송게임

육을 받을 때만 발생한다. 또한 2의 보수는 1을 고용할 때(A)는 1의 유형에 좌우되지만 고용을 하지 않을 때(R)는 70으로 일정하다.

이제 이 신호발송게임의 PBNE를 찾아보자. 여러 가지 균형이 있을 수 있지만 우리는 앞에서 본 분리균형과 합동균형만을 살펴볼 것이다. 분리균형을 먼저 찾아보고 다음으로 합동균형을 찾는다. 1의 분리전략에는 EN, NE가 있고 합동전략에는 EE, NN이 있으므로 총 4가지 경우를 살펴보아야 한다. 각 전략에서 앞의 행동은 1이 G유형일 때의 선택, 뒤의 행동은 1이 B유형일 때의 선택을 가리킨다.

한편 2의 전략도 1의 전략과 마찬가지로 2개의 행동으로 이루어진다. 즉 2의 전략은 AA, AR, RA, RR 이렇게 네 가지가 있다. 각 전략에서 앞의 행동은 E를 관찰한 후의 2의 행동, 뒤의 행동은 N을 관찰한 후의 2의 행동을 나타낸다. 가령 AR은 신호가 E일 때는 A를, 신호가 N일 때는 R을 택하는 전략을 의미한다.

균형을 찾기 전에 게임트리를 통해 몇 가지 사실을 확인할 수 있다. 우선 2는 1이 G 유형이면 A를 택하는 것이 좋고 B유형이면 R을 택하는 것이 좋다. 또한 1의 유형에 대한 사전적 믿음, 즉 G와 B일 확률이 반반이라는 믿음이 그대로 유지되면 2는 R을 택하는 것이 낫다. 사전적 믿음하에서 A를 택하면 기대보수가 $1/2 \times 100 + 1/2 \times 30 = 65$인데 이는 2가 R을 택하여 얻을 수 있는 보수인 70보다 작기 때문이다.

끝으로 분석에 앞서 편의를 위해 2의 믿음체계와 관련해 몇 가지 표기법을 정해놓자. 우선 1이 $s \in \{E, N\}$이라는 신호를 보낼 때 2가 1이 $t \in \{G, B\}$ 유형라고 믿는 조건부 확률을 $\mu(t|s)$라고 표기하자. 가령 $\mu(G|E)$는 E라는 신호가 관찰될 때 1이 G유형일 확률이다. 또한 편의상 $p \equiv \mu(G|E)$, $q \equiv \mu(G|N)$이라고 부르자. 즉 p와 q는 각각 E와 N이라는 신호가 관찰되었을 때 1이 G유형일 확률이다.

1) 분리전략 EN

먼저 1이 EN이라는 분리전략을 택하는 경우에 대해 생각해보자. 이 전략은 1이 G유형일 때는 E를, B유형일 때는 N을 택하는 전략을 의미한다. 그림 〈12-7〉을 보면서 다음 설명을 보면 도움이 될 것이다.

EN에 대한 2의 최적대응을 구하기 위해서는 먼저 2의 믿음체계를 도출해야 하는데, EN이라는 분리전략하에서 2의 믿음체계는 베이즈 정리에 의해 자명하게 $p = 1$, $q = 0$으로 정해진다. 즉 E라는 신호를 보내면 1은 확실하게 G이고 N이라는 신호를 보내면 1은 확실하게 B이다.

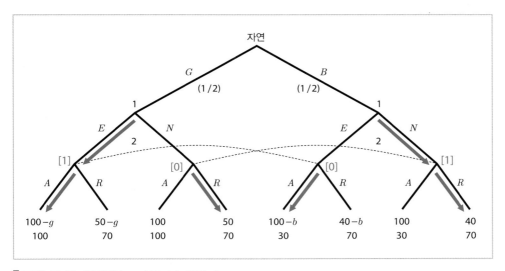

┃ 그림 12-7 분리균형 : $g \leq 50$, $b \geq 60$일 때

다음으로 이를 바탕으로 2의 최적대응을 구해야 한다. 앞에서 구한 믿음하에서 2의 최적대응은 AR이 된다는 것을 쉽게 알 수 있다. E 신호를 보내는 발신자는 확실하게 G이므로 고용해야 하고 N 신호를 보내는 발신자는 확실하게 B이므로 고용하지 않아야 한다.

끝으로 2의 전략 AR에 대해 애초에 1이 택한 전략 EN이 최적대응인지 따져야 한다. 이를 위해서는 2의 전략이 AR일 때 1이 EN으로부터 이탈할 유인이 있는지 따져보아야 한다. 먼저 G유형부터 생각해보자. EN이라는 전략하에서 G유형은 E를 택해 $100-g$의 보수를 얻는다. 만약 G가 E가 아닌 N을 택하면 2가 R을 택하므로 G는 50을 얻는다. 따라서 G가 이탈하지 않으려면 $100-g \geq 50$, 즉 $g \leq 50$이라는 조건이 필요하다. 다음으로 B유형에 대해 살펴보자. EN 전략에 따라 B가 N을 선택하면 2가 R을 선택하므로 1은 40을 얻는다. 반면 E로 이탈하면 2가 A를 선택해 1은 $100-b$를 얻는다. 따라서 B가 이탈하지 않으려면 $40 \geq 100-b$, 즉 $b \geq 60$이라는 조건이 필요하다.

정리하면, $g \leq 50$, $b \geq 60$이 만족되면 다음과 같은 분리균형이 존재한다. 〈그림 12-7〉에 이 균형이 나타나 있다.

- 분리균형($g \leq 50$, $b \geq 60$일 때)
  1의 전략 : EN, 2의 전략 : AR, 2의 믿음체계 : $p=1$, $q=0$

〈그림 12-7〉과 관련하여 한 가지 언급할 내용이 있다. 정보집합은 해당 경기자가 구분할 수 없는 결정마디를 모아 놓은 것이라고 했다. 그림에서 하나의 점선으로 묶인 두 결정마디는 그림으로는 별개인 것처럼 보이지만 2의 입장에서는 한 개나 마찬가지다. 따라서 2는 하나의 정보집합에 포함된 모든 결정마디에서 동일한 행동을 취해야 한다. 위 분리균형에서 2는 첫 번째 정보집합에서는 A를, 두 번째 정보집합에서는 R을 택하고 있다. 그림에서 G유형이 N을 택할 때의 2의 선택인 R을 표시하는 화살표나, B유형이 E를 택할 때의 2의 선택인 A를 표시하는 화살표는 그러한 이유로 그려진 것이다. 이 화살표들은 균형 경로 밖에 있으므로 실제로 실행되지는 않지만, 2의 전략이 1이 보내는 신호에 의해 결정되므로 그림에서 반드시 표시해주어야 한다.

이제 이 분리균형에 대해 좀 더 자세히 생각해보자. 다음 소절에서 발신자의 신호가 연속변수인 경우를 다룰 때 더 자세히 보겠지만, 위에서 구한 분리균형은 일반적으로 신호발송게임의 분리균형이 존재하기 위해 필요한 조건을 잘 보여준다. 위 균형은 $g \leq 50$이고 $b \geq 60$이 만족될 때 성립한다. 두 조건이 동시에 성립되지 않으면 위 분리균형은 존재하지 않는다. 이제 이 조건의 의미를 직관적으로 이해해보자.

이 게임에서 발신자는 유형에 관계없이 취직이 되기를 바란다. 반면 수신자는 생산성이 높은 G유형만을 고용하기를 원한다. 만약 발신자가 G유형이라면 그는 자신의 유형을 수신자에게 제대로 알릴 목적으로 교육을 받으려 할 수 있다. 그런데 G가 교육을 신호로 이용하여 자신의 유형을 성공적으로 알리려면 두 가지 조건이 필요하다. 하나는 신호발송에 드는 비용이 너무 커서는 안 된다는 것이다. G가 교육을 받는 데 드는 비용이 너무 크다면 설사 교육을 받음으로써 취직이 된다고 해도 '수지맞는 장사'가 될 수 없다. $g \leq 50$은 이러한 조건을 나타낸 것이다. 다른 하나의 조건은 G의 신호를 B유형이 따라할 수 없어야 한다는 것이다. 만약 B 역시 교육을 받는 것이 자신의 이익에 부합한다면 G 입장에서는 교육을 받는 것이 자신의 유형을 알리는 효과적인 수단이 되지 못한다. B가 G를 따라할 유인이 없으려면, 다시 말해 교육을 받을 유인이 없으려면 B가 교육을 받는 데 드는 비용이 충분히 커야 한다. $b \geq 60$이라는 조건은 이를 나타내고 있다.

이처럼 분리균형이 존재하려면 서로 다른 유형의 발신자가 신호를 보내는 데 드는 비용에 큰 차이가 있어야 함을 분명히 기억해둘 필요가 있다.

2) 분리전략 NE

다음으로 1이 G일 때는 N, B일 때는 E를 택하는 경우를 생각해보자. 다음에서 설명하겠지만 1이 이런 전략을 쓰는 균형이 존재하지 않음은 자세히 따져보지 않아도 바로 알 수 있다. 그러나 일단 여기서는 앞에서 EN을 분석했던 것과 같은 방법으로 차근차근 따져보기로 하자.

1이 NE라는 전략을 쓰면 2의 믿음체계는 $p=0$, $q=1$로 정해진다. 즉 2는 신호 E를 목격하면 1이 B유형이라고 확신하고, 반대로 N을 목격하면 1이 G유형이라고 확신한다.

이러한 믿음하에서 2는 RA 전략을 택하는 것이 최적이다. E라는 신호를 보내는 발신자는 B이므로 채용하지 않고, N이라는 신호를 보내는 발신자는 G이므로 채용하는 것이 최적이기 때문이다.

이제 이에 비추어 1의 전략 NE가 최적이지 따져보자. 우선 G는 이탈 유인이 없다는 것을 쉽게 알 수 있다. 현재 G는 N을 선택하고 취직이 되어 100을 얻는 최선의 상황에 있기 때문이다. 그렇다면 B는 어떨까? B는 현재 교육을 받느라 비용을 지출하고 정작 취직은 되지 않아 보수가 $40-b$밖에 되지 않는다. 이제 B가 이탈하여 N을 선택하면 2는 RA 전략에 따라 A를 택할 것이고 이에 따라 B의 보수는 100이 된다. $100 > 40-b$이므로 B는 당연히 이탈의 유인이 있다.

결론적으로 1이 NE라는 분리전략을 택하는 균형은 존재하지 않는다. 그런데 사실 이러한 결론은 위와 같이 일일이 따져보지 않아도 논리적으로 쉽게 알 수 있다. 분리균형에서는 유형이 다르면 다른 신호를 선택하므로 결국 신호에 의해 유형이 드러난다. 따라서 만약 자신의 유형이 밝혀지면 수신자에 의해 불리하게 취급될 유형(이를 편의상 '열등유형'이라고 부르자)은 굳이 비용이 들어가는 신호를 보낼 이유가 없다. 어차피 균형에서는 자신의 유형이 '발각'되어 좋지 않은 취급을 받을 것이기 때문이다. 이 게임에서 B 유형은 분리전략하에서 자신의 유형이 드러나 결국 취직이 안 될 것이다. 따라서 굳이 비용이 드는 신호인 E를 선택할 이유가 없다. 이는 분리균형에서 열등유형의 행동에 대해 다음과 같은 사실이 성립함을 알려준다.

> 신호발송게임의 분리균형에서 열등유형은 항상 가장 비용이 적게 드는 신호를 선택한다.

이에 입각하면 이 게임에서 분리균형이 존재한다면 B유형은 반드시 N이라는 신호를 택해야 함을 알 수 있다. 따라서 1이 NE라는 분리전략을 쓰는 분리균형은 애초에 존재할 수 없음을 따져보지 않고도 알 수 있다.

3) 합동전략 *EE*

이제 1이 유형에 관계없이 *E*를 택하는 상황을 생각해보자. 이때 1이 *E*를 택할 때 도달하는 2의 정보집합은 균형경로상에 있으므로 믿음을 도출하기 위해 베이즈 정리를 쓸 수 있지만, 1이 *N*을 택할 때 도달하는 2의 정보집합은 균형경로 밖에 있으므로 베이즈 정리를 쓸 수 없다는 점에 주목하기 바란다.

먼저 2의 최적전략을 도출하기 위해 2의 믿음체계를 정하자. 우선 $p = 1/2$임을 쉽게 알 수 있다. 유형에 관계없이 1이 항상 *E*라는 신호를 보내므로 *E*를 관찰할 때 2는 사전적 믿음을 그대로 유지하게 된다. 반면 2가 *N*을 목격하는 경우는 앞서 말한 것과 같이 균형경로 밖이므로, 일단 이 정보집합에서의 2의 믿음을 그냥 문자 *q*로 표시해두자. 즉 2는 *N*을 목격할 때 1이 *G*일 확률이 *q*라고 믿는다.

이제 이러한 믿음에 비추어 2의 최적대응을 구해보자. 앞에서 이런 경우에 대해 이미 계산했지만 반복을 무릅쓰고 다시 해보면, 우선 *E*가 관찰될 때 2가 *A*를 택하면 1이 *G*와 *B*일 확률이 각각 반반이므로 2의 기대보수는 다음과 같다.

$$u_2(A) = \frac{1}{2} \times 100 + \frac{1}{2} \times 30 = 65$$

한편 2가 *R*을 선택하면 1의 유형에 관계없이 $u_2(R) = 70$을 얻는다. $u_2(A) < u_2(R)$이므로 2는 *E*를 목격하면 *R*을 택하는 것이 최적이다. 즉 1은 교육을 받으면 생산성이 높든 낮든 취직이 되지 않는다.

그런데 그렇다면 *N*을 목격할 때의 2의 선택에 대해 생각할 필요도 없이 이러한 균형이 존재할 수 없음을 쉽게 알 수 있다. 주어진 1의 전략에 따르면 1은 공연히 비용을 들여 교육을 받고 정작 취직은 되지 않는다. 따라서 *E*에서 이탈하여 *N*을 택하면 설사 여전히 취직이 되지 않는다고 하더라도 교육비용을 절감할 수 있어 전보다 이득이다. 즉 *N*에 대한 2의 대응에 관계없이 1의 두 유형은 *E*보다는 *N*을 선택하는 것이 이득이다. 따라서 이 게임에서 1이 합동전략 *EE*를 선택하는 합동균형은 존재하지 않는다.

4) 합동전략 *NN*

끝으로 1이 합동전략 *NN*을 쓰는 경우를 생각해보자. 앞의 경우와 반대로 이 경우에는 신호가 *N*일 때 도달하는 2의 정보집합이 균형경로상에 있고, 반대로 신호가 *E*일 때 도달하는 2의 정보집합은 균형경로 밖에 있다.

이제 2의 믿음체계에 대해 생각해보자. 우선 신호가 N일 때는 사전적 믿음이 그대로 유지된다. 즉 $q = 1/2$이다. 반면 신호가 E일 경우에는 베이즈 정리를 사용할 수 없으므로 2의 믿음을 일단 p로 두자.

N을 목격한 후 2가 A를 택하면 얻게 되는 기대보수는 앞에서 계산한 것처럼 65이다. 반면 A 대신 R을 택하면 얻는 보수는 70이다. 따라서 2는 N을 목격하면 R을 택하는 것이 최적이다. 즉 2의 전략 중 두 번째 행동은 R로 정해진다.

이제 신호 E가 관찰된다면 2는 어떤 선택을 해야 할까? 이것은 2의 균형 밖 믿음 p에 달려 있다. 가령 E를 관찰할 때 2가 1이 거의 확실하게 G유형이라고 믿는다면(즉 p가 1에 가깝다면) 2는 A를 택하는 것이 최적이다. 반대로 p가 0에 가깝다면 R을 택하는 것이 최적이다. 이를 보다 자세히 살펴보자. E를 목격한 2가 A와 R을 선택할 때의 기대보수는 각각 다음과 같다.

$$u_2(A) = p \times 100 + (1-p) \times 30 = 70p + 30, \quad u_2(R) = 70$$

따라서 $u_2(A) \geq u_2(R)$이라면, 즉 $p \geq 4/7$라면 A가 최적이고, 반대로 $p \leq 4/7$라면 R이 최적이다. ($p = 4/7$이면 A와 R이 모두 최적이다.)

이제 이를 염두에 두고 1의 전략 NN이 최적인지 생각해보자. 먼저 $p \geq 4/7$여서 2의 전략이 AR인 경우를 생각해보자. 이 경우 G유형은 N을 택하고 있는 현 상황에서는 50을 얻고 있지만 이탈하여 E를 택하면 $100-g$를 얻는다. 따라서 $50 \geq 100-g$라면, 즉 $g \geq 50$이라면 이탈의 유인이 없다. B유형은 어떨까? B유형은 현재 N을 선택해 40을 얻고 있는데 만약 E로 이탈하면 $100-b$를 얻는다. 따라서 $40 \geq 100-b$라면, 즉 $b \geq 60$이라면 이탈의 유인이 없다.

이를 종합하면, $g \geq 50$, $b \geq 60$이 만족되면 다음과 같은 합동균형이 존재한다.

- 합동균형 I($g \geq 50$, $b \geq 60$일 때)

  1의 전략 : NN, 2의 전략 : AR, 2의 믿음체계 : $p \geq \dfrac{4}{7}$, $q = \dfrac{1}{2}$

이 균형을 그림으로 나타내면 〈그림 12-8〉과 같다.

다음으로 $p \leq 4/7$여서 2의 전략이 RR인 경우를 생각해보자. 이제 만약 G가 N에서 E로 이탈하면 보수가 50에서 $50-g$로 줄어들어 전보다 나빠진다. 마찬가지로 B가 N에

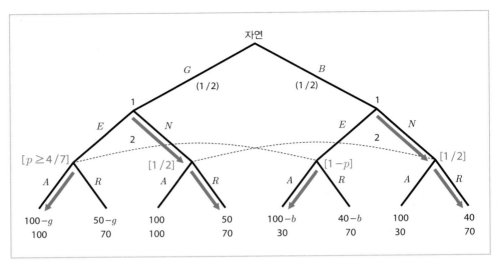

그림 12-8 합동균형 I : $g \geq 50$, $b \geq 60$

서 E로 이탈하면 보수가 40에서 $40-g$로 줄어들어 전보다 나빠진다. 따라서 2의 전략이 RR일 경우 1은 이탈의 유인이 없다. 즉 다음과 같은 합동균형이 존재한다.

• 합동균형 II

  1의 전략 : NN, 2의 전략 : RR, 2의 믿음체계 : $p \leq \dfrac{4}{7}$, $q = \dfrac{1}{2}$

이 균형을 그림으로 나타내면 〈그림 12-9〉와 같다.

생각해보기 12.1 ---------------------------------------

이 게임에서 2가 R을 택할 경우 보장받는 보수가 70이 아니라 60이라면 1이 합동전략 EE를 선택하는 합동균형이 존재하는지 조사하라.

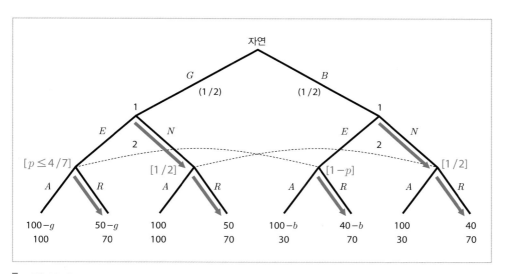

■ 그림 12-9 합동균형 II

5) 논의

처음 신호발송게임을 접하면 균형을 찾는 것이 매우 복잡하고 어려워 보일 수 있지만, 사실 신호발송게임의 분리균형과 합동균형은 기계적인 과정을 통해 구할 수 있다. 지금까지 본 것처럼 우선 발신자의 전략을 설정한 후, 그에 따른 수신자의 믿음과 그를 바탕으로 한 최적대응을 도출하고, 다시 애초의 1의 전략이 이에 대한 최적대응인지 살펴보는 방식으로 균형을 찾을 수 있다. 이를 정리하면 다음과 같다.

- 신호발송게임의 분리균형과 합동균형을 찾는 방법

  1. 발신자의 전략(분리전략, 합동전략)을 설정한다.
  2. 발신자의 전략에 따른 수신자의 믿음체계를 도출한다.
     ① 균형경로상의 믿음은 베이즈 정리를 이용해 도출한다.
     ② 균형경로 밖의 믿음은 임의의 값으로 둔다.
  3. 믿음체계에 입각하여 수신자의 최적전략을 도출한다.
     ① 균형경로상에서는 2.①에서 도출된 믿음에 의해 최적행동이 결정된다.
     ② 균형경로 밖에서는 2.②에서 설정한 임의의 믿음에 따라 최적행동이 결정된다.

4. 위 3에서 도출한 수신자의 최적전략에 비추어 1에서 설정한 발신자의 전략이 최적인
   지 확인한다.
   ① 발신자의 전략이 최적이면 {발신자의 전략, 수신자의 전략, 믿음체계}가 균형이다.
   ② 적어도 한 유형의 발신자에 대해 1에서 설정된 전략으로부터 유익한 이탈이 존재
   하면 해당 형태의 균형은 존재하지 않는다.

이제 다시 앞에서 분석한 게임으로 돌아가 우리가 찾은 균형에 대해 종합적으로 생각
해보자. 애초에 모형에서 $g < b < 100$이라는 조건이 있었으므로 이를 포함하여 지금까지
구한 균형을 정리하면 다음과 같다.

구분	조건	균형		
		1의 전략	2의 전략	2의 믿음체계
분리균형	$g \leq 50,\ b \geq 60$	EN	AR	$p=1,\ q=0$
합동균형 I	$g \geq 50,\ b \geq 60,\ b > g$	NN	AR	$p \geq \dfrac{4}{7},\ q = \dfrac{1}{2}$
합동균형 II	$b > g$	NN	RR	$p \leq \dfrac{4}{7},\ q = \dfrac{1}{2}$

이를 보면 몇 가지 주목할 만한 사항이 있다. 우선 균형이 매우 많이 존재한다는 것이
다. 성격이 전혀 다른 분리균형과 합동균형이 동시에 존재하며, 구체적인 믿음체계, 즉 p
값을 고려할 경우 합동균형은 무수히 많이 존재하는 셈이 된다. p가 특정 값이 아니라 범
위로 주어지기 때문이다. 이는 전략적 상황에 대한 예측이라는 측면에서 매우 바람직하
지 않은 상황이다. 분석의 예측력이 현저히 떨어지기 때문이다. 특히 주목할 것은 동일한
모수(parameter)에 대해 성질이 다른 균형이 동시에 존재할 수 있다는 것이다. 위 표를 보
면 분리균형과 합동균형 I은 ($g = 50$인 경우를 제외하면) 동시에 발생할 수 없다. 분리균
형에서는 g가 50 이상인 반면 합동균형 I에서는 g가 50 이하이기 때문이다. 그러나 합동
균형 II의 조건은 분리균형이나 합동균형 I의 조건과 겹친다. 가령 $g = 40$, $b = 70$일 경우
에는 분리균형과 합동균형 II가 동시에 발생할 수 있으며, $g = 60$, $b = 70$인 경우에는 합
동균형 I과 II가 동시에 발생할 수 있다.

　　이처럼 다수의 균형이 존재하는 것은 신호발송게임에서 흔히 일어나는 현상이다. 따라서 분석의 예측력을 높이기 위해 추가적인 기준을 부과하여 다수의 균형 중에서 보다 현실적이고 설득력 있는 균형을 추려내는 것이 매우 중요한 과제가 된다. 우리는 제4절에서 그러한 기준 하나를 살펴볼 것이다.

　　끝으로 사회후생의 측면에서 분리균형과 합동균형의 함의에 대해 생각해보자. 신호를 보내려면 발신자에게는 비용이 든다. 이러한 신호발송 비용을 사회적 비용의 일부로 간주하면 신호발송은 사회적으로 비용을 초래하는 행위이다. 분리균형의 경우 신호발송을 통해 발신자의 유형이 드러나므로, 신호발송이 비용을 초래하기는 하지만 정보를 드러낸다는 측면에서 일정한 기능을 수행한다고 볼 수 있다. 그러나 합동균형에서는 서로 다른 유형이 동일한 신호를 보내므로 신호가 추가적인 정보를 제공하지 못한다. 즉 신호발송이 비용만 초래하고 정보를 제공하는 기능은 수행하지 못한다. 따라서 합동균형의 경우에는 신호발송이 사회적인 관점에서 순손실이라고 할 수 있다.

(2) 신호가 연속변수인 구직시장 모형*

앞에서 본 구직시장 모형은 발신자가 교육을 받거나 받지 않는 두 가지의 신호만 가진, 즉 신호가 이산변수인 경우였다. 이제 발신자가 교육의 양이나 기간을 조절할 수 있는 상황, 즉 신호가 연속변수인 경우에 대해 생각해보자. 기본적인 분석의 구조는 앞의 모형에서와 동일하지만, 신호가 이산변수인 경우에는 생각할 필요가 없었던 몇 가지 문제가 대두됨을 볼 것이다.

　　다음과 같은 구직시장 신호발송게임을 생각해보자. 전과 마찬가지로 구직자(경기자 1)가 고용주(경기자 2)의 회사에 지원하는 상황이다. 구직자는 생산성이 높을 수도 있고 (H) 낮을 수도 있다(L). 이 사회의 구직자는 α의 확률로 H유형이며 $1-\alpha$의 확률로 L유형이다. 구직자는 자신의 생산성을 알지만 고용주는 생산성에 대한 확률분포만 알고 있다. H유형의 생산성은 20이고 L유형의 생산성은 10이다.

　　한편 구직자는 지원 전에 교육에 투자할 수 있다. 교육의 양을 e로 표시하면($e \geq 0$이다), 교육을 받는 데 드는 비용은 H유형은 $\frac{e}{2}$이고 L유형은 e이다. 동일한 교육 양에 대해 L의 교육비용이 H의 교육비용의 2배임을 알 수 있다. 고용주는 구직자의 교육투자 수준 e를 관찰하고 임금수준을 결정한다. 논의의 단순화를 위해, 고용주는 그 사람의 기대생산성에 해당하는 임금을 지급하며 고용주와 구직자 간 임금협상은 없다고 가정한다.[2] 즉 기대생산성에 해당되는 임금이 제시되면 구직자는 이를 받아들이며 다른 외부 대안은 없다. 구직자의 보수는 임금에서 교육비용을 뺀 값이고, 고용주의 보수는 구직자의 생산성에서 임금을 뺀 값이다.

이 게임의 구조는 일반적인 신호발송게임과 같다. 먼저 자연이 발신자인 구직자의 유형을 결정하면 발신자는 자신의 유형을 관찰한 후 교육투자 수준을 결정한다. 그러면 수신자인 고용주는 구직자의 교육투자 수준을 관찰하고 구직자의 기대생산성에 해당하는 임금을 제공한다. (앞의 모형과 달리 고용 여부를 결정하는 것이 아니라 임금 수준을 결정하는 것임에 유의하기 바란다.)

이 게임의 균형을 찾기 전에 먼저 기본적인 사항을 확인하고 표기법을 정해두자. 우선 발신자의 전략은 2개의 숫자로 표시된다. 하나는 발신자가 H유형일 때 선택하는 e값이고 다른 하나는 발신자가 L유형일 때 선택하는 e값이다. 각각을 e_H와 e_L로 표기하고 1의 전략은 둘을 붙여서 $e_H e_L$과 같이 나타내기로 한다. 다음으로 수신자의 믿음체계를 생각해보자. 수신자는 발신자가 택한 e를 보고 발신자의 유형을 유추해야 한다. 신호가 e일 때 발신자가 H유형일 확률을 $\mu(e)$로 나타내자. 즉 $\mu(e) = \Pr(H|e)$이다. 수신자는 균형 밖 경로에 대해서도 믿음을 가져야 하므로 $\mu(e)$는 e_H나 e_L이 아닌 다른 e값에 대해서도 정의되어야 한다는 점에 주의할 필요가 있다.

끝으로 수신자의 전략이다. 수신자는 e를 관찰한 후 최종적으로 임금을 결정하여 제시해야 한다. 믿음체계 $\mu(e)$와 그에 따른 임금체계는 e_H나 e_L뿐 아니라 다른 모든 e값에 대해서도 정해져 있어야 한다. 전략은 발생가능한 모든 경우에 대해 완비되어야 하기 때문이다. 따라서 수신자의 전략은 e값에 임금을 대응하는 함수의 형태를 띤다. 이 함수를 w로 표기하자. 즉 $w(e)$는 신호가 e일 때 수신자가 제시하는 임금을 의미한다. 이제 아래에서 이 게임의 분리균형과 합동균형을 차례대로 생각해보자.

1) 분리균형

먼저 H와 L이 서로 다른 e값을 택하는 분리균형에 대해 생각해보자. H와 L이 택하는 e값이 각각 e_H와 e_L이라고 하자. 여기서 $e_H \neq e_L$이다.

그런데 우리는 e_L에 대해서는 추가적인 분석 없이도 그 값을 쉽게 확정할 수 있다. 앞에서 본 단순한 모형에서 분리균형을 구할 때 설명한 것처럼, 분리균형에서 발신자는 결

---

2 고용주 간의 경쟁으로 임금이 기대생산성 수준까지 올라가는 상황을 생각하면 될 것이다.

국 유형이 드러난다. 따라서 어차피 유형이 드러나서 안 좋은 취급을 받을 열등유형은 굳이 비용이 많이 드는 신호를 택할 이유가 없다. 즉 열등유형은 비용이 가장 적게 드는 신호를 택할 것이다. 따라서 B유형은 당연히 최소의 교육투자, 즉 0을 택할 것이다. 그러므로 $e_L = 0$이 된다. (e_H에 대해서는 아직 아무런 얘기를 할 수 없다.)

이제 1이 이러한 분리전략을 쓸 때 2의 믿음체계에 대해 생각해보자. 우선 1의 신호가 e_H나 $e_L = 0$일 때 2는 1의 유형을 쉽게 유추할 수 있다. 즉 $\mu(e_H) = 1$이고 $\mu(0) = 0$이다. 그런데 앞에서 본 단순화된 모형에서는 이것으로 충분했지만 여기서는 1이 보낼 수 있는 신호가 무수히 많으므로 e_H와 0을 제외한 다른 신호를 받는 경우, 즉 균형경로 밖에 대해서도 믿음을 형성해야 한다. 원칙적으로는 e_H나 0이 아닌 각각의 e에 대해 다른 $\mu(e)$ 값이 부여될 수 있지만, 여기서는 단순화를 위해 e_H나 0이 아닌 e에 대해 균형 밖 믿음이 $\mu(e) = p$로 일정하다고 가정하자. (보다 정확히 얘기하면, 가능한 많은 균형 밖 믿음 중 $\mu(e) = p$로 일정한 형태에만 초점을 맞춘다.) 즉 수신자 2의 믿음체계는 다음과 같다.

$$\mu(e) = \begin{cases} 1, & e = e_H\text{인 경우} \\ 0, & e = 0\text{인 경우} \\ p, & e \neq 0,\ e_H\text{인 경우} \end{cases}$$

이제 이러한 믿음체계하에서 2의 최적전략에 대해 생각해보자. 2는 e_H를 관찰하는 경우에는 1이 H라는 것을 확실히 알기 때문에 H의 생산성에 해당하는 임금인 20을 제시한다. 반대로 0을 관찰하는 경우에는 발신자가 확실하게 L이므로 10의 임금을 제시한다. 만약 e_H나 0이 아닌 e값을 관찰할 경우에는 기대생산성, 즉 $p \times 20 + (1-p) \times 10 = 10p + 10$에 해당하는 임금을 제시한다. 수신자의 전략을 정리하면 다음과 같다.

$$w(e) = \begin{cases} 20, & e = e_H\text{인 경우} \\ 10, & e = 0\text{인 경우} \\ 10p + 10, & e \neq 0,\ e_H\text{인 경우} \end{cases}$$

끝으로 이러한 2의 전략에 비추어 1의 전략이 최적이려면 어떠한 조건이 만족되어야 하는지 생각해보자. 우선 H유형에 대해 생각해보자. H유형은 현재대로라면 임금으로 20을 받지만 교육비용으로 $\frac{e_H}{2}$를 썼으므로 $20 - \frac{e_H}{2}$라는 보수를 얻는다. 이제 H의 이탈 유인에 대해 생각해보자. 만약 H가 0으로 이탈한다면 H는 교육비용은 하나도 쓰지 않지만 10의 임금을 받아 보수가 10이 된다. 만약 H가 0이 아닌 다른 e값을 택한다면 임금 $10p + 10$을 받고 교육비용 e를 써서 보수는 $10p + 10 - \dfrac{e}{2}$가 된다. 이 값은 e가 작을수록 커지며 $10p + 10$에 수렴한다.[3] 따라서 H가 e_H로부터 이탈하지 않으려면 다음 두 조건이 만족되어야 한다.

$$20 - \frac{e_H}{2} \geq 10, \quad 20 - \frac{e_H}{2} \geq 10p + 10$$

이 두 조건은 각각 $e_H \leq 20$과 $e_H \leq 20 - 20p$와 같으므로 결국 $e_H \leq 20 - 20p$라는 조건을 얻는다. 즉 e_H가 너무 커서는 안 된다. 이것은 H가 교육을 통해 자신의 유형을 밝히려고 할 때, 그러한 신호발송이 '수지가 맞으려면' 교육비용이 너무 과도해서는 안 됨을 보여준다.

다음으로 L유형에 대해 생각해보자. L유형은 현재대로라면 교육을 받지 않고 10의 임금을 받으므로 보수가 10이다. 이제 L의 이탈유인에 대해 생각해보자. L이 만약 H를 흉내 내어 e_H를 선택하면 L은 임금으로 20을 받고 교육비용으로 e_H를 쓴다. 따라서 보수는 $20 - e_H$가 된다. L이 e_H가 아닌 다른 e를 택하면 어떻게 될까? 이때 L은 임금으로 $10p + 10$을 받고 교육비용으로 e를 쓰므로 보수가 $10p + 10 - e$가 된다. 이 보수는 e가 작을수록 커지며 $10p + 10$에 가까워진다. 따라서 L이 0에서 이탈하지 않으려면 다음 두 조건이 만족되어야 한다.

$$10 \geq 20 - e_H, \quad 10 \geq 10p + 10$$

이 두 조건은 각각 $e_H \geq 10$과 $p = 0$에 해당한다. 여기서 e_H가 어느 수준 이상이 되어야 한다는 것은 L이 H를 흉내낼 수 없을 정도로 교육수준이 충분히 높아야 함을 의미한다. 한편 여기서 $p = 0$이라는 조건이 필요한 것은, 만약 $p > 0$이라면 L이 최소한의 교육(0에 매우 가까운 e)을 받음으로써 임금을 높여 득을 볼 수 있기 때문에 그것을 막기 위한 것이다.

이 $p = 0$이라는 조건은 H유형의 발신자와 2의 전략에도 영향을 미친다. 앞서 H유형이 이탈하지 않기 위해서는 $e_H \leq 20 - 20p$라는 조건이 필요했는데, $p = 0$이므로 H유형에 대한 조건은 결국 $e_H \leq 20$이 된다. 또한 2의 전략도 $e \neq 0$, e_H인 경우에 임금 $10p + 10$을 제

---

3 $e = 0$이면 임금이 10이므로, $p \neq 0$인 한 임금수준이 $e = 0$에서 불연속적으로 변한다는 것을 알 수 있다.

시하는 것이었는데, $p=0$이므로 결국 10을 제시하는 것이 된다. 이상의 내용을 종합하면 다음과 같은 분리균형을 얻는다.

- 분리균형

  1의 전략 : $10 \leq e_H \leq 20, \quad e_L = 0$

  2의 전략 : $w(e) = \begin{cases} 20, & e = e_H \text{인 경우} \\ 10, & e \neq e_H \text{인 경우} \end{cases}$

  2의 믿음체계 : $\mu(e) = \begin{cases} 1, & e = e_H \text{인 경우} \\ 0, & e \neq e_H \text{인 경우} \end{cases}$

이 상황에서 H가 택하는 교육수준 e_H는 L이 따라할 유인이 없을 정도로 충분히 크기는 하지만 너무 크지는 않아서 H가 기꺼이 택할 용의가 있는 수준임을 알 수 있다. 한편 여기서 e_H가 하나의 값이 아닌 구간으로 나타나므로 다수의 균형이 존재한다는 문제는 여전히 존재한다.

2) 합동균형

다음으로 H와 L이 모두 동일한 교육수준을 택하는 경우를 생각해보자. 두 유형이 공통으로 택하는 교육수준을 e'이라고 표시하자.

이제 2의 믿음체계에 대해 생각해보자. 우선 2가 e'을 관찰할 경우 1의 유형에 대한 추가적인 정보를 얻을 수 없으므로 사전적인 믿음이 그대로 유지된다. 즉 2는 발신자가 α의 확률로 H, $1-\alpha$의 확률로 L이라고 믿는다. 한편 2가 e'이 아닌 다른 e값을 택할 경우의 믿음, 즉 균형 밖 믿음은 $\mu(e) = q$라고 두자. (여기서도 우리는 e'이 아닌 모든 e에 대해 동일한 믿음을 부여하는 믿음체계에만 초점을 맞춘다.) 정리하면 수신자의 믿음체계는 다음과 같다.

$$\mu(e) = \begin{cases} \alpha, & e = e' \text{인 경우} \\ q, & e \neq e' \text{인 경우} \end{cases}$$

이러한 믿음체계와 부합하는 2의 최적전략을 생각해보자. 우선 e'을 관찰할 경우 2는 기대생산성인 $\alpha \times 20 + (1-\alpha) \times 10 = 10\alpha + 10$을 임금으로 제시한다. 한편 e'과 다른 e 값을 관찰할 경우에는 q에 입각한 기대생산성, 즉 $q \times 20 + (1-q) \times 10 = 10q + 10$을 임금으로 제시한다. 즉 2의 전략은 다음과 같다.

$$w(e) = \begin{cases} 10\alpha + 10, & e = e' \text{인 경우} \\ 10q + 10, & e \neq e' \text{인 경우} \end{cases}$$

이제 이러한 전략에 비추어 1의 합동전략이 최적이 되기 위한 조건을 생각해보자. 먼저 H유형은 현재대로 하면 임금이 $10\alpha + 10$이고 교육비용이 $\frac{e'}{2}$이므로 보수가 $10\alpha + 10 - \frac{e'}{2}$이 된다. 만약 H가 e'에서 이탈하면 선택한 값에 관계없이 수신자인 2에 의해 $\mu(e) = q$라는 동일한 취급을 받을 것이므로, 최적 이탈은 당연히 $e = 0$이 된다. e'에서 이탈하면 어차피 q라는 동일한 확률로 H유형이라고 인식되므로 교육비용을 최소화하는 것이 최적이다. 이 경우 H의 보수는 $10q + 10$이 된다. 따라서 H가 e'으로부터 이탈하지 않으려면 다음 조건이 필요하다.

$$10\alpha + 10 - \frac{e'}{2} \geq 10q + 10$$

이를 정리하면 $e' \leq 20(\alpha - q)$라는 조건을 얻는다. 이 식은 $q > \alpha$라면 성립할 수 없는데 이는 직관적으로 당연하다. 만약 $q > \alpha$라면 e'에서 이탈함으로써 전보다 오히려 더 우호적인 취급을 받으므로 1은 당연히 0으로 이탈할 것이다. 따라서 당연히 $q \leq \alpha$라는 조건이 필요하다.

다음으로 L의 이탈유인에 대해 생각해보자. 현재대로라면 L은 임금으로 $10\alpha + 10$을 받고 교육비용으로 e'을 쓰므로 보수가 $10\alpha + 10 - e'$이다. 이제 L이 e'으로부터 이탈하려면 앞에서와 마찬가지로 0으로 이탈하는 것이 가장 유리하다. e'에서 이탈하면 선택한 값에 관계없이 동일한 취급을 받으므로 교육비용이 가장 낮은 0을 택하는 것이 가장 좋기 때문이다. 이때 보수는 $10q + 10$이 된다. 따라서 L이 e'으로부터 이탈하지 않으려면 다음 조건이 필요하다.

$$10\alpha + 10 - e' \geq 10q + 10$$

이를 정리하면 $e' \leq 10(\alpha - q)$를 얻는다. 이 조건은 H가 이탈하지 않을 조건인 $e' \leq 20(\alpha - q)$보다 더 제약적이다. L의 교육비용이 H의 교육비용보다 더 큼을 감안하면 이는 직관적으로 당연하다.

이상의 내용을 종합하면 다음과 같은 합동균형을 얻는다.

• 합동균형

    1의 전략 : $e_H = e_L = e' \leq 10(\alpha - q)$

    2의 전략 : $w(e) = \begin{cases} 10\alpha + 10, & e = e' \text{인 경우} \\ 10q + 10, & e \neq e' \text{인 경우} \end{cases}$

    2의 믿음체계 : $\mu(e) = \begin{cases} \alpha, & e = e' \text{인 경우} \\ q, & e \neq e' \text{인 경우, 단, } q \leq \alpha \end{cases}$

합동균형에서 H와 L은 동일한 신호를 선택하여 동일한 취급을 받는다. 이러한 조건이 성립하려면 공통의 교육수준 e'이 너무 커서는 안 됨을 알 수 있다. 한편 여기서는 신호 e'뿐만 아니라 믿음체계 q도 구간으로 나타나 분리균형에서와 마찬가지로 매우 많은 균형이 존재함을 알 수 있다.

4. 신호발송게임과 직관적 기준*

앞서 본 바와 같이 일반적으로 신호발송게임에는 다수의 PBNE가 존재한다. 따라서 추가적인 기준을 부과하여 보다 설득력 있는 균형을 찾는 일이 매우 중요해진다. 이 절에서는 이러한 기준 중 가장 널리 쓰이는 기준 하나를 제시하고, 이 기준을 부과할 경우 앞에서 본 구직시장 신호발송게임의 PBNE에 대해 어떤 얘기를 할 수 있는지 살펴본다.

(1) 맥주-키시 게임과 직관적 기준

발신자 1과 수신자 2가 벌이는 다음과 같은 신호발송게임을 생각해보자. 동네의 터줏대감인 경기자 2가 이방인인 경기자 1과 아침에 동네 식당에서 만났다. 1은 강한 유형(S)일 수도 있고 약한 유형(W)일 수도 있다. 1은 자신의 유형을 알지만, 2는 1이 0.9의 확률로 S유형이고 0.1의 확률로 W유형이라는 것만 알고 있다. 2는 1에게 싸움을 걸지 말지 결정해야 하는데, 그 전에 1이 먼저 자신의 아침 식사를 주문할 기회가 있다. 1은 아침 식사로 맥주(B)를 주문할 수도 있고 키시(Q : quiche, 달걀, 우유에 고기, 야채, 치즈 등

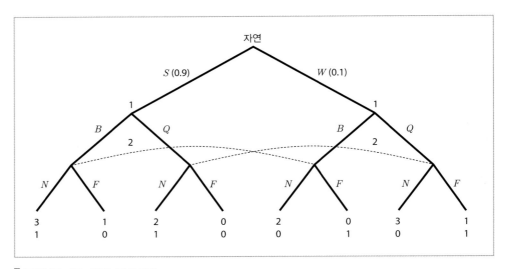

그림 12-10 맥주-키시 게임

을 섞어 만든 파이)를 주문할 수도 있다. 2는 1이 아침 식사로 무엇을 주문하는지를 보고
1에게 싸움을 걸지(F) 말지(N) 결정한다.

싸움이 붙을 경우 만약 1이 S유형이라면 2는 1에게 지지만, 1이 W유형이라면 2가 이
긴다. 한편 1은 유형에 관계없이 싸움 자체를 즐기지는 않는 경기자로, 동일한 조건이라
면 싸움을 하는 것보다 하지 않는 것을 더 선호한다. 또한 1은 S유형이라면 아침 식사로
키시보다 맥주를 선호하고, 반대로 W유형이라면 맥주보다 키시를 더 선호한다.

〈그림 12-10〉은 이러한 상황을 나타낸 것이다. 보수 구조를 살펴보면, 우선 1은 자신
의 유형과 식사 선택이 주어진 경우, 싸움이 날 때보다 나지 않을 때 보수가 2만큼 더 높
다. 또한 2의 선택이 주어진 경우, S유형은 식사가 B일 때의 보수가 Q일 때보다 1만큼
더 크고, W유형은 식사가 Q일 때의 보수가 B일 때보다 1만큼 더 크다. 2는 보수구조에
서 볼 수 있듯이 1이 S유형이면 N을 선호하고 W유형이면 F를 선호한다.

이 게임에서 우리는 1이 QQ라는 합동전략을 쓰는 균형에 대해 주목하려고 한다. 여기
서 앞의 행동은 1이 S유형일 때의 선택, 뒤의 행동은 1이 W유형일 때의 선택을 나타낸
다. 이제 1이 QQ라는 합동전략을 쓰는 균형을 찾아보자. (〈그림 12-11〉을 보면 이해에
도움이 될 것이다.)

우선 이 합동전략에 따른 2의 믿음체계에 대해 생각해보자. 2가 Q를 목격하는 경우에
는 사전적 믿음이 그대로 유지되므로 2는 1이 0.9의 확률로 S이고 0.1의 확률로 W라고

믿는다. 즉 $q = \Pr(S|Q)$라 하면 $q = 0.9$이다. 한편 1이 B를 선택하는 경우의 믿음체계는 균형 밖 믿음인데, 이때 2는 1이 S일 확률이 p라고 믿는다고 하자. 즉 $p = \Pr(S|B)$이다.

이러한 믿음체계하에서 2의 최적전략을 생각해보자. 우선 Q를 관찰할 경우에 2가 N을 선택하면 2의 기대보수는 $0.9 \times 1 + 0.1 \times 0 = 0.9$가 된다. 반면 F를 선택하면 기대보수는 $0.9 \times 0 + 0.1 \times 1 = 0.1$이 된다. 따라서 2는 Q를 관찰하면 N을 선택하는 것이 최적이다. (이때 1은 S유형일 때는 2, W유형일 때는 3의 보수를 얻는다.)

균형 밖 경로이지만 만약 B가 관찰된다면 2는 어떤 행동을 취해야 할까? 그것은 균형 밖 믿음 p에 달려 있다. 그런데 게임트리에 나타난 보수구조를 보면, 만약 1이 B로 이탈할 때 2가 N을 택한다면 S유형의 발신자는 이탈의 유인이 있음을 알 수 있다. 현재 상태에서는 S유형의 보수가 2인 반면, B로 이탈하여 2가 N을 택하면 보수가 3으로 올라가기 때문이다. 따라서 1이 B를 택할 때 2가 N을 택하는 균형은 존재하지 않는다. (W유형은 이탈의 유인이 없지만 이는 따져볼 필요도 없다.)

반면 1이 B를 택할 때 2가 F를 택한다면 1은 어느 유형이든 이탈의 유인이 없음을 확인할 수 있다. S의 경우 현재 보수가 2인데 B로 이탈하면 보수가 1이 되며, W의 경우 현재 보수가 3인데 B로 이탈하면 보수가 0이 되기 때문이다. 따라서 1이 QQ로부터 이탈하지 않으려면 2는 B라는 신호를 볼 때 F를 택해야 한다. 따라서 1이 이탈하지 않으려면 2의 최적대응은 FN이어야 한다. 여기서 앞의 행동은 B를 관찰할 때의 행동, 뒤의 행동은 Q를 관찰할 때의 행동을 나타낸다.

이제 2의 이러한 선택이 순차적 합리성을 가지려면 그것이 자신의 믿음에 부합해야 한다. p라는 균형 밖 믿음하에서, 1이 B를 택할 때 2가 F를 택하면 2의 기대보수는 $p \times 0 + (1-p) \times 1 = 1-p$이다. 반면 1이 B를 택할 때 2가 N을 택하면 2의 기대보수는 $p \times 1 + (1-p) \times 0 = p$가 된다. F를 택하는 것이 N을 택하는 것보다 좋아야 하므로 $1-p \geq p$, 즉 $p \leq 1/2$이 성립해야 한다. 따라서 다음과 같은 합동균형이 존재한다.

• 합동균형

　1의 전략 : QQ,　2의 전략 : FN,　2의 믿음체계 : $p \leq \dfrac{1}{2}$, $q = 0.9$

그림 〈12-11〉은 이 합동균형을 그림으로 나타낸 것이다.

여기서 우리가 주목하는 것은 이 균형을 지탱하는 데 결정적인 역할을 하는 균형 밖

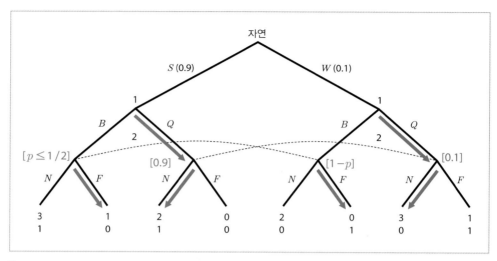

┃그림 12-11   합동균형 *QQ*

믿음 $p \leq 1/2$이다. 1이 *B*라는 균형 밖 신호를 보낼 때 2가 *F*를 선택하는 것이 정당화되려면 $p \leq 1/2$이라는 균형 밖 믿음이 필수적이다. 이 믿음은 1이 *Q*에서 이탈하여 *B* 신호를 보내면, 2는 1이 *W*일 가능성이 *S*일 가능성보다 더 크다고 생각함을 의미한다.

그런데 이러한 믿음은 직관에 맞지 않는다. 왜 그런지 살펴보자. 균형에서 *S*유형의 발신자는 2의 보수를 얻는다. 그런데 만약 *S*가 *Q*라는 균형행동에서 이탈하여 *B*를 택하고 그럼으로써 성공적으로 자신의 유형을 드러낼 수 있다면 *S*는 이득을 볼 여지가 있다. 왜냐하면 1이 *B*를 택하고 그것이 어떤 이유로든 2로 하여금 1이 *S*유형임을 믿게 만든다면 2는 *N*을 택할 것이고, 이 경우 1의 보수는 2에서 3으로 올라가기 때문이다. 그런데 *W*유형의 발신자에게는 그러한 개선이 불가능하다. 왜 그런지 살펴보자. *W*는 균형에서 3을 얻고 있다. 이제 *W*가 *B*로 이탈하고 그에 따라 2가 *W*의 유형이 *S*라고 믿게 되었다고 하자. 이는 *W* 입장에서 가장 우호적인 시나리오이다. 이 경우 2는 *N*을 택할 것인데, 그에 따라 *W*가 얻게 되는 보수는 2이다. 그런데 이 보수는 균형에서의 보수인 3보다 작다. 따라서 *W*유형은 그런 이탈을 할 유인이 전혀 없다.

따라서 만약 균형신호인 *Q*가 아니라 *B*라는 균형 밖 신호가 관찰되었다면, 그것은 이탈을 해도 전혀 득을 볼 수 없는 *W*가 아니라 개선의 가능성이 있는 *S*가 보낸 것임에 틀림없다고 믿는 것이 타당할 것이다. 즉 $p = 1$만이 직관적으로 타당한 균형 밖 믿음이다.

만약에 우리가 균형 밖 믿음이 이렇게 직관적으로 타당한 기준을 충족시킬 것을 요구한다면, 위에서 우리가 구한 합동균형은 그러한 자격을 갖추지 못했음을 알 수 있다. $p \leq 1/2$은 $p = 1$이라는 조건에 위배되는, 직관에 반하는 균형 밖 믿음이기 때문이다.

이와 같이 만약 어떤 이탈을 통해 균형에서보다 이득을 볼 수 있는 유형의 발신자(A라고 부르자)와 그렇지 않은 유형의 발신자(B라고 부르자)가 있을 때, 그러한 이탈이 관찰되면 수신자는 발신자의 유형이 B가 아닌 A라고 믿는 것이 직관적으로 타당하다. 이러한 기준을 조-크렙스(Cho-Kreps)의 **직관적 기준**(intuitive criterion)이라고 부른다.[4] 신호발송게임의 균형이 다수 있을 때 균형의 믿음체계가 직관적 기준을 충족시킬 것을 요구하면 많은 균형이 제거되는 경우가 있다. 즉 직관적 기준은 신호발송게임의 PBNE에 대한 일종의 정련(purification) 역할을 한다. 직관적 기준은 신호발송게임에서 설득력 있는 균형을 찾을 때 널리 쓰이는 유용한 기준이다.

물론 직관적 기준을 적용한다고 해서 항상 균형을 줄일 수 있는 것은 아니다. 가령 이탈을 할 때 두 유형이 모두 득을 볼 수 있거나 반대로 누구도 득을 볼 수 없다면 직관적 기준은 힘을 발휘하지 못한다. 이 책의 범위를 벗어나므로 소개하지는 않겠지만 직관적 기준의 적용이 불가능한 경우에도 적용이 가능한, 직관적 기준보다 더 강한 기준들이 있다. 이런 기준들이 상당히 기술적인 반면, 직관적 기준은 누구나 납득할 수 있는 설득력 있는 논리로 PBNE에 대한 정련을 제공한다는 점에서 의의가 있다.

생각해보기 12.2 -------------------------------------

맥주-키시 게임에 대해 다음을 조사하라.

(1) 분리균형이 존재하는지 조사하라.
(2) 1의 전략이 *BB*인 합동전략이 존재하는지 조사하라. 만약 존재한다면 직관적 기준에 부합하는지 따져보라.

---

(2) 직관적 기준과 구직시장 신호발송 게임

앞서 신호가 연속적인 구직시장 모형을 다룰 때 매우 많은 PBNE가 존재함을 보았다. 이제 이 게임의 균형에 직관적 기준을 부과하면 결론이 어떻게 달라지는지 살펴보자.

---

[4] 여기서 '조'는 재미 한인 경제학자 조인구 교수이다.

1) 분리균형

우선 분리균형부터 살펴보자. 분리균형에서 H유형은 $10 \leq e_H \leq 20$인 값을 선택하고 L유형은 0을 선택함을 보았다. 여기서 다음과 같은 주장을 펴려고 한다.

> 주장 : $e_H > 10$인 분리균형은 직관적 기준을 위배한다.

이를 확인하기 위해 $e_H > 10$인 균형을 생각해보자. 우리가 앞에서 구한 분리균형에서 $e \neq e_H$인 모든 e에 대해 $\mu(e) = 0$이라는 균형 밖 믿음이 필요했다. 즉 e_H가 아닌 다른 e값을 선택하면 발신자가 확실하게 L유형이라고 믿는 것이다. 이제 수신자가 $10 < \tilde{e} < e_H$를 만족하는 $\tilde{e}$를 관찰했다고 하자. 즉 H유형이 균형에서 택하는 e_H보다 작은 e값이 관찰된 것이다. 균형에 포함된 믿음체계에 따르면 수신자는 이때 발신자가 확실하게 L이라고 믿어야 한다.

그런데 이러한 믿음은 타당한 믿음일까? 만약 발신자가 H유형이고 $\tilde{e}$로 이탈을 함으로써 여전히 자신이 H라는 것을 납득시킬 수 있다면 발신자는 이득을 보게 된다. 임금은 전과 같은 반면 교육비용은 전보다 줄어들기 때문이다. L유형은 어떨까? L유형은 균형에서 10의 보수를 얻고 있다. 만약 L이 $\tilde{e}$를 택해 자신이 H유형이라고 속일 수 있다면 L의 보수는 $20 - \tilde{e}$가 된다. 그런데 $\tilde{e} > 10$이므로 $20 - \tilde{e} < 10$이다. 이는 L이 이탈을 하여 설사 자신의 유형을 H라고 속이는 데 성공하더라도 득을 볼 수 없음을 뜻한다.

따라서 직관적 기준에 따르면 $10 < \tilde{e} < e_H$라는 이탈을 보면 $\mu(\tilde{e}) = 1$이라는 균형 밖 믿음을 가지는 것이 타당하다. 그런데 균형에 포함된 믿음체계, 즉 '$e \neq e_H$인 e에 대해 $\mu(e) = 0$'이라는 믿음체계는 이와 다르다. 따라서 직관적 기준이 만족되지 않는다.

반면 만약 $e_H = 10$이라면 $10 < \tilde{e} < e_H$인 이탈 자체가 존재하지 않는다. 또한 10보다 큰 이탈을 하면 H와 L 모두 손해를 보게 되므로 직관적 기준이 적용되지 않는다. 따라서 $e_H = 10$일 경우에는 '$e \neq e_H$인 e에 대해 $\mu(e) = 0$'이라는 믿음체계가 직관적 기준을 위배하지 않는다.

이처럼 직관적 기준을 부과하면 $e_H = 10$, $e_L = 0$인 균형만 남게 되는데 이 균형은 매우 바람직한 특성을 가진다. 그것은 모든 분리균형 중 신호발송비용이 가장 적다는 것이다. H유형이 자신의 유형을 밝히는 데 필요한 최소한의 신호만 보내고 있으므로 사회후생의 관점에서 볼 때 가장 바람직한 분리균형이라고 할 수 있다.

2) 합동균형

이제 합동균형에 대해 직관적 기준을 부과해보자. 앞에서 구한 합동균형에서 H와 L은 모두 동일하게 $e' \leq 10(\alpha - q)$라는 신호를 선택하고, 만약 e'과 다른 신호가 관찰되면 수신자는 발신자가 q의 확률로 H유형이라고 믿는다. 합동균형에 대해서는 다음과 같은 주장을 펴려고 한다.

> 주장 : 합동균형은 모두 직관적 기준을 위배한다.

이제 그 이유를 살펴보자. 만약 $e'' = e' + \epsilon$이라는 이탈이 발견되었다고 하자. 여기서 $\epsilon > 0$이다. 즉 합동균형에서의 e'보다 큰 이탈이 일어났다. 우리가 보이고자 하는 것은 ϵ값을 잘 정하면 H에게는 이득을 줄 수 있지만 L에게는 이득이 되지 않는 이탈 e''이 존재하고 따라서 $\mu(e'') = 1$이 되어야 한다는 것이다.

먼저 H부터 생각해보자. 균형에서 H의 보수는 $u_H = 10\alpha + 10 - \dfrac{e'}{2}$이다. 반면 $e'' = e' + \epsilon$으로 이탈하여 자신의 유형을 성공적으로 밝힐 경우의 보수는 $u_H{}' \equiv 20 - \dfrac{e' + \epsilon}{2}$이다. 이제 $u_H{}' > u_H$를 만족하는 ϵ값을 구하면 다음과 같다.

$$\epsilon < 20(1 - \alpha) \tag{H}$$

다음으로 L에 대해 생각해보자. 균형에서 L의 보수는 $u_L \equiv 10\alpha + 10 - e'$이다. 반면 $e'' = e' + \epsilon$으로 이탈하여 자신의 유형이 H라고 속이는 데 성공하면 보수가 $u_L{}' \equiv 20 - (e' + \epsilon)$이 된다. 이제 $u_L > u_L{}'$을 만족하는 ϵ값을 구하면 다음과 같다.

$$\epsilon > 10(1 - \alpha) \tag{L}$$

따라서 식 (H)와 (L)을 동시에 만족하는 ϵ을 골라, 즉 $10(1 - \alpha) < \epsilon < 20(1 - \alpha)$를 만족하는 ϵ을 골라 $e'' = e' + \epsilon$으로 이탈하면, H는 이득을 보게 되는 반면 L은 손해를 보게 된다. 따라서 그러한 이탈 e''을 목격하면 수신자는 발신자가 H라고 믿는 것이 타당하다. 즉 $\mu(e'') = 1$이어야 한다. 그런데 우리가 구한 합동균형에서는 e'이 아닌 모든 e값에 대해 $\mu(e) = q$가 되어야 한다고 했으므로 $\mu(e'') = q$이다. 이는 직관적으로 타당한 믿음인 $\mu(e'') = 1$과 다르므로 직관적 기준을 위배한다. 따라서 합동균형은 모두 직관적 기준을 위배한다.

이상의 논의를 정리하면 다음과 같다. 신호가 연속변수인 구직시장 신호발송게임에는 다양한 PBNE가 존재한다. 그러나 조-크렙스의 직관적 기준을 부과하면 하나의 PBNE만 남게 된다. 이 PBNE는 분리균형이며 최소한의 신호가 발송된다는 점에서 가장 효율적인 균형이다. 이 예는 조-크렙스의 직관적 기준의 유용성을 잘 보여준다.

5. 빈말게임*

(1) 빈말게임과 정보의 전달

일반적으로 신호발송게임에서는 발신자가 신호를 보내는 데 비용이 든다. 그리고 이 비용은 신호발송게임의 균형의 형태를 결정짓는 데 핵심적인 역할을 한다. 앞에서 본 것처럼 분리균형이 나타나려면 서로 다른 유형 간에 신호발송 비용에 상당한 차이가 있어야 한다. 그렇지 않으면 열등한 유형이 우월한 유형이 보내는 신호를 흉내 낼 수 있으므로 신호발송을 통해 정보, 즉 발신자의 유형이 제대로 전달되지 않는다.

그런데 이처럼 비용이 드는 신호(costly signal)를 보내는 것이 항상 가능한 것은 아니다. 경우에 따라서는 신호를 보내는 데 비용이 전혀 들지 않는 경우도 있다. 이처럼 신호를 보내는 데 직접적인 비용이 들지 않는 신호발송게임을 **빈말게임**(cheap talk game)이라고 부른다.[5]

빈말게임은 사적정보를 가진 측에서 상대방에게 말 이외에는 달리 신호를 보내기가 어려운 경우에 발생한다. 증권회사의 투자 전문가가 투자자에게 투자종목을 추천해주는 상황, 전문가가 정책당국에게 특정 사안에 대해 조언을 제공하는 상황, 의사가 환자에게 치료방식을 제안하는 상황 등이 모두 빈말게임에 가까운 상황이다. 이러한 사례에서 전문가는 수신자에 해당하는 주식 투자자, 정부, 환자에게 어떤 조언이나 추천을 하는데, 이러한 조언이나 추천 자체는 물리적이거나 직접적인 비용을 수반하지 않는 경우가 많다. 신호발송이 비용을 수반하지 않는 말의 형태를 띠기 때문에 빈말게임에서는 신호라는 말 대신 **메시지**(message)라는 표현을 쓰기도 한다.

위의 여러 사례에서 발신자에 해당하는 전문가는 해당 사안에 대해 사적정보를 가지

---

5 영어에 "Talk is cheap."이라는 표현이 있는데, 이는 상대가 하는 말에 신뢰가 가지 않아 믿을 수 없을 때 쓰는 표현이다. 행동 없이 말로만 하는 것은 돈이 들지 않아(cheap) 누구나 할 수 있으므로 신뢰하기 어렵기 때문이다. 이 책에서는 'cheap talk'을 '빈말'로 번역하였다.

고 있다. 엄밀하게 얘기하면 이런 상황에서 자연이 정하는 것은 발신자의 유형이 아니라 해당 사안의 상태(state)이다. 가령 에너지산업 주식종목의 전망이 좋을 수도 있고 그렇지 않을 수도 있으며, 확장적 재정정책이 필요할 수도 있고 그렇지 않을 수도 있으며, 수술보다는 약물 치료가 더 적절할 수도 있고 그렇지 않을 수도 있다. 전문가가 이러한 상태를 정확히 아는 경우, 자연이 실제로 정하는 것은 발신자의 유형이 아니라 해당 사안의 상태이다. 하지만 자연이 해당 사안의 상태를 정하고 발신자가 그것을 정확히 관찰하는 것이나, 신호발송게임에서처럼 자연이 발신자의 유형을 정하는 것이나 모형의 측면에서는 본질적인 차이가 없다. 따라서 빈말게임 상황을 신호발송게임으로 모형화하여 분석할 수 있다.

빈말게임도 신호발송게임이기 때문에 여러 가지 균형이 존재할 수 있다. 그런데 빈말게임의 특성상 너무나 자명하게 존재하는 균형이 있다. 그것은 수신자가 발신자가 보내는 메시지를 무시하고 자기가 가지고 있는 사전적 믿음에 기초하여 의사결정을 하는 상황이다. 이때 발신자는 자신의 메시지가 수신자에게 무시당하므로 자신의 사적정보와 상관없이 특정 메시지를 보내게 된다. 이 균형은 발신자의 메시지가 정보성이 없어 (uninformative) 무시되고 수신자는 사전적 믿음에 근거하여 행동하는 합동균형이다. 이러한 균형을 **횡설수설균형**(babbling equilibrium)이라고 부른다.

빈말게임에 대해서 일반적으로 다음과 같은 결과가 성립한다.

> 빈말게임에는 항상 횡설수설균형이 존재한다. 이 균형에서 발신자는 사적정보에 관계없이 동일한 메시지를 보내며, 수신자는 발신자의 메시지를 무시하고 사전적 믿음에 기초하여 전략을 정한다.

이러한 결과가 성립하는 이유는 간단하다. 우선 사적정보에 관계없이 동일한 메시지를 보내는 합동전략이 주어진 상황에서, 수신자가 사전적 믿음을 유지하는 것은 믿음의 일관성 조건을 만족한다. 따라서 수신자가 사전적 믿음에 따라 전략을 정하는 것은 순차적 합리성을 만족한다. 한편 수신자가 자신의 메시지를 항상 무시하는 상황에서, 발신자가 사적정보에 관계없이 특정 메시지를 보내는 것은 당연히 순차적 합리성을 만족한다. 이러한 횡설수설균형에서는 신호발송에 의한 정보계시(information revelation)가 일어나지 않는다.

그런데 빈말게임에서 보다 흥미로운 주제는, 정보 전달에 전혀 비용이 들지 않음에도 불구하고 메시지에 의해 유용한 정보가 전달될 수가 있는가 하는 것이다. 즉 정보성이 있는(informative) 균형이 존재할 수 있는가의 여부이다. 언뜻 생각하면 그런 균형이 존재할 수 없을 것 같지만 특정 조건이 만족되면 메시지가 정보 전달 역할을 수행하는 것이 가능할 수도 있다. 다음 소절에서 간단한 예를 통해 그러한 경우를 살펴보기로 한다.

(2) 양치기 소년 게임

이솝우화에 나오는 양치기 소년의 이야기를 다음과 같이 변형해보자. 양치기 소년(경기자 1)이 늑대가 나타났는지 아닌지를 마을 사람들(경기자 2)에게 알려주는 상황이다. 양치기 소년은 늑대가 나타났다고 소리 지를 수도 있고(W) 늑대가 없다고 얘기할 수도 있다(N). 이러한 얘기를 하는 데는 아무런 비용도 들지 않는다. 양치기 소년은 늑대가 나타났는지 아닌지를 확실하게 알지만 마을 사람들은 알지 못하며, 단지 과거의 경험에 비추어 늑대가 2/3의 확률로 나타나고 1/3의 확률로 나타나지 않는다고 믿고 있다. 양치기 소년의 메시지를 듣고 마을 사람들은 늑대를 쫓을 준비를 할 수도 있고(A) 그냥 편히 쉴 수도 있다(R).

마을 사람들의 보수는 양이 피해를 입는지 여부와 늑대를 쫓기 위한 준비를 하는지 여부에 달려 있다. 구체적으로 보면, 마을 사람들이 A를 택할 경우, 우선 늑대를 쫓으러 모이는 데 1의 비용이 들며(이 비용은 실제 늑대 출현 여부와 무관하다), 또 실제로 늑대가 나타났다면 이를 쫓는 데 추가적으로 1의 비용이 더 든다. 실제로 늑대가 나타난 경우, 만약 사람들이 미리 대비를 했다면(즉 A를 택했다면) 아무 손실이 없지만, 미리 아무런 조치도 취하지 않았다면(즉 R을 택했다면) 3만큼의 손실을 입는다.

양치기 소년의 보수는 기본적으로 마을 사람들과 같지만 한 가지 차이가 있다. 양치기 소년은 마을 사람들이 늑대를 쫓으러 무기를 들고 달려오는 것을 보는 것으로부터 즐거움을 얻는다. (이는 실제 늑대가 나타났는지 여부와 무관하다.) 즉 마을 사람들이 A를 선택하면 양치기는 추가적으로 a만큼의 효용을 느낀다. 여기서 $a \geq 0$이다. 이것을 제외하고는 양치기의 보수는 마을 사람들과 같다.

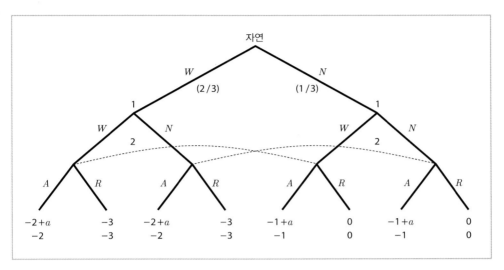

■ 그림 12-12 양치기 소년 게임

이 상황을 게임트리로 나타내면 〈그림 12-12〉와 같다. 그림에서 보듯이 마을 사람들은 늑대가 나타났을 경우에는 A를, 늑대가 나타나지 않았을 경우에는 R을 선택하는 것이 최적이다. 또한 양치기 소년의 보수는 기본적으로 마을사람들과 같지만 마을사람들이 A를 선택한 경우에는 추가적으로 a를 얻는다.

앞서 본 바와 같이 이 게임에는 횡설수설균형이 존재한다. 가령 1이 사적정보에 관계 없이 항상 W를 택하는 합동균형을 생각해보자. 1이 WW라는 합동전략을 택하면 2는 1의 메시지를 무시하고 사전적 믿음에 근거해 전략을 결정해야 한다. 늑대가 나타날 확률이 $2/3$라는 사전적 믿음하에서 2가 A를 택하면 얻는 기대보수는 $(2/3) \times (-2) + (1/3) \times (-1) = -5/3$이며, R을 택할 때 얻는 기대보수는 $(2/3) \times (-3) + (1/3) \times 0 = -2$이다. $-5/3 > -2$이므로 2는 A를 택하는 것이 최적이다. (균형 밖 믿음과 그에 따른 2의 전략 및 1의 이탈유인 등은 우리의 주된 관심사가 아니므로 생략하기로 한다.) 이 균형은 양치기 소년이 항상 늑대가 나타났다고 외치고, 마을 사람들은 양치기의 말을 아예 무시하고 사전적 믿음에 따라 늑대를 쫓으러 모이는 경우로, 메시지 전달에 따른 정보계시가 이루어지지 않는 상황이다.

그렇다면 1이 자신의 사적정보에 따라 사실대로 메시지를 보내고 2가 1의 말을 그대로 수용하여 적절한 조치를 취하는, 정보성이 있는 균형이 있을 수 있는지 생각해보자. 우리가 관심을 가지는 균형은 1이 사적정보에 따라 WN이라는 분리전략을 택하고 2가 그 메

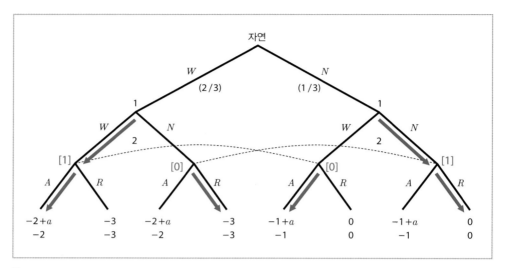

■ 그림 12-13   양치기 소년 게임의 정보성이 있는 균형

시지를 그대로 믿고 행동하는 상황이다.

1이 WN이라는 분리전략을 택할 때 2의 믿음체계와 전략은 자명하다. 2는 W라는 메시지를 받으면 늑대가 있다고 확신하여 A를 택해야 하며, N이라는 메시지를 받으면 늑대가 없다고 확신하여 R을 택해야 한다. 〈그림 12-13〉은 이 상황을 그림으로 나타낸 것이다.

이러한 상황이 균형이 되려면 1이 WN이라는 전략으로부터 이탈할 유인이 없어야 한다. 먼저 실제로 늑대가 나타난 경우부터 생각해보자. 현재 상황에서 1은 $-2 + a$를 얻는다. 만약 1이 N으로 이탈하면 -3을 얻게 되는데 이는 $-2 + a$보다 작으므로 1은 이탈유인이 없다. 다음으로 늑대가 나타나지 않은 상황에 대해 생각해보자. 현재 상황에서 1은 0의 보수를 얻고 있는데, 만약 W로 이탈하면 $-1 + a$를 얻게 된다. 따라서 이 경우 1이 이탈하지 않으려면 $0 \geq -1 + a$가 성립해야 한다. 즉 $a \leq 1$이라는 조건이 필요하다. 이상을 정리하면 다음과 같다.

- 분리균형 ($a \leq 1$일 때)
  1의 전략 : WN, 2의 전략 : AR, 2의 믿음 : $\Pr(W|W) = 1$, $\Pr(W|N) = 0$

여기서 중요한 것은 $a \leq 1$이라는 조건이다. 이 조건을 어떻게 해석해야 할까? a는 수신자가 A라는 행동을 취할 때 발신자가 수신자의 보수에 더하여 추가로 얻는 이익이다. 따라서 a는 2가 A라는 행동을 취할 때 1과 2의 이해관계 차이가 얼마나 큰지를 나타내주는 지표로 생각할 수 있다.

이 값이 매우 클 경우 1이 2에게 진실된 메시지를 보낼 유인이 있을까? a가 매우 크면 1은 항상 2가 A를 택하기를 바란다. 즉 A가 아닌 R을 택하는 것이 2에게 유리할 때도 1은 2가 A를 택하기를 바랄 것이다. 따라서 이런 경우 1이 사실대로 메시지를 보내는 균형은 존재할 수 없다.

그러나 a가 작다면 둘 간의 이해관계의 차이가 크지 않으므로 1이 사실대로 메시지를 보내는 것이 자신에게 더 유리하다. 극단적으로 $a = 0$이라면 1의 이해관계는 2와 완전히 일치하므로 당연히 사실을 전달하려고 할 것이다. 위 분석은 그러한 a의 경계 값이 1임을 보여준다.

정리하면, 신호발송에 비용이 들지 않는 빈말게임에서도 수신자와 발신자 간의 이해관계가 크지 않다면 정보가 정확히 전달되는 균형이 존재할 수 있다. 그러나 양자 간 이해관계에 차이가 크다면 횡설수설균형만이 존재하게 된다.

이러한 결과는 스포츠에서 선수 간 의사소통을 생각해보면 쉽게 이해할 수 있다. 가령 야구 경기에서 투수가 포수에게 변화구를 던질 것이라고 사인을 보내면 포수는 당연히 이를 믿을 것이다. 투수와 포수의 이해관계가 일치하기 때문이다. 그러나 만약 포수가 타자에게 이번 공은 변화구라고 얘기해준다면 타자는 그 말을 무시하고 자신이 애초에 가진 예측에 근거하여 타격을 준비하는 것이 합리적이다.[6]

이상의 분석은 빈말게임 상황에서 수신자는 자신과 발신자의 이해관계가 얼마나 일치하는지 잘 파악할 필요가 있음을 보여준다. 앞서 빈말게임의 예로 주식투자, 경제정책, 질병치료방법에 대한 조언이나 제안 등을 들었는데, 여기서 발신자인 전문가의 이해관계가 수신자와 다르고 수신자가 특정 행동을 취할 때 발신자가 이익을 볼 수 있다면 수신자는 전문가의 조언을 그대로 받아들이는 데 신중할 필요가 있다. 이런 점에서 볼 때, 전문가가 무엇을 말하는지 못지않게 전문가가 누구이며 어떤 이해관계를 가지고 있는지 따지는 것도 매우 중요하다고 하겠다.

---

6 여기서 포수가 타자에게 항상 거짓을 말하는 것은 균형이 될 수 없음에 주의하기 바란다. 만약 포수가 항상 구종을 반대로 얘기해준다면 이는 분리전략이므로 실질적으로 구종을 알려주는 것이나 다름없다.

앞의 예는 발신자의 유형과 메시지가 모두 유한하고 이산변수의 성격을 띠는 경우였다. 이 경우 수신자와 발신자 간의 이해관계 차이가 크지 않으면 정보전달이 완벽하게 이루어지는 균형이 존재함을 보았다. 그런데 만약 유형과 메시지가 모두 연속변수라면 이러한 완벽한 정보전달이 이루어지는 균형은 존재하지 않는다.

발신자(경기자 1)의 조언을 듣고 수신자(경기자 2)가 정책 x를 결정하는 상황에 대해 생각해보자. 둘의 보수에 영향을 주는 변수를 θ로 표시하자. 1은 θ의 정확한 값을 알지만 2는 θ의 분포에 대해서만 알고 있다. 이제 논의 전개를 위해 구체적으로 1의 효용함수는 $u_1(x; \theta) = -(x - \theta - b)^2$이고 2의 효용함수는 $u_2(x; \theta) = -(x - \theta)^2$라 하자. 이는 θ가 주어졌을 때 1이 가장 선호하는 정책은 $x_1{}^* = \theta + b$인 반면 2가 가장 선호하는 정책은 $x_2{}^* = \theta$임을 뜻한다. 따라서 여기서 b는 1이 가진 편향(bias)을 나타낸다.

이러한 상황에서 1이 항상 사실대로 θ를 보고하고 2가 그것을 그대로 받아들이는 균형은 존재할 수 없다. 이를 증명하는 것은 간단하다. 2가 1의 메시지를 그대로 받아들이는 전략을 취한다고 하자. 그러면 1에게는 사실대로 보고하는 전략이 최적이 될 수 없다. 2가 1의 메시지를 그대로 받아들인다면 1은 $\theta + b$라는 (편향된) 메시지를 보내는 것이 최적이기 때문이다. 하지만 그렇다면 애초에 2가 1의 메시지를 그대로 받아들이는 전략은 최적이 될 수 없다. 이 경우 2는 1의 제안에서 b만큼을 뺀 정책을 선택하는 것이 최적이기 때문이다. 따라서 이러한 균형은 존재할 수 없다.

이처럼 발신자의 유형과 메시지가 연속변수인 경우에는 정보가 완벽하게 전달되는 균형은 존재하지 않으며 항상 횡설수설균형만 존재한다. 이 책의 범위를 넘어서므로 자세히 얘기하지는 않겠지만, 유형이 연속변수라도 발신자가 보낼 수 있는 메시지가 몇 개로 제한되어 있거나 혹은 의사결정과정이 특정한 규칙을 따르거나 하면, 경우에 따라서는 정보의 일부가 전달되는 균형이 존재할 수 있다.

빈말게임을 이용한 연구는 전문성을 지닌 위원회가 입법부나 행정부에 정책조언을 해주는 상황에 많이 적용되는데, 이런 연구들은 제도나 의사결정과정의 설계가 정보계시에 미치는 영향과 관련하여 흥미로운 결과들을 제시하고 있다.

주요 학습내용 확인

☑ 신호발송게임의 구조를 정확히 이해하고 있는가?

☑ 분리균형과 합동균형의 개념 및 각 균형에서 정보를 갱신하는 방법을 정확히 알고

있는가?

☑ 주어진 신호발송게임의 분리균형과 합동균형을 구할 수 있는가?

☑ 빈말게임의 개념을 이해하고 정보성이 있는 균형이 존재할 조건을 구할 수 있는가?

⌨️ 연습문제

1. 다음 신호발송게임의 분리균형과 합동균형을 모두 구하라.

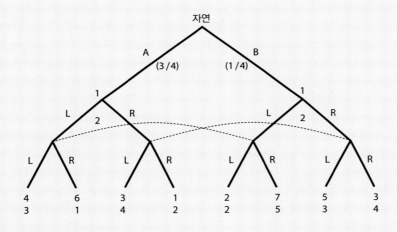

2. 다음 신호발송게임의 분리균형과 합동균형을 모두 구하라.

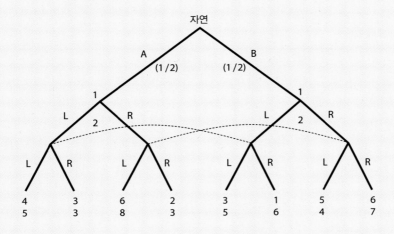

3. 다음 신호발송게임의 분리균형과 합동균형을 모두 구하라.

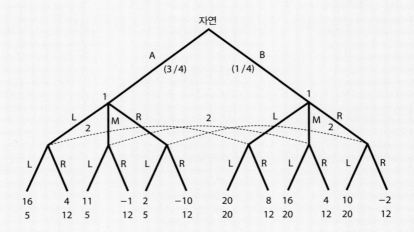

4. 판매자(경기자 1)와 구매자(경기자 2) 간의 다음 상황을 생각해보자. 판매자가 판매하는 물건은 품질이 좋을 수도 있고(H) 나쁠 수도 있다(L). 판매자는 물건의 품질을 알지만 구매자는 품질이 1/2의 확률로 좋거나 나쁘다는 것만 알고 있다. 판매자는 양의 비용 c를 들여 상품 광고를 할 수도 있고(A) 하지 않을 수도 있다(N). 그 후 구매자는 물건을 구입하거나(B) 구입하지 않는다(D). 물건의 품질이 좋을 경우 구매자가 재구매를 하거나 다른 사람에게 추천하게 되므로, 물건이 팔렸을 때 판매자의 수입은 품질이 낮을 때보다 높을 때 더 크다. 구체적으로, 물건이 팔렸을 때 판매자의 수입은 다음과 같다.

	H를 판매한 경우	L을 판매한 경우	판매하지 못한 경우
판매수입	100	60	0

판매자의 보수는 광고를 하지 않은 경우는 위 표와 같고, 광고를 한 경우는 위 수치에서 c를 뺀 값이다. 한편 구매자의 보수인 소비자잉여는 다음과 같다.

	H를 구매한 경우	L을 구매한 경우	구매하지 않은 경우
소비자잉여	60	−40	0

(1) 품질이 좋으면 광고를 하고 나쁘면 광고를 하지 않는 분리균형이 존재하기 위한 c값의 범위를 구하라.

(2) 품질에 관계없이 항상 광고를 하는 합동균형이 존재하기 위한 c값의 범위와 그때의 균형을 구하라.

5. 발신자(1)와 수신자(2)가 펼치는 다음과 같은 신호발송게임을 생각해보자. 먼저 1이 공정한 동전을 던져 앞면(H)이 나왔는지 뒷면(T)이 나왔는지 확인한 후 2에게 H와 T 중 하나가 나왔다고 말한다. (1은 거짓말을 할 수도 있다.) 2는 어느 면이 나왔는지는 모르는 상태에서 게임을 계속하거나(G) 기권한다(S). 2가 기권을 하면 1이 무조건 승자가 되어 1과 2의 보수는 각각 1과 0이 된다. 2가 게임을 계속하는 경우, 둘은 앞면과 뒷면 중 실제로 어느 것이 나왔는지 확인한다. (동전은 원래 상태로 잘 보존되어 있다.) 만약 앞면이 나왔었다면 1이 승자가 되고 뒷면이 나왔었다면 2가 승자가 된다. 이때 승자의 보수는 2이고 패자의 보수는 -1이다. 그런데 1이 거짓말을 하고 2가 경기를 계속하여 승부가 난 경우에는 1은 승패에 관계없이 벌금으로 c를 낸다. 단 $1 < c < 2$이다. (2가 기권한 경우에는 거짓말 여부에 상관없이 1은 벌금을 물지 않는다.)

(1) 이 상황을 게임트리로 나타내라.

(2) 이 게임에 경기자들이 순수전략을 쓰는 PBNE가 존재하지 않음을 보여라.

(3) 이제 실제로는 앞면이 나왔는데 뒷면이 나왔다고 거짓말을 해서 이긴 경우에만 1이 벌금을 문다고 하자. 이때 순수전략을 쓰는 PBNE가 있는지 조사하라.

6. 다음 빈말게임에서 정보가 정확히 드러나는 균형이 존재하려면 a가 어떤 값을 취해야 하는지 그 범위를 구하라.

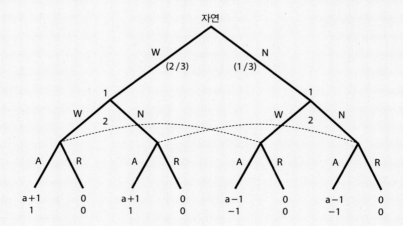

생각해보기 풀이

제2장

2.1

다른 사람의 입찰가에 따라 내가 경매에서 물건을 얻는지 여부가 달라지기 때문에 우월전략이나 열등전략, 약우월전략은 존재하지 않는다. 반면 자신의 가치평가액 v 이상의 입찰가를 적어내는 것은 약열등전략이다. 이를 보기 위해 v 이상의 입찰가를 적어낼 때(A 상황)의 보수를, v보다 낮은 값을 적어낼 때(B 상황)의 보수와 비교해보자. 나의 입찰가가 최고액이 아니어서 물건을 얻지 못하는 경우에는 A나 B 모두 보수가 같다. 그러나 나의 입찰가가 최고액이어서 물건을 얻게 되는 경우에는 A에 따른 보수는 0 또는 음(−)이고, B에 따른 보수는 양(+)이다. 따라서 B를 택할 때의 보수가 A를 택할 때의 보수보다 항상 크거나 같다. 따라서 자신의 가치평가액 이상의 액수를 적어내는 것은 가치평가액보다 낮은 액수를 적어내는 것에 대해 약열등하다.

제3장

3.1

우월전략은 정의상 상대의 모든 전략에 대해 최적대응인 전략이다. 따라서 우월전략균형은 자동적으로 내쉬균형이 된다. 또한 우월전략이 있을 경우 최적대응 역시 하나만 존재하므로 우월전략균형은 유일한 내쉬균형이다.

제4장

4.1

(1) 〈그림 4-1〉의 BR_1을 보면 1에게 $q_1 > \dfrac{a-c}{2}$인 q_1은 어떤 q_2에 대해서도 최적대응이 아님을 알 수 있다. 마찬가지로 $q_2 > \dfrac{a-c}{2}$인 q_2는 절대비최적대응이다. 따라서 이러한 q_1, q_2가 먼저 지워진다. 이제 유효한 q_2의 범위가 $0 \le q_2 \le \dfrac{a-c}{2}$이므로 $q_1 < BR_1\left(\dfrac{a-c}{2}\right) = \dfrac{a-c}{4}$인 q_1은 지워진다. 마찬가지로 $q_2 < \dfrac{a-c}{4}$인 q_2는 지워진다. 이런 작업을 계속 반복하면 결국 내쉬균형인 $q_1 = q_2 = \dfrac{a-c}{3}$만 남고 모두 지워짐을 확인할 수 있다.

(2) 기업의 수가 n이라고 하자. 기업 i는 다음과 같은 최적화 문제를 푼다. (여기서 q_{-i}는 i를 제외한 모든 기업의 생산량의 합을 가리킨다.)

$$\max_{q_i} \{a - c - (q_i + q_{-i})\} q_i$$

이 문제를 풀면 $q_i = \dfrac{a - c - q_{-i}}{2}$를 얻는다. 균형에서 모든 기업의 생산량이 같을 것임에 착안하여 $q = \dfrac{a - c - (n-1)q}{2}$로 놓으면 $q_1^* = \cdots = q_n^* = \dfrac{a-c}{n+1}$을 얻는다.

4.2

위 〈4.1〉의 (2)와 같이 풀면 $x_1^N = \cdots = x_n^N = \dfrac{a-c}{n+1}$를 얻고, 따라서 $X^N = \dfrac{n(a-c)}{n+1}$이다. $n = 2$일 때와 마찬가지로 $X^N > X^*$이며, n이 커질수록 X^N이 커져 공유지의 비극 문제가 악화된다.

4.3

본문의 분석에 의해 $p_1 = p_2 = 100$은 당연히 내쉬균형이 된다. 이에 더하여 $p_1 = p_2 = 101$도 내쉬균형이 된다. 누구든 혼자 가격을 올리면 매출이 0이 되므로 더 나빠지고, 가격을 100으로 내리면 시장 전체를 차지하게 되지만 이윤이 0이므로 현재보다 나빠진다. 아울러 $p_1 = p_2 = 102$도 내쉬균형이 된다. 고정된 시장수요를 Q라 할 때, $p_1 = p_2 = 102$이면 개별이윤은 $(102 - 100)\dfrac{Q}{2} = Q$이다. 만약 1 혼자 가격을 $p_1 = 101$로 낮추면 이윤은 $(101 - 100)Q = Q$가 되어 전과 같으므로 이탈 유인이 없다. 두 번째 및 세 번째 균형에서는 첫 번째 균형에서와 달리 두 기업이 모두 양의 이윤을 누린다.

4.4

이 경우에도 두 정당이 0.5를 택하는 것이 유일한 내쉬균형이다. 이를 이해하기 위해 A는 0을, B는 1을 내세우는 경우를 생각해보자. 이 경우 두 정당이 각각 0.5의 확률로 이기므로 시행되는 정책은 0.5의 확률로 0 아니면 1이 된다. 이제 B가 1을 고수하는 상황에서 A가 조금만 오른쪽으로 이동하여 가령 0.01을 택한다고 하자. 이 경우 A가 선거에서 확실하게 승리하게 되어 0.01이 시행된다. 이 상황은 첫 번째 상황보다 A에게 명백하게 유리하다. 따라서 유익한 이탈이 존재한다. 비슷한 논리를 적용하면 A, B가 모두 0.5를 택하는 경우를 제외하고는 항상 유익한 이탈이 존재함을 확인할 수 있다.

4.5

H 이용자 수가 h라고 하면 사회후생은 다음과 같다.

$$h(-(10+h)) + (100-h)(-2(100-h)) = -3h^2 + 390h - 20000$$

이 값은 $h = 65$일 때 최대가 되며, 이 값은 내쉬균형 값인 63이나 64와 다르다. 따라서 내쉬균형은 사회적으로 최적이 아니다. 일반적으로 혼잡 상황에서의 내쉬균형이 사회적 최적과 일치한다는 보장은 없다.

4.6

수사슴 사냥 게임에서 (사슴, 사슴)이 (토끼, 토끼)에 비해 보수우월한 내쉬균형이다.

제5장

5.1

(1) 1과 2가 H를 각각 p와 q의 확률로 택한다고 하자. 먼저 주어진 q에 대해 1의 기대보수는 $q \times 1 + (1-q) \times 1 = q \times 0 + (1-q) \times 2$를 만족해야 한다. 이로부터 $q = 1/2$을 얻는다. 마찬가지로 주어진 p에 대해 2의 기대보수는 $p \times 1 + (1-p) \times 1 = p \times 0 + (1-p) \times 2$를 만족해야 한다. 이로부터 $p = 1/2$을 얻는다.

(2) 갑과 을이 각각 p와 q의 확률로 회피를 택한다고 하자. 먼저 1을 보면 주어진 q에 대해 $q \times 0 + (1-q) \times (-1) = q \times 1 + (1-q) \times (-5)$가 성립해야 한다. 이로부터 $q = 4/5$를 얻는다. 마찬가지로 $p \times 0 + (1-p) \times (-1) = p \times 1 + (1-p) \times (-5)$로부터 $p = 4/5$를 얻는다.

5.2

이 게임에는 순수전략균형이 존재하지 않는다. 두 명 이상이 양의 가격을 적어낸 경우, 낮은 가격을 적어낸 사람은 현재보다 가격을 낮추거나 혹은 최고가격보다 높고 v보다 낮은 가격을 적어냄으로써 이득을 볼 수 있다. 또한 승자도 지금보다는 낮고 두 번째로 높은 가격보다는 높은 가격으로 바꿈으로써 이득을 볼 수 있다. 따라서 내쉬균형이 아니다. 단 한 명이 양의 가격을 적어낸 경우도 승자가 가격을 낮춤으로써 득을 볼 수 있기 때문에 내쉬균형이 아니다. 여러 명이 동일한 최고가격을 적어낸 경우에는 그 사람들 중 한 명이 지금보다 약간 더 높지만 v보다는 낮은 가격을 적어냄으로써 이득을 볼 수 있으므로 내쉬균형이 아니다. 모두 0의 가격을 적어내는 것이 내쉬균형이 아님은 자명하다. 따라서 이 게임에 순수전략균형은 존재하지 않는다. 이러한 결론은 정수 단위로만 가격을 적어낼 수 있는 상황에서도 변하지 않음을 쉽게 확인할 수 있다.

제6장

6.1

1은 가위, 바위, 보 3개의 전략을 가지고 있으며, 2는 1이 선택한 가위, 바위, 보 각각에 대해 무엇을 택할지를 명시해야 하므로 $3 \times 3 \times 3 = 27$개의 전략을 가지고 있다.

6.2

(1) 둘째가 두 조각 중 큰 것을 집을 것이므로 첫째는 남겨진 작은 조각을 먹게 된다. 남겨진 조각을 가장 크게 하려면 첫째는 애초에 케이크를 같은 크기로 잘라야 한다.

(2) 갑이 이기려면 마지막에 을에게 구슬 1개를 남겨 주어야 한다. 그런데 그러려면 갑은 그 전의 자기 차례에서 구슬을 정확히 5개 남겨야 한다. 을이 그중 1, 2, 3개를 집어가면 갑은 남은 구슬 중 각각 3, 2, 1개를 집어가서 을에게 1개를 남길 수 있기 때문이다. 그런데 구슬을 5개 남기려면 갑은 그 전 단계에서 구슬을 9개 남겨야 한다. 을이 그중 1, 2, 3개를 집어가면 갑은 남은 구슬 중 각각 3, 2, 1개를 집어가서 을에게 5개를 남길 수 있기 때문이다. 따라서 갑은 최초에 1개의 구슬을 집고, 그다음에는 을에게 순서대로 5개, 1개를 남겨두도록 집어가야 한다.

제7장

7.1

그렇지 않다. 예를 들어 가위바위보를 순차적으로 한다면 나중에 움직이는 사람이 항상 더 유리하다.

7.2

쿠르노 모형에서 개별 균형생산량 $\dfrac{a-c}{3}$ 를 이윤함수에 대입하면 1과 2 모두 $\dfrac{(a-c)^2}{9}$ 의 이윤을 얻는다. 슈타켈버그 모형에서 $q_1 = \dfrac{a-c}{2}$, $q_2 = \dfrac{a-c}{4}$ 를 각각 이윤함수에 대입하면 1은 $\dfrac{(a-c)^2}{8}$ 의 이윤을, 2는 $\dfrac{(a-c)^2}{16}$ 의 이윤을 얻는다.

7.3

갑의 균형보수인 $1 - \delta(1 - \delta s')$ 은 s' 이 커질수록 커지며, 을의 균형보수인 $\delta(1 - \delta s')$ 은 s' 이 커질수록 작아진다. s' 이 협상이 결렬되었을 때의 갑의 몫임에 비추어보면, s' 이 커질수록 갑의 협상력이 커지는 셈이므로 이러한 결과는 직관에 부합한다.

7.4

(1) 갑은 을이 제안을 받아들이는 한도 내에서 자신의 몫을 가장 크게 하는 것이 최적이다. 따라서 최소한의 몫을 을에게 제시하려고 할 것이다. 그런데 몫이 연속변수이므로 '최소한의 몫'이 수학적으로 잘 정의되지 않는다. 즉 주어진 을의 전략에 대한 갑의 최적대응이 잘 정의되지 않는다. 따라서 을이 주어진 전략을 취하는 SPNE는 존재하지 않는다. 만약 몫을 정수 단위로만 설정할 수 있다면 을이 주어진 전략을 취할 때 갑이 을에게 1을 제시하는 상황이 SPNE가 된다.

(2) 을은 자신의 몫이 70 이상이면 받아들이고 그렇지 않으면 거부하는 전략을 취하고, 갑은 을에게 70을 제시하는 상황을 생각해보자. 둘 다 상대의 전략에 대해 최적대응을 선택하고 있으므로 이것은 내쉬균형이지만 SPNE는 아니다. 가령 갑이 을에게 70보다 작은 60을 제안할 경우, 을은 거부하는 것보다 받아들이는 것이 유리하다. 따라서 을의 전략은 갑이 60을 제안한 부분게임에서 합리적인 선택이 아니다.

(3) 을이 자신의 몫이 50보다 클 때만 제안을 받아들이는 경우를 생각해보자. (50을 제시받을 경우 받아들이든 거부하든 무차별하므로 거부하는 전략은 합리적이다.) 이경우 을이 제안을 받아들이도록 하려면 갑의 몫이 50보다 작아지는데, 갑은 그것보

다는 을이 제안을 거부하여 정해진 규칙대로 50을 받는 것이 더 낫다. 따라서 이 경우 갑은 을에게 50 이하의 몫을 제시하는 것이 최적이다. 즉, 갑이 을에게 50 이하의 몫을 제시하고 을이 주어진 전략을 취하는 것이 SPNE이다.

제8장

8.1

해당 부등식을 정리하면 $(c-n)\delta^2 + (c-n)\delta - (d-c) \geq 0$, 즉 $\delta^2 + \delta - \dfrac{d-c}{c-n} \geq 0$이 되며 이는 $\delta^2 + \delta - \delta_1 \geq 0$과 같다. 이제 이 부등식의 좌변을 0으로 만드는 양수 δ를 δ_2라 정의하면 $\delta \geq \delta_2$인 δ에 대해 위 부등식이 성립한다. 그런데 $\delta_2^2 + \delta_2 - \delta_1 = 0$으로부터 $\delta_1 - \delta_2 = \delta_2^2 > 0$이므로 $\delta_1 > \delta_2$가 성립함을 알 수 있다. 즉 협조 유지를 위해 필요한 조건이 처벌이 1회일 때보다 2회일 때 더 완화된다.

제9장

9.1

남편의 상습폭행을 A, 아내의 피살을 B, 남편의 아내 살해를 C라고 하자. 당연히 $C \subset B$이다. (이하의 논의는 벤다이어그램을 그리면 더 쉽게 이해할 수 있다.) 심슨의 변호인들이 제시한 확률은 $\Pr(C|A) = 0.001$이다. 그런데 심슨의 범행과 관련하여 중요한 확률은 이것이 아니라, 남편에게 상습폭행을 당하던 아내가 살해당했을 경우 남편이 범인일 확률이다. 즉 $\Pr(C|A \cap B)$이다. 베이즈 정리에 의해 다음 식이 성립한다.

$$\Pr(C|A) = \frac{\Pr(C \cap A)}{\Pr(A)}, \quad \Pr(C|A \cap B) = \frac{\Pr(C \cap A \cap B)}{\Pr(A \cap B)} = \frac{\Pr(C \cap A)}{\Pr(A \cap B)}$$

마지막 등호는 $C \subset B$이므로 성립한다. 두 값의 분자는 같고 $\Pr(A) > \Pr(A \cap B)$이므로 $\Pr(C|A) < \Pr(C|A \cap B)$이다. 즉 이 확률은 0.001보다 크며, 현실에서 $\Pr(A \cap B)$가 $\Pr(A)$보다 훨씬 작을 것이므로 그 차이는 매우 클 것으로 짐작할 수 있다. 실제로 당시 미국에서 $\Pr(C|A \cap B)$, 즉 남편에게 상습폭행을 당하던 아내가 살해되었을 때 남편이 범인일 확률은 80%가 넘었다고 한다.

제10장

10.1

먼저 $E[\max\{v_1, v_2\}]$를 구해보자. 임의의 v_1에 대해, v_2가 v_1보다 작을 확률은 v_1이며 이때 $\max\{v_1, v_2\} = v_1$이다. 한편 v_2가 v_1 이상일 확률은 $1 - v_1$이며, 이때 $\max\{v_1, v_2\} = v_2$이고 따라서 그 기댓값은 $\dfrac{1 + v_1}{2}$가 된다. 이상은 임의의 v_1에 대한 것이므로 $E[\max\{v_1, v_2\}]$는 다음과 같이 구해진다.

$$\int_0^1 \left\{ v_1 v_1 + (1 - v_1)\frac{1 + v_1}{2} \right\} dv_1 = \int_0^1 \frac{1 + v_1^2}{2} dv_1 = \frac{2}{3}$$

따라서 $E\left[\max\left\{\dfrac{v_1}{2}, \dfrac{v_2}{2}\right\}\right] = \dfrac{1}{3}$이다.

다음으로 $E[\min\{v_1, v_2\}]$를 생각해보면, 이 값은 위와 마찬가지 논리로 다음과 같이 계산된다.

$$\int_0^1 \left\{ v_1 \frac{v_1}{2} + (1 - v_1)v_1 \right\} dv_1 = \int_0^1 \left\{ v_1 - \frac{v_1^2}{2} \right\} dv_1 = \frac{1}{3}$$

따라서 두 값은 일치한다.

제11장

11.1

언뜻 보면 정확도가 99%나 되는 검사에 의해 양성으로 판정받았으므로 상황은 절망적인 것으로 보인다. 그런데 실제로 그런지 따져보자. 양성 판정을 받는 경우는 두 가지이다. 하나는 실제로 병에 걸렸고 검사가 그것을 정확히 판정한 경우이고, 다른 하나는 병에 걸리지 않았지만 검사가 잘못되어 양성으로 판정된 경우이다. 이를 감안하여 실제로 정확한 조건부 확률을 계산하면 다음과 같다.

$$P(\text{실제로 병에 걸림} \mid \text{양성 판정이 나옴}) = \frac{\dfrac{1}{10000} \times \dfrac{99}{100}}{\dfrac{1}{10000} \times \dfrac{99}{100} + \dfrac{9999}{10000} \times \dfrac{1}{100}} \approx 0.0098$$

이는 퍼센티지로 따지면 1%도 되지 않는 매우 낮은 확률이다. 직관적인 느낌과 다르게 확률이 이렇게 낮은 이유는 무엇일까? 그것은 애초에 병에 걸릴 확률 자체가 매우 낮기 때문이다. 검사의 정확성이 높기는 하지만 애초에 이 병에 걸릴 확률 자체가 워낙 낮기 때문에, 양성 판정을 받은 사람 중 실제로 병에 걸린 사람보다 병에 걸리지 않았는데 검사가 잘못되어 양성 판정을 받은 사람들이 압도적으로 많다(전체 인구에서 각 경우가 차지하는 비중을 그림을 이용해 나타내 보면 이를 확연하게 알 수 있다). 조건부 확률 상황에서는 이처럼 기저확률(base probability)을 정확하게 고려하지 않으면 확률에 대해 사실과 동떨어진 인식을 하기 쉬우므로 조심할 필요가 있다.

제12장

12.1

$u_2(R) = 60$이라면 합동전략 EE하에서 $u_2(A) = 65 > u_2(R) = 60$이므로 E를 관찰할 때 2의 최적대응은 A이다. 한편 N이 목격되는 경우는 균형경로 밖이므로 이때의 믿음을 q라고 하자. 이제 N을 목격할 때 2가 각각 A와 R을 택할 때의 기대보수는 다음과 같다.

$$u_2(A) = q \times 100 + (1-q) \times 30 = 70q + 30, \ u_2(R) = 60$$

따라서 $q \geq 3/7$이면 A가 최적이고 $q \leq 3/7$이면 R이 최적이다.

먼저 $q \geq 3/7$이어서 2의 전략이 AA인 경우부터 생각해보자. 이 경우 G는 현재 $100 - g$를 얻고 있지만 N을 택하면 100을 얻으므로 이탈의 유인이 있다. 따라서 더 따져볼 필요도 없이 이러한 균형은 존재하지 않음을 알 수 있다.

다음으로 $q \leq 3/7$이어서 2의 전략이 AR인 경우를 생각해보자. 이때 G는 현재 $100 - g$를 얻고 있는데 N으로 이탈하면 50을 얻는다. 따라서 $g \leq 50$이면 이탈의 유인이 없다. 다음으로 B는 현재 $100 - b$를 얻고 있는데 N으로 이탈하면 40을 얻는다. 따라서 $b \leq 60$이라면 이탈의 유인이 없다.

종합하면 $g \leq 50$, $b \leq 60$이면 다음이 합동균형이 된다.

$$\text{1의 전략}: EE, \quad \text{2의 전략}: AR, \quad \text{2의 믿음체계}: p = \frac{1}{2}, q \leq \frac{3}{7}$$

12.2

(1) ① 분리전략 BQ : 이 경우 2의 최적대응은 NF이다. 그런데 이러면 W유형은 Q가 아니라 B를 택함으로써 보수를 1에서 2로 올릴 수 있다. 따라서 이런 균형은 존

재하지 않는다.

② 분리전략 QB : 이 경우 2의 최적대응은 FN이다. 그런데 이러면 W유형은 B가 아니라 Q를 택함으로써 보수를 0에서 3으로 올릴 수 있다. 따라서 이런 균형은 존재하지 않는다.

(2) 합동전략 BB : 이 경우 2는 $u_2(N) = 0.9 \times 1 + 0.1 \times 0 = 0.9 > u_2(F) = 0.9 \times 0 + 0.1 \times 1 = 0.1$이므로 N을 택해야 한다. 한편 균형 경로 밖에서 Q가 관찰될 때 W유형의 이탈을 막으려면 2는 F를 택해야 한다. (S는 이탈할 유인이 없다.) 이러한 선택이 정당화되려면 균형 밖 믿음을 $q = \Pr\{S \mid Q\}$라 할 때 $u_2(F) = q \times 0 + (1-q) \times 1 = 1 - q \geq u_2(N) = q \times 1 + (1-q) \times 0 = q$가 성립해야 한다. 즉 $q \leq 1/2$이어야 한다. 종합하면, '1의 전략 : BB, 2의 전략 : NF, 2의 믿음체계 : $p = 0.9$, $q \leq 1/2$'이 균형이다.

이 균형에서 S유형은 보수가 3이므로 Q로 이탈해서 이득을 볼 수 없다. 그러나 W유형은 만약 Q로 이탈해서 자신의 유형을 S로 속이는 데 성공하면 이득을 볼 수 있다. 따라서 Q가 관찰될 때 직관적으로 타당한 믿음은 2가 확실하게 W유형이라는 것, 즉 $q = 0$이다. 따라서 $q \leq 0.5$ 중 $q = 0$만이 직관적 기준에 부합한다.

연습문제 풀이

제2장

1.

(1) 1 : 강열등전략이 없다, 2 : R이 C에 대해 강열등하다.

(2) 2의 R이 제거된 후 1의 D가 제거된다. 다음으로 2의 L이 제거된다. 따라서 1의 전략 중 U, 2의 전략 중 C가 남는다.

2.

(1) 1 : B가 T에 대해 강열등하다, 2 : 강열등전략이 없다.

(2) 1의 B가 제거된 후 2의 C가 R에 의해 제거되며, 더 이상 제거되는 전략은 없다. 따라서 1의 전략 중 T, M, 2의 전략 중 L, R이 남는다.

3.

(1)

		미애	
		H	L
철이	H	13, 13	18, 9
	L	9, 18	14, 14

(2) 둘 모두에게 H가 우월전략이며, (H, H)가 우월전략균형이다.

4.

이 게임을 보수행렬로 나타내면 다음과 같다.

		을		
		1	3	5
갑	1	9, 7.5	7.5, 7	7.5, 5
	2	8, 7.5	8, 5.5	6.5, 5
	3	7, 7.5	7, 5.5	7, 3.5

이제 IDSDS를 적용하면 다음과 같다.

- 1단계 : 갑부터 살펴보면 3이 1에 대해 강열등하므로 제거된다. 을은 5가 1과 3에 대해 강열등하므로 제거된다.
- 2단계 : 축소된 행렬에서 갑은 강열등전략이 없다. 을은 3이 1에 대해 강열등하므로 제거된다.
- 3단계 : 축소된 행렬에서 갑은 2가 1에 대해 강열등하므로 제거된다. 따라서 갑과 을 모두 1이 남는다.

5.

(1) 이 게임의 보수행렬은 다음과 같다.

		2		
		L	M	H
1	L	0.5, 0.5	0.2, 0.8	0.3, 0.7
	M	0.8, 0.2	0.5, 0.5	0.4, 0.6
	H	0.7, 0.3	0.6, 0.4	0.5, 0.5

두 후보 모두 우월전략은 없으며, L이 M과 H에 대해 강열등하다.

(2) 두 후보 모두 1단계에서 L이 제거되고, 2단계에서 M이 제거된다. 따라서 (H, H)가 게임의 결과가 된다.

6.

(1) 강열등전략은 존재하지 않는다. 한편 50보다 큰 수는 모두 50에 대해 약열등하다. 50보다 큰 임의의 수를 k라고 하고 이를 50과 비교하면 50이 항상 k보다 전체 평균의 절반에 더 가깝다. 만약 k 대신 50을 적어 내어 승자가 되는 경우라면 50이 확실히 더 낫다. 반면 k를 적어 내나 50을 적어 내나 어차피 승자가 안 된다면 양자가 같은 보수를 준다. 따라서 50을 적어 낼 때의 보수가 k를 적어낼 때의 보수보다 항상 크거나 같다. 따라서 50보다 큰 수 k는 약열등전략이다.

(2)
- 1단계 : 위에서 본 것처럼, 50보다 큰 수는 약열등하다. 따라서 50보다 큰 수는 모두 제거된다.
- 2단계 : 1단계 이후 남은 수들에 대해서 평균의 최댓값은 50이고 그 절반은 25이므로 위 단계에서와 마찬가지로 25보다 큰 수는 모두 제거된다.
- 3단계 : 2단계 이후 남은 수들에 대해서 평균의 최댓값은 25이고 그 절반은 12.5이므로 12.5보다 큰 수는 모두 제거된다.

… (반복)

이와 같이 하면 0보다 큰 수는 모두 제거되므로 0만 남게 된다. 따라서 모든 경기자가 0을 적어내어 각 경기자가 상금의 $\frac{1}{n}$ 을 갖게 된다.

제3장

1.

(1) (H, H), (L, L)

(2) (U, C)

(3) (A, D)

2.

i) $\dfrac{x}{2} > 1 - x$이고 $x > \dfrac{1-x}{2}$이면, 즉 $x > \dfrac{2}{3}$이면 S가 우월전략이므로 (S, S)가 유일한 내쉬균형이다.

ii) $x = \dfrac{2}{3}$이면 (S, S), (S, C), (C, S)가 내쉬균형이다.

iii) $\dfrac{1}{3} < x < \dfrac{2}{3}$이면 (S, C), (C, S)가 내쉬균형이다.

iv) $x = \dfrac{1}{3}$이면 (S, C), (C, S), (C, C)가 내쉬균형이다.

v) $x < \dfrac{1}{3}$이면 C가 우월전략이므로 (C, C)가 유일한 내쉬균형이다.

3.

(1) 이 게임의 보수행렬은 다음과 같다.

		을		
		1	3	5
갑	0	0, 3	0, 1	0, −1
	2	1, 0	0, 1	0, −1
	4	−1, 0	−1, 0	0, −1

(2) 갑 : 강열등전략은 없으며, 4가 0과 2에 대해 약열등하고 0이 2에 대해 약열등하다.
을 : 5가 1과 3에 대해 강열등하다.

(3) 최적대응법을 적용하면 다음에서 보듯이 (2, 3)이 내쉬균형이다.

		을		
		1	3	5
갑	0	0, <u>3</u>	<u>0</u>, 1	<u>0</u>, −1
	2	<u>1</u>, 0	<u>0</u>, 1	<u>0</u>, −1
	4	−1, <u>0</u>	−1, <u>0</u>	<u>0</u>, −1

4.

(1)

		2	
		R	N
1	R	4, 4	10, 0
	N	0, 10	$10(1-p), 10(1-p)$

(2) p값에 관계없이 R이 우월전략이므로 (R, R)이 유일한 내쉬균형이다.

5.

(1) 경기자 i의 보수는 $\dfrac{100s_i}{s_i + s_j}$이며 이것은 s_j에 관계없이 s_i가 커질수록 커진다. 따라서 $s_i = 100$이 우월전략이므로 $(s_1, s_2) = (100, 100)$이 내쉬균형이다.

(2) 상대방의 전략 s_j에 대해 $s_i = 100 - s_j$가 최적대응이다. 따라서 $(s_1, s_2) = (s, 100 - s)$가 내쉬균형이다. 여기서 s는 $0 \leq s \leq 100$이다. 즉 둘의 합이 정확히 100인 모든 조합이 내쉬균형이다. 그런데 만약 상대의 전략이 100이라면 나는 어떤 값을 택해도 0을 얻으므로 어느 값을 택하든 최적대응이다. 따라서 위 내쉬균형에 추가하여 (100, 100)도 내쉬균형이 된다.

(3) 상대방의 전략 s_j에 대해, 만약 $s_i = 100 - s_j$를 택하면 보수가 $100 - s_j$가 된다. 그러나 만약 $s_i' < 100 - s_j$인 s_i'을 택하면 보수가 s_i'에다가 $100 - s_j - s_i'$의 일부를 더한 값이므로 $100 - s_j$보다 작다. 따라서 최적대응은 $s_i = 100 - s_j$이다. 따라서 (2)에서와 마찬가지로 $(s_1, s_2) = (s, 100 - s)$가 내쉬균형이다. 또한 (2)에서 본 것처럼 (100, 100) 역시 내쉬균형이다.

6.

(1)

		2	
		H	D
1	H	$\dfrac{V-C}{2}, \dfrac{V-C}{2}$	$V, 0$
	D	$0, V$	$\dfrac{V}{2}, \dfrac{V}{2}$

(2) 최적대응법을 이용하면 (D, H)와 (H, D)가 내쉬균형임을 알 수 있다. (이 상황은 치킨게임 상황과 유사하다.)

(3) 최적대응법을 이용하면 (H, H)가 내쉬균형임을 알 수 있다. (이 상황은 죄수의 딜레마 상황과 유사하다.)

7.

(1) b에 대한 A의 최적대응은 다음과 같다.

$$a = \begin{cases} 100 - b, & \text{if } b < 50 \\ 50 \text{ or } 100, & \text{if } b = 50 \\ 100, & \text{if } b > 50 \end{cases}$$

a에 대한 B의 최적대응도 마찬가지로 정해진다. 이 둘의 교점은 $(a, b) = (50, 50)$과 $(100, 100)$이며, 두 경우 모두 A, B의 몫은 각각 50이다.

(2) 어느 균형이든 총예산 100이 소진되므로 두 부서의 관점에서 파레토 효율적이다.

제4장

1.

(1) 노력 수준이 다를 경우, 높은 수준을 택한 경기자는 자신의 노력 수준을 $\min\{e_1, \cdots, e_n\}$으로 낮추는 것이 최적이다. 성과는 동일하면서 노력 비용은 최소가 되기 때문이다. 따라서 노력 수준이 상이한 상황은 내쉬균형이 될 수 없다. 그렇다면 노력 수준이 같은 상황은 모두 내쉬균형일까? 노력 수준이 모두 같을 때 나만 노력 수준을 1만큼 낮추면 과제의 성과는 1 감소하는 데 비해 노력 비용의 절약은 1/2밖에 되지 않아 보수가 감소한다. 따라서 이탈 유인이 없다. 그러므로 $(e_1, \cdots, e_n) = (0, \cdots, 0), (1, \cdots, 1), (2, \cdots, 2), (3, \cdots, 3), (4, \cdots, 4), (5, \cdots, 5)$가 모두 내쉬균형이다.

(2) 노력 수준이 높은 내쉬균형일수록 모든 경기자의 보수가 더 높아진다. 보수우월 기준에 따르면 $(5, \cdots, 5)$가 가장 실현 가능성이 높다.

2.

(1) n명 중 1명만 5를 택하고 나머지는 모두 0을 택하는 상황이 내쉬균형이다. 이 경우 5를 택하고 있는 사람이나 0을 택하고 있는 사람들 모두 노력 수준을 바꿀 유인이

없다. 따져보면 다른 모든 상황에서는 적어도 한 명의 경기자에게 이탈 유인이 있음을 알 수 있다.

(2) 모든 경기자가 0을 택하는 상황이 내쉬균형이다. 노력 수준 감소에 따른 과제 성과의 감소보다 그로 인해 절약되는 노동 비용이 더 크므로 모두에게 0이 우월전략이다.

3.

기업 1의 이윤은 $(p_1 - 2)(10 - p_1 + p_2)$이며 일계조건으로부터 1의 최적대응 $p_1 = \dfrac{p_2 + 12}{2}$를 얻는다. 마찬가지로 기업 2의 이윤 $(p_2 - 2)(16 - p_2 + p_1)$의 극대화로부터 2의 최적대응 $p_2 = \dfrac{p_1 + 18}{2}$을 얻는다. 둘을 연립하여 풀면 $p_1 = 14$, $p_2 = 16$을 얻는다.

4.

(1) 5명이 한 팀을 이룰 경우 개인 보수는 $24/5 = 4.8$이다. 그런데 A는 개인 리포트를 쓸 경우 5를 얻을 수 있으므로 이탈의 유인이 있다. 따라서 5명이 모두 한 팀을 이루는 내쉬균형은 존재하지 않는다.

(2) 일부는 개인 리포트를 택하고 나머지는 팀 리포트를 택한다면, 개인 리포트를 택하는 사람은 개인 능력이 높은 사람일 수밖에 없다. 먼저 A가 개인 리포트를 택하고 나머지가 한 팀을 이루는 경우부터 생각해보자. 이 경우 팀 리포트를 택한 학생의 개인보수는 15/4가 되는데 B는 개인 리포트를 택하면 4를 얻을 수 있어 이탈의 유인이 있다. 따라서 4인 팀은 구성될 수 없다. 그렇다면 A, B는 개인 리포트를 택하고 C, D, E는 한 팀이 되는 경우는 어떨까? 이 경우 팀 리포트를 택한 학생들의 개인보수는 10/3으로 C, D, E가 각자 개인 리포트를 택할 때의 보수인 3, 2, 1보다 크다. 따라서 C, D, E는 이탈의 유인이 없다. A, B가 개인 리포트에서 이탈할 유인이 없음은 자명하다. 끝으로 A, B, C가 개인 리포트를 택하고 D, E가 팀 리포트를 택하는 것이 균형이 될 수 없음은 자명하다. 2인 팀일 경우의 보수는 0이기 때문이다. 결론적으로, A와 B는 개인 리포트를 택하고, 나머지는 팀을 구성하는 것이 유일한 내쉬균형이다.

5.

(1) $n = 4$이면 $(600/4) - 180 < 0$이므로 균형에서 n이 4일 수는 없다. 한편 $n = 3$이면 $(600/3) - 180 > 0$이고 $n < 3$일 경우에는 비진입기업이 진입을 통해 이득을 볼 수

있으므로 이탈의 유인이 있다. 따라서 균형에서 진입기업의 수는 3이다. 그러므로 네 기업 중 세 기업이 진입하는 것이 모두 내쉬균형이다.

(2) A와 B의 진입 시 보수는 $n = 4$인 경우에도 양수이므로 균형에서 A와 B는 반드시 진입한다. 한편 $n = 4$라면 C와 D의 보수는 음수이므로 균형에서 $n = 4$일 수 없다. $n = 3$이라면 영업이익이 200이므로 C나 D의 보수가 양수가 된다. 따라서 A, B, C 또는 A, B, D가 진입하는 것이 내쉬균형이다.

6.

A에 응모하는 사람의 숫자를 a라 하면 B에 응모하는 사람의 숫자는 $100 - a$이다. 이제 $(a, 100 - a)$가 내쉬균형이 되려면 다음 두 조건이 만족되어야 한다.

$$\frac{1}{a} \times 100 \geq \frac{1}{101 - a} \times 50, \quad \frac{1}{100 - a} \times 50 \geq \frac{1}{a + 1} \times 100$$

첫 번째 식에서 $a \leq 67\frac{2}{3}$를 얻고 두 번째 식에서 $a \geq 66\frac{1}{3}$을 얻는다. 따라서 $a = 67$이다. 즉 67명이 A에 응모하고 33명이 B에 응모하는 것이 내쉬균형이다.

7.

(1) 100명이 모두 한 수영장에 몰리는 경우에도 $160 - 100 > 0$, $110 - 100 > 0$이므로 수영하지 않는 것보다 낫다. 따라서 수영하지 않는 사람이 존재하는 내쉬균형은 존재하지 않는다.

(2) 내쉬균형에서 G와 B의 이용자를 각각 g, b라 하면 각 수영장 이용자에 대해 다음이 만족되어야 한다.

$$\text{G 이용자} : 160 - g \geq 110 - (101 - g) \quad \rightarrow \quad g \leq 75.5$$
$$\text{B 이용자} : 110 - (100 - g) \geq 160 - (g + 1) \quad \rightarrow \quad g \geq 74.5$$

따라서 $g = 75$, $b = 25$를 얻는다.

8.

(1) 1과 2가 책정한 가격을 각각 p_1, p_2라 할 때 실제 판매가격은 두 기업 모두 $\min\{p_1, p_2\}$가 되는 셈이므로, 기업 i의 이윤은 다음과 같다.

$$50(\min\{p_1,\, p_2\} - 10)$$

한계비용이 10이고 소비자들의 지불용의금액이 20이므로 균형에서의 가격은 10 이 상이고 20 이하여야 한다.

이제 $10 \le p_2 \le 20$인 p_2가 주어졌을 때, 기업 1의 최적대응은 p_2 이상인 모든 가격이 다. 마찬가지로 p_1이 주어졌을 때 기업 2의 최적대응은 p_1 이상인 모든 가격이다. 따라서 내쉬균형은 $10 \le p_1 = p_2 \le 20$인 모든 가격조합 $(p_1,\, p_2)$가 된다. 베르트랑 모형의 내쉬균형에서는 두 기업이 한계비용보다 높은 가격을 책정할 수 없지만, 이 문제에서는 한계비용보다 높은 가격을 책정해 양의 이윤을 얻는 것이 가능하다.

(2) 보수우월의 논리를 적용할 때, 두 기업의 이윤이 가장 커지는 $p_1 = p_2 = 20$이 실현 가능성이 가장 높다.

9.

u_1은 s_2와 무관하게 s_1이 커질수록 커지며, u_2는 s_1과 무관하게 s_2가 커질수록 커진다. 따라서 두 경기자 모두에게 1이 우월전략이다. 따라서 $(s_1,\, s_2) = (1,\, 1)$이 내쉬균형이다.

10.

(1) 1의 보수인 $e_1 e_2 - e_1^2$의 극대화로부터 최적대응 $e_1 = \dfrac{e_2}{2}$를 얻는다. 마찬가지로 하면 2 의 최적대응은 $e_2 = \dfrac{e_1}{2}$이다. 둘을 연립하면 $e_1 = e_2 = 0$을 얻는다.

(2) 1의 보수는 $3e_1 e_2 - e_1 = (3e_2 - 1)e_1$이므로 1의 최적대응은 다음과 같다.

$$e_1 = \begin{cases} 1, & (e_2 > 1/3\text{인 경우}) \\ 0, & (e_2 < 1/3\text{인 경우}) \\ e \in [0,\, 1], & (e_2 = 1/3\text{인 경우}) \end{cases}$$

마찬가지로 하면 2의 최적대응은 다음과 같다.

$$e_2 = \begin{cases} 1, & (e_1 > 1/3\text{인 경우}) \\ 0, & (e_1 < 1/3\text{인 경우}) \\ e \in [0,\, 1], & (e_1 = 1/3\text{인 경우}) \end{cases}$$

이 둘을 연립하면 내쉬균형은 $(0,\, 0)$, $(1/3,\, 1/3)$, $(1,\, 1)$이다.

(3) 보수우월의 논리를 받아들인다면 (1, 1)이 실현 가능성이 가장 높아 보인다.

11.

투표에 비용이 발생하므로 자신이 선호하지 않는 후보자에게 투표하는 것은 기권하는 것에 대해 강열등하다. 따라서 각 투표자는 자신이 선호하는 후보자에게 투표하거나 기권하는 것 중 하나를 선택할 것이다. 다른 사람의 투표 결정이 주어진 상황에서, 어느 한 투표자가 기권하는 경우와 비교하여 투표를 하는 것의 효과를 생각하면, 이 사람의 투표로 인해 패가 무승부로 바뀌거나 무승부가 승으로 바뀔 수는 있지만 패가 승으로 바뀔 수는 없다.

(1) $C < B$이므로 자신의 투표로 인해 투표 결과가 패에서 무승부로 바뀌거나 또는 무승부에서 승으로 바뀐다면 투표를 하는 것이 최적이다. 반면 투표 결과가 바뀌지 않을 경우에는 기권하는 것이 최적이다.

- L과 R의 표 차이가 2표 이상인 경우 : 한 개인의 표가 승패를 바꾸지 않으므로 각 투표자(비기권자)는 기권을 하는 것이 낫다. 따라서 균형이 될 수 없다.
- L과 R의 표 차이가 1표인 경우 : 뒤지는 후보자에게 투표한 투표자는 기권하는 것이 유리하다. 한편 뒤지는 후보를 지지하는 기권자는 투표를 하는 것이 유리하다. 따라서 균형이 될 수 없다.
- L과 R의 득표수가 같고 기권자가 있는 경우 : 각 기권자는 자신이 선호하는 후보자에게 투표를 하는 것이 유리하다. 따라서 균형이 될 수 없다.
- 모든 투표자가 기권하지 않고 자신이 선호하는 후보자에게 투표하는 경우 : 누구도 유익한 이탈이 없다. 따라서 이것이 유일한 내쉬균형이다.

(2) $C > B$이므로 이 경우에는 자신의 투표로 인해 투표 결과가 바뀌더라도 기권을 하는 것이 최적이다. 따라서 이 경우에는 모든 투표자가 기권을 하는 것이 유일한 내쉬균형이다.

12.

(1) $V_A = \frac{2}{3}(s_A + s_B) - s_A = -\frac{1}{3}s_A + \frac{2}{3}s_B$이므로 s_B에 관계없이 $s_A = 0$이 최적이다. 마찬가지로 B에게는 $s_B = 0$이 최적이다. 따라서 내쉬균형은 $(s_A, s_B) = (0, 0)$이다.

(2) $V_A + V_B = \frac{4}{3}(s_A + s_B) - (s_A + s_B) = \frac{1}{3}(s_A + s_B)$이므로 예산투입액이 커질수록 편익의

합이 커진다. 따라서 예산제약을 감안할 때 $s_A = s_B = 6$이 최적이다.

(3) 정부의 지원을 감안할 때 V_A는 다음과 같이 정해진다.

$$V_A = \begin{cases} \dfrac{2}{3}(s_A + s_B) - s_A, & (s_A + s_B < 10\text{인 경우}) \\ \dfrac{2}{3}(s_A + s_B + 5) - s_A, & (s_A + s_B \geq 10\text{인 경우}) \end{cases}$$

V_B도 마찬가지로 정해진다.

주어진 s_B에 대해 A는 자신의 예산투입으로 예산총액이 10이 될 수 있으면 그렇게 하는 것이 유리하지만, s_B가 4보다 작아서 자신이 최대액인 6을 투입해도 총액이 10이 되지 않는 경우에는 (1)에서와 마찬가지로 0을 투입하는 것이 최적이다. 따라서 주어진 s_B에 대해 A의 최적대응은 다음과 같다.

$$s_A = \begin{cases} 0, & (s_B < 4\text{인 경우}) \\ 10 - s_B, & (s_B \geq 4\text{인 경우}) \end{cases}$$

마찬가지로 B의 최적대응도 다음과 같이 정해진다.

$$s_B = \begin{cases} 0, & (s_A < 4\text{인 경우}) \\ 10 - s_A, & (s_A \geq 4\text{인 경우}) \end{cases}$$

둘을 결합하면 내쉬균형은 다음과 같다.

- $(0, 0)$
- $s_A + s_B = 10$, $s_A \geq 4$, $s_B \geq 4$를 만족하는 모든 (s_A, s_B)

13.

(1) 각 경기자가 모두 같은 숫자를 부르지 않는 경우, 최솟값보다 높은 수를 부른 사람은 보수가 0인데 만약 최솟값으로 이탈하면(이것이 최선의 이탈이라는 뜻은 아니다) 보수가 양이 되므로 이탈의 유인이 있다. 따라서 내쉬균형이 될 수 없다. 이제 모두 같은 숫자 $k \geq 2$를 부르는 경우를 생각해보면, 현재 상황에서 각 경기자의 보수는 $3k/3 = k$인데 어느 한 경기자가 $k - 1$로 이탈하면 $3(k-1)$을 얻게 되고, $3(k-1) -$

$3k/n = \dfrac{3}{n}\{(n-1)k - n\} \geq \dfrac{3}{n}\{2(n-1) - n\} = \dfrac{3}{n}(n-2) > 0$이므로 이탈의 유인이 있다. 따라서 내쉬균형이 될 수 없다. 마지막 남은 경우는 모두가 1을 부르는 것인데, 숫자를 더 낮출 수 없고 숫자를 높이면 보수가 0이 되므로 누구도 이탈의 유인이 없다. 따라서 모두가 1을 부르는 것이 유일한 내쉬균형이다.

(2) 모두가 1보다 더 큰 동일한 수를 부르면 모두의 보수가 올라간다. 따라서 내쉬균형은 비효율적이다.

제5장

1.

최적대응법을 쓰면 이 게임에 순수전략균형이 존재하지 않음을 쉽게 알 수 있다. 이제 1이 O와 I를 각각 p와 $1-p$의 확률로 섞어 쓰고, 2가 S와 N을 각각 q와 $1-q$의 확률로 섞어 쓰는 상황을 생각해보자. 먼저 1이 O와 I 사이에 무차별하려면 $q \times 0.4 + (1-q) \times (-0.1) = q \times 0.1 + (1-q) \times 0.2$가 성립해야 한다. 이로부터 $q = 1/2$을 얻는다. 한편 2가 S와 N 사이에 무차별하려면 $p \times (-0.4) + (1-p) \times (-0.1) = p \times 0.1 + (1-p) \times (-0.2)$가 성립해야 한다. 이로부터 $p = 1/6$을 얻는다. 따라서 $p = 1/6$, $q = 1/2$이 내쉬균형이다.

2.

(1) 기업 1과 2는 $n = 4$여도 보수가 양수이므로 항상 진입한다. 따라서 1과 2가 혼합전략을 쓰는 내쉬균형은 존재하지 않는다.

(2) 1과 2는 항상 진입함을 염두에 두고 3과 4에 초점을 맞춰 보수행렬을 그리면 다음과 같다. 여기서 E는 진입, N은 미진입을 의미한다.

		4	
		E	N
3	E	−10, −30	40, 0
	N	0, 20	0, 0

4가 q의 확률로 진입한다고 할 때 3은 균형에서 E와 N 사이에 무차별해야 하므로 다음을 얻는다.

$$q \times (-10) + (1-q) \times (40) = 0$$

이로부터 $q = 4/5$를 얻는다. 마찬가지로 3이 p의 확률로 진입할 때, 4에 대해서 다음이 성립해야 한다.

$$p \times (-30) + (1-p) \times (20) = 0$$

이로부터 $p = 2/5$를 얻는다. 따라서 1과 2는 확실하게 진입하고, 3과 4는 각각 2/5와 4/5의 확률로 진입하는 것이 혼합전략이 사용되는 내쉬균형이다.

3.

(1) 버튼을 누르는 행위를 Y, 누르지 않는 행위를 N이라고 하면 보수행렬은 다음과 같다.

		2	
		Y	N
1	Y	$2-c, 2-c$	$2-c,\ 2$
	N	$2, 2-c$	$-1, -1$

(2) c값에 따라 내쉬균형은 다음과 같다.
   - $0 < c < 3$: (Y, N), (N, Y)
   - $c = 3$: (Y, N), (N, Y), (N, N)
   - $c > 3$: (N, N)

(3) • $c > 3$: N이 강우월전략이므로 혼합전략균형은 존재하지 않는다.
   • $c = 3$: 1이 N을 택하고 2가 $q \in (0, 1)$의 확률로 Y를 선택하거나, 1이 $p \in (0, 1)$의 확률로 Y를 택하고 2가 N을 선택하는 상황이 적어도 한 경기자가 혼합전략을 쓰는 내쉬균형이다.
   • $c < 3$: 1과 2가 각각 p, q의 확률로 Y를 선택하는 상황을 생각해보자. 먼저 주어진 q에 대해 1에 대해서 $2 - c = q \times 2 + (1-q) \times (-1)$이 만족되어야 한다. 이 식을 풀면 $q = \dfrac{3-c}{3}$가 나온다. 마찬가지로 2에 대해 풀면 $p = \dfrac{3-c}{3}$를 얻는다.

4.

이 상황을 보수행렬로 나타내면 다음과 같다.

		2	
		A	B
1	A	1.5, 1.5	3, 2
	B	2, 3	1, 1

최적대응법을 쓰면 우선 순수전략균형 (A, B)와 (B, A)를 얻는다.

이제 혼합전략균형을 생각해보자. 먼저 2가 q의 확률로 A를 택한다고 하면 1에 대해 다음 식이 성립해야 한다.

$$q \times 1.5 + (1 - q) \times 3 = q \times 2 + (1 - q) \times 1$$

이 식을 풀면 $q = 4/5$를 얻는다. 마찬가지로 1이 p의 확률로 A를 택한다고 하면 2에 대해 다음 식이 만족되어야 한다.

$$p \times 1.5 + (1 - p) \times 3 = p \times 2 + (1 - p) \times 1$$

이로부터 $p = 4/5$를 얻는다.

5.

(1) 이 게임의 보수행렬은 다음과 같다.

		2	
		C	N
1	P	$-F, F-C$	$B, 0$
	N	$0, -C$	$0, 0$

어떤 전략의 짝에서도 둘 중 한 경기자는 이탈의 유인이 있다. 따라서 순수전략균

형은 존재하지 않는다.

(2) 2가 q의 확률로 C를 선택할 때 1에 대해 다음이 성립해야 한다.

$$q \times (-F) + (1-q) \times B = 0$$

이 식을 풀면 $q = \dfrac{B}{B+F}$를 얻는다. 다음으로, 1이 p의 확률로 P를 선택할 때 2에 대해 다음이 성립해야 한다.

$$p \times (F-C) + (1-p) \times (-C) = 0$$

이 식을 풀면 $p = \dfrac{C}{F}$를 얻는다.

6.

(1) 1이 T를 p의 확률로 선택하고 2가 L을 q의 확률로 선택하는 상황을 상정하자. 우선 2가 q를 택한 상황에서 1이 T와 B 사이에 무차별해야 한다는 조건으로부터 다음을 얻는다.

$$q \times 0 + (1-q) \times 1 = q \times x + (1-q) \times 0 \quad \Rightarrow \quad q = \frac{1}{1+x}$$

마찬가지로, 주어진 p에 대해 2의 기대보수를 비교하면 다음을 얻는다.

$$p \times 0 + (1-p) \times 1 = p \times y + (1-p) \times 0 \quad \Rightarrow \quad p = \frac{1}{1+y}$$

(2) x 증가는 p에는 영향을 주지 않고 q를 감소시킨다. 마찬가지로 y 증가는 q에는 영향을 주지 않고 p를 감소시킨다. x는 1의 보수에 영향을 미치고 y는 2의 보수에 영향을 미치므로, 언뜻 생각하면 x는 1의 전략인 p에 영향을 주고 y는 2의 전략인 q에 영향을 주어야 할 것처럼 생각된다. 하지만 이는 잘못된 생각이다. 혼합전략균형에서 각 경기자는 상대방의 혼합전략에 대해 자신의 각 순수전략으로부터 동일한 보수를 얻는다. 가령 x가 증가하면 1에게는 B가 더 매력적인 선택이 된다. 그럼에도 불구하고 B와 T가 무차별하려면 2가 L을 택하는 확률, 즉 q가 줄어들어야 한다.

7.

(1) 먼저 A가 C를 확실하게 택한다고 하자. 이때 x를 선택한 B의 기대보수는 다음과 같다.

$$x(5 - 5x^2) + (1 - x)(-5x^2) = 5x - 5x^2$$

이 값은 $x = 1/2$에서 최대가 되므로 B는 $x = 1/2$을 택할 것이다. 그런데 B가 $x = 1/2$을 택할 때 A의 기대보수는 C를 택하면 $(-10/2) + (5/2) = -5/2$이고 N을 택하면 0이므로 C가 아닌 N을 택할 것이다. 따라서 A가 C를 확실하게 택하는 내쉬균형은 존재하지 않는다.

다음으로, A가 N을 확실하게 택한다고 하자. 이 경우 B는 $x = 0$을 택하는 것이 최적이다. 그런데 A는 이 경우 N이 아닌 C를 택하는 것이 더 유리하다. 따라서 A가 N을 확실하게 택하는 내쉬균형도 존재하지 않는다.

(2) A가 p의 확률로 C를 선택하고 B가 특정 x값을 선택하는 경우를 생각해보자.

먼저 주어진 x에 대해 A가 C와 N 사이에 무차별하려면 다음이 성립해야 한다.

$$x \times (-10) + (1 - x) \times 5 = 0$$

따라서 $x = 1/3$이다.

다음으로, 주어진 p에 대해 B의 기대보수는 다음과 같다.

$$p\{x(5 - 5x^2) + (1 - x)(-5x^2)\} + (1 - p)(-5x^2) = 5px - 5x^2$$

이 값은 $x = \dfrac{p}{2}$에서 최대가 되므로 이것이 B의 최적대응이다. 그런데 앞에서 $x = 1/3$을 구했으므로 $\dfrac{1}{3} = \dfrac{p}{2}$로부터 $p = 2/3$를 얻는다.

8.

(1) 시설용량 제한이 없을 경우의 내쉬균형은 $p_1 = p_2 = 10$이고 이때 각 기업의 보수는 0임을 보았다. 이제 2가 $p_2 = 10$을 유지하는 상황에서 1이 $10 < p_1 \le 20$인 가격을 책정하면, 1은 2가 충족하지 못하는 수요인 20만큼을 p_1에 판매하므로 보수가 $20(p_1 - 10) > 0$이 되어 유익한 이탈이 존재한다. 따라서 $p_1 = p_2 = 10$은 더 이상 내쉬균형이 아니다.

(2) • $p_1 \ne p_2$인 경우 : 가령 $p_1 < p_2$라고 하면 1은 80개를 판매하고 2는 20개를 판매하는데, 이 경우 가령 1이 가격을 p_2를 넘지 않는 수준으로 올리면 이윤이 증가한다. 따라서 균형이 될 수 없다.

• $p_1 = p_2 > 10$인 경우 : 이 경우 두 기업이 50개씩 판매하는데, 어느 기업이든 현재보다 가격을 아주 조금만 낮추면 판매량이 80으로 늘어나므로 이윤을 증가시킬 수

있다. 따라서 내쉬균형이 될 수 없다.

(3) 1과 2가 F라는 확률분포에 따라 가격 p를 책정하는 경우를 생각해보자. 단 $p' \le p \le 20$이다. 상대가 F에 따라 가격을 책정할 때, 가격을 p로 정할 경우의 기대보수는 다음과 같다.

$$F(p) \times 20(p - 10) + (1 - F(p)) \times 80(p - 10) = (80 - 60F(p))(p - 10)$$

이 값이 모든 $\pi \in [p', 20]$에 대해 동일해야 한다. 양 끝점인 $p = p'$과 $p = 20$에 대해 기대보수를 구하여 같게 놓으면 다음을 얻는다.

$$(80 - 60 \times 0)(p' - 10) = (80 - 60 \times 1) \times 10 \quad \Rightarrow \quad p' = 12.5$$

따라서 $p' = 12.5$이며 기대보수는 200으로 동일하다. 따라서 다음 식이 성립한다.

$$(80 - 60F(p))(p - 10) = 200$$

이 식으로부터 $12.5 \le p \le 20$에 대해 다음을 얻는다.

$$F(p) = \frac{4p - 50}{3(p - 10)}$$

제6장

1.

(1) 1의 전략은 3개의 결정마디에서 무엇을 할지를, 2의 전략은 1개의 결정마디에서 무엇을 할지를 명시해야 한다.
   - 1의 전략 : LLL, LLR, LRL, LRR, RLL, RLR, RRL, RRR (총 8개)
   - 2의 전략 : A, B (총 2개)
(2) 역진귀납을 적용하면 {1 : RRL, 2 : A}가 SPNE이다.

2.

자신의 제안이 부결될 경우 벌금만 물고 돈은 한 푼도 갖지 못하므로, 제안이 가결되는 한도 내에서 자신의 몫을 가장 크게 하는 것이 최적전략이 된다. 역진귀납을 쓰기 위해 우선 A~D의 제안이 모두 부결되면 E가 10을 모두 가지게 됨을 기억하자. 그 전 단계에서 D는 (D, E) = (10, 0)을 제안할 것이다. E가 반대하더라도 두 명 중 한 명이 찬성하는 것이므로 가결되기 때문이다. 그 전 단계에서 C는 어떤 제안을 할까? C는 D와 E 중 한 명의 찬성만 더 얻으면 되므로 다음 단계에서 받는 금액이 적은 E에게 1을 주는 것이 최적이다. (무차별할 경우 반대한다고 가정하였음을 기억하라.) 따라서 C는 (C, D, E) = (9, 0, 1)을 제안할 것이다. 마찬가지로 생각하면 그 전 단계에서 B는 (B, C, D, E) = (9, 0, 1, 0)을 제안하여 D의 찬성을 얻을 것이다. 따라서 최초에 A는 (A, B, C, D, E) = (8, 0, 1, 0, 1)을 제안하고 이것이 A, C, E의 찬성을 얻어 가결될 것이다.

3.

1이 거부권을 행사하면 2는 남은 두 대안 중 자신이 더 선호하는 것을 택할 것이다. 1은 이를 염두에 두고 자신에게 유리한 결과가 나오도록 거부권을 행사할 것이다.

(1) 1이 a, b, c 각각에 대해 거부권을 행사할 경우 2가 선택하는 대안은 각각 c, c, b이다. 이 중 1에게 가장 유리한 대안은 b이다. 따라서 1은 c에 대해 거부권을 행사하고 최종적으로 b가 선택될 것이다.

(2) 1이 a, b, c 각각에 대해 거부권을 행사할 경우 2가 선택하는 대안은 각각 b, c, b이다. 이 중 1에게 가장 유리한 대안은 b이다. 따라서 1은 a나 c에 대해 거부권을 행사하고 최종적으로 b가 선택될 것이다.

4.

(1) 1이 X, Y, X + Y를 택할 경우 2의 최적대응은 각각 R, A, A이다. 이를 염두에 두었을 때 1의 보수는 X + Y를 택할 때 6으로 가장 크며, 이 보수는 1이 ∅을 택할 때 얻는 보수보다도 크다. 따라서 1은 X + Y를 택하는 것이 최적이다. 이를 정리하면 다음과 같다.

- 균형 : 1은 X + Y를 선택하고, 2는 1이 X, Y, X + Y를 택할 때 각각 R, A, A를 선택
- 균형결과 : 1이 X + Y를 선택하고 2는 A를 선택하여 X, Y가 통과됨

(2) 이제는 1이 X + Y를 택하는 경우 2는 선택적 거부권을 써서 Y만 받아들이는 것이 최적이다. 이를 염두에 두면 1은 X나 ∅을 선택하는 것이 최적이다. (X를 택하면 2가 거부하므로 ∅과 실질적으로 같아진다.) 이를 정리하면 다음과 같다.

- 균형 : 1은 X를 선택하거나 ∅을 선택하고, 2는 1이 X, Y, X + Y를 선택할 경우 각각 R, A, 'X에 대한 선택적 거부권'을 선택

- 균형결과 : (i) 1이 X를 선택하고 2가 R을 선택

   (ii) 1이 ∅을 선택하여 그대로 게임 종료

 두 경우 모두, 어느 법안도 통과되지 않는다.

따라서 거부권을 가지게 된 것이 오히려 2에게 불리하게 작용한다.

5.

(1) 동시게임의 보수행렬은 다음과 같다.

		B	
		Y	N
A	Y	4, 1	4, 3
	N	5, 1	0, 0

이 게임의 순수전략균형은 (N, Y), (Y, N)이다.

(2) A와 B가 각각 p, q의 확률로 Y를 택한다고 하자.

A에 대해서는 $4 = 5q$로부터 $q = 4/5$를 얻고, B에 대해서는 $1 = 3p$로부터 $p = 1/3$을 얻는다.

(3) A가 먼저 결정하는 경우와 B가 먼저 결정하는 경우를 각각 게임트리로 나타내어 역진귀납을 적용하면 첫 번째로 결정하는 사람은 N, 두 번째로 결정하는 사람은 Y를 선택함을 알 수 있다. 첫 번째 사람이 N을 택할 경우 두 번째 사람은 Y를 택하며, 첫 번째 사람이 Y를 택할 경우 두 번째 사람은 N을 택하는데, 첫 번째 사람의 입장에서는 자신이 N을 택하고 상대가 Y를 택하는 것이 더 유리하기 때문이다.

(4) 먼저 결정하는 것이 더 유리하므로 자신이 먼저 결정을 하려고 할 것이다.

6.

(1) A가 출마를 할 경우 B는 약한 선거운동을 선택할 것이다. A의 보수는 출마를 안 하면 30, 출마를 하여 B가 약한 선거운동을 하면 40이다. 따라서 출마를 할 것이다. 따라서 균형은 다음과 같다.

- A : 출마, B : A가 출마할 경우 약한 선거운동을 선택

(2) 'A는 불출마, B는 A가 출마할 경우 강한 선거운동을 선택'은 내쉬균형이지만 SPNE 는 아니다. 실제로 A가 출마할 경우 B는 약한 선거운동을 선택하는 것이 합리적이기 때문이다. 즉 B의 전략은 신빙성이 없는 헛된 위협이다.

(3) B가 네거티브 공격을 하는 것이 유리하려면 $50 \leq 100 - \beta$가 성립해야 하며, A가 불 출마하는 것이 유리하려면 $30 \geq 40 - \alpha$가 성립해야 한다. 이로부터 $\alpha \geq 10$, $\beta \leq 50$ 을 얻는다.

제7장

1.

이윤극대화를 추구할 경우 $\max_{q_i}(9 - q_i - q_j)q_i$로부터 최적대응 $q_i = \dfrac{9 - q_j}{2}$가 도출되며, 매출극대화를 추구할 경우 $\max_{q_i}(10 - q_i - q_j)q_i$로부터 최적대응 $q_i = \dfrac{10 - q_j}{2}$가 도출 된다.

(1) $q_1 = \dfrac{9 - q_2}{2}$, $q_2 = \dfrac{9 - q_1}{2}$으로부터 $q_1 = q_2 = 3$ 및 $\pi_1 = \pi_2 = 9$를 얻는다.

(2) 1은 이윤극대화를, 2는 매출극대화를 추구할 경우, $q_1 = \dfrac{9 - q_2}{2}$, $q_2 = \dfrac{10 - q_1}{2}$으로부 터 $q_1 = 8/3$, $q_2 = 11/3$ 및 $\pi_1 = 64/9$, $\pi_2 = 88/9$을 얻는다.

(3) $q_1 = \dfrac{10 - q_2}{2}$, $q_2 = \dfrac{10 - q_1}{2}$으로부터 $q_1 = q_2 = 10/3$ 및 $\pi_1 = \pi_2 = 70/9$을 얻는다.

(4) 이윤극대화를 P, 매출극대화를 R로 표시하면 두 이사회 간의 게임은 다음과 같은 보 수행렬로 표현된다.

		2	
		P	R
1	P	9, 9	$\dfrac{64}{9}$, $\dfrac{88}{9}$
	R	$\dfrac{88}{9}$, $\dfrac{64}{9}$	$\dfrac{70}{9}$, $\dfrac{70}{9}$

이 보수행렬에 최적대응법을 적용하면 (R, R)이 내쉬균형이 됨을 알 수 있다. 이는

내쉬균형인 동시에 우월전략균형이다. 즉 두 이사회 모두 CEO의 보수가 매출에 연동되도록 한다. (R, R)은 (P, P)에 비해 파레토 열등하다. 이윤극대화를 추구할 경우 두 기업 이윤이 모두 커진다.

2.

(1) 쿠르노 모형을 풀면 $q_1 = q_2 = 4$를 얻는다. 이때 각 기업은 이윤 16을 얻는다.

(2) 슈타켈버그 모형을 풀면 $q_1 = 6$, $q_2 = 3$을 얻는다. 이때 1과 2의 이윤은 각각 18과 9이다.

(3) 1의 이윤이 2만큼 늘어나므로 1은 최대 2를 지불할 용의가 있다.

(4) 추가적으로 생산을 할 경우 이윤이 감소하므로 1은 추가적으로 생산하려 하지 않을 것이다.

3.

1, 2, 3기에 나눠 가질 수 있는 총액은 각각 4, 2, 1이다. 3기에서 협상이 결렬되면 모두 0을 갖게 된다. 따라서 A는 (A, B) = (1, 0)을 제안하고 B는 이를 받아들인다. 2기에 B는 3기에서의 A의 몫을 고려하여 (A, B) = (1, 1)을 제안하고 A는 이를 받아들인다. 따라서 1기에 A는 (A, B) = (3, 1)을 제안하고 B는 이를 받아들인다. 그러므로 SPNE에서 A는 3을, B는 1을 얻는다.

4.

(1) 게임트리는 다음과 같다.

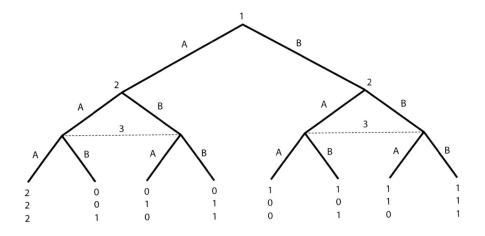

1의 전략은 A, B로 2개이다. 2와 3의 전략은 AA, AB, BA, BB로 4개이다.

(2) 2와 3이 결정하는 왼쪽 부분게임의 내쉬균형은 (A, A)와 (B, B)이며, 오른쪽 부분게임의 내쉬균형은 (B, B)이다. 한편 1은 2와 3이 모두 A를 택할 경우에는 A를, 그렇지 않을 경우에는 B를 택할 것이다. 따라서 SPNE는 (A, AB, AB)와 (B, BB, BB)이다.

5.

(1) 1의 전략은 LL, LR, RL, RR이고 2의 전략은 ll, lr, rl, rr이다.

(2) 왼쪽 부분게임의 내쉬균형은 (L, l)이고 이때 보수는 (3, 3)이다. 오른쪽 부분게임에서는 2가 r을 택해 보수가 (2, 4)이다. 따라서 1은 애초에 L을 택한다. 따라서 SPNE는 (LL, lr)이다.

(3) (LL, ll)은 내쉬균형이지만 SPNE는 아니다. 누구도 이탈의 유인이 없어 내쉬균형이지만 오른쪽 부분게임에서 2는 l이 아닌 r을 택하는 것이 최적이기 때문이다.

6.

제3장 연습문제 4번에서 본 것처럼, A가 C를 택한 후에 도달하는 부분게임에서 A와 B는 모두 우월전략 R을 선택하여 4의 보수를 얻는다. 따라서 A가 애초에 NC를 택하려면 $\pi \geq 4$의 조건이 필요하다.

7.

(1) 주어진 x에 대해 2는 다음과 같은 최적화 문제를 푼다.

$$\max_B(-x^2 + 4x + 100 - B)(-x^2 + 2x + 10 + B)$$

이 식을 풀면 $B = x + 45$를 얻는다. 이제 1은 이것을 고려하여 다음 식을 푼다.

$$\max_x -x^2 + 2x + 10 + (x + 45)$$

이것으로부터 $x = 3/2$을 얻는다.

(2) 다음 극대화 문제를 풀면 $x = 3/2$을 얻으며, 이는 (1)에서 구한 값과 동일하다.

$$max_x(-x^2 + 2x + 10) + (-x^2 + 4x + 100)$$

8.

(1) q_1이 정해지면 2와 3이 직면하는 시장역수요는 $P = 10 - q_1 - Q_{-1}$이 된다. 여기서 $Q_{-1} = q_2 + q_3$를 뜻한다. 이 동시게임은 $a = 10 - q_1$, $c = 1$인 표준적인 쿠르노 모형과 동일하며, 2와 3의 최적대응은 다음과 같다.

$$q_2 = \frac{9 - q_1 - q_3}{2}, \quad q_3 = \frac{9 - q_1 - q_2}{2}$$

이 식으로부터 $q_2 = q_3 = \frac{9 - q_1}{3}$을 얻는다. 따라서 1이 풀어야 하는 최적화 문제는 다음과 같다.

$$\max_{q_1} \left(9 - q_1 - \frac{2(9 - q_1)}{3} \right) q_1 = \frac{1}{3}(9 - q_1) q_1$$

이것으로부터 $q_1 = 9/2$를 얻는다. 이를 q_2, q_3에 관한 식에 대입하면 $q_2 = q_3 = 3/2$을 얻는다.

(2) q_1, q_2가 정해지면 3의 최적 생산량은 $q_3 = \frac{9 - q_1 - q_2}{2}$가 된다. 이제 이를 감안하면 1은 다음과 같은 최적화 문제를 푼다.

$$\max_{q_1} \left(9 - q_1 - q_2 - \frac{9 - q_1 - q_2}{2} \right) q_1$$

이로부터 $q_1 = \frac{9 - q_2}{2}$를 얻는다. 마찬가지로 하면 2에 대해 $q_2 = \frac{9 - q_1}{2}$을 얻는다. 이 둘을 연립하여 풀면 $q_1 = q_2 = 3$이 나오며 이를 q_3 식에 대입하면 $q_3 = 3/2$을 얻는다.

9.

(1) 1이 2가 있는 곳까지 갔고 2가 1에게 제시하는 가격이 P라고 하자. 1이 이 가격을 받아들일 경우의 보수는 $100 - P - 20 = 80 - P$이다. 1이 이 가격을 거부하고 물건을 사지 않을 경우의 보수는 -20이다. 따라서 1은 $80 - P \geq -20$이면 물건을 사는 것이 합리적이다. 즉 1은 $P \leq 100$이면 물건을 구입하고 $P > 100$이면 물건을 구입하지 않는다. (1이 2에게 간 경우 20은 매몰비용이므로 제외하고 소비자잉여인 $100 - P$와 0을 비교한다고 생각해도 된다.) 이러한 1의 의사결정을 아는 2는 가장 높은 가

격인 $P=100$을 제시할 것이다. 그러면 1의 효용은 $100-100-20=-20$이 되는데, 이는 애초에 물건을 구입하러 가지 않을 경우의 효용인 0보다 작으므로 1은 물건을 구입하러 가지 않는 것이 최적이다. 즉 이 게임의 SPNE에서 1의 전략은 (i) 물건을 구입하러 가지 않고, (ii) 만약 갈 경우에는 $P\le100$이면 구입하고 $P>100$이면 구입하지 않는 것이며, 2의 전략은 $P=100$을 제시하는 것이다.

(2) 구매자의 가치평가액(100)이 판매자의 가치평가액(50)보다 크고 그 차이(50)가 거래비용 20보다 크므로 거래가 이루어지는 것이 효율적이다. 하지만 균형에서는 거래가 이루어지지 않으므로 비효율적이다.

(3) 1이 구매를 하러 가려면 $80-P\ge0$이 성립해야 한다. 따라서 $P\le80$이어야 한다.

(4) 일단 1이 물건을 사러 오면 2는 $P=100$을 제시하는 것이 최적이므로 2의 약속은 신빙성이 없다.

10.

A가 x를 제안할 때 B가 x를 받아들이면 효용이 $-\left(x-\dfrac{3}{4}\right)^2$이고 현재의 정책을 그대로 유지하면 효용이 $-\dfrac{1}{16}$이다. 따라서 B는 $-\left(x-\dfrac{3}{4}\right)^2\ge-\dfrac{1}{16}$이면 x를 받아들일 것이다. 즉 B는 $1/2\le x\le1$이면 x를 받아들이고 $x<1/2$이면 현재의 정책인 1을 유지할 것이다. 따라서 A는 $1/2\le x\le1$ 중 자신의 효용을 가장 크게 하는 값인 $x=1/2$을 제안할 것이다. 즉 SPNE에서 A의 전략은 $x=1/2$을 제안하는 것이고, B의 전략은 $1/2\le x\le1$이면 x를 받아들이고 $x<1/2$이면 현재의 정책인 1을 유지하는 것이다.

11.

주어진 w에 대해 2는 자신의 보수를 극대화하려고 한다. 2의 보수를 L에 대해 미분하여 0으로 놓으면 $-L+100-w=0$으로부터 $L=100-w$를 얻는다. 이를 1의 보수에 대입하면 $w(100-w)$가 되며, 이 값은 $w=50$일 때 극대화된다. 종합하면, 1이 $w=50$을 택하고 2는 주어진 w에 대해 $L=100-w$를 택하는 것이 이 게임의 SPNE이다. 이때 균형결과는 1이 $w=50$을 택하고 2가 $L=50$을 택하는 것이다.

12.

(1) a에 대한 B의 최적대응은 다음과 같다.

$$b = \begin{cases} 100 - a, & \text{if } a < 50 \\ 50 \text{ or } 100, & \text{if } a = 50 \\ 100, & \text{if } a > 50 \end{cases}$$

만약 $a = 50$일 때 B가 $b = 100$을 선택한다면 A에게는 $a = 100$이 최선의 선택이다. 반면 $a = 50$일 때 B가 $b = 50$을 선택한다면 A는 $a = 50$과 $a = 100$ 간에 무차별하다. 따라서 SPNE는 다음과 같이 3개가 존재한다.

(i)　$a = 100$, $b = \begin{cases} 100 - a, & \text{if } a < 50 \\ 100, & \text{if } a \geq 50 \end{cases}$

(ii)　$a = 50$, $b = \begin{cases} 100 - a, & \text{if } a \leq 50 \\ 100, & \text{if } a > 50 \end{cases}$

(iii)　$a = 100$, $b = \begin{cases} 100 - a, & \text{if } a \leq 50 \\ 100, & \text{if } a > 50 \end{cases}$

(2) 어느 SPNE에서든 A는 50을 얻으므로 동시게임 상황과 순차게임 상황 간에 무차별하다.

제8장

1.

(1) 두 경기자 모두 A가 우월전략이므로 (A, A)가 유일한 내쉬균형이다.

(2) 1기에 B를 선택한다. 그 이후에는 그때까지 (B, B)가 유지되었으면 계속 B를 선택하고 그렇지 않으면 A를 선택한다. 이것이 SPNE가 되려면 $\frac{1}{1-\delta} \geq 2 + \frac{\delta x}{1-\delta}$가 성립해야 한다. 이를 δ에 대해 풀면 $\delta \geq \frac{1}{2-x}$을 얻는다.

(3) $\frac{1}{2-x} \equiv \delta'$이라 하면 x가 증가함에 따라 δ'이 증가한다. x가 증가함에 따라 처벌이 약화되는 셈이므로 협조 유지를 위한 조건이 강화된다.

2.

(1) 2는 자신의 차례가 되면 R을 택한다. 이를 예상하는 1은 애초에 L을 택하게 되어 두 경기자의 보수가 각각 1이 된다. 그런데 1이 R을 택하고 2가 L을 택하면 둘 다 보수 2를 얻을 수 있으므로 이 균형은 비효율적이다.

(2) 1과 2가 다음과 같은 전략을 취한다고 하자.

- 1 : 1기에 R을 선택하고, 1기 이후에는 이전 기에 매번 (R, L)이 실행되었으면 계속 R을 선택하고 그렇지 않으면 L을 선택
- 2 : 1기에 L을 선택하고, 1기 이후에는 이전 기에 매번 (R, L)이 실행되었으면 계속 L을 선택하고 그렇지 않으면 R을 선택

이제 이러한 전략이 SPNE가 되는 조건을 생각해보자. 먼저 1은 위 전략의 짝에 따르면 매기 2를 얻지만 이탈을 하여 L을 택하면 계속 1을 얻게 되므로 δ에 관계없이 이탈의 유인이 없다. 다음으로 2는 이번 기에 이탈하여 R을 택하면 3을 얻고 그 이후에는 계속 1을 얻으므로, 이탈하지 않으려면 다음 조건이 필요하다.

$$\frac{2}{1-\delta} \geq 3 + \frac{\delta}{1-\delta}$$

이를 풀면 $\delta \geq 1/2$을 얻는다.

3.

(1) 이 게임은 순차게임이지만 B가 x값을 모르므로 동시게임이나 마찬가지이다. B가 구입을 하는 전략을 Y, 구입을 하지 않는 전략을 N이라고 하자.

먼저 B가 Y를 택하는 상황을 생각해보자. 이때 A의 최적대응은 $x=0$이다. 그런데 $x=0$이면 B는 N을 택하는 것이 최적이다. 따라서 B가 Y를 택하는 내쉬균형은 존재하지 않는다.

다음으로 B가 N을 택하는 상황을 생각해보자. 이때 A의 최적대응은 $x=0$이다. 그리고 $x=0$에 대한 B의 최적대응은 N이다. 따라서 A가 $x=0$을 택하고 B가 구입을 하지 않는 상황이 유일한 순수전략균형이다.

위 내쉬균형에서 보수는 (1, 0)이다. 그런데 x에 대해 부여하는 가치가 A보다 B가 더 크므로 거래가 이루어지는 것이 바람직하다. 가령 $x=1$, $P=1.5$이고 거래가 이루어지면 효용이 (1.5, 0.5)가 되어 둘 다 좋아진다. 따라서 위 균형은 비효율적이다.

(2) 스테이지 게임의 내쉬균형에서 보수는 (1, 0)이다. 만약 A가 $x = 1$을 선택하고 B가 이를 P의 가격에 구매하면 보수는 $(P, 2 - P)$가 된다. 이러한 거래가 이루어지려면 $P \geq 1$이고 $2 - P \geq 0$이 되어야 하므로 $1 \leq P \leq 2$가 성립해야 한다. 이제 P가 이러한 조건을 만족하는 상황에서 A와 B가 다음과 같은 방아쇠 전략을 쓴다고 하자.

- A : 1기에 $x = 1$을 선택하고, 1기 이후에는 지금까지 계속 $x = 1$과 Y가 지속되었다면 $x = 1$을 선택하고 그렇지 않으면 $x = 0$을 선택

- B : 1기에 Y를 선택하고, 1기 이후에는 지금까지 계속 $x = 1$과 Y가 지속되었다면 Y를 선택하고 그렇지 않으면 N을 선택

둘 다 위 전략을 고수하면 A는 매기 P를 얻는다. A가 만약 여기서 이탈하여 $x = 0$을 택하면 이번 기에는 $P + 1$을 얻지만 그 이후에는 영원히 1을 얻는다. 따라서 위 전략에서 이탈하지 않으려면 다음 조건이 필요하다.

$$\frac{P}{1 - \delta} \geq P + 1 + \frac{\delta}{1 - \delta}$$

이것을 풀면 $\delta \geq \dfrac{1}{P}$을 얻는다.

한편 B는 위 전략을 고수하면 매기 $2 - P$를 얻지만 여기서 이탈하여 N을 택하면 계속 0을 얻게 되므로 이탈의 유인이 없다.

따라서 $\delta \geq \dfrac{1}{P}$이라는 조건이 필요하다.

4.

(1) 먼저 (B, C)가 내쉬균형인 것은 분명하다. 또한 (T, R)을 제외한 다른 모든 전략의 짝이 내쉬균형이 아닌 것도 분명하다. 따라서 내쉬균형이 하나만 있으려면 (T, R)이 내쉬균형이 아니어야 한다. 이를 위해서는 $a < 8$이거나 $b < 7$이어야 한다.

(2) (T, R)이 매기의 균형결과로 유지되려면 각 경기자에 대해 (T, R)에서의 보수가 스테이지 게임의 내쉬균형인 (B, C)에서의 보수 이상이어야 한다. 따라서 $a \geq 4$, $b \geq 3$이 만족되어야 한다.

(3) 1은 앞의 전략을 따를 경우 매기 a를 얻는데, 이탈할 경우 해당 기에는 8을 얻을 수 있지만 다음 기부터는 계속 4를 얻는다. 따라서 이탈하지 않으려면 다음 식이 성립해야 한다.

$$\frac{a}{1-\delta} \geq 8 + \frac{4\delta}{1-\delta}$$

(만약 $a \geq 8$이면 이 식은 δ값에 관계없이 항상 성립한다.)

한편 2는 앞의 전략을 따를 경우 매기 b를 얻는데, 이탈할 경우 해당 기에는 7을 얻을 수 있지만 다음 기부터는 계속 3을 얻는다. 따라서 이탈하지 않으려면 다음 식이 성립해야 한다.

$$\frac{b}{1-\delta} \geq 7 + \frac{3\delta}{1-\delta}$$

(만약 $b \geq 7$이면 이 식은 δ값에 관계없이 항상 성립한다.)

이 두 식을 풀면 $\delta \geq \dfrac{8-a}{4} \equiv \delta_1$과 $\delta \geq \dfrac{7-b}{4} \equiv \delta_2$를 얻는다. 따라서 $\delta \geq \max\{\delta_1, \delta_2\}$가 성립해야 한다.

5.

(1) 2가 q_2를 생산한다고 할 때 1의 이윤은 $(12 - (q_1 + q_2))q_1$이며 이 값은 $q_1 = 6 - \dfrac{q_2}{2}$일 때 최대가 된다. 마찬가지로 1이 q_1을 생산할 때 2의 이윤은 $q_2 = 6 - \dfrac{q_1}{2}$일 때 최대가 된다. 이 둘을 연립하면 $q_1 = q_2 = 4$를 얻는다. 이때 이윤은 16이다.

(2) 두 기업 모두 q를 생산할 경우 개별이윤은 $(12 - 2q)q$이며 이 값은 $q = 3$일 때 최대가 된다. 따라서 $q^* = 3$이다. 이때의 개별이윤을 계산하면 18을 얻는다.

(3) 상대가 3을 생산할 때 내가 q를 생산하면 이윤은 $(12 - (q + 3))q = (9 - q)q$이다. 이 값은 $q = 9/2$일 때 최대가 되며, 이때 이윤은 81/4이다.

(4) 위 전략을 따르면 매기 18을 얻는다. 반면 이 전략에서 이탈하여 (3)에서 구한 $q = 9/2$를 택하면 이번 기의 이윤은 81/4이 되지만 다음 기부터는 영원히 (1)에서 구한 이윤인 16을 얻는다. 따라서 이 전략에서 이탈하지 않으려면 다음 식이 성립해야 한다.

$$\frac{18}{1-\delta} \geq \frac{81}{4} + \frac{16\delta}{1-\delta}$$

이 식을 정리하면 $\delta \geq 9/17$를 얻는다.

6.

(1) 팀원 1의 효용은 $\frac{1}{n}(e_1 + \cdots + e_n) - \frac{e_1^2}{2}$이다. 일계조건 $\frac{1}{n} - e_1 = 0$으로부터 $e_1 = \frac{1}{n}$을 얻는다. 이 값은 다른 팀원의 전략에 의존하지 않으므로 강우월전략이다. 다른 팀원에 대해서도 마찬가지로 하면 유일한 내쉬균형 $e_1 = \cdots = e_n = \frac{1}{n}$을 얻는다. 참고로 이때 효용은 $\frac{1}{n} - \frac{1}{2n^2} \equiv u_N$이다.

(2) 모든 경기자가 e를 택하면 개별효용은 $\frac{1}{n}(e + \cdots + e) - \frac{e^2}{2} = e - \frac{e^2}{2}$이다. 일계조건 $1 - e = 0$으로부터 $e = 1$을 얻는다. 참고로 이때 효용은 $\frac{1}{n}(1 + \cdots + 1) - \frac{1^2}{2} = \frac{1}{2} \equiv u_C$이다.

(3) 첫 기에는 (2)에서 구한 $e = 1$을 선택하고, 이탈이 발생했을 경우에는 강우월전략인 $\frac{1}{n}$을 선택하는 방아쇠 전략을 구성하면 다음과 같다.

$$\begin{cases} \text{• 1기:} & \text{1 선택} \\[2mm] \text{• } t\text{기}(t > 1): & \begin{cases} \text{1 선택 : 지금까지 모두 1을 선택한 경우} \\[2mm] \frac{1}{n} \text{ 선택 : 지금까지 누구든 한 번이라도 1을 선택하지 않은 경우} \end{cases} \end{cases}$$

(4) 이 전략을 따르면 매기 $u_C = \frac{1}{2}$을 얻는다. 만약 이탈하여 우월전략인 $\frac{1}{n}$을 택하면 해당 기에는 $\frac{1}{n}\left(\frac{1}{n} + (n-1) \times 1\right) - \frac{1}{2}\left(\frac{1}{n}\right)^2 = 1 - \frac{1}{n} + \frac{1}{2n^2} \equiv u_D$를 얻지만 앞으로 영원히 $u_N = \frac{1}{n} - \frac{1}{2n^2}$을 얻는다. 따라서 방아쇠 전략에서 이탈하지 않으려면 다음 식이 만족되어야 한다.

$$\frac{u_C}{1 - \delta} \geq u_D + \frac{\delta u_N}{1 - \delta}$$

앞에서 구한 u_C, u_D, u_N을 대입하여 정리하면 $\delta \geq 1/2$을 얻는다.

제9장

1.

(1) 1의 전략은 하나의 행동으로 이루어져 있으며 2의 전략은 2개의 행동으로 이루어져 있다. 구체적으로, 1의 전략은 H, T이며 2의 전략은 HH, HT, TH, TT이다.

(2) 먼저 1의 전략이 H인 경우를 생각해보자. 이 경우 2의 최적대응은 TH이다. 이제 2의 전략이 TH일 때 1의 최적대응이 H인지 따져보자. 2의 전략이 TH일 때 1이 H를 택하면 기대보수는 $u_1(H) = (1/3) \times (-1) + (2/3) \times 1 = 1/3$이다. 반면 T를 택할 때의 기대보수는 $u_1(T) = (1/3) \times 1 + (2/3) \times (-1) = -1/3$이다. 따라서 H가 최적대응이다. 그러므로 (H, TH)는 베이즈균형이다.

다음으로 1의 전략이 T인 경우를 생각해보자. 이 경우 2의 최적대응은 HT이다. 이제 2의 전략이 HT일 때 1의 최적대응이 T인지 따져보자. 2의 전략이 HT일 때 1이 T를 택하면 기대보수는 $u_1(T) = (1/3) \times (-1) + (2/3) \times 1 = 1/3$이다. 반면 H를 택할 때의 기대보수는 $u_1(H) = (1/3) \times 1 + (2/3) \times (-1) = -1/3$이다. 따라서 T가 최적대응이다. 그러므로 (T, HT)는 베이즈균형이다.

이상을 종합하면 이 게임의 베이즈균형은 (H, TH)와 (T, HT)이다.

2.

아래의 왼쪽 게임과 오른쪽 게임이 각각 2/3와 1/3의 확률로 발생하는 상황이다. (E는 진입, N은 미진입을 나타낸다.)

		B	
		E	N
A	E	−1, −1	1, 0
	N	0, 1	0, 0

		B	
		E	N
A	E	−1, 1	1, 0
	N	0, 3	0, 0

먼저 A의 전략이 E인 경우를 생각해보자. 이때 B의 최적대응은 NE이다. 한편 B의 전략이 NE일 때 A는 E를 택하면 1/3을 얻고 N을 택하면 0을 얻어 E가 최적대응이다. 따라서 (E, NE)는 베이즈균형이다. 다음으로 A의 전략이 N인 경우를 생각해보자. 이때 B의 최적대응은 EE이다. 한편 B의 전략이 EE일 때 A는 N을 택하면 0을 얻고 E를 택하면 −1을 얻어 N이 최적대응이다. 따라서 (N, EE)는 베이즈균형이다. 종합하면 (E, NE)와 (N, EE)가 베이즈균형이다.

3.

(1) $q = 0.3$이므로 1에게 차의 기대가치는 $0.3 \times 1000 + 0.7 \times 600 = 720$이다. 따라서 1은 $P \leq 720$이어야 거래에 응할 것이다. 그런데 이 가격에서 2는 차가 G일 경우에는 거래에 응하지 않을 것이다. 따라서 두 유형의 차가 모두 거래되는 균형은 존재하지 않는다.

(2) 균형에서 G는 거래될 수 없으므로 B만 거래되는 균형을 찾아보자. 2는 차가 B일 때 $P \geq 400$이면 거래에 응할 것이다. 한편 B만 거래되면 1에게 차의 가치는 600이 된다. 따라서 $400 \leq P \leq 600$이면 B만 거래되는 BNE가 존재한다.

(3) 1에게 차의 기대가치는 $q \times 1000 + (1-q) \times 600 = 600 + 400q$이다. 따라서 $P \leq 600 + 400q$이면 Y를 택할 것이다. 2는 자신의 차가 G일 경우에는 $P \geq 800$, B일 경우에는 $P \geq 400$일 때 Y를 택할 것이다. 따라서 $P \geq 800$이면 항상 거래에 응할 것이다. 1과 2의 조건을 종합하면 $800 \leq P \leq 600 + 400q$가 된다. 이것이 가능하려면 $800 \leq 600 + 400q$가 성립해야 한다. 즉 $q \geq 1/2$이 성립해야 한다. 정리하면, $q \geq 1/2$이고 $800 \leq P \leq 600 + 400q$이면 모든 유형의 차가 거래되는 BNE가 존재한다.

제10장

1.

(1) 1은 자연의 선택에 대해 무엇을 택할지 결정해야 하므로 1의 전략은 자연의 선택이 A일 경우와 B일 경우에 각각 어떤 선택을 할지 명시해야 한다. 따라서 $S_1 = \{AA, AB, BA, BB\}$이다. 여기서 각 전략의 첫 번째 행동과 두 번째 행동은 각각 자연의 선택이 A와 B일 때 1이 취할 행동을 가리킨다. 2의 전략집합은 단순히 $S_2 = \{A, B\}$이다.

(2) 항상 우월한 대안이 선택되려면 1의 전략이 AB여야 한다. 하지만 2의 전략은 자연의 선택에 관계없이 일률적으로 어떤 선택을 하는 것이므로, 항상 우월한 대안이 선택되는 것은 불가능하다. 가령 전략명세가 (AB, A)라면 우월한 대안이 A일 때만 그것이 선택되며, 전략명세가 (AB, B)라면 우월한 대안이 B일 때만 그것이 선택된다.

(3) 먼저 2가 A를 택하는 상황을 생각해보자. 이에 대한 1의 최적대응은 AA이다. 한편 1이 AA를 선택할 때 2의 기대보수는 A를 선택하면 3/2이고 B를 선택하면 0이다. 따라서 A가 최적대응이다. 따라서 (AA, A)는 BNE이다. 다음으로 2가 B를 택하는 상황을 생각해보자. 이때 1의 최적대응은 BB이다. 한편 1이 BB를 택할 때 2의 기대보

수는 B를 택하면 3/2이고 A를 택하면 0이다. 따라서 (BB, B)는 BNE이다. 종합하면 (AA, A)와 (BB, B)가 이 게임의 BNE이다.

2.

먼저 1에 대해 생각해보자. 이윤극대화로부터 최적대응은 $q_1 = \dfrac{a - 1 - q_2}{2}$로 주어진다. $a = 10$일 때의 생산량을 q_{1H}, $a = 8$일 때의 생산량을 q_{1L}이라고 하면 위에 의해 각각은 다음과 같다.

$$q_{1H} = \frac{9 - q_2}{2}, \quad q_{1L} = \frac{7 - q_2}{2}$$

한편 2는 다음과 같은 이윤극대화 문제를 푼다.

$$\max_{q_2} \frac{1}{2}(9 - q_{1H} - q_2)q_2 + \frac{1}{2}(7 - q_{1L} - q_2)q_2$$

이를 풀면 다음을 얻는다.

$$q_2 = 4 - \frac{q_{1H} + q_{1L}}{4}$$

q_{1H}, q_{1L}, q_2에 관한 위 세 식을 연립하여 풀면 $q_{1H} = 19/6$, $q_{1L} = 13/6$, $q_2 = 8/3$을 얻는다.

3.

(1) 먼저 가치평가액이 H인 경우에 4를 선택하는 것이 최적일 조건을 생각해보자.

$u_H(4) = \frac{3}{4}\frac{1}{2}(H - 4) + \frac{1}{4}(H - 4) = \frac{5}{8}(H - 4)$, $u_H(3) = \frac{3}{4} \times 0 + \frac{1}{4}\frac{1}{2}(H - 3) = \frac{1}{8}(H - 3)$, $u_H(2) = 0$이므로 $\frac{5}{8}(H - 4) \geq \frac{1}{8}(H - 3)$이고 $\frac{5}{8}(H - 4) \geq 0$이어야 한다. 두 식을 풀면 $H \geq \frac{17}{4}$이 나온다.

다음으로 가치평가액이 L인 경우에 3을 선택하는 것이 최적일 조건을 생각해보자. $3 < L < 4$이므로 $u_L(3) = \frac{3}{4} \times 0 + \frac{1}{4}\frac{1}{2}(L - 3) = \frac{1}{8}(L - 3) > 0$, $u_L(4) = \frac{3}{4}\frac{1}{2}(L - 4) + \frac{1}{4}(L - 4) = \frac{5}{8}(L - 4) < 0$이고 $u_L(2) = 0$이므로 3을 선택하는 것이 자동

적으로 최적이다. 따라서 $H \geq \dfrac{17}{4}$이 만족되면 이 전략명세는 균형이 된다.

(2) 주어진 전략하에서, 가치평가액이 H일 경우 각 입찰액에 따른 보수를 계산하면 $u_H(2) = \dfrac{1}{2}(H - 2)$, $u_H(3) = H - 3$, $u_H(4) = H - 4$이다. $u_H(3) > u_H(4)$이므로 2를 선택하는 것이 최적이 되려면 $\dfrac{1}{2}(H - 2) \geq H - 3$이 성립해야 한다. 이를 풀면 $H \leq 4$인데 문제에서 $H > 4$라고 했으므로 이는 성립할 수 없다. 따라서 가치평가액이 L인 경우에 대해서는 따져볼 필요도 없이 이 전략은 균형이 될 수 없다.

4.

(1) 1의 전략은 하나의 숫자이다. 2의 전략은 주어진 c값에 대해 하나의 숫자를 택하는 것이다. 즉 c에 관한 함수이다.

(2) 주어진 q_2에 대해 1은 $(8 - q_1 - q_2)q_1$의 기댓값, 즉 $E[(8 - q_1 - q_2)q_1] = (8 - q_1 - E(q_2))q_1$을 극대화한다. 이를 풀면 $q_1 = \dfrac{8 - E(q_2)}{2}$를 얻는다. 한편 2는 주어진 q_1에 대해 $(10 - c - q_1 - q_2)q_2$를 극대화한다. 이를 풀면 $q_2 = \dfrac{10 - c - q_1}{2}$을 얻는다. 이로부터 $E(q_2) = \dfrac{10 - 2 - q_1}{2} = \dfrac{8 - q_1}{2}$이므로 이를 1의 최적대응에 대입하면 $q_1 = \dfrac{8 - \dfrac{8 - q_1}{2}}{2}$으로부터 $q_1 = \dfrac{8}{3}$을 얻는다. 이를 2의 최적대응에 대입하면 $q_2 = \dfrac{10 - c - \dfrac{8}{3}}{2} = \dfrac{22 - 3c}{6}$를 얻는다. 정리하면 $q_1 = \dfrac{8}{3}$, $q_2 = \dfrac{22 - 3c}{6}$가 이 게임의 BNE이다.

제11장

1.

주어진 게임을 전략형 게임으로 바꾸면 다음과 같다.

		2	
		a	**b**
	A	3, 2	1, 1
1	**B**	1, 3	1, 2
	C	2, 4	2, 4

최적대응법을 적용하면 2개의 내쉬균형 (A, a)와 (C, b)를 얻는다.

(A, a)하에서 2의 믿음체계는 (1, 0)이며 2의 전략은 이러한 믿음체계에 대해 순차적 합리성을 만족한다. 다음으로 (C, b)에 대해 생각해보자. 2의 믿음체계를 $(p, 1-p)$라 할 때, 어떤 p에 대해서도 2의 전략 b는 잘못된 선택이다. 1이 A를 택하든 B를 택하든 2는 a를 택함으로써 더 높은 보수를 얻기 때문이다. 따라서 (C, b)는 PBNE가 될 수 없다. 따라서 (A, a)와 2의 믿음체계 (1, 0)이 PBNE를 구성한다.

2.

(1) 이 게임을 전략형 게임으로 바꾸면 다음과 같다.

		2	
		a	**b**
	A	4, 1	1, 4
1	**B**	1, 4	4, 1
	C	2, 2	2, 2

여기에 최적대응법을 적용하면 순수전략균형이 존재하지 않음을 확인할 수 있다. (1의

전략 C를 제외하면 이 게임은 정합게임이므로 그 부분에 대해서 순수전략균형이 존
재하지 않는다. 또한 2의 어떤 선택에 대해서도 C가 최적대응이 아니다. 따라서 순
수전략균형이 존재하지 않음을 알 수 있다.)

(2) C를 제외한 게임이 대칭적이므로 1은 Pr(A) = Pr(B)이고 2는 a와 b를 각각 1/2의
확률로 선택할 것임을 쉽게 알 수 있다. 그런데 이때 1의 기대보수는 2.5이므로 1은
C를 선택하지 않는다. 따라서 1은 A와 B를 각각 1/2의 확률로 택하고, 2는 a와 b를
각각 1/2의 확률로 택하며, 2의 믿음체계는 (1/2, 1/2)인 것이 이 게임의 혼합전략
PBNE이다.

3.

(1) $S_1 = \{E, N\}$, $S_2 = \{AA, AF, FA, FF\}$

(2) 다음 그림과 같다.

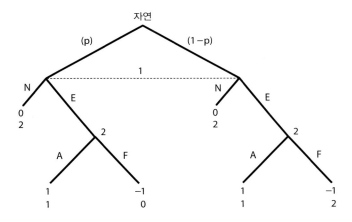

(3) 1이 E를 택할 경우 2의 최적대응은 AF이다. 2가 AF를 택할 때 1의 기대보수는 E를
택하면 $u_1(E) = p \times 1 + (1 - p) \times (-1) = 2p - 1$이고 N을 택하면 $u_1(N) = 0$이다. 따
라서 2의 전략 AF에 대해 1의 전략 E가 최적이 되려면 $p \geq 1/2$이어야 한다. 이때 균
형전략은 앞에서 본 것처럼 1은 E, 2는 AF이다.

4.

을의 균형전략은 간단하다. 을은 $1 - x \geq m$이면 A를 택하고 $1 - x < m$이면 R을 택할 것

이다. 이러한 을의 전략이 주어진 상황에서 갑이 x를 택할 때의 기대보수는 다음과 같다.

$$u_1(x) = \Pr\{m \le 1-x\}x + (1 - \Pr\{m \le 1-x\}) \times 0 = (1-x)x$$

이 값은 $x = 1/2$일 때 극대화된다. 따라서 이 게임의 PBNE는 갑은 $x = 1/2$을 택하고, 을은 $x \le 1 - m$이면 A를 택하고 $x > 1 - m$이면 R을 택하는 것이다.

5.

2의 이윤극대화 문제를 풀면 2는 q_1과 자신의 c에 대해 $q_2 = \dfrac{9 - c - q_1}{2}$을 생산한다. 이를 고려하면 기업 1의 이윤극대화 문제는 다음과 같다.

$$\max_{q_1} E\left[\left(8 - q_1 - \frac{9 - c - q_1}{2}\right)q_1\right] = E\left[\frac{7 + c - q_1}{2}q_1\right] = \frac{8 - q_1}{2}q_1$$

이 값은 $q_1 = 4$에서 극대화된다. 따라서 1은 $q_1 = 4$를 생산하고 2는 $q_2 = \dfrac{9 - c - q_1}{2}$을 생산하는 것이 이 게임의 PBNE이다.

제12장

1.

$\Pr\{A|L\} \equiv p$, $\Pr\{A|R\} \equiv q$라 하자.

- LR 전략 : 이 경우 $p = 1$, $q = 0$이므로 2의 최적대응은 LR이다. 이때 1은 A, B유형 모두 이탈의 유인이 없다. 따라서 '1 : LR, 2 : LR, $p = 1$, $q = 0$'이 분리균형을 이룬다.
- RL 전략 : 이 경우 $p = 0$, $q = 1$이므로 2의 최적대응은 RL이다. 그런데 이 경우 A유형은 R에서 L로 바꾸면 보수가 3에서 6으로 증가하므로 이탈의 유인이 있다. 따라서 이런 균형은 존재하지 않는다.
- LL 전략 : 이 경우 $p = 3/4$이며 균형 밖 믿음은 q로 둔다. L이 관찰될 때 2의 기대보수는 $u_2(\text{L}) = (3/4) \times 3 + (1/4) \times 2 = 11/4 > u_2(\text{R}) = (3/4) \times 1 + (1/4) \times 5 = 2$이므로, L을 관찰하면 2는 L을 선택해야 한다. 한편 R이 관찰되면 2는 q에 따라 L이나 R 중 하나를 선택해야 한다. 그런데 2가 L을 택하든 R을 택하든 B유형은 R로 이탈함으로써 보수를 높일 수 있다. 따라서 이런 균형은 존재하지 않는다.
- RR 전략 : 이 경우 $q = 3/4$이며 균형 밖 믿음은 p로 둔다. R이 관찰될 때 2의 기대보

수는 $u_2(\mathrm{L}) = (3/4) \times 4 + (1/4) \times 3 = 15/4 > u_2(\mathrm{R}) = (3/4) \times 2 + (1/4) \times 4 = 10/4$ 이므로, R을 관찰하면 2는 L을 선택해야 한다. 한편 L이 관찰되면 2는 p에 따라 L이나 R 중 하나를 선택해야 한다. 그런데 2가 L을 택하든 R을 택하든 A유형은 L로 이탈함으로써 보수를 높일 수 있다. 따라서 이런 균형은 존재하지 않는다.

2.

$\Pr\{A \mid L\} \equiv p$, $\Pr\{A \mid R\} \equiv q$라 하자.

- **LR 전략** : 이 경우 $p = 1$, $q = 0$이므로 2의 최적대응은 LR이다. 이때 A, B유형 모두 이탈의 유인이 없다. 따라서 '1 : LR, 2 : LR, $p = 1$, $q = 0$'이 분리균형을 이룬다.

- **RL 전략** : 이 경우 $p = 0$, $q = 1$이므로 2의 최적대응은 RL이다. 그런데 이때 B유형은 L에서 R로 이탈함으로써 보수를 높일 수 있다. 따라서 이런 균형은 존재하지 않는다.

- **LL 전략** : 이 경우 $p = 1/2$이고 균형 밖 믿음은 q로 둔다. L을 관찰할 때 2는 $u_2(\mathrm{L}) = (1/2) \times 5 + (1/2) \times 5 = 5 > u_2(\mathrm{R}) = (1/2) \times 3 + (1/2) \times 6 = 9/2$이므로 L을 택해야 한다. 그런데 이 경우 B유형은 R로 이탈하면 2가 어떻게 대응하든지 보수가 올라간다. 따라서 이런 균형은 존재하지 않는다. (게임트리를 보면 B유형에게는 R이 우월전략임을 알 수 있다.)

- **RR 전략** : 이 경우 $q = 1/2$이고 균형 밖 믿음은 p로 둔다. R을 관찰할 때 2는 $u_2(\mathrm{L}) = (1/2) \times 8 + (1/2) \times 4 = 6 > u_2(\mathrm{R}) = (1/2) \times 3 + (1/2) \times 7 = 5$이므로 L을 택해야 한다. 균형 밖 경로 L이 관찰될 때 2의 선택은 p에 의해 결정된다. $u_2(\mathrm{L}) = p \times 5 + (1-p) \times 5 = 5$이고 $u_2(\mathrm{R}) = p \times 3 + (1-p) \times 6 = 6 - 3p$이므로 2는 $p \geq 1/3$이면 L이 최적이고 $p \leq 1/3$이면 R이 최적이다. 2가 둘 중 어느 것을 택하든 1은 유익한 이탈이 없다. 따라서 균형은 다음과 같다.

$$\text{i) } 1 : \mathrm{RR},\ 2 : \mathrm{LL},\ p \geq \frac{1}{3},\ q = \frac{1}{2}$$
$$\text{ii) } 1 : \mathrm{RR},\ 2 : \mathrm{RL},\ p \leq \frac{1}{3},\ q = \frac{1}{2}$$

3.

$\Pr\{A \mid L\} \equiv p$, $\Pr\{A \mid M\} \equiv q$, $\Pr\{A \mid R\} \equiv r$이라 하자.

(1) **분리균형** : 분리균형에서는 신호에 의해 유형이 드러난다. 게임트리를 보면 2는 1이

A유형이면 R을 택하고 B유형이면 L을 택하는 것이 최적이다. 2의 관점에서 열등한 유형인 A유형은 항상 2의 R에 직면하므로 L을 택하는 것이 최적이다. 따라서 우리가 검토해야 하는 분리전략은 LM, LR 전략이다.

- LM 전략 : 이 경우 믿음은 1, 0, r이다. 따라서 2는 1이 L, M을 택할 때 각각 R, L을 택해야 한다. 그런데 그러면 A유형은 L에서 이탈하여 M을 택함으로써 보수를 4에서 11로 높일 수 있다. 따라서 이런 균형은 존재하지 않는다.

- LR 전략 : 이 경우 믿음은 1, q, 0이다. 따라서 2는 1이 L, R을 택할 때 각각 R, L을 택해야 한다. 이때 A나 B의 이탈이 없으려면 2는 M을 목격할 때 R을 택해야 한다. 즉 2의 전략은 RRL이어야 한다. M을 목격할 때 R을 택하는 것이 정당화되려면 $u_2(L) = q \times 5 + (1-q) \times 20 = 20 - 15q \leq u_2(R) = q \times 12 + (1-q) \times 12 = 12$, 즉 $q \geq 8/15$이 만족되어야 한다. 따라서 균형은 다음과 같다.

$$1 : LR,\ 2 : RRL,\ p = 1,\ q \geq \frac{8}{15},\ r = 0$$

(2) 합동균형 : A와 B가 모두 동일한 행동을 취할 때, 2의 기대보수는 $u_2(L) = (3/4) \times 5 + (1/4) \times 20 = 35/4 < u_2(R) = (3/4) \times 12 + (1/4) \times 12 = 12$이므로 R이 최적이다. 그런데 A와 B가 공통으로 택하는 행동이 M이나 R일 경우에는 1은 L로 이탈함으로써 이득을 볼 수 있다. 따라서 A와 B가 공통으로 택하는 행동이 M이나 R이어서는 안 된다.

이제 LL 전략을 생각해보자. 이때 믿음은 $p = 3/4$, q, r이며 2는 L을 목격하면 위에서 본 것처럼 R을 택한다. 한편 A나 B가 M으로 이탈하는 것을 막으려면 2는 M 목격 시 R을 택해야 한다. 또한 B가 R로 이탈하는 것을 막으려면 2는 R 목격 시 R을 택해야 한다. 이것이 정당화되려면 다음을 만족해야 한다.

$$\text{M 목격 시}: u_2(L) = q \times 5 + (1-q) \times 20 \leq u_2(R) = 12 \quad \rightarrow \quad q \geq \frac{8}{15}$$

$$\text{R 목격 시}: u_2(L) = r \times 5 + (1-r) \times 20 \leq u_2(R) = 12 \quad \rightarrow \quad r \geq \frac{8}{15}$$

따라서 균형은 다음과 같다.

$$1 : LL,\ 2 : RRR,\ p = \frac{3}{4},\ q \geq \frac{8}{15},\ r \geq \frac{8}{15}$$

4.

$\Pr\{H|A\} \equiv p$, $\Pr\{H|N\} \equiv q$로 표기하자.

(1) 1이 AN 전략을 취하면 2의 믿음은 $p=1$, $q=0$이고 이에 따른 최적대응은 BD이다. 이때 H유형이 이탈하지 않으려면 $100 - c \geq 0$이 성립해야 하고, L유형이 이탈하지 않으려면 $0 \geq 60 - c$가 성립해야 한다. 따라서 $60 \leq c \leq 100$이어야 한다.

(2) 1이 AA 전략을 취하면 2의 믿음은 $p=1/2$과 임의의 q이다. A가 목격될 때 2의 기대보수는 B를 택할 때는 $(1/2) \times 60 + (1/2) \times (-40) = 10$이고 D를 택할 때는 0이므로 B를 택해야 한다. 한편 1이 N을 택할 때 2의 선택은 q값에 따라 달라진다. N이 목격될 때 2의 보수는 B를 선택하면 $q \times 60 + (1 - q) \times (-40) = 100q - 40$이고 D를 선택하면 0이다. 따라서 2는 $q \geq 2/5$이면 B를 택하고 $q \leq 2/5$이면 D를 택할 것이다. 그런데 만약 2가 B를 택하면 1은 H나 L 모두 이탈의 유인이 있다. 따라서 2는 N을 목격하면 $q \leq 2/5$라는 믿음하에서 D를 선택해야 한다. 이때 1이 이탈의 유인이 없으려면 $100 - c \geq 0$과 $60 - c \geq 0$이 만족해야 한다. 따라서 $c \leq 60$이어야 한다. 이때 균형은 다음과 같다.

$$1 : AA, \ 2 : BD, \ p = \frac{1}{2}, \ q \leq \frac{2}{5}$$

5.

(1) 다음 그림과 같다.

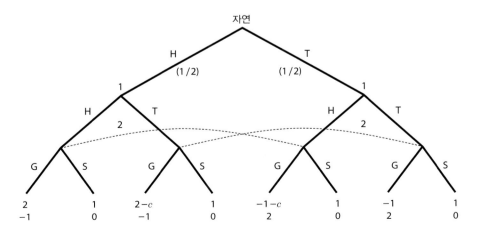

(2) $\Pr\{\mathrm{H}|\mathrm{H}\} \equiv p$, $\Pr\{\mathrm{H}|\mathrm{T}\} \equiv q$라 하자.

① HT 전략 : 이때 $p=1$, $q=0$, 이므로 2의 최적대응은 SG이다. 그런데 그러면 T 유형은 H로 이탈하여 보수를 높일 수 있다. 따라서 이런 균형은 존재하지 않는다.

② TH 전략 : 이때 $p=0$, $q=1$이므로 2의 최적대응은 GS이다. 그런데 그러면 H 와 T유형 모두 유익한 이탈이 존재한다. 따라서 이런 균형은 존재하지 않는다.

③ HH 전략 : 이때 $p=1/2$이고 q는 임의의 값이다. H를 목격할 때 2는 G를 선택 하면 $(1/2) \times (-1) + (1/2) \times 2 = 1/2$을 얻고 S를 선택하면 0을 얻으므로 G를 선 택하는 것이 최적이다. 한편 T를 목격할 때의 2의 선택은 q값에 따라 달라진다. 그런데 2가 무엇을 선택하든 T유형은 이탈을 통해 득을 볼 수 있다. 따라서 이 런 균형은 존재하지 않는다.

④ TT 전략 : 이때 p는 임의의 값이고 $q=1/2$이다. 위와 마찬가지로 하면 T를 목 격할 때 2는 G를 선택해야 한다. 한편 H를 목격할 때 2의 선택은 p에 따라 달라 진다. 그런데 H를 목격할 때 2가 G를 선택하면 H유형에게 이탈 유인이 생기고, 반대로 S를 선택하면 T유형에게 이탈 유인이 생긴다. 따라서 이런 균형은 존재 하지 않는다.

(3) 바뀐 상황에서도 1이 HT, TH, TT 전략을 쓰는 균형은 존재하지 않음을 쉽게 확인 할 수 있다. 이제 1이 HH 전략을 쓰는 경우를 생각해보자. 이때 $p=1/2$이고 q는 임 의의 값이다. H가 목격되면 앞에서 본 것처럼 2는 G를 선택하는 것이 최적이다. 이 제 T가 목격될 때 2의 전략은 q에 따라 달라진다. 그런데 T가 목격될 때 H유형은 2 의 대응에 관계없이 이탈의 유인이 없다. 반면 T유형의 이탈을 막기 위해서는 2는 T 가 목격될 때 G를 선택해야 한다. 이것이 정당화되려면 $u_2(\mathrm{G}) = q \times (-1) + (1-q) \times 2 = 2 - 3q \geq u_2(\mathrm{S}) = 0$이 성립해야 한다. 이로부터 $q \leq 2/3$를 얻는다. 따라서 다 음의 합동균형을 얻는다.

$$1 : \mathrm{HH},\ 2 : \mathrm{GG},\ p = \frac{1}{2},\ q \leq \frac{2}{3}$$

6.

$\Pr\{W|W\} \equiv p$, $\Pr\{W|N\} \equiv q$라 하자.

1이 WN 전략을 취할 때 2의 믿음은 $p=1$, $q=0$이며, 이에 따른 최적대응은 AR이다. 이때 1의 이탈이 없으려면 $a+1 \geq 0$과 $0 \geq a-1$이 성립해야 한다. 따라서 $-1 \leq a \leq 1$이 성립해야 한다.

참고문헌

Dixit and Skeath, *Games of Strategy*, Norton, 2004.

Dutta, *Strategies and Games*, MIT Press, 1999.

Gibbons, *Game Theory for Applied Economists*, Princeton, 1992.

Harrington, *Games, Strategies and Decision Making*, Worth Publishers, 2008.

Osborne, *An Introduction to Game Theory*, Oxford, 2004.

Tadelis, *Game Theory: An Introduction*, Princeton, 2013.

Watson, *Strategy*, Norton, 2013.

찾아보기

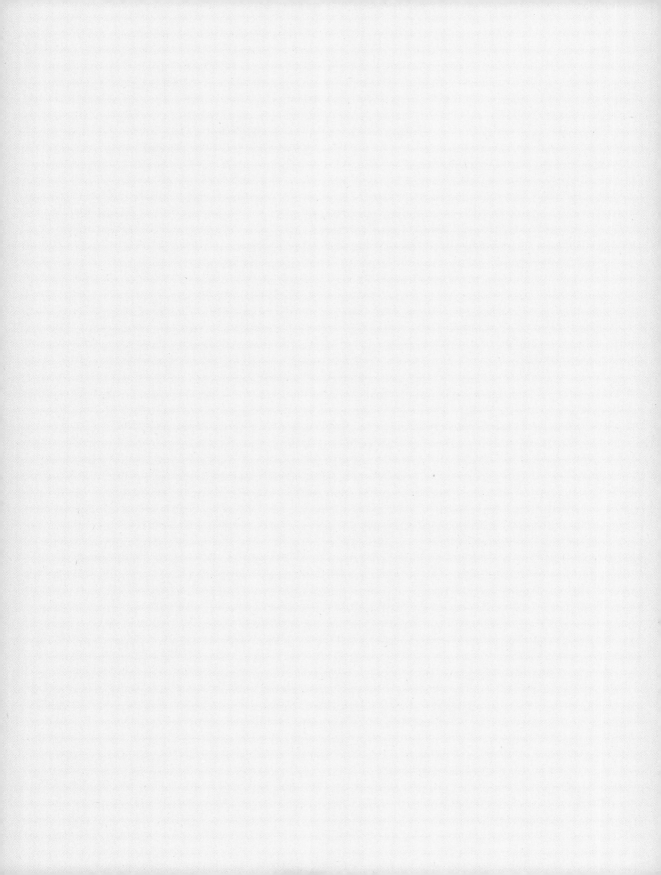